REVISTA DE DIREITO MERCANTIL
industrial, econômico e financeiro

135

Publicação do
Instituto Brasileiro de Direito Comercial Comparado
e Biblioteca Tullio Ascarelli
do Departamento de Direito Comercial
da Faculdade de Direito da Universidade de São Paulo

Ano XLIII (Nova Série)
julho-setembro/2004

MALHEIROS EDITORES

REVISTA DE DIREITO MERCANTIL

industrial, econômico e financeiro

Nova Série — Ano XLIII — n. 135 — julho-setembro de 2004

REVISTA DE DIREITO MERCANTIL
publicação trimestral de
MALHEIROS EDITORES LTDA.
Rua Paes de Araújo, 29, conjunto 171
CEP 04531-940
São Paulo, SP - Brasil
Tel. (011) 3078-7205
Fax: (011) 3168-5495

Diretor Responsável: Álvaro Malheiros
Diretora: Suzana Fleury Malheiros

Assinaturas e comercialização:
CATAVENTO DISTRIBUIDORA DE LIVROS S.A.
Rua Conselheiro Ramalho, 928
CEP 01325-000
São Paulo, SP - Brasil
Tel. (011) 3289-0811
Fax: (011) 3251-3756

Supervisão Gráfica: Vânia Lúcia Amato
Composição: *Scripta*

SUMÁRIO

DOUTRINA

CADE *vs.* BACEN. Conflitos de competência entre autarquias e a função da Advocacia-Geral da União 7

— Eros Roberto Grau e Paula A. Forgioni

ATUALIDADES

REFLEXÕES SOBRE OS CONTRATOS CATIVOS DE LONGA DURAÇÃO 26

— José Tadeu Neves Xavier

O AVISO DE SINISTRO NO DIREITO BRASILEIRO — EXISTE UM "PRINCÍPIO DO PREJUÍZO"? A insubsistência do Enunciado 229 do STJ e a exegese do art. 771 do Código Civil de 2002 em consonância com o princípio da boa-fé objetiva 44

— Dennys Zimmermann

OS TÍTULOS DE CRÉDITO E O CÓDIGO CIVIL 69

— Werter R. Faria

O EMPRESÁRIO NO CÓDIGO CIVIL BRASILEIRO 76

— Vinícius Jose Marques Gontijo

OS PREPOSTOS DAS SOCIEDADES NO NOVO CÓDIGO CIVIL 89

— João Luiz Coelho da Rocha

A FUNÇÃO SOCIAL E O CONTROLE DO PODER DE CONTROLE NAS COMPANHIAS 94

— Frederico Augusto Monte Simionato

O PROJETO DE LEI DE FALÊNCIAS E A REALIDADE BRASILEIRA 110

— José Anchieta da Silva

A ORDEM DE PREFERÊNCIA NA NOVA LEI DE FALÊNCIAS 127

— Carlos Alberto Farracha de Castro

REGULAÇÃO E O MERCADO DE VALORES MOBILIÁRIOS 136

— Rachel Sztajn

ALGUMAS IMPLICAÇÕES INSTITUCIONAIS DA RECEPÇÃO DO "PARADIGMA DO BEM-ESTAR SOCIAL" NO ÂMBITO DA REGULAÇÃO ECONÔMICA E DA DEFESA DA CONCORRÊNCIA 148

— Paulo C. Aragão e Luis Fernando Schuartz

CONCEITO DE RELAÇÃO DE CONSUMO E ATIVIDADES PRESTADAS POR ENTIDADES SEM FINS LUCRATIVOS. Ensaio sobre o alcance do Código de Defesa do Consumidor 164

— Bernardo Strobel Guimarães

A CLÁUSULA COMPROMISSÓRIA À LUZ DO CÓDIGO CIVIL 188

— José Emilio Nunes Pinto

AUTOTUTELA DO ACORDO DE ACIONISTAS. Novo regime estabelecido pela Lei 10.303/2001 194

— Daniel Moreira do Patrocínio

ESPAÇO DISCENTE

A SOCIEDADE EM CONTA DE PARTICIPAÇÃO COMO SUBESPÉCIE DO GÊNERO *JOINT VENTURE* 206

— Gustavo Oliva Galizzi

TEORIA DOS JOGOS APLICADA À RESPONSABILIDADE CIVIL DOS ADMINISTRADORES DE INSTITUIÇÕES FINANCEIRAS 219

— Thiago Spercel

JURISPRUDÊNCIA COMENTADA

RESPONSABILIDADE ORDINÁRIA DO AVALISTA COM BASE EM TÍTULO DE CRÉDITO PRESCRITO 236

— Haroldo Malheiros Duclerc Verçosa

Errata à RDM 134: na p. 22, primeiro parágrafo, item ***5. Conclusões***, corrigindo-se erro de revisão, leia-se: "A reforma do direito italiano só vem a confirmar a asserção de Miranda Valverde, feita ***há*** quase meio século, de que 'a teoria das nulidades está, ainda, por fazer-se'.[33]"

COLABORAM NESTE NÚMERO

BERNARDO STROBEL GUIMARÃES

Mestrando em Direito do Estado na Universidade de São Paulo — USP. Professor das Faculdades do Brasil — UNIBRASIL. Advogado em Curitiba.

CARLOS ALBERTO FARRACHA DE CASTRO

Mestre e Doutorando em Direito da Universidade Federal do Paraná — UFPR. Professor da Pontifícia Universidade Católica do Paraná — PUC/PR e da UTP/PR. Advogado.

DANIEL MOREIRA DO PATROCÍNIO

Mestrando em Direito Empresarial pela Faculdade de Direito Milton Campos. Advogado em Minas Gerais.

DENNYS ZIMMERMANN

Procurador do Tribunal de Contas do Estado do Rio de Janeiro. Mestrando em Direito Civil da UERJ. Professor da Escola de Direito da Fundação Getúlio Vargas. Advogado.

EROS ROBERTO GRAU

Professor Titular da Faculdade de Direito da Universidade de São Paulo (licenciado) — USP. Professor Visitante da *Université Paris-I Panthéon-Sorbonne* e Ministro do Supremo Tribunal Federal.

FREDERICO AUGUSTO MONTE SIMIONATO

Doutor em Direito Comercial da Faculdade de Direito da Universidade de São Paulo — USP. *Master* em Estudos Europeus da Universidade de Florença, Itália. Professor Associado de Direito Comercial da Pontifícia Universidade Católica do Paraná — PUC/PR. Advogado em Curitiba e São Paulo.

GUSTAVO OLIVA GALIZZI

Mestrando em Direito Comercial pela UFMG. Professor de Direito Societário do IBMEC/MG. Advogado.

HAROLDO MALHEIROS DUCLERC VERÇOSA

Mestre e Doutor em Direito Comercial pela Universidade de São Paulo — USP. Professor de Direito Comercial das Faculdades de Direito da USP e da FAAP. Membro do Centro de Mediação e Arbitragem da Câmara de Comércio Brasil-Canadá. Consultor.

JOÃO LUIZ COELHO DA ROCHA

Professor de Direito Comercial da Pontifícia Universidade Católica do Rio de Janeiro — PUC/RJ.

JOSÉ ANCHIETA DA SILVA

Mestre em Direito Comercial pela Universidade Federal de Minas Gerais — UFMG. Primeiro Secretário do Instituto dos Advogados de Minas Gerais — IAMG. Advogado.

JOSÉ EMILIO NUNES PINTO

Advogado.

JOSÉ TADEU NEVES XAVIER

Mestre e Doutorando em Direito na Universidade Federal do Rio Grande do Sul — UFRS. Professor da Universidade do Vale do Rio dos Sinos — UNISINOS, do Instituto de Desenvolvimento Cultural — IDC, da Escola da Magistratura do Trabalho — FEMARGS e da Escola da Magistratura — Ajuris. Advogado da União.

LUIS FERNANDO SCHUARTZ

Mestre e Doutor em Direito pela Johann Wolfgang Goethe-Universität, Frankfurt am Main. Advogado em São Paulo e no Rio de Janeiro.

PAULA A. FORGIONI

Professora Associada da Faculdade de Direito da Universidade de São Paulo — USP e Professora de Direito da Escola de Administração de Empresas de São Paulo da Fundação Getúlio Vargas — FGV.

PAULO C. ARAGÃO

Ex-Gerente e Superintendente Jurídico da CVM. Advogado em São Paulo.

RACHEL SZTAJN

Professora Associada da Faculdade de Direito da Universidade de São Paulo — USP.

THIAGO SPERCEL

Mestrando em Direito Comercial pela Universidade de São Paulo — USP. Especialista em Administração pela Escola de Administração de Empresas da Fundação Getúlio Vargas. Advogado em São Paulo.

VINÍCIUS JOSE MARQUES GONTIJO

Doutor em Direito Empresarial pela Universidade Federal de Minas Gerais — UFMG. Mestre em Direito Comercial pela UFMG. Professor no Curso de Mestrado *stricto sensu* da Faculdade de Direito Milton Campos, nos Cursos de Graduação e Pós-Graduação *lato sensu* da Faculdade de Direito da Pontifícia Universidade Católica de Minas Gerais — PUC/MG. Ex-Professor Substituto na Faculdade de Direito da UFMG e da UFOP.

WERTER R. FARIA

Professor de Direito Comercial da Universidade Federal do Rio Grande do Sul — UFRS.

Doutrina

CADE *vs.* BACEN

Conflitos de competência entre autarquias e a função da Advocacia-Geral da União

EROS ROBERTO GRAU

e

PAULA A. FORGIONI

O fenômeno das "agências" no Brasil. A livre concorrência e a livre iniciativa na Constituição do Brasil. Pluralidade de mercados: a necessidade de ajuste da política concorrencial. Normas gerais e normas especiais. Setores específicos da economia regidos por leis específicas e a lei antitruste. A Lei 4.595, de 1964: norma específica quando considerada em relação à Lei 8.884, de 1994. A falta de oposição do BACEN às concentrações bancárias como elemento de atribuição de competência ao CADE — Inconsistência do argumento. A posição do BACEN e do CADE nos quadrantes da Administração Pública Federal. A Lei Complementar 73, de 1993, e o CADE. A aprovação de concentração entre instituições financeiras pelo BACEN e a impossibilidade de sua revisão ou contradita pelo CADE: a boa-fé da Administração. O controle de constitucionalidade e a Administração. Conclusão.

"O menor descuido vos fará partir na direção oposta ao vosso destino."[1]

1. No final da década dos noventa, o CADE — Conselho Administrativo de Defesa Econômica, *ex officio*, passou a dar nova interpretação aos textos da Lei 8.884, de 1994, e da Lei 4.595, de 1964, arrogando-se competência para apreciar e deliberar sobre os atos de concentração entre instituições financeiras. Inicialmente, surpreendeu o mercado com o envio de chamadas "cartas-alerta" a muitas delas, advertindo-as de que deveriam apresentar à autoridade antitruste as operações de concentração de que houvessem participado;[2] posteriormente, passou a impor multas às instituições financeiras que não seguiam sua "advertência".

O BACEN — Banco Central do Brasil, de outra banda, não admitia que essas operações de concentração fossem analisadas pela autoridade antitruste, que poderia vir a impor ao setor lógica diversa daquela projetada em coerência com os parâmetros dispostos pela Lei 4.595, de 1964.

1. Oswald de Andrade, *Manifesto da Poesia Pau-Brasil*.

2. Não obstante as "cartas-alerta" serem instrumento inexistente no nosso direito, lograram obter a atenção da imprensa.

Tornou-se evidente o conflito produzido em razão das díspares interpretações de textos normativos pelas autarquias envolvidas na disputa, bem como a situação de insegurança a que eram submetidos os administrados. Como observou, na ocasião, o então Presidente do CADE, Grandino Rodas: "Afinal, o administrado, hoje, está sujeito, em potencial e em última análise, ao julgamento do mesmo fato por dois órgãos diferentes, independentes e que podem, eventualmente, proferir decisões contraditórias".[3]

2. A matéria foi apreciada pela Advocacia-Geral da União — AGU, cujo Parecer GM-020 concluiu ser o BACEN a entidade da Administração competente para análise e aprovação de atos de concentração envolvendo instituições financeiras.[4] Esse parecer foi aprovado pelo Presidente da República em 5 de abril de 2001.

Assim resultou solucionado o impasse, sendo certo que a aprovação do parecer da AGU pelo Presidente da República há de ser tomada, no caso, como concreta manifestação de competência a ele designada pelo inc. II do art. 84 da Constituição do Brasil. Tem-se, aí, ato típico de direção superior da Administração federal.

3. Inusitadamente, no entanto, o CADE recusou-se a acatar o referido Parecer da AGU, entre outros motivos porque (i) aviltaria sua independência (ii) a Lei 8.884, de 1994, teria revogado a Lei Complementar 73, de 1993; (iii) a Lei Complementar 73, de 1993, seria aplicável apenas à Administração Direta.

E mais: a autoridade antitruste entendeu desnecessária a submissão da matéria ao Poder Judiciário, em nome de alegada capacidade de auto-execução de suas decisões — deve ser isso — mesmo contra ato do Presidente da República que aprovou o Parecer GM-020 da AGU. Em suma, deixou de cumprir parecer aprovado pelo Presidente da República que — repita-se — nos termos do art. 84, II, da Constituição do Brasil, exerce a direção superior da Administração federal.

4. A irresignação, contudo, não encontra amparo no ordenamento jurídico brasileiro e, ao contrário do que por vezes se quer fazer crer, as discussões — pretensamente técnicas — acerca do problema vão muito além da mera discussão formal sobre a competência da autoridade antitruste. Encerram, a todo sentir, posicionamento que busca a supremacia da lógica de mercado, na acepção mais *chigaguiana* do termo, sobre políticas públicas que visem à realização de outros objetivos que não a eficiência alocativa. A discussão liga-se também aos debates sobre as "agências" e sua independência em relação ao Poder Executivo, como instrumento apto a "proteger" os agentes econômicos contra políticas públicas que — alega-se — gerariam insegurança e imprevisibilidade jurídicas, afugentando investimentos.

O fenômeno das "agências" no Brasil

5. Se por um lado a inserção, nos últimos anos, das chamadas "agências"[5] no

3. *Concorrência e Regulação no Sistema Financeiro*, coord. Celso Fernandes Campilongo, Jean Paul Veiga da Rocha e Paulo Todescan Matos, São Paulo, Max Limonad, 2002, p. 603.

4. Conclui o mencionado Parecer: "a competência para analisar e aprovar os atos de concentração das instituições integrantes do sistema financeiro nacional, bem como de regular as condições de concorrência entre instituições financeiras, aplicando-lhes as penalidades cabíveis, é privativa, ou seja, exclusiva do Banco Central do Brasil, com exclusão de qualquer outra autoridade, inclusive o CADE".

5. Maria Sylvia Zanella Di Pietro (*Direito Administrativo*, 11ª ed., São Paulo, Atlas, 1999, p. 388) observa que "(a)gência reguladora, em sentido amplo, seria no direito brasileiro, qualquer órgão da Administração Direta ou entidade da Administração Indireta com função de regular as matérias que lhe estão afetas. Nesse sentido, a única coisa que constitui inovação é o próprio vocábulo, anteriormente não utilizado para designar entes da Administração Pública. A função normativa sempre foi exercida por inúmeros órgãos da Administração Pública, com maior ou menor alcance, com ou sem fundamento constitucional".

quadro das nossas entidades da Administração estimulou a produção de alguma boa doutrina, por outro desnuda, além da carência de conhecimento do direito brasileiro, em alguns casos desconhecimento do próprio direito.[6]

O fato é que o precipitado transplante da experiência alienígena para o nosso sistema jurídico provoca danos irreparáveis.

A idéia central é a de que a essas "agências" assiste um elevado grau de independência em relação ao Poder Executivo. Pretende-se assegurar às agências "reguladoras" o poder de, à margem de qualquer influência do Executivo, disciplinar determinados setores da economia.[7] O tema da "capacidade normativa de conjuntura", debatido entre nós desde a década dos setenta,[8] volta à moda com renovado vigor, sob terminologia alvissareira, correndo parelho com noções consagradas pela doutrina norte-americana, tais como a da teoria da *captura* das agências e outras mais.

A confusão terminológica e doutrinária é tamanha que o observador menos atento poderia supor que, hoje, qualquer entidade que integre a Administração federal, nos termos do Decreto-lei 200, de 1967, há de ser chamado de "agência".

6. Essas "agências" passam a ser concebidas como muito especiais "autarquias em regime especial", com a peculiaridade de os seus integrantes serem titulares de mandatos fixos e estabilidade.[9] Nessa medida — e trata-se de fenômeno não exclusivamente brasileiro — a introdução do modismo instala uma autêntica *guerra de poder* no seio da Administração que, por conta da pretendida *independência* de todas elas em relação ao Poder Executivo, tudo turba e conturba.

7. Tanto o BACEN quanto o CADE[10] preexistem a essa bulha doutrinária, embora sejam envolvidos na moenda. O primeiro, nos termos do disposto no art. 192, IV, da Constituição do Brasil, é uma instituição financeira pública, com funções bem definidas pela Lei 4.595, de 1964, e, qual disposto em seu art. 8º, *autarquia.*[11] O segundo, regido pela Lei 8.884, de 1994, não pode ser visto senão também como *autarquia.*[12]

A livre concorrência e a livre iniciativa na Constituição do Brasil

8. Também na última década vem se manifestando, no Brasil, outro insólito fe-

6. Para justificar a livre atuação das agências, tem-se afirmado que a elas competiria a implementação de *políticas de Estado*, ao passo que ao Poder Executivo tocaria o estabelecimento de *políticas de governo*. Mas essa alusão a umas e outras — *políticas de Estado* e *políticas de governo* — adequada ao parlamentarismo, entre nós não tem qualquer sentido. Pois o presidencialismo brasileiro faz do Presidente da República, a um tempo só, Chefe de Estado e Chefe de Governo. Por outro lado, o art. 84, II, da Constituição do Brasil, que afirma competir privativamente ao Presidente da República o exercício, com o auxílio dos Ministros de Estado, da direção superior da administração federal, é ignorado. A doutrina há muitos anos produzida entre nós é relegada não ao esquecimento — pois só esquece quem um dia ficou sabendo — mas ao baú das irrelevâncias, das quais não se toma conhecimento.

7. Marçal Justen Filho (*O Direito das Agências Reguladoras Independentes*, São Paulo, Dialética, 2002, p. 51) anota: "(...) o surgimento dessas entidades autônomas retrata a concepção de que as competências regulatórias não podem ser mantidas na órbita das estruturas estatais tradicionais. A natureza dos poderes a elas reservados demandaria autonomia e independência, o que justificaria seu afastamento da influência direta dos órgãos executivos e legislativos".

8. V., de Eros Roberto Grau, verbete "Capacidade normativa de conjuntura", in *Enciclopédia Saraiva de Direito* 13/48 e ss., 1978.

9. Sobre esses atributos, v. Eros Roberto Grau, "As agências, essas repartições públicas", in *Regulação e Desenvolvimento* (Calixto Salomão Filho, org.), São Paulo, Malheiros Editores, 2002, p. 27.

10. Criado, em 1962, pela Lei 4.137/1962, embora já em 1945 fosse criada "a" CADE (Comissão Administrativa de Defesa Econômica, cf. Decreto-lei 7.666, de 1945).

11. "Art. 8º. A atual Superintendência da Moeda e do Crédito é transformada em autarquia federal, tendo sede e foro na Capital da República, sob a denominação de Banco Central do Brasil, com personalidade jurídica e patrimônio próprios (...)."

12. Assim definido pelo art. 5º do Decreto-lei 200, de 1967: "I — Autarquia — o serviço autôno-

nômeno: além da crença na existência de entes administrativos que pairariam no limbo, não se integrando a nenhum dos três Poderes, a alguns princípios constitucionais atinentes ao funcionamento do mercado é atribuída essência mitológica.

A livre iniciativa e a livre concorrência são tomadas como indissociáveis do modelo que postula o funcionamento dos mercados fundado exclusivamente na busca da *eficiência alocativa*.[13] A proteção da livre concorrência e da livre iniciativa levaria ao repúdio de qualquer política que permitisse a certos mercados desenvolver-se fora da lógica *chicaguiana*, afastando a tutela de quaisquer outros valores que não o *livre mercado*.

9. Essa premissa, no entanto, encerra não apenas uma armadilha ideológica, oculta sob a escusa dos julgamentos técnicos, mas também inescondível afronta à Constituição do Brasil.

Os princípios da *livre iniciativa* e da *livre concorrência* não existem *per se*, não bastam a si mesmos. São *instrumentais* da promoção da *dignidade humana*. A Constituição do Brasil, em seu todo, propõe a realização de objetivos mais amplos do que, singelamente, o do "*livre mercado*".

Os princípios veiculados pelo seu art. 170 visam a assegurar a todos *existência digna*, conforme os ditames da *justiça social*. E o seu art. 1º enuncia como dois dos fundamentos do Brasil a *dignidade da pessoa humana* e os *valores sociais da livre iniciativa*. Daí porque a interpretação/aplicação do princípio da *dignidade da pessoa humana* ilumina a concretização dos princípios veiculados pelos arts. 1º, 3º e 170 da Constituição; mas a interpretação/aplicação desses mesmos princípios, concomitantemente, ilumina a concretização do princípio da *dignidade da pessoa humana*.

Por isso incide em grave erro, equívoco grosseiro, quem sustente que os textos legais devem, sob pena de inconstitucionalidade, adequar-se em termos absolutos às regras típicas do "*mercado livre*".

10. Evidentemente não estamos a afirmar que a Constituição do Brasil postula um modelo de mercado desvinculado da *livre iniciativa* e da *livre concorrência*; bem ao contrário.

Sustentamos que os princípios veiculados pelo art. 170 da Constituição do Brasil e todas as regras que a partir deles se desdobram estão à disposição dos fins enunciados pelo art. 3º da própria Constituição e, portanto, não podem ser lidos ou tomados apartadamente do sistema ao qual pertencem e ao qual, ao mesmo tempo, dão conformação.[14] Veja-se, a propósito, o en-

mo, criado por lei, com personalidade jurídica, patrimônio e receita próprios, para executar atividades típicas da Administração Pública, que requeiram, para seu melhor funcionamento, gestão administrativa e financeira descentralizada". Já a Lei 8.884, de 1994, diz em seu art. 3º: "O Conselho Administrativo de Defesa Econômica (CADE), órgão judicante com jurisdição em todo o território nacional, criado pela Lei 4.137, de 10 de setembro de 1962, passa a se constituir em autarquia federal, vinculada ao Ministério da Justiça, com sede e foro no Distrito Federal, e atribuições previstas nesta lei".

13. Na literatura econômica é corrente a utilização da palavra "eficiência" para designar o escopo máximo do sistema. *Grosso modo*, podemos afirmar que, para os economistas, uma *escolha eficiente* é aquela tomada quando não há outra alternativa que pudesse ser preferida por todos os envolvidos, levando em conta os seus objetivos e as suas preferências. A eficiência pode ser definida e aplicada em vários níveis, conforme o tipo de escolha a ser considerada; em organização industrial, a mais comum é a *eficiência alocativa*, ou seja, aquela relacionada à destinação dos bens. Diz-se que uma alocação de recursos é ineficiente quando há outra alternativa que todos os envolvidos prefeririam, ou que pudesse ser aceita por pelo menos um deles, enquanto, para os outros, a nova disposição seria no mínimo indiferente (cf. Paul Milgrom e John Roberts, *Economics, Organization and Management*, New Jersey, Prentice-Hall, 1992, pp. 22-23).

14. "O texto da Constituição de 1988 não deixa dúvidas quanto ao fato da concorrência ser, entre nós, um meio, um instrumento para o alcance de outro bem maior, qual seja 'assegurar a todos existência digna, conforme os ditames da justiça social'. (...) A tutela da concorrência não é, portanto, um fim em si mesma e poderá ser afastada quando o escopo maior perseguido pelo sistema assim o exigir" (Paula A. Forgioni, *Os Fundamentos do Antitruste*, São Paulo, Ed. RT, 1998, p. 170).

tendimento adotado pelo Supremo Tribunal Federal:

"Embora a atual Constituição tenha, em face da Constituição de 1967 e da Emenda Constitucional 1/1969, dado maior ênfase à livre iniciativa, uma vez que, ao invés de considerá-la como estas (arts. 157, I, e 160, I, respectivamente) um dos princípios gerais da ordem econômica, passou a tê-la como um dos dois fundamentos dessa mesma ordem econômica, e colocou expressamente entre aqueles princípios o da livre concorrência que a ela está estreitamente ligado, *não é menos certo que tenha dado maior ênfase às suas limitações em favor da justiça social*, tanto assim que, no art. 1º, ao declarar que a República Federativa do Brasil se constitui em Estado Democrático de Direito, coloca entre os fundamentos deste, no inciso IV, não a livre iniciativa da economia liberal clássica, mas os valores sociais da livre iniciativa: ademais, entre os novos princípios que estabelece para serem observados pela ordem econômica, coloca o da defesa do consumidor (...) e o da redução das desigualdades sociais".[15-16]

11. Não obstante, há quem, recusando o exercício de interpretação sistemática da Constituição e tomando-a em tiras, em pedaços, entenda inconstitucionais quaisquer leis eventualmente restritivas da concorrência (= do livre mercado). O princípio da livre concorrência é então suposto como dominante de todos os demais princípios adotados pela Constituição do Brasil, pautando a interpretação/aplicação do ordenamento jurídico. Essa gente visualiza o direito como servidor do implacável funcionamento do mercado. Tomam-no como subjugável pelos determinismos econômicos quando, em verdade, o direito existe precisamente para subjugá-los.

Concebe-se então os entes integrantes do Sistema Brasileiro de Defesa da Concorrência como incumbidos de ajustar todos os setores da economia à busca da eficiência alocativa. Deteriam poder suficiente para coartar a implementação, pelo Estado, de políticas públicas concebidas sob a égide de lógica diversa daquela que entendem como perfeita e adequada: a lógica do *livre mercado*. Para os arautos dessa visão, a identificação da sempre única alternativa a seguir, em cada situação, resultaria de uma verificação exclusivamente *técnica* e, portanto, irrefutável.

12. Essa corrente ideológica percebe a tutela da concorrência e do mercado em um ambiente asséptico, impermeável à harmonia dos princípios no bojo da Constituição e aos conflitos de interesses presentes na aplicação de cada caso concreto. A decisão a ser tomada será aquela que "will increase competition up to the margin at which the benefits of extra competition are just offset by the lost technical economies of scale".[17] Simplesmente isso.

É, porém, certo que a opção pela solução *mais eficiente*, colhida em coerência exclusivamente sob a lógica do mercado, é estranha à ordem constitucional.

Resta demonstrado, portanto, que a busca da eficiência alocativa e a tutela da

15. Ação direta de inconstitucionalidade 319/4-DF, Rel. Ministro Moreira Alves, j. 3.3.1993 e publicada em 30.3.1993. Destacamos.

16. Mencione-se, ainda, a seguinte passagem do mesmo julgado: "A ordem econômica, também fundada na livre iniciativa, deve conformar-se aos ditames da justiça social (CF, art. 170). A respeito desses princípios retores da ordem econômica, pondera José Afonso da Silva (...) 'Assim, a liberdade de iniciativa econômica privada, num contexto de uma Constituição preocupada com a realização da justiça social (o fim condiciona os meios), não pode significar mais do que liberdade de desenvolvimento da empresa no quadro estabelecido pelo poder público, e, portanto, possibilidade de gozar das facilidades e necessidades de submeter-se às limitações postas pelo mesmo. É nesse contexto que se há de entender o texto do (...) art. 170, parágrafo único, sujeito aos ditames da lei e, ainda, dos condicionamentos constitucionais em busca do bem-estar coletivo'" (do parecer da Procuradoria-Geral da República, de autoria de Moacir Antônio Machado da Silva, transcrito no relatório do Ministro Relator Moreira Alves).

17. Clair Wilcox e William G. Shepherd, *Public Policies toward Business*, 5ª ed., Homewood, Richard D. Irwin, 1975, pp. 111 e ss.

livre concorrência, nos termos e limites dessa ótica, não encontram abrigo na Constituição do Brasil senão de forma mitigada, em coerência com os seus demais princípios.

13. É fato que, em certos setores da economia, a busca da eficiência alocativa pode aportar resultados vantajosos que concorreriam para conferir concreção aos princípios do art. 170 da Constituição do Brasil.[18] No entanto, essa lógica que permite o impiedoso aniquilamento do agente econômico menos eficiente (*survival of the fittest*) pode revelar-se inadequada à organização de alguns setores da economia. Na síntese de IRTI: "L'economia di mercato e la libera concorrenza non esprimono *di per sé* discipline giuridiche, che siano applicabili a ogni bene e situazione storica; ma agiscono come principi, su cui si modella la pluralità degli statuti normativi. Le condizioni, capaci di garantire la libertà della concorrenza e degli scambî, sono storicamente mutevoli, e cambiano a seconda dei singoli beni. Donde la necessità di regimi giuridici diversi, che svolgano e attuino i criteri generali. Si individuano così *principî di settore*, ricavabili dalle norme che ordinano i singoli mercati: non confliggenti, come è ovvio, con i criteri complessivi del sistema, ma capaci di specificarli e determinarli in ragione di dati beni o categorie di beni".[19]

Pluralidade de mercados: a necessidade de ajuste da política concorrencial

14. Há, de outra parte, segmentos da economia nos quais o arrefecimento da concorrência pode mostrar-se adequado à tutela de valores que não apenas o "livre mercado". Por exemplo, a possibilidade de negociação coletiva das condições de remuneração dos trabalhadores pelos sindicatos, autorizada pelo art. 611 da CLT, poderia ser considerada como ensejadora de um "cartel"; não obstante, a união permite-lhes a obtenção de melhores condições de salário e de vida; a neutralização da concorrência é, neste caso, admitida pelo ordenamento.

Existem mercados que reclamam *leis específicas* para a disciplina de seu funcionamento, regulando o grau de concorrência adequado ao setor. Dizemo-las *específicas*, porque correm à margem das normas veiculadas pela Lei 8.884, de 1994, que trata da tutela da concorrência de uma *forma geral*, e são aplicáveis aos mercados não sujeitos a leis especiais.

15. Ao afirmarmos que a Lei Antitruste é uma *lei geral* estamos a sustentar que ela regula de forma geral a concorrência entre os agentes que atuam no domínio econômico, tanto de maneira *repressiva* (punindo os abusos de poder econômico e as práticas restritivas da concorrência),[20] quanto *preventivamente* (mediante o controle previsto no seu art. 54). *A Lei Antitruste protege a concorrência de forma geral, o mercado concorrencial como um todo*, seja tomando-o como um fim a ser atingido, seja preservando-o.

Ela será *geral* se e quando comparada a outros textos legais (leis especiais) que excluem do seu âmbito de incidência determinados setores, submetendo-os a lógica diversa da concorrencial plena ou a controle por autoridade distinta daquela encarregada, pela lei geral, de tutelar a concorrência.

Normas gerais e normas especiais

16. O direito repudia contradições e antinomias. "Incompatibilidades não podem ao mesmo tempo existir".[21-22-23]

18. De qualquer forma, não podemos desconsiderar — e isso é corrente — que a própria Lei 8.884, de 1994, dá proteção a interesses outros que não apenas a busca da eficiência alocativa. V. a título exemplificativo, o disposto no art. 54, § 2º.

19. *L'Ordine Giuridico del Mercado*, Roma, Laterza, 1998, p. 40.

20. Cf. art. 20 da Lei 8.884, de 1994.

21. Já dizia o Alvará de 10 de fevereiro de 1757, reportado por Teixeira de Freitas, *Regras de Direito*, Lejus, 2000, p. 300.

Visualizando o ordenamento jurídico como *sistema*, a doutrina consolidou regras que permitem aos intérpretes eliminar aparentes conflitos entre textos normativos.[24] Desventuradamente, determinados axiomas são hoje mecanicamente reproduzidos, sem que devida atenção seja dada à *função* que desempenham, de permitir o fluente funcionamento do próprio sistema.

17. Um desses brocardos afirma que "a lei especial prevalece sobre a lei geral". Sua função sistêmica é evidente: o texto normativo especial — vale dizer, *voltado à disciplina de determinada e individualizada situação* — deve prevalecer sobre a regra geral, cuja hipótese normativa abrange situações concretas não marcadas pela peculiaridade tomada como relevante pela norma especial.

Relembre-se a observação de Carlos Maximiliano: "Se existe antinomia entre a regra geral e a peculiar, específica, esta, no caso particular, tem a supremacia. Preferem-se as disposições que se relacionam mais direta e especialmente com o assunto de que se trata: *In toto jure generi per speciem derogatur, et illud potissimum habetur quod ad speciem directum est* — 'em toda disposição de Direito, o gênero é derrogado pela espécie, e considera-se de importância preponderante o que respeita diretamente à espécie'".[25]

18. Os atributos da especialidade e da generalidade, que apartam as normas gerais das especiais, derivam de um juízo de comparação entre duas normas.[26] Norma geral e norma especial não são geral e especial em si e por si, mas sempre relativamente a outras normas.

Assim, uma norma que é geral em relação à outra, pode ser tida como especial em face de uma terceira.

Por outro lado, a *norma geral* é dotada de uma *compreensão* menor e de uma *extensão* (sujeitos aos quais cada norma se dirige) maior, ao passo que a *norma especial* é dotada de uma *compreensão* maior e de uma *extensão* menor.[27]

22. "(...) le norme di un ordinamento hanno un certo rapporto tra loro, e questo rapporto è il rapporto di compatibilità" (Norberto Bobbio, *Teoria Generale del Diritto*, Torino, Giappichelli, 1993, p. 208).

23. Diz Carlos Maximiliano, "(s)upõe-se que o legislador, e também o escritor do Direito, exprimiram o seu pensamento com o necessário método, cautela, segurança; de sorte que haja unidade de pensamento, coerência de idéias; todas as expressões se combinem e harmonizem. Militam as probabilidades lógicas no sentido de não existirem, sobre o mesmo objeto, disposições contraditórias ou entre si incompatíveis, em repositório, lei, tratado, ou sistema jurídico" (*Hermenêutica e Aplicação do Direito*, 4ª ed., Rio de Janeiro, Freitas Bastos, 1947, p. 168).

24. A antinomia no sistema jurídico é sempre aparente e nunca real, já que o próprio ordenamento contém regras que devem necessariamente levar à solução de possíveis conflitos entre suas normas (Bobbio, *Teoria Generale del Diritto*, cit., pp. 218-235).

25. *Hermenêutica e Aplicação do Direito*, cit., p. 169. No mesmo sentido, Bobbio: "Il (...) criterio (...) della *lex specialis*, è quello in base a cui di due norme incompatibili, una generale e una speciale (o eccezionale), prevale la seconda: *lex specialis derogat generali*. Anche qui la ragione del criterio non è oscura: legge speciale è quella que deroga ad una legge più generale, ovvero che sottrae ad una norma una parte della sua materia per sottoporla ad una regolamentazione diversa (...)" (*Teoria Generale del Diritto*, cit., pp. 220-221).

26. Natalino Irti, *L'Età della Decodificazione*, 4ª ed., Milão, Giuffrè, 1999, pp. 53 e ss. A referência ao estudo de Irti é de Eros Roberto Grau (*Licitação e Contrato Administrativo*, São Paulo, Malheiros Editores, 1995, pp. 11-12. V., também, do mesmo autor, *Direito Urbano*, São Paulo, Ed. RT, 1983, p. 129).

27. Permitimo-nos um exemplo bastante simples. Suponha-se existirem em vigência, em determinada cidade histórica, três leis: (i) uma determina que as fachadas externas das casas devem ser pintadas da cor azul; (ii) outra que, no centro histórico, as fachadas devem ser terracota e (iii) uma terceira, que as fachadas da Rua dos Ourives, situada no centro histórico, devem ser pintadas de dourado. A segunda lei é especial em relação à primeira (porque considera especificamente as casas do centro histórico em relação a todas as casas da cidade) e geral em relação à terceira (que toma como objeto de disciplina específica as casas da Rua dos Ourives em relação a todas as casas do centro histórico). No caso da Lei Antitruste, considerando-se sua relação com leis que disciplinam setores específicos da economia, resultará óbvio que a primeira é lei geral e as segundas leis específicas, por conta das *especificidades*

19. A Constituição do Brasil, vimos, pressupõe a livre concorrência como atributo dos mercados; mas pressupõe desejável, a fim de que sejam realizados os objetivos afirmados nos seus arts. 3º e 170, a submissão de determinados setores da economia a disciplinas concorrenciais particulares.

O fato é que não existe apenas *um* mercado, mas *inúmeros mercados*, cada qual com suas peculiaridades, por isso mesmo com freqüência sujeitos à incidência de *textos normativos específicos* (= *especiais*).[28]

Setores específicos da economia regidos por leis específicas e a lei antitruste

20. Primeiramente cumpre deixarmos bem vincada a circunstância de que a exclusão da incidência da Lei Antitruste e/ou da competência da autoridade concorrencial pode se dar tanto (i) de forma expressa, quanto (ii) de forma implícita.

São inteiramente descabidas afirmações perpetradas no sentido de que as isenções ou exceções à Lei Antitruste deveriam sempre se dar de forma expressa, mediante inequívoca referência à Lei 8.884, de 1994. O que distingue o operador do direito do mero leitor de textos escritos é o compromisso, do primeiro, com a interpretação do direito, na sua totalidade. Não fosse assim, bastaria a alfabetização para criar juristas...

A isenção é *implícita* sempre que, como acima observamos, existindo uma *lei geral* que cuida da concorrência, com ela coexista uma *lei específica* que, disciplinando as atividades desenvolvidas em certo setor da economia, retire-as do campo de incidência da primeira. Retornando à consideração de situação acima referida, tome-se as atividades dos sindicatos, organizações que, em princípio, restringem a concorrência entre os trabalhadores, na medida em que negociam em bloco seus direitos, de maneira uniforme.[29] Embora a exclusão aqui não se dê de forma expressa, seria inconcebível admitirmos possa, a Lei Antitruste, reprimir a plena atuação de asso-

dos mercados envolvidos. Estamos em total desacordo com as ponderações do CADE, ao pretender que a lei concorrencial pudesse ser considerada específica, enunciadas nos seguintes termos: "Por que a Lei do sistema financeiro seria especial e a Lei Antitruste geral? Especial e geral em relação a que matérias? Por que não o contrário: em relação à concorrência, a Lei Antitruste seria específica? (...) Ora, a conclusão não pode ser diversa no exame da relação entre as Leis 4.595 e 8.884/1994: a Lei Antitruste é especial no que se refere à adjudicação concorrencial das concentrações no sistema financeiro" (Voto do Conselheiro Celso Fernandes Campilongo no Ato de concentração 08012.006762/2000-09, *DOU* 19.12.2001, publicado também em *Concorrência e Regulação no Sistema Financeiro*, cit., pp. 493-494). As respostas devidas às indagações do CADE são evidentes: a Lei Antitruste é geral porque tutela a concorrência de forma ampla, sem considerar especificidades de mercados com funcionamento peculiar. Já a Lei 4.595, de 1964, é específica porque disciplina setor específico da economia, gravitando em torno de suas especificidades.

28. "*Tanti mercati*, insomma, *quanti sono i nuclei di norme*, che regolano la produzione e lo scambio dei beni. I mercati sono *statuti normativi*, cioè non concepibili fuori dalle norme, che, provvedendo a disciplinarli, li fanno quali sono. Si spiega così la pluralità dei predicati, che, sempre più imprevedibili e numerosi, si aggiungono a 'mercato': finanziario, immobiliare, bancario, e via discorrendo" (Natalino Irti, *L'Ordine Giuridico del Mercato*, cit., p. 39).

29. É importante referir o caso Brown, *et al.* *vs.* Pro Football, Inc., dba Washington Redskins, *et al.*, julgado pela Suprema Corte norte-americana em junho de 1996. Um grupo de clubes de futebol e o sindicato iniciaram a negociação de um novo contrato. Os primeiros haviam desenvolvido um plano mediante o qual cada time manteria um "development squad" de jogadores não titulares ("reservas"). Os atletas integrantes dessa equipe receberiam mil dólares por semana. Os representantes dos trabalhadores entenderam que tal comportamento seria restritivo da concorrência, insistindo que cada reserva deveria ser livre para negociar seu próprio salário com o time. Quando as negociações chegaram a um impasse, os clubes implementaram o plano unilateralmente. Alguns reservas propuseram, então, uma ação judicial alegando que o acordo entre os clubes violaria a Lei Antitruste. A Corte de Apelação determinou que, no caso, os empregadores seriam imunes ao Sherman Act. Para a Suprema Corte, a legislação trabalhista possuiria "an implicit, nonstatutory antitrust exemption that applies where needed to make the collective-bargaining process work". Assim, o acordo entre os clubes seria imune aos dispositivos do Sherman Act.

ciações cuja existência lícita é reconhecida, inclusive, pela Constituição do Brasil.[30]

21. As razões que conduzem à edição de leis específicas voltadas à regulação de determinados mercados, cujo dinamismo deve escapar à lógica contemplada pela Lei Antitruste, são as mais variadas.

A *ratio legis* pode defluir da verificação, por exemplo, de que determinado mercado ainda não se encontra suficientemente consolidado para suportar as pressões inerentes ao jogo normal da concorrência.

Lembre-se, aqui, a observação de Hovenkamp, que seguramente não se amolda ao usual radicalismo dos que tratam da matéria de modo ligeiro: "Antitrust generally presumes that competitive markets are better than noncompetitive ones. But it also acknowledges two additional things. First, market failures exist that may require public intervention into the market. Second, the prerogative of recognizing market failures and fashioning a corrective belongs in the first instance to legislatures and executives, not to courts. As a result, antitrust does not generally interpose its own theory of the appropriate nature of domain of regulation, even if the antitrust decision maker thinks the regulation is excessive or ill-advised".[31]

Na União Européia, como noticiam Ivo Van Bael e Jean-François Bellis, "When defining the scope of application of art. 85 and 86[32] of the treaty, attention must be given to the fact that a number of special sectors of the economy are either in whole or in part exempt from the application of the EC competition rules. Other sectors present such particular features that a sector-specific application of the EC competition rules has been developed".[33]

Assim, continuam os mesmos autores, estão total ou parcialmente isentos dos preceitos antitruste do Tratado da União Européia os chamados *setores especiais* (*special sectors*).

22. Visando ao afastamento da lógica essencialmente concorrencial, o texto normativo algumas vezes submete o controle da concorrência[34] a autoridade que não a antitruste, considerando-a mais capacitada a atuar nesse ambiente diferenciado, bem assim a aplicar uma política concorrencial talhada para o setor.[35]

A Lei 4.595, de 1964: norma específica quando considerada em relação à Lei 8.884, de 1994

23. Sabe toda a gente que o setor financeiro funciona de modo peculiar, regen-

30. Nos Estados Unidos, o sistema não funciona de forma diversa, como explicam Handler, Blake, Pitofsky e Goldschmid: "(s)ome statutes confer an express antitrust exemption, usually quite narrow in scope. More frequently, no express immunity is granted but the nature of the regulation is such that the courts have implied a limited immunity for certain activities" (*Trade Regulation — Cases and Materials*, 3ª ed., Westbury, The Foundation Press, 1990, p. 1.043). Especificamente no que tange ao setor trabalhista, um dos primeiros efeitos — que Hovenkamp diz inesperado — do Sherman Act foi coibir a ação dos sindicatos. Noticia-se que, em seus primeiros anos de vigência, o Sherman Act teria sido mais utilizado contra a força de trabalho do que contra o capital. Por esses motivos, o Congresso, em 1914, promulgou o art. 6º do Clayton Act, definindo que o Sherman Act não deveria ser interpretado de forma a proibir a organização e legítima atuação dos sindicatos. A isenção do setor trabalhista foi reforçada, em 1932, pelo Norris-LaGuardia Act.

31. *Federal Antitrust Policy*, St. Paul, West Publishing, 1994, pp. 651-652.

32. Atualmente, arts. 81 e 82.

33. *Competition Law of the European Community*, 3ª ed., Oxfordshire, CHH, 1994, p. 621.

34. Incluindo atos referentes às condutas e à estrutura do mercado.

35. A Suprema Corte norte-americana, no ano de 1975, decidiu caso que merece ser lembrado (Gordon *vs.* New York Exchange, 422 US 659). O sistema de preços fixos para as operações de valores inferiores a US$ 500.000 então adotado pela New York Stock Exchange, bem como pela American Stock Exchange, foi contestado sob a alegação de que violaria os arts. 1º e 2º do Sherman Act. A Suprema Corte entendeu que esse sistema não se subsumia às hipóteses da Lei Antitruste, pois havia sido regularmente aprovado pela Securities and Exchange Commission (SEC). Como assinala o texto do julgado, "This case presents the problem of reconciliation of the antitrust laws with a federal regulatory scheme (...). The (...) Court (...) concluded that fixed commission rates were immunized from antitrust

do-se pelo disposto no art. 192 da Constituição do Brasil, que recebeu a Lei 4.595, de 1964.

A Lei do Sistema Financeiro atribuiu ao Banco Central do Brasil o dever-poder de fiscalizar e controlar eventuais condutas anticompetitivas e concentrações das instituições financeiras, nos seguintes termos:

Art. 10. Compete *privativamente* ao Banco Central da República do Brasil:

(...);

IX — Exercer a fiscalização das instituições financeiras e aplicar as penalidades previstas;

X — Conceder autorização às instituições financeiras, a fim de que possam:

a) funcionar no País;

b) instalar ou transferir suas sedes, ou dependências, inclusive no exterior;

c) *ser transformadas, fundidas, incorporadas ou encampadas;*

(...);

g) *alienar ou, por qualquer outra forma, transferir o seu controle acionário.*

Art. 18. As instituições financeiras somente poderão funcionar no País mediante prévia autorização do Banco Central da República do Brasil ou decreto do Poder Executivo, quando forem estrangeiras.

(...).

§ 2º. O Banco Central da República do Brasil, no exercício da fiscalização que lhe compete, *regulará as condições de concorrência entre instituições financeiras*, coibindo-lhes os abusos com a aplicação da pena nos termos desta lei.[36]

Ao BACEN, como se vê, sem sombra de dúvida é atribuída, *com exclusividade*, a competência para apreciar atos referentes à concentração de instituições financeiras.

24. Aqueles que, no contexto da disputa de poder que nos referimos linhas acima, defendem a competência do CADE para a apreciação dessas concentrações, chegam ao ponto de afirmar que não haveria conflito entre a Lei 8.884/1993 e a Lei 4.595/1964: ao CADE tocaria analisar questões ligadas à *concorrência em geral* (ainda que referentes às instituições financeiras); ao BACEN, sindicar o aspecto ligado ao chamado *risco sistêmico*.

Essa argumentação, contudo, é insustentável, inteiramente incongruente.

A uma porque o texto normativo é suficientemente claro: a competência para analisar as concentrações entre instituições financeiras é atribuída ao BACEN pretendida distinção entre aspectos *sistêmico* e *concorrencial* não é contemplada pela lei.

A duas porque, no sistema da Lei 4.595, de 1964, o BACEN assume competência bem mais ampla, em vários aspectos aproximando-se de uma "agência", inclusive editando textos normativos voltados à disciplina do setor financeiro. Quanto à *competência técnica* da autarquia, o BACEN, é presumida. Note-se, ademais, que o setor é caracterizado como um mercado específico, de importância crucial para a economia.

A três porque, como acima demonstrado, a Lei 8.884, de 1994, é *lei geral* em relação à Lei 4.595, de 1964. Esta é *lei especial* em relação àquela, voltada à disciplina de um *segmento específico* da economia, sujeito a uma dinâmica concorrencial peculiar.

25. Em suma, temos que a Lei 8.884, de 1994, não atribui ao CADE o dever-poder de analisar operações de concentração entre instituições financeiras. Ao extrapolar os limites de sua competência, proferindo decisões sobre tais práticas, o CADE pratica ato que configura nítido *excesso de poder*.[37]

attack because of the Securities and Exchange Commission's authority to approve or disapprove exchange commission rates and its exercise of that power".

36. Destacamos.

37. O excesso de poder ocorre no "caso de agente dotado de atribuição legal, mas que, em determinada hipótese, a extrapola, indo além das atribuições legais conferidas" (Odete Medauar, *Direito Administrativo Moderno*, 3ª ed., São Paulo, Ed. RT, 1999, p. 171).

A falta de oposição do BACEN às concentrações bancárias como elemento de atribuição de competência ao CADE — Inconsistência do argumento

26. Para alguns, a competência para a apreciação de concentrações entre instituições financeiras haveria de ser atribuída ao CADE uma vez que o BACEN pouco faz para impedi-las.

Em outras palavras, porque o BACEN não se dedicaria à tutela da concorrência entre as instituições financeiras com o afinco pretendido por alguns, ao CADE cumpriria esse papel.[38]

Ora, fosse a inércia do BACEN verdadeira, das duas, uma: (i) ou aquela autarquia estaria deixando de exercer dever-poder a si atribuído pela lei ou (ii) a supostamente tíbia atividade do BACEN é expressiva precisamente da medida adequada do exercício desse dever-poder, no que tange à determinação do grau de concorrência do setor, de modo a contemplar a possibilidade de incentivo a concentrações bancárias.

A *não implementação* de uma política de concorrência *vigorosa* pode expressar precisamente a *implementação* de uma determinada política.[39] Na dicção de Irti: "Intervenção e não-intervenção são a mesma coisa: decisões, ambas, de política econômica e não natural ou tecnicamente puras. Ambas requerem uma tomada de posição em face da economia e a vontade de estruturá-la de um modo ou de outro".[40]

38. Na União Européia, o Regulamento que disciplina as concentrações entre agentes econômicos foi editado apenas no ano de 1989. Esse fato, como lembra Bernini, nada tem de acidental, pois "a concentração de empresas era considerada (...) como um instrumento que permitia adaptar a dimensão das empresas ao alargamento da zona econômica, suposto de implicar, entre outras, economias de escala" ("As regras de concorrência", *CE, Trinta Anos de Direito Comunitário*, Luxemburgo, 1981, pp. 346, 372. No mesmo sentido, Alberto Toffoletto, "Le concentrazioni nel diritto comunitario *antitrust*", *Giurisprudenza Commerciale* 17.3:451-2 (mai.-jun. 1990) e Aurelio Pappalardo, "Giurisprudenza comunitaria e straniera — Il regolamento CEE sul controllo delle concentrazioni tra imprese", *Il Foro Italiano* 1990, parte IV, p. 201. Cristoforo Osti dá relevo ao mesmo fenômeno: "È noto infatti che per lungo tempo il diritto comunitario è rimasto privo di un sistema di valutazione delle concentrazioni, in base ad una scelta che non può non considerarsi intenzionale, e che si fondava in buona parte sulla convinzione che il processo di aggregazione economica fosse di per sè positivo e meritevole di tutela nel sistema dell'economia europea, tanto al fine di consentire alle imprese di raggiungere dimensioni giudicate più adatte a reggere il confronto con la concorrenza internazionale, quanto al fine di incoraggiare una maggiore coesione tra le singole economie nazionali attraverso l'istituto delle concentrazioni (...)" ("Operazioni di concentrazione", in AAVV., *Diritto Antitrust Italiano*, org. A. Frignani, R. Pardolesi, A. Patroni Griffi e L. C. Ubertazzi, Bolonha, Zanichelli, 1993, p. 528). Entre nós, o declarado incentivo às concentrações, que teve lugar a partir da década de 1960, seguiu o mesmo princípio: a união de empresas tende, em muitos casos, a elevar o nível tecnológico do país, fortalecendo sua economia, bem como habilitar a indústria nacional para enfrentar a concorrência internacional. Basta, para comprovar tal afirmação, analisar os fatores que eram tomados para concessão de incentivos fiscais às concentrações, enumerados por Waldirio Bulgarelli ao comentar a Resolução 1, de 20.8.1971, da Comissão de Fusão e Incorporação de Empresas — COFIE: "a) obtenção de economias de escala (redução de custos e incremento da produtividade); b) redução de preços de venda no mercado interno; c) conquista e ampliação de mercados externos; e d) fortalecimento do mercado de capitais" (*O Direito dos Grupos e a Concentração de Empresas*, São Paulo, Universitária de Direito, 1975, p. 54). O posicionamento do CADE em relação às operações de concentração incentivadas pelo COFIE será tratado adiante.

39. A política antitruste pode ser atuada (i) mediante a *aplicação da Lei Antitruste*, ainda que por via de concessão de autorizações ou isenções, ou (ii) mediante a *não-aplicação da Lei Antitruste* a práticas restritivas. Em outras palavras, o Estado, com o escopo de regulamentar o mercado, pode afastar a aplicação da Lei Antitruste, eliminando ou amenizando, por exemplo, a vigilância ou controle sobre processos de concentração (cf. Paula A. Forgioni, *Os Fundamentos do Antitruste*, cit., p. 172).

40. No original de Irti: "Ci piace ripetere con Talleyrand che intervento e non intervento sono la stessa cosa: decisione, ambedue, di politica economica, e non naturalmente o tecnicamente pure. Ambedue postulano una presa di posizione rispetto all'economia, e la volontà di strutturarla in un modo o nell'altro" ("Teoria generale del diritto e problema

De qualquer forma, em nenhuma das hipóteses acima mencionadas justificar-se-ia a transferência da competência exclusiva do BACEN para apreciar as concentrações no setor financeiro a qualquer outro órgão ou entidade da Administração. Mesmo a falta de aplicação firme dos parâmetros de determinado modelo de concorrência, que alguns entendem adequada, jamais poderá afastar a competência exclusiva do BACEN para analisar as fusões entre instituições financeiras.

27. Insista-se neste ponto: no texto normativo, e apenas nele, há de ser encontrada a atribuição da competência atinente ao controle de práticas (quaisquer práticas) dos agentes econômicos a certo órgão ou entidade da Administração. Ao contrário do que se disse em meio à passionalidade do debate, competência funcional é atribuída por lei e não "conquistada" por este ou aquele órgão ou entidade.

Ademais, a formatação do modelo de concorrência a ser perseguido (atomística ou eficaz, *v.g.*) ou mesmo a valoração das eficiências produzidas pela operação são tarefas que — *ex vi* do disposto na Lei 4.595, de 1964, insistimos — compõem-se na esfera de competência da autoridade bancária.

A posição do BACEN e do CADE nos quadrantes da Administração Pública Federal

28. O Estado, observa Eduardo García de Enterría,[41] é uma pessoa jurídica única que realiza múltiplas funções, uma das quais é a de administrar, empreendida fundamentalmente pela Administração. Esta não é, contudo, para o Direito Administrativo, nem uma determinada função objetiva ou material, nem um complexo orgânico mais ou menos ocasional, porém uma pessoa jurídica, um sujeito de direito.

A função administrativa não é, porém, desempenhada exclusivamente pelo Poder Executivo,[42] senão também pelo Legislativo e pelo Judiciário. Mas é ali, no Executivo, que está situada a Administração por excelência.

Ocorre que, em verdade, não há apenas uma Administração, mas uma pluralidade de Administrações Públicas, todas elas titulares de relações jurídico-administrativas. Ao lado da Administração federal alinham-se as Administrações estaduais e as Administrações municipais, todas e cada uma delas contando — diz ainda Eduardo García de Enterría[43] — com sua própria personalidade jurídica independente, e uma plêiade de entidades institucionais ou corporativas igualmente personificadas.

29. Todas elas, no entanto, atuam de *modo harmônico*, mercê da definição de um quadro de competências no plano constitucional e dos mecanismos de tutela e instrumentalidade estabelecidos entre cada uma delas e suas entidades, de modo que — lançamos mão, ainda, das palavras de Eduardo García de Enterría[44] — toda a galáxia administrativa é reconduzida a uma unidade estrutural e sistemática.

Essa unidade estrutural e sistemática decorre, entre nós, do disposto no art. 37 da Constituição de 1988, sendo reafirmada nas dobras da legislação infraconstitucional.

30. Temos assim que cada Administração[45] distribui, no interior de si mesma, os ofícios que lhe incumbem entre diferentes órgãos, aos quais são atribuídas *competências específicas*.[46] Por isso, diz Gianni-

del mercato", *Rivista delle Società*, ano XLV, 1, jan.-fev. 1999, p. 14).

41. Eduardo García de Enterría e Tomas-Ramón Fernandes, *Curso de Derecho Administrativo*, 4ª ed., v. I, Madri, Civitas, 1983, pp. 24 e ss.

42. V. Eros Roberto Grau, *O Direito Posto e o Direito Pressuposto*, 5ª ed., Malheiros Editores, 2003, pp. 225 e ss.

43. Ob. cit., p. 33.

44. Ob. cit., p. 34.

45. Federal, estaduais e municipais.

46. V. Celso Antônio Bandeira de Mello, *Curso de Direito Administrativo*, 14ª ed., São Paulo, Malheiros Editores, 2002, pp. 121-122.

ni que "nei rapporti tra le varie autorità occorre che si sappia quale di esse abbia voce per la tutela di un certo interesse. Ne segue che ogni organo od ufficio ha una *qualificazione giuridica organizzatoria*, che si dice attribuzione".[47]

A legislação infraconstitucional (§ 2º do art. 1º da Lei 9.784, de 1999, que regula o processo administrativo no âmbito da Administração federal) define os órgãos como "unidade(s) de atuação integrante(s) da estrutura da Administração direta e da estrutura da Administração indireta".

Vê-se para logo, destarte, que a expressão "órgão público" pode ser empregada em sentido amplo, como acima a tomamos, para designar não apenas os "órgãos" despidos de personalidade jurídica, mas também as unidades de atuação da Administração indireta, autarquias, fundações e empresas estatais.

31. Cumpre cuidarmos especificamente das autarquias, porque unidades de atuação desse tipo são o BACEN e o CADE.

As autarquias são pessoas jurídicas de direito público. Embora em rigor situadas nos quadrantes da Administração indireta, descentralizada,[48] "não são subordinadas a órgão algum do Estado, mas apenas controladas"; "são responsáveis pelos próprios comportamentos".[49]

Isso, contudo, não importa, repita-se, em que se tornem absolutamente independentes, visto estarem sujeitas ao vínculo da tutela administrativa, que Celso Antônio Bandeira de Mello define como "o poder que assiste à Administração Central de influir sobre elas (as autarquias) com o propósito de conformá-las ao cumprimento dos objetivos públicos em vista dos quais foram criadas, harmonizando-as com a atuação administrativa global do Estado".[50]

32. O que ora se afirma, em síntese, é que o CADE, estando inserido em uma "unidade estrutural e sistemática" — a Administração — não pode atuar à margem dessa unidade. O mesmo seja dito em relação ao BACEN.

A autonomia ou independência de que se afirma gozarem os órgãos e as autarquias (entre as quais as agências) deve ser entendida primordialmente como independência perante os agentes sujeitos à regulação.

Embora os poderes de tutela não se presumam,[51] a independência (= ausência de subordinação hierárquica) das autarquias não as coloca à margem do aparato estatal, de modo a legitimar o exercício de atuação adversa às políticas públicas governamentais.

33. Ainda que se possa admitir que as autarquias especiais não estejam organicamente integradas na Administração ordinária do Estado, razão pela qual não estariam sujeitas a orientações ou controle governamental,[52] não se as pode conceber como entidades desgarradas do aparato estatal e, nele, da Administração.

Em suma: embora imunes a interferências políticas governamentais, elas não estão legitimadas a, excedendo os estritos limites de suas atribuições, constituir uma outra Administração, paralela à autêntica Administração. E, menos ainda, podem furtar-se à incidência das regras e dos princípios do Direito Administrativo Brasileiro.

A Lei Complementar 73, de 1993, e o CADE

34. O CADE — ainda que se auto-considere uma "agência independente" — está integrado ao Poder Executivo e, como tal,

47. *Istituzioni di Diritto Amministrativo*, Milão, Giuffrè, 2000, p. 73.

48. V. Eros Roberto Grau, "Considerações a propósito das sociedades de economia mista", *Revista de Direito Público* 17/113, 1971.

49. Dicção de Celso Antônio Bandeira de Mello, ob. cit., p. 140.

50. Ob. cit., p. 141.

51. Cf. Oswaldo Aranha Bandeira de Mello, *Princípios Gerais de Direito Administrativo*, v. II, Rio de Janeiro, Forense, 1974, p. 131.

52. Cf. Vital Moreira, referido na p. 110 da obra *Concorrência e Regulação no Sistema Financeiro*, cit.

abrangido pela incidência do art. 84, inciso II, da Constituição Federal:

Art. 84. Compete privativamente ao Presidente da República:

(...);

II — exercer, com o auxílio dos Ministros de Estado, a direção superior da administração federal;

35. A Administração atua de *forma harmônica*, sendo inadmissível a insubordinação de qualquer de seus órgãos ou entidades. Mais grave do que o desvio de função, patologias desse jaez comprometeriam a estabilidade das instituições e a segurança dos administrados.

A Administração não pode ser concebida como um arquipélago desajustado de órgãos e entidades desarticulados, cada qual expandindo ou retraindo arbitrariamente seu campo de atuação e suas estratégias. A implementação de políticas públicas requer *organização* e, para tanto, entre nós, a disposição veiculada pelo art. 84, II, da Constituição do Brasil é essencial.

36. A Lei Complementar 73, de 1993, Lei Orgânica da Advocacia-Geral da União — AGU, dispõe:

Art. 4º. São atribuições do Advogado-Geral da União:

(...);

X — *fixar a interpretação da Constituição, das leis*, dos tratados e demais atos normativos, *a ser uniformemente seguida pelos órgãos e entidades da Administração Federal*;

XI — *unificar a jurisprudência administrativa*, garantir a correta aplicação das leis, prevenir e dirimir as controvérsias entre os órgãos jurídicos da Administração Federal.

(...).

Art. 40. Os pareceres do Advogado-Geral da União são por este submetidos à *aprovação do Presidente da República*.

§ 1º. O parecer aprovado e publicado juntamente com o despacho presidencial *vincula a Administração Federal, cujos órgãos e entidades ficam obrigados a lhe dar fiel cumprimento*.[53]

37. O § 1º do art. 40 da Lei Complementar 73, de 1993, não distingue a Administração direta da Administração indireta federal. O parecer da AGU, aprovado pelo Presidente da República, vincula "órgãos e entidades" da Administração federal, que "ficam obrigados a lhe dar fiel cumprimento". O Advogado-Geral da União exerce a atribuição de "fixar a interpretação da Constituição, das leis, dos tratados e demais atos normativos, a ser uniformemente seguida pelos *órgãos e entidades da Administração Federal*".[54] Incumbe-lhe ainda unificar a jurisprudência administrativa e prevenir e dirimir as controvérsias entre os órgãos jurídicos da Administração federal.[55] É regra de interpretação básica a de que ao intérprete não cabe distinguir onde a lei não distingue.

A leitura equivocada da lei complementar surtiria o efeito de imunizar o CADE ao dever de manter-se harmonicamente integrado à Administração. O argumento de que, no episódio, valeu-se o CADE conduziria, em última instância, quiçá ao delírio de recusar-se a autarquia a acatar decisões do Poder Judiciário, sob o pretexto de que seus atos seriam "discricionários" e, logo, refratários a qualquer controle. À questão *quis custodes custodet*?, responder-se-ia: a própria autarquia, implementando o modelo de concorrência que decidir imprimir a todos e quaisquer setores da economia brasileira, pairando sobre a própria Constituição.

38. Também não pode prosperar o argumento segundo o qual a Lei 8.884, de 1994, teria revogado a lei complementar de que se cuida. Pois é certo que a lei ordinária não pode revogar ou alterar lei complementar.

Argumentos retóricos foram desferidos, sem sucesso, com o escopo de afastar essa verificação, entre os quais o seguinte:

As normas da LC 73/1993 que direta ou indiretamente afetem competências que

53. Destacamos.

54. Inc. X do art. 4º da LC 73/2003. Destacamos.

55. Inc. XI do art. 4º da LC 73/2003.

não digam respeito exclusivamente às tarefas de assessoramento jurídico do Poder Executivo pela AGU podem ser revogadas por lei ordinária posterior. (...) Naquilo em que extrapola seu campo material, à LC 73/1993, ao se contrapor à Lei 8.884, de 1994, aplica-se, sem dúvida, a regra *lex posterior derogat priori*. E mais: sendo a lei do CADE específica sobre esta autarquia, ela prevalece sobre a LC 73/1993, que trata, genericamente — e inconstitucionalmente, lembre-se — de órgãos e entidades da Administração Federal que não a AGU.[56]

39. A compreensão da matéria requer correta interpretação da Constituição do Brasil.

Dispõe o seu art. 131, *caput*, que à AGU cabe, *nos termos da lei complementar que dispuser sobre sua organização e funcionamento*, as atividades de consultoria e assessoramento jurídico do Poder Executivo. Daí caber à lei complementar, além de dispor sobre a organização e funcionamento da AGU, disciplinar as "*atividades de consultoria e assessoramento jurídico*" ao Poder Executivo. Em outras palavras, diz a Constituição do Brasil que à lei complementar cabe estipular *o modo pelo qual as atividades de consultoria e assessoramento ao Poder Executivo serão empreendidas pela AGU*.

Vimos que a Constituição do Brasil reserva ao Presidente da República o exercício da direção superior da Administração federal (art. 84, II). Assim, a AGU deve prestar-lhe *assessoria jurídica* nessa função.

A Lei Complementar 73, recuperando a técnica da emissão de pareceres que a antiga Consultoria-Geral da República expedia, estabelece que, sendo eles aprovados pelo Presidente da República, passam a vincular os órgãos e as entidades da Administração. O que se pretende, destarte, é a superação de eventuais conflitos de interpretação no seio da Administração. Esse texto normativo, ao vincular os órgãos e entidades da Administração às conclusões enunciadas em pareceres da AGU *aceitas* pelo Presidente da República, não extrapola a matéria assinalada pelo art. 131 da Constituição como objeto de disciplina pela lei complementar.

Assim, é fora de dúvida que a disposição veiculada pelo § 1º do seu art. 40 compõe preceito de lei complementar, não sendo passível de revogação por lei ordinária. A Lei Antitruste não poderia tê-lo revogado.

40. Ademais, a alegada revogação do preceito há de ser examinada em face do disposto no art. 2º, § 1º da Lei de Introdução ao Código Civil:

> A lei posterior revoga a anterior quando expressamente o declare, quando seja com ela incompatível ou quando regule inteiramente a matéria de que tratava a lei anterior.

A chamada Lei Antitruste não declarou expressamente a revogação, seja total, seja parcial, da Lei Complementar 73, de 1993 — e, vimos, nem poderia fazê-lo.

Igualmente, não regula a matéria de que trata a Lei Complementar.

Incompatibilidade entre os dois textos também não há, porquanto versam sobre matérias diversas. A primeira, Lei Antitruste, disciplina (i) a "prevenção e a repressão às infrações contra a ordem econômica, orientada pelos ditames constitucionais de liberdade de iniciativa, livre concorrência, função social da propriedade, defesa dos consumidores e repressão ao abuso do poder econômico"[57] e (ii) os entes integrantes do chamado Sistema Brasileiro de Defesa da Concorrência (CADE, SDE e SEAE); a segunda, Lei Complementar 73, regula a Advocacia-Geral da União e sua atividade de assessoramento ao Poder Executivo.

Resta sucinta, mas suficientemente demonstrada, a não revogação da lei complementar pela Lei 8.884, de 1994.

56. Do voto do Conselheiro Celso Campilongo, in *Concorrência e Regulação no Sistema Financeiro*, cit., pp. 486-487.

57. Cf. art. 1º da Lei 8.884, de 1994.

A aprovação de concentração entre instituições financeiras pelo BACEN e a impossibilidade de sua revisão ou contradita pelo CADE: a boa-fé da Administração

41. Outro aspecto cumpre ainda ferirmos, atinente à circunstância de a Administração estar vinculada pelo dever de agir conforme os ditames da *boa-fé*.

Atua, no caso, o princípio da moralidade, que reclama padrões de conduta caracterizados pela lealdade, seriedade, zelo, postura exemplar, boa-fé, sinceridade e motivação.[58]

O conteúdo desse princípio, afirmado no art. 37 da Constituição do Brasil como um dos fundamentais da atividade administrativa, há de ser encontrado no interior do próprio direito, até porque a sua contemplação não pode conduzir à substituição da ética da legalidade por qualquer outra ética. A humanidade lutou séculos pela legalidade. Por isso cumpre ver onde e como nossa Constituição confere substância jurídica à moralidade.

42. Seguindo a exposição de Humberto Ávila,[59] teremos que a Constituição do Brasil inicialmente estabelece *valores fundamentais*, como dignidade, trabalho, livre iniciativa (art. 1º), justiça (art. 3º), igualdade (art. 5º, *caput*), liberdade, propriedade e segurança (art. 5º, *caput*), estabilidade das relações (art. 5º, *caput* e XXXVI). Em seguida, institui *um modo objetivo e impessoal de atuação administrativa*, baseado nos princípios do Estado de Direito (art. 1º), da separação dos poderes (art. 2º), da legalidade e da impessoalidade (art. 5º, II e 37). Em terceiro lugar, cria *procedimentos de defesa dos direitos dos cidadãos*, por meio da universalização da jurisdição (art. 5º, XXXV), da proibição de utilização de provas ilícitas (art. 5º, LVI), do controle da atividade administrativa via mandado de segurança e ação popular, inclusive contra atos lesivos à moralidade (art. 5º, LXIX e LXXIII), e da anulação de atos de improbidade administrativa (art. 37, § 4º). Após, cria *requisitos para o ingresso na função pública*, mediante a exigência de concurso público (art. 37, II); a vedação de acumulação de cargos (art. 37, XVI), proibição de autopromoção (art. 37, § 1º); a necessidade de demonstração de idoneidade moral ou reputação ilibada para ocupar os cargos de ministro do Tribunal de Contas (art. 73), do Supremo Tribunal Federal (art. 101), do Superior Tribunal de Justiça (art. 104), do Tribunal Superior Eleitoral (art. 119), do Tribunal Regional Eleitoral (art. 120); a exigência de idoneidade moral para requerer a naturalidade brasileira (art. 12); e a proibição de reeleição por violação à moralidade (art. 14, § 9º). Por fim, institui *variados mecanismos de controle da atividade administrativa*, inclusive mediante controle de legitimidade dos atos administrativos pelos Tribunais de Contas (art. 70).

Tudo sintetizado, teremos que o princípio da moralidade exige condutas sérias, leais, motivadas e esclarecedoras, ainda que não previstas na lei, decorrentes no entanto da interpretação/aplicação do direito, no seu todo, como ordenamento.

Daí porque a boa-fé deve ser tida como exigência da vinculação da Administração pelo princípio da moralidade.

Lembre-se bem, neste passo, as considerações de Jesús González Perez: "Se da la desconfianza más absoluta entre el administrado y los administradores. Los deberes de unos y otros se relegan al olvido más absoluto y la fraternidad se traduce en una continuada actitud de desconfianza y recelo. De aquí la especial importancia en el Derecho Administrativo de un principio

58. Paulo Modesto, "O controle jurídico do comportamento ético da administração pública no Brasil", *Revista de Direito Administrativo* 209/77, 1997. Sobre o princípio da moralidade, v. Hely Lopes Meirelles, *Direito Administrativo Brasileiro*, 28ª ed., São Paulo, Malheiros Editores, 2003, pp. 87 e ss. Cf., tb., Maria Sylvia Zanella Di Pietro, *Direito Administrativo*, cit., pp. 77 e ss.

59. *Teoria dos Princípios: da Definição à Aplicação dos Princípios Jurídicos*, São Paulo, Malheiros Editores, 2003, p. 76.

que constituye cauce para la integración de todo el Ordenamiento conforme a la idea de creencia y confianza".[60]

43. É fato que operações de concentração foram expressamente autorizadas pelo BACEN (isto é, por um ente da Administração), em época na qual não se cogitava da auto-ampliação de competência por parte da autoridade antitruste. Andaria contra a boa-fé que essa mesma Administração, em um segundo momento, sacasse da algibeira a alegação de pretensa ilegalidade da operação, a pretexto de não apresentar as eficiências mencionadas no § 1º da Lei 8.884, de 1994.

O CADE não poderia, na situação que analisamos, contestar operações aprovadas pelo BACEN, sob pena de aviltar o art. 37 da Constituição do Brasil. Assim, a requisição de apresentação dos atos é inócua porquanto poderá levar apenas a um resultado: o da confirmação das decisões da autoridade financeira.

44. A rememoração de situações que se manifestaram entre nós tem o condão de iluminar a questão que estamos a abordar.

No passado, quando operações de concentração empresarial eram efetuadas ao abrigo de ato da COFIE — Comissão de Fusão e Incorporação de Empresas, criada pelo Decreto-lei 1.182, de 1971, o CADE entendia, declaradamente, que essas operações não importavam infração à Lei Antitruste, porque as empresas atuavam no exercício regular de direito.

A esse respeito, é bem ilustrativa a seguinte decisão:

> Ainda quando verificada a existência de concentração econômica, não há falar em abuso do poder econômico quando as empresas envolvidas atuem de conformidade com as normas legais e regulamentares emanadas dos órgãos competentes da Administração Pública, máxime quando a atividade vise um benefício para a economia nacional, tal como, por exemplo, a substituição de importações. (...) Das numerosas e aprofundadas pesquisas que os órgãos de apoio do CADE realizaram, constata-se que as empresas pesquisadas atuam de conformidade com normas legais e regulamentares emanadas dos órgãos próprios da Administração Pública. E, como bem salientou a Procuradoria "quem usa de um direito não comete ato ilegal".[61]

O controle de constitucionalidade e a Administração

45. Da análise das manifestações do CADE ao longo da contenda instalada no seio do Poder Executivo — inclusive sua recusa em acatar o parecer da AGU — poreja a idéia de que essa autarquia poderia deixar de aplicar uma lei que autorizasse uma prática restritiva da concorrência; igualmente, de que estaria dispensada de acatar o parecer da AGU (mesmo tendo sido aprovado pelo Presidente da República) porque este teria interpretado indevidamente tanto a Lei Complementar 73, de 1993, quanto os arts. 37 e 131 da Constituição do Brasil.[62] Enfim, o CADE não es-

60. *El Principio General de la Buena Fe en el Derecho Administrativo*, Madri, Civitas, 1983, pp. 58-59.

61. José Inácio Gonzaga Franceschini e José Luiz Vicente de Azevedo Franceschini, *Poder Econômico: Exercício e Abuso; Direito Antitruste Brasileiro*, São Paulo, Ed. RT, 1985, ementa 57, p. 60 (Voto no Processo de averiguações preliminares 15, de 22.2.1974. Repte.: Departamento de Pesquisas Econômicas do CADE, Repdo.: Indústrias de Artefatos de Cimento Amianto, *DOU* 19.3.1974).

62. Embora o CADE afirme que "não compete a este Plenário refutar a interpretação dada pela AGU ao suposto conflito entre os dispositivos da Lei 8.884/1994 e da Lei 4.595/1964, sob o prisma das normas da Constituição Federal de 1988" e que o mesmo plenário não seria "o foro competente para discutir a vinculação ou não do CADE ao parecer da AGU", embasa sua conclusão na interpretação que o próprio plenário dá a dispositivos constitucionais e à Lei Complementar 73, de 1993. Assim, afirma que "o dispositivo da Lei Complementar 73/1993, ao determinar que 'O parecer aprovado e publicado juntamente com o despacho presidencial vincula a Administração Federal' (art. 40, § 1º), deve ser interpretado restritivamente, de maneira a abranger somente a administração direta e aqueles entes da administração indireta que possuem autonomia limitada por decorrência de previsões específicas de suas correspondentes leis de criação, sob pena de lesão à

taria sujeito ao disposto na Lei Complementar 73, de 1993, em virtude da sua independência; por isso a lei seria inconstitucional:

> A Lei Complementar 73/1993 extrapolou seu campo material, que seria o da organização e funcionamento da Advocacia-Geral da União enquanto — e tão-somente enquanto — prestadora de consultoria e assessoramento jurídico ao Poder Executivo. É claro, neste sentido, o *caput* do art. 131 da Constituição: a lei complementar nele referida não deveria tratar de matéria atinente à organização administrativa como um todo, já que esta é tema do art. 37 da Constituição.[63]

46. Vê-se, assim, que o CADE, crendo na inconstitucionalidade de determinado texto normativo ou da interpretação a ele dada por parecer da AGU (ainda que aprovado pelo Presidente da República), supõe estar habilitado a negar cumprimento tanto ao primeiro quanto à segunda.

Ora, essa linha de argumentação é inquietante; para o menos dizermos, instala a desordem no ordenamento jurídico. A esse respeito, já se disse que: "A admissão de que possa a lei ser descumpria, pela Administração, quando esta a tenha por inconstitucional, não apenas contradiz a afirmação, sempre repetida, de que administrar é aplicar a lei de ofício, mas também enseja a introdução de cavalo de Tróia no universo das liberdades, ainda que liberdades meramente formais. Pois é certo que, a admitir-se a recusa, pela Administração, da execução da lei, estaremos a permitir que qualquer autoridade administrativa, a partir do seu entendimento do que seja constitucional ou inconstitucional, atue ao largo, como se por ele não estivesse tangido, do princípio da legalidade".[64]

47. O CADE não pode deixar de dar cumprimento a uma lei ou a qualquer conclusão enunciada em parecer da AGU, aprovado pelo Presidente da República, por entendê-las inconstitucionais. Dizendo, a

Carta Magna". Adiante, ao comentar o art. 131 da Constituição do Brasil, o CADE afirma que "não é correto considerar que o dispositivo em comento se estende à administração indireta" e, com isso, recusa-se a acatar o parecer da AGU, mesmo porque "(a) atividade jurisdicional — judicial ou administrativa (aqui incluído o CADE) —, bem como as entidades administrativas independentes (aqui incluídas as "agências": Anatel, ANP, Aneel), encontram-se entre as instituições que traduzem ou implementam fins constitucionais de direção política (*indirizzo politico*, na expressão italiana popularizada entre os constitucionalistas)" e "(d)estaca-se que a administração indireta, ao lado da administração direta, possui raiz constitucional (art. 37). A *ratio* de uma previsão como esta é a de, exatamente, separar duas figuras distintas que nem o legislador, nem tampouco o administrador podem reunir num só corpo. A administração indireta — enquanto gênero, sendo a autarquia uma de suas espécies — não pode ter sua configuração, *em tese* e *a priori*, restringida, como se não fosse mais possível criar pessoa jurídica de direito público com autonomia própria. Uma reforma do modelo geral de organização administrativa do Estado só poderia ser levada adiante por meio de emenda à Constituição Federal. Mais: como poderia a Lei Complementar 73/1993 versar sobre matéria de organização administrativa (do art. 37 da CF), considerando-se que se presta a regulamentar as competências da Advocacia-Geral da União?". A Lei Complementar, no entender do CADE, estaria sendo interpretada de forma inconstitucional pela AGU, porquanto viabilizaria uma "delegação disfarçada de competência legislativa ao chefe do Poder Executivo". Ademais, ao recusar sua submissão ao disposto no art. 131 da Constituição Federal, o CADE questiona a imparcialidade da AGU, ou de um "parecer aprovado pela administração direta em favor de um ente que lhe é subordinado (BACEN), em detrimento de uma autarquia independente (CADE)" (todos os excertos são do Voto do Conselheiro Celso Fernandes Campilongo no Ato de concentração 08012.006762/2000-09, *DOU* 19.12.2001, in *Concorrência e Regulação no Sistema Financeiro*, cit., pp. 471 e ss.). A conclusão final é a de que a Administração federal (entenda-se, o Presidente da República e a AGU) teria praticado um ato inconstitucional, porque "o Poder Executivo não pode se respaldar em *previsões genéricas* para adotar postura contrária à ordem legal e constitucional, vindo a reunir, em suas mãos, aquilo que a Constituição Federal separou, maculando, inclusive, o princípio da segurança jurídica". Ao fim e ao cabo: o CADE simplesmente recusou-se a acatar a determinação dada pelo Presidente da República alegando que a mesma baseava-se em interpretações contrárias à Lei e à Constituição.

63. Voto do Conselheiro Celso Campilongo, conforme publicado em 19.12.2001.

64. Eros Roberto Grau, "Lei municipal inconstitucional. Recusa do prefeito à sua execução", *Revista de Direito Público* 88/98, out.-dez. 1988.

Lei Complementar 73, de 1993, que o parecer da AGU aprovado pelo Presidente da República vincula todos os órgãos e entidades da Administração federal, não pode o CADE descumprir os termos do Parecer GM-020 da AGU. Seu dever de acatar a lei subsiste ainda que a interpretação dada pelo Plenário do CADE à Lei Complementar 73, de 1993, tenha sido discordante daquela a ela conferida pela AGU, ou que entenda que a Lei Complementar extrapolou os limites impostos pela Constituição do Brasil.

Conclusão

48. Em face de todo o exposto, concluímos:

1. A aprovação das operações de alienação de controle acionário de instituições financeiras é de competência exclusiva do Banco Central do Brasil, não se reservando ao CADE qualquer atribuição ou poder em relação às operações dessa natureza. O setor financeiro possui funcionamento peculiar e é regido por textos normativos específicos (*v.g.*, art. 192 da Constituição Federal e Lei 4.595, de 1964). A chamada Lei do Sistema Financeiro atribui ao BACEN a competência exclusiva para apreciar os atos que envolvam concentrações de instituições financeiras.

2. O setor financeiro é dotado de especificidades que devem necessariamente ser consideradas na definição da política de concorrência para esse segmento; a moldura dessa política está contida na Lei 4.595, de 1964, que atribui várias competências ao BACEN, entre elas a de regular "as condições de concorrência entre instituições financeiras, coibindo-lhes os abusos com a aplicação da pena nos termos desta lei", bem como analisar atos envolvendo concentração de instituições financeiras. Não é adequado falar-se em "competências concorrentes" entre o CADE e o BACEN para apreciação e aprovação das operações de alienação de controle acionário de instituições financeiras, porque a lei específica (Lei 4.595, de 1964) prevalece sobre a lei geral (Lei 8.884, de 1994).

3. O posicionamento do CADE é desprovido de fundamento e afronta a Constituição do Brasil. É plenamente possível que um texto normativo afaste a incidência da Lei Antitruste sobre determinada prática. Assim não fosse e, como dissemos, os sindicatos estariam sujeitos a penalidades impostas pelo CADE, porque impedem a concorrência entre os empregados na negociação com seus patrões. Igualmente, é plenamente possível que a competência para zelar pela concorrência em certo segmento da economia seja atribuída, por lei, a outro ente que não o CADE e a formatação desse modelo concorrencial siga os parâmetros de micro-sistema destacado da Lei 8.884, de 1994 (no caso, aqueles indicados na Lei 4.595, de 1964).

O receio que aflige o CADE, no sentido de que o reconhecimento da existência de isenções implícitas acabaria por "esvaziar" o conteúdo da Lei Antitruste, não tem justificativa: a Constituição do Brasil admite que a lei estabeleça isenções antitruste para determinadas práticas restritivas da concorrência, dando concreção aos princípios contidos no art. 170, bem como no art. 3º; essas isenções podem ser implícitas.[65]

A política concorrencial no setor financeiro, respeitados os princípios constitucionais, deve ser estabelecida dentro da moldura do texto da Lei 4.595, de 1964 e não da Lei 8.884, de 1994. A Lei 4.595, de 1964, ao determinar que o BACEN "no exercício da fiscalização que lhe compete, *regulará as condições de concorrência entre instituições financeiras*, coibindo-lhes os abusos com a aplicação da pena nos termos desta lei",[66] deixa claro que elas não estão imunes à legislação antitruste, mas sim sujeitas ao sistema concorrencial instaurado pela Lei 4.595, de 1964, bem como à autoridade do BACEN nessa matéria.

65. V. itens 20 a 22.
66. Destacamos.

Atualidades

REFLEXÕES SOBRE OS CONTRATOS CATIVOS DE LONGA DURAÇÃO

JOSÉ TADEU NEVES XAVIER

Introdução. 1. Crise e transformação da idéia tradicional de contrato. 2. Definição de contratos cativos de longa duração. 3. Principais características dos contratos cativos de longa duração. 4. A natureza dinâmica dos contratos cativos de longa duração: 4.1 A evolução tecnológica e a equivalência contratual; 4.2 A nulidade da cláusula de modificação unilateral do contrato; 4.3 A onerosidade excessiva; 4.4 O dever de cooperação nos contratos cativos de longa duração. Considerações finais. Referências bibliográficas.

Introdução

A massificação das relações sociais, além de ter proporcionado inúmeras modificações no mundo dos negócios, diversificando os métodos de contratação e impondo alterações nos modelos contratuais tradicionais, trouxe no plano da teoria dos contratos, a necessidade de novas reflexões sobre esta matéria de importância vital para a ciência do direito.[1]

Dentre as novas realidades surgidas pela massificação das relações negociais, pode ser destacado o surgimento e o crescimento acelerado de contratos cativos de longa duração,[2] típicos da contratação de massa, que, como o nome já indica, criam uma posição de "*catividade*" ou "*dependência*" dos consumidores (clientes).

Claudia Lima Marques lembra que a catividade, elemento essencial deste modelo, deve "ser entendida no contexto do mundo atual, de indução ao consumo de bens materiais ou imateriais, de publicidade massiva e métodos agressivos de *marketing*,

1. Entretanto, cabe trazer a colação a esclarecedora afirmação feita por Ronaldo Porto Macedo Júnior, que de forma lúcida, demonstra que "a teoria contratual clássica não deixou de ser coerente em si mesma. Apenas o mundo no qual ela insiste em sobreviver enquanto formulação ortodoxa a tornou insatisfatória e incoerente com aquilo que a experiência jurídica contemporânea freqüentemente reconhece significativamente como contrato. A historicidade das categorias jurídicas reside neste seu aspecto significativo cambiante. É tarefa comum do jurista e do sociólogo do direito a compreensão destas mudanças de significado" (in *Contratos Relacionais e Defesa do Consumidor*, p. 370).

2. A expressão "contratos cativos de longa duração" foi criada por Cláudia Lima Marques, na 2ª edição de sua clássica obra sobre *Contratos no Código de Defesa do Consumidor*. A autora inspirou-se na doutrina germânica (contratos de longa duração) e nos ensinamentos de Carlos Alberto Ghersi (contratos cativos). Esta autora aponta também a possibilidade de utilização de outras nomenclaturas para designar esta nova realidade negocial: "contratos múltiplos", "serviços contínuos", "relações contratuais triangulares", "contratos de serviços complexos de longa duração" e "contratos pós-modernos" (in *Contratos no Código de Defesa do Consumidor: o Novo Regime das Relações Contratuais*, 4ª ed., p. 79).

de graves e renovados riscos na vida em sociedade, e de grande insegurança, quanto ao seu futuro".[3]

Portanto, há uma inequívoca "*mensagem*" que subliminarmente deflui dessa nova modalidade negocial — como condutora da catividade, garantindo longa vida a esta relação — que é a promessa de algo futuro, que servirá como elemento impulsionador da relação contratual para a perpetuidade.

Nessa nova realidade contratual a relação negocial é formada contando, em muito, com a expectativa criada no consumidor: promessa de *status*, de segurança, de tranqüilidade, entre outros valores.

1. Crise e transformação da idéia tradicional de contrato

A pós-modernidade — para aqueles que aceitam esta denominação[4] — não passa *in albis* pela Ciência do Direito. Muitas e diversificadas são as discussões que ela proporciona.[5] No campo das relações contratuais não poderia ser diferente. Questiona-se sobre a possibilidade de se afirmar a existência de uma teria pós-moderna dos contratos. E, em caso positivo, se esta concepção subsiste a anterior ou a ela se soma para garantir o apego do direito dos contratos a evolução da realidade social.

Neste assunto as dúvidas são pródigas, mas este estado permanente de incertezas e angústias, com o qual somos impulsionados a conviver, nos faz enxergar que a dúvida é um dos elementos da pós-modernidade. Não se pode conceber qualquer abordagem segura, única, no Direito do contexto pós-moderno — ou seria possível?[6] A diversidade do mundo pós-moderno produz a dúvida, e passamos a ter que conviver com ela. O trabalho do jurista dessa época é buscar técnicas, meios, formas de se trabalhar com a diversidade, sem qualquer cogitação da possibilidade de extirpá-la do contexto social.[7]

3. In "Contratos bancários em tempos pós-modernos — Primeiras reflexões", p. 19.

4. Jürgen Habermas prefere a utilização da expressão *modernidade*, indicando a sua opção por este termo no entendimento de que a *modernidade* ainda se mostra como um projeto inacabado (in "La modernidad: un proyecto inacabado", *Ensayos Políticos*, p. 265). O sociólogo Zygmunt Bauman, ao analisar a sociedade atual, se vale da expressão "*modernidade líquida*", em contraposição à "*primeira modernidade*", antiga modernidade. O autor identifica a "*modernidade líquida*" como sendo aquela onde tudo pode ser desfeito, e o que era novidade na véspera é "*desmanchado*", de forma que nada se mostra permanente. Tudo nasce sob o signo da provisoriedade (in *Modernidade Líquida*). Nesta mesma linha é o discurso de Luís Roberto Barroso, que ao analisar as influencias da pós-modernidade no Direito Constitucional, a trata como sendo a época onde "o rótulo genérico abriga a mistura de estilos, a descrença no poder absoluto da razão, o desprestígio do Estado. A era da velocidade. A imagem acima do conteúdo. O efêmero e o volátil parecem derrotar o permanente e o essencial. Vive-se a angustia do que não pôde ser e a perplexidade de um tempo sem verdades seguras. Uma época aparentemente 'pós-tudo': pós-marxista, pós-kelseniana, pós-freudiana" (in "Fundamentos teóricos e filosóficos do novo Direito Constitucional brasileiro — Pós-modernidade, teoria crítica e pós-positivismo", *Revista do Ministério Público* 46/29-30).

5. Carlos Alberto Ghersi, ao analisar a situação dos profissionais (advogados) frente a pós-modernidade, aponta que "uno de los temas excluyentes de fin de siglo es sin duda todo lo vinculado a la 'posmodernidad', aun cuando muchas veces se esté hablando de ella sin establecerse a ciencia cierta bien de qué estamos discurriendo, pues sus distintos significados irrumpeu con la realidad cotidiana de, y con las más diversas formas y contenidos" (in "Los profesionales y la posmodernidad — Los abogados", *RDC* 23-24/25).

6. Ovídio Baptista da Silva ao abordar as modificações experimentadas pelo processo civil atual, enfatiza: "vivemos um tempo singular, que alguém qualifica de a 'era da incerteza'. Além do 'fim das certezas', como disse Ilya Prigogine, um dos mais respeitados físicos contemporâneos, nossa era notabiliza-se por uma compulsiva e cada vez mais ampla destruição do que fora na véspera, acolhido com entusiasmo" (in "Coisa julgada relativa", *Revista Jurídica* 316/7).

7. A questão é sintetizada por Cláudia Lima Marques: "Os chamados tempos pós-modernos são um desafio para o direito. Tempos de ceticismo quanto a capacidade da ciência do direito de dar respostas adequadas e gerais aos problemas que perturbam a sociedade atual e modificam-se com uma velocidade assustadora. Tempos de valorização dos servi-

Estas mudanças atingem os negócios, propondo um novo "estilo de vida", onde, como lembra Cláudia Lima Marques "da acumulação de bens materiais, passamos a acumulação de bens imateriais, dos contratos de dar, para os contratos de fazer, do modelo individualista da compra e venda para um modelo duradouro da relação contratual".[8]

Entretanto, confirmando a idéia reinante do paradoxo na pós-modernidade, as novas relações não substituem as antigas fórmulas negociais, mas a elas se somam, até como uma alternativa para o preenchimento das lacunas deixadas pelos modelos tradicionais. É uma forma jurídica de otimização da estrutura do mercado, que se mostra cada vez mais receptiva aos novos modelos contratuais.

Voltando aos ensinamentos de Cláudia Lima Marques, a pós-modernidade cria uma nova visão da engenharia contratual clássica: "são tempos de relações contratuais múltiplas, despersonalizadas e a durar no tempo e estender-se a toda uma cadeia de fornecedores de serviços e produtos. Tempos que impõem uma visão da obrigação como um processo muito mais complexo e duradouro do que uma simples prestação contratual, um dar e um fazer momentâneo entre parceiros contratuais teoricamente iguais, conhecidos e escolhidos livremente".[9]

Os reflexos da incidência da realidade pós-moderna nos contratos, assim, nos colocam frente ao surgimento dos contratos conexos, que proporcionam a formação de verdadeiras "*redes contratuais*"[10] e aos contratos cativos de longa duração.

O jurista alemão Erik Jayme, ao tratar do tema da pós-modernidade e de suas influências no direito, indica o contato de *time-sharing* — multipropriedade ou de tempo compartido — como o modelo negocial referencial desta nova realidade.[11] Uma análise, mesmo que breve, desta espécie contratual confirma esta assertiva. No *time-sharing* há uma diversidade de relações, traduzindo-se em uma série de contratos coligados, com inequívoco destaque a prestação de serviços, a formação desta relação é fruto de estratégias de *marketing* previamente preparadas para seduzir os consumidores, criando-lhes múltiplas expectativas e caracterizando-se pela sua longa duração.[12]

ços, do lazer, do abstrato e do transitório, que acabam por decretar a insuficiência do modelo contratual tradicional do direito civil, que acabam por forçar a evolução dos conceitos do direito, a propor uma nova jurisprudência dos valores, uma nova visão dos princípios do direito civil, agora muito mais influenciado pelo direito público e pelo respeito aos direitos fundamentais dos cidadãos. Para alguns o pós-modernismo é uma crise de desconstrução, de desdogmatização do direito, para outros, é um fenômeno cultural arrebatador a influenciar o direito, que aumenta a liberdade dos indivíduos, mas diminui o poder de crítica, da evolução histórica e da verdade no Direito, fenômeno contemporâneo à globalização e a perdas da individualidade moderna, mas que assegura novos direitos individuais à diferença e aumenta o radicalismo das linhas tradicionais" (in "Contratos bancários em tempos pós-modernos — Primeiras reflexões", *RDC* 25/21). Mais adiante a autora complementa: "é uma época de vazio, de individualismo nas soluções e de insegurança jurídica, onde as antinomias são inevitáveis e a de-regulamentação do sistema convive com o pluralismo de fontes legislativas e uma forte internacionalidade das relações" (ob. cit., p. 23).

8. In "Contratos bancários...", cit., p. 22.

9. In "Contratos de *time-sharing* e a proteção dos consumidores: crítica ao direito civil em tempos pós-modernos", *RDC* 22/65.

10. Quanto às *redes contratuais*, ver no direito comparado a obra de Ana López Frias, *Los Contratos Conexos: Estúdio de Supuestos Concretos y Ensayo de una Construcción Doctrinal*, e de Jorge Mosset Iturraspe, *Contratos Conexos: Grupos y Redes de Contratos*. No Brasil o tema é analisado na obra Ronaldo Porto Macedo Júnior, *Contratos Relacionais e Defesa do Consumidor*.

11. In "Identité culturelle et intégration: le droit international privé postmoderne — Cours général de droit international privé 1995", publicado na *Recueil des Cours de l'Académie de Droit International de la Haye* II/36.

12. Cláudia Lima Marques, ao tratar do tema explica: "seu sucesso deve-se também ao momento pós-moderno, da procura do lazer, do internacional, da segurança de um momento especial de férias, do desejo dos turistas de ter, pelo menos por algumas semanas, uma 'casa de férias' própria. É, no dizer de

2. *Definição dos contratos cativos de longa duração*

A noção sobre os contratos cativos de longa duração deve ser buscada em dois elementos essenciais que lhe servem de referência: o tempo e a catividade. O primeiro encerra a idéia de continuidade, ou pelos menos, a aptidão para terem uma longa duração, o que identifica em grande parte esta modalidade contratual.[13]

Entretanto, a existência de contratos de longa duração, ou seja, que se estendem no tempo, já é bastante conhecida da teoria contratual, que os contrapõe aos contratos de execução instantânea, que são aqueles que se cumprem por uma só prestação.[14]

Na sistemática tradicional são encontradas diversas fórmulas contratuais que representam esta modalidade vinculada à longa duração, como a locação, o mútuo, o depósito, entre outros. Assim, é inevitável a identificação do elemento catividade, pois é ele que irá, essencialmente, particularizar esta espécie.

A catividade deve ser compreendida em dois momentos. Inicialmente ela é representativa das técnicas de *marketing* utilizadas antes da formação do contrato, de forma a convencer o contratante em relação às conveniências da contratação. Trata-se de situação típica da sociedade de massa na qual vivemos.[15] Para o desempenho deste papel são desenvolvidas modernas técnicas publicitárias que envolvem os consumidores, levando-o muitas vezes a firmar a contratação sem uma adequada reflexão.

O aparato de *marketing* que geralmente acompanham os contratos cativos costuma ser muito incisivo e preparado para atingir diretamente a vontade dos destinatários e garantir um número cada vez maior de contratações. Da mesma forma, o momento de execução dessas práticas é cuidadosamente escolhido, visando chegar ao consumidor quando este se encontra despreparado para resistir às *tentações* típicas da atual *sociedade de consumo*.

A intensidade e insistência da publicidade é elevada ao grau máximo, de forma a atingir a toda a sociedade, por um lapso temporal cada vez maior, gerando maior garantia de eficácia no sentido de formação de contratos.

Mas, a questão que parece se destacar neste contexto é o caráter de convencimento da "catividade", onde a empresa se apresenta como a concretizadora das mais diversas aspirações do indivíduo, seja de ordem estética, psicológica, emocional ou social. A empresa assume o papel de realizadora de sonhos, cativando o consumidor, ela é a parceira que vai levá-lo até onde ele sempre quis estar. A técnica da catividade

Erik Jayme, um contrato envolvendo sentimentos nostálgicos" (in "Contratos de *time—sharing*...", cit., p. 71).

13. Cláudia Lima Marques apresenta os seguintes exemplos de contratos cativos de longa duração: "as novas relações banco-cliente, os contratos de seguro-saúde e de assistência médico-hospitalar, os contratos de previdência privada, os contratos de uso de cartão de crédito, os seguros em geral, os serviços de organização e aproximação de interessados (como os exercidos pelas empresas de consórcio e imobiliárias), os serviços de transmissão de informações e lazer por cabo, telefone, televisão, computadores, assim como os conhecidos serviços públicos básicos, de fornecimento de água, luz e telefone por entes públicos ou privados" (in *Contratos no Código de Defesa do Consumidor*, cit., 4ª ed., p. 79).

14. Segundo Francesco Messineo o contrato instantâneo é aquele que "comporta una sola ejecución en cuanto esta ejecución agota su razón de ser. En este caso se llama de ejecución única o instantánea, con lo que se quiere significar, no que el contrato recibe ejecución inmediata — ésta es otra cosa — sino que el contrato se ejecuta uno actu, es decir, con una solutio única, y con esto mismo queda agotado" (in *Doctrina General del Contrato*, p. 429).

15. José Luiz Diez-Picazo explica esse fenômeno: "não basta o fenômeno externo da aglomeração ou das multidões para que se possa falar de massas ou de sociedade de massas. De algum modo, o fato característico, ainda que constitua uma redundância, é que a sociedade não é de pessoas, mas de massas. As massas se pensam como conjuntos humanos nos quais o homem se integra como um ser anônimo e despersonalizado" (*apud* Judith Martins Costa, *O Contrato na História dos Pactos*, p. 510).

é, em suma, um *processo de sedução* dos consumidores.

Um segundo aspecto da catividade é vislumbrado após a formação do contrato, onde essa expressão passa a ser entendida como situação de dependência e fragilidade do consumidor frente ao contrato firmado, o que é facilmente perceptível nos contratos de seguro-saúde e em diversas situações da seara bancária.

O contrato cativo de longa duração, uma vez estabelecido, passa a fazer parte da vida do consumidor, de forma inseparável, de forma extremamente significativa para o seu convívio em sociedade. O contrato é o seu ponto de segurança para enfrentar as intempéries da vida, tornando-se uma necessidade de extrema importância inclusive para a sua realização pessoal.

Assim, os contratos cativos de longa duração podem ser entendidos como aqueles típicos da sociedade massificada, que tem a sua formação aparelhada por intensas formas de *marketing*, que se estendem no tempo, passando a fazer parte da vida do consumidor de forma que a sua manutenção passa a tornar-se uma necessidade do contratante.

Os contratos cativos de longa duração, entretanto, não podem ser confundidos com os *contratos em rede*, embora mantenha, em relação a estes, considerável aproximação, pois ambos representam um novo viés dos contratos na pós-modernidade.

Ana López Frias aponta a existência da conexão contratual quando vários sujeitos celebram dois ou mais contratos distintos que representam uma estreita vinculação funcional entre si, em razão de sua própria natureza, ou da finalidade que os informa, vinculação esta que é ou pode ser juridicamente relevante.[16]

Assim, as redes contratuais representam uma técnica de divisão da participação contratual entre várias empresas, de forma a gerar uma relação complexa, como ocorre nos contratos de turismo.[17] Cabe notar que apesar de vários contratos em rede poderem apresentar-se com longa duração — contratos de seguro-saúde — isso nem sempre acontece. A combinação entre contratos em rede e a catividade vinculada a longa duração costuma mostrar-se bastante fértil e prodigiosa, quase que numa justaposição perfeita, mas trata-se de modelos autônomos, que podem subsistir de forma isolada.

3. *Principais características dos contratos cativos de longa duração*

Apesar da fluidez dos modelos contratuais pós-modernos é possível arriscar a indicação de alguns aspectos que de alguma forma se fazem presentes nessas espécies negociais. Entretanto, tais características representam apenas uma tendência, o que confirma a complexidade pós-moderna.

A primeira característica a ser verificada nos contatos cativos de longa duração é o desapego a normatividade, ou seja, a atipicidade. Percebe-se a presença deste aspecto nos contratos que compõem o sistema de cartão de crédito, time-sharing, relações negociais entre lojistas e empreendedores de *shopping centers*, entre outros.

Alguns contratos cativos de longa duração, entretanto, possuem tipicidade — como os contratos de seguro saúde e de *franchising* — mas a insuficiência do texto legislado para o enfrentamento das questões práticas que surgem é latente, ense-

16. In *Los Contratos Conexos:...*, cit., p. 273.

17. Cláudia Lima Marques, ao abordar o tema dos contratos de turismo, menciona que: "estes contratos são fechados entre agências de turismo e consumidores, incluindo em seu objeto não só a viagem (aérea, marítima ou terrestre), mas também a hospedagem, os traslados e uma serie de atividades recreativas, como excursões, idas a museus, shows etc. É um contrato de prestação de serviços, mas os serviços nem sempre são prestados por prepostos da agência e sim por uma verdadeira rede de fornecedores, ficando a depender destes a qualidade da prestação no total" (in *Contratos no Código de Defesa do Consumidor*, cit., p. 378).

jando a necessidade de se buscar a solução por meio de princípios, que muitas vezes extrapolam a temática contratual tradicional — princípio da dignidade da pessoa humana, da solidariedade social etc.

Muitos desses modelos novos que compõem o conjunto de contratos cativos de longa duração buscam a sua inspiração nos contratos tradicionais, mas dão a eles nova roupagem, num revestimento mais complexo e otimizado, de forma a atender com mais eficácia as necessidades de realidade social, como acontece em várias modalidades de contratos bancários.

Outra técnica utilizada é a combinação de modelos contratuais tradicionais, gerando novas fórmulas, como a união dos contratos de seguro com a prestação de serviços de saúde. Esta forma mantém a atualização dos modelos negociais e garante a sua inovação, que vai resultar numa maior eficiência no atendimento dos anseios sociais.

Um segundo aspecto que pode ser apontado é a massificação dos contratos cativos de longa duração, pois eles são típicos da era da globalização são contratos de massa (firmados por meio de adesão e/ou vinculados à condições gerais de contratação).

Outra característica, que o próprio nome indica, é o fato de esses contratos terem a sua duração diferida no tempo. A aptidão para a longevidade marca os contratos cativos. No dizer de Cláudia Lima Marques, cria-se um "verdadeiro processo de convivência necessária entre a empresa fornecedora de serviços e os consumidores".[18]

E, finalmente, pode ser apontada como qualidade dos contratos cativos de longa duração a criação de uma situação de dependência, que vai servir como causa eficiente de manutenção no contratante da vontade de continuação da relação negocial.

No sistema atual as agressivas estratégias de *marketing* se encarregam de manter o atrativo do contrato por longo período de tempo. O contratante vai se envolvendo nesta *rede* e o contrato passa a fazer parte de sua vida, o que pode ser percebido nas relações bancárias pela técnica do superendividamento, na qual, por meio de novações contratuais sucessivas[19] ou pelo fornecimento ao mesmo tempo de diversos serviços — pluralidade de contratos — há um "aprisionamento" do cliente.

Há ainda a contribuição proporcionada pela realidade social, que fortalece a *necessidade* da manutenção dos contratos cativos, como ocorre com os contratos de seguro saúde, que em face da ineficácia do sistema público de saúde, vão se eternizando.

4. A natureza dinâmica dos contratos cativos de longa duração

Como foi destacado anteriormente, o aspecto temporal ganha destaque especial na caracterização dos contratos cativos de longa duração. O tempo é um dos elementos nucleares desta modalidade negocial, pois eles são concebidos para se projetarem para o futuro, estendendo-se por longos períodos.[20]

Este aspecto, entretanto, vai trazer a tona o enfrentamento dos problemas que o transcurso do tempo poderá causar à dinâmica desses negócios. Em muitas situações

18. In "Contratos bancários em tempos pós-modernos...", cit., p. 28.

19. Cláudia Lima Marques aponta que "a jurisprudência gaúcha respondeu a esta 'renegociação contratual prejudicial ou revisão abusiva' de forma clara. Considerou viável a revisão e o controle do conteúdo de toda a relação, em suas várias fases e contratos negociados. A relação é efetivamente continuada, é um contrato cativo de longa duração, em que o consumidor, na prática, aceitará qualquer negociação, mesmo que abusiva ou a ele estranhamente prejudicial para que não vençam antecipadamente seus débitos e tenha tempo de cumprir sua prestação" (in "Contratos bancários em tempos pós-modernos...", cit., pp. 34-35).

20. A legislação francesa sobre *time-sharing* permite a sua pactuação pelo período de até oitenta anos.

o advento de novas realidades sociais durante a vida do contrato poderá causar dificuldades na manutenção do sinalagma genético do pacto, exigindo redobrada atenção das partes para evitar a ocorrência de desequilíbrio no contexto da relação contratual.

O sinalagma genético representa o equilíbrio inicial que serve de núcleo rígido da equação contratual. As relações temporalmente extensas exigem uma maior flexibilidade na conformação do sinalagma inicial, sem é claro permitir o seu abandono, para que o contrato continue a desempenhar a sua função durante toda a contratualidade. Se este sinalagma for rompido, o pacto deixa de desempenhar a sua função original, possibilitando que os contratantes se utilizem de instrumentos rígidos de proteção de seus legítimos interesses, como a revisão forçada da contratação, por meio de apelo a tutela jurisdicional, ou até mesmo a busca da resolução do contrato.

A principal ameaça que o transcurso do tempo poderá trazer ao sinalagma genético dos contratos de longa duração é, inequivocamente, a questão relativa à alteração do preço contratado. È claro que não se espera que um contrato de duração diferida no tempo, por um vasto período, se mantenha inalterado, principalmente em países onde os surtos inflacionários são constantes ou cíclicos.

No Direito Francês, este aspecto foi estudado por Jacques Ghestin e Marc Billiau, que analisaram especificamente a questão do "*preço nos contratos de longa duração*" e vincularam a sua fixação aos aspectos da duração útil e justa do contrato.[21]

A *duração útil* do vínculo negocial esta relacionada diretamente com a possibilidade de produção dos efeitos que são imanentes a espécie contratual. Tal questão refere-se exatamente ao fim econômico-social que norteia o contrato.

Por outro lado, não se pode olvidar da *duração justa* que se relaciona ao papel de troca desempenhado pela figura dos contratos. A duração justa é fator de equilíbrio, que deve se fazer presente desde a face pré-contratual até o completo exaurimento dos efeitos do contrato firmado.

E, como lembra Jacques Ghestin e Marc Billau, a ausência de uma duração justa proporciona a dominação de uma parte contratante sobre a outra, enquanto que a falta de duração útil retirará a coerência econômica do contrato, frustrando a sua rentabilidade.[22]

Assim, o sinalagma é o referencial que se fará presente durante toda a sua contratualidade.

Na doutrina Argentina, Ricardo Lorenzetti ressalta este aspecto especificando: "en los contratos de larga duración, el objeto es una envoltura, un cálculo probabilístico, un sistema de relaciones que se modifica constantemente en su interior con finalidades adaptativas. Esta cualidad debe ser preservada puesto que lo contrario, toda fijación produce la inadaptabilidad del contrato".[23]

21. In *El Precio en los Contratos de Longa Duración*, p. 19.

22. In *El Precio...*, cit., p. 19.

23. In "El objeto y las prestaciones en contratos de larga duración: a propósito de la medicina prepaga, servicios educativos, contratos de suministros y asistencia", Suplemento *La Ley* 167/2. Este autor, ao abordar o tema, sugere um roteiro a ser seguido no julgamento da reciprocidade dinâmica dos contratos de longa duração; "En un primer momento, comparativo, corresponde: — describir el objeto y el contenido de las obligaciones conforme lo acordaron las partes en el momento genético. — detallar las modificaciones que se pretender hacer de modo comparativo, indicando que cambian respecto del sinalagma genético. Efectuada esta comparación, hay que establecer si hay una afectación de la relación de equivalencia. Siguiendo con el ejemplo de la medicina prepaga, puede ocurrir que este cambie el listado de médicos por otro de similar nivel científico, o que el tomógrafo por uno de otra marca, lo que no impacta en la conmutatividad. Si el cambio, se verifica que hay una mudanza substancial que altera esa relación como el cambio de precio, o de calidad, puede suceder que: — el cambio produce una mejora en la situación de la otra parte: en este caso no hay ilicitud contractual alguna. — el cambio empeora la

4.1 A evolução tecnológica e a equivalência contratual

Fixada a necessidade de manutenção do sinalagma durante todo o período de desempenho dos efeitos da relação contratual, por meio da observância do pode ser chamado de sinalagma funcional,[24] resta o enfrentamento da problemática ocasionada pela incorporação de novas tecnologias e o custo de manutenção do contrato.

A inserção de novas tecnologias, mais modernas e refinadas, poderá ensejar o aumento das contraprestações? O contratante (consumidor) deverá se sujeitar a esta prática?

Ricardo Lorenzetti responde a estas indagações dizendo que: "planteado el conflicto, el Derecho debe responder tratando de lograr la adaptabilidad de los cambios en una relación de equivalencia. Ello significa que, tratándose de un vínculo contractual y de base conmutativa, es preciso que esas modificaciones no alteren la relación de cambio. Por ello, deben ser incorporados preservando la relación de equivalencia diseñada en la celebración del contrato".[25]

Este autor, então, apresenta dois métodos que entende adequados para realizar a devida absorção dos impactos das novas tecnologias nos contratos de longa duração: "— se el cambio es tal que altera la causa del negocio porque afecta la calidad comprometa de un modo substancial, puede dar lugar a calificación de abusividad, o a la rescisión por parte de la parte contraria. — la evaluación puede hacerse a través del standard del contratante medio, examinando si el sujeto de esas características contrataría en las condiciones que se presentan".[26]

A inserção de novas tecnologias não pode representar, por si só, motivo justo para a realização de reajustes que elevam excessivamente o valor contratado. Volta-se novamente a questão da necessidade de manutenção do sinalagma funcional da relação contratual. E, nesse contexto, cabe lembrar que no momento de formação do vínculo houve, implicitamente, o ajustamento sobre o binômio preço-qualidade, o qual deve ser mantido durante toda a duração do contrato.[27]

O dever de atualização tecnológica do objeto contratado, exigindo do fornecedor

situación de la otra parte: ello puede ocurrir de un modo perceptible, como cuando se cambian el precio o calidad, o bien de una manera indirecta como cuando se alteran las obligaciones accesorias o secundarias impactado de esta manera en el resultado final" (p. 2).

24. Karl Larenz explica a existência de duas espécies de sinalagmas, quais sejam, o genético e o funcional: "el sinalagma genético no significa otra cosa que la vinculación (*die Verknüpfung*) del deber de prestación de cada parte con el de la otra en la voluntad jurídico-negocial de las partes. No se trata sino de otra palabra jurídica el *Tatbestand* 'contrato recíprocamente obligatorio' (...) el sinalagma funcional significa la permanencia de los deberes de prestación principales y recíprocos de las partes, en referencia a su realización y a las consecuencias de las alteraciones en las prestaciones" (*apud* Juan Carlos Rezzónico, in *Principios Fundamentales de los Contratos*, p. 328).

25. In "El objeto...", cit., Suplemento *La Ley* 167/2.

26. Idem, ibidem, p. 3. O autor apresenta ainda dois outros critérios que designa de complementares: "— en Chile se ha indicado que la facultad de estas empresas de adecuar los contratos de salud a los cambios, no puede ser interpretada de una manera tan amplia que queda ser en los hechos una situación unilateral de un plan por otro, porque se cambian sustancialmente las condiciones del contrato cuya vigencia en el tiempo la propia ley pretende asegurar. En realidad, las modificaciones no se juzgan por si mismas, sino por su resultado final. — otro criterio que agrega la Corte de Santiago es el de la generalidad. Los cambios deben prescindir de condiciones personales del filiado y ser generales. No deben ser discriminatorios" (p. 3).

27. Na doutrina Argentina, Juan Carlos Rezzónico destaca que "es que tratándose del sinalagma funcional, la recíproca atadura de las prestaciones domina el contrato, de tal manera que al acaecer una perturbación o trastorno (mora, incumplimiento) la contraprestación no puede ser exigida o retenida sin que exista el cumplimiento. Es así que, por efecto de esa relación intracontractual, es posible oponer la 'exceptio non adimplenti contractus', con lo cual una de las partes puede rehusar el cumplimiento de su propia obligación hasta que se cumpla la contraprestación" (in *Princípios Fundamentales...*, cit., p. 330).

que se mantenha apegado a busca constante de modernização do objeto do contrato — como acontece nas relações de seguro saúde — faz parte da expectativa criada no momento da contratação, e, por conseqüência, integra o contrato.

O custo desta constante atualização tecnológica deve ser absorvido pela própria empresa fornecedora, que encontrará recursos no abandono de técnicas antigas — geralmente mais onerosas e menos eficazes — e na incorporação constante de novos usuários, entre outros meios.

Esse tema é enfrentado por Ghersi, Weingarten e Ippolito, que expressamente se manifestam neste sentido: "en cuanto al costo, no nos cabe ninguna duda que debe ser soportada por la empresa, y de ninguna manera debe materializarse en un incremento valorativo de las cuotas. Esto es así por varias razones: a) está dentro del denominado riesgo — costo empresario, b) al incorporar al usuario, asumió la obligación implícita de un adecuado servicio, es decir, que tácitamente estaba involucrada la actualización tecnológica (y de acuerdo con lo que verosímilmente las partes entendieron o pudieron entender, obrando, con cuidado y previsión, a, 1198, Cód. Civil), y c) la incorporación constante de nuevos usuarios, va financiando la incorporación tecnológica. En última instancia, el cálculo actuarial — como en los seguros — demuestra que la expectativa de servicios es menor que la masa de dinero incorporada".[28]

4.2 *A nulidade da cláusula de modificação unilateral do contrato*

O objeto — entenda-se conteúdo — dos contratos deve sempre representar o fruto da combinação de vontades que possibilitou a formação do vínculo negocial. Assim, o conteúdo do contrato é claramente conhecido pelas partes, que desde o início do pacto poderão projetar as suas expectativas negociais para o futuro com um razoável grau de segurança.

Nos contratos que contam com uma longa duração o tema ganha ainda maior destaque. A dinâmica dos contratos cativos de longa duração possibilita a realização de certas mutabilidades, desde que respeitada a manutenção do equilíbrio contratual. Como lembra Morello: "o contrato de duración requiere una permanente adaptación, una cooperación renegociadora continua".[29]

Desta forma, pára garantir a manutenção da cumutatividade do contrato, o ideal é que ele já traga no seu texto critérios objetivos para as eventuais alterações no seu conteúdo. Nesta situação as modificações mantêm-se como resultado da combinação de vontades dos contratantes, não prejudicando a engenharia do contrato.

Entretanto, ocorre com certa freqüência a inserção de cláusulas contratuais — em especial nos contratos de adesão — possibilitando a uma das partes o exercício do direito formativo de alteração unilateral das condições de contratação.

Tal prerrogativa, mesmo que disposta em contratos paritários, esta em desacordo com a função sócio-econômica do contrato, pois tornaria alguém vinculado a um contrato que não representa os seus legítimos interesses negociais. Trata-se, portanto, de cláusula abusiva, que, como ressalta Luis Renato Ferreira da Silva, deve ser repudiada com fundamento no princípio da boa-fé.[30] Esta prática possibilitaria a que-

28. In "Contrato de medicina prepaga", *apud* Ricardo Lorenzetti, "El objeto...", cit., p. 4.

29. In "Contrato y proceso", *apud* Ricardo Lorenzetti, "El objeto...", cit., p. 1.

30. In "Cláusulas abusivas: natureza do vício e decretação de ofício", *RDC* 23-24/127. O autor explica o seu entendimento argumentando que: "dentre os efeitos supra mencionados, interessa, no caso das cláusulas abusivas, ver-se a eficácia negativa da incidência da boa-fé, ou seja, a imposição de limites. As várias modalidades de limitação possíveis fundam-se na proibição genética de abuso de uma posição jurídica. Agindo de boa-fé, um contratante não poderia abusar de uma determinada situação fática que o colocasse em superioridade manifesta frente ao outro contratante (note-se que isso não contradiz

bra da base negocial que serviu de sustento para que as partes inicialmente formarem o vínculo.

A resistência normativa a esta prática parecer representar uma tendência mundial, como demonstra Ricardo Lorenzetti: "en Argentina, es una cláusula que puede subsumirse en el 'standard' del art. 37 de la ley 24.240 (Adla, LIII-D, 4125), referido a la desnaturalización de las obligaciones, requiriendo un juicio de concretización para su descalificación. En materia de cláusulas generales, en la Unión Europea, la Directiva 93-13 se considera abusiva la cláusula que autoriza al profesional a modificar unilateralmente, sin motivos válidos especificados en el contrato los términos del mismo; o cualquiera de las características del producto que ha de suministrar o del servicio por prestar. También lo es el conceder al profesional el derecho a determinar si la cosa o el servicio se ajusta a lo estipulado en el contrato (anexo art. 3º, inc. K, l. m.). En la ley portuguesa (Decr. 446.85, art. 19, inc. i), se considera relativamente prohibida la cláusula que autoriza la facultad de modificar prestaciones, sin compensación correspondiente a las alteraciones de valor solicitadas".[31]

No Brasil a questão é suficientemente resolvida pela previsão contida no inciso XIII do art. 51 do CDC, que expressamente consagra como cláusula abusiva — nula de pleno direito[32] — a que autoriza "o fornecedor a modificar unilateralmente o conteúdo ou a qualidade do contrato, após sua celebração".[33]

o dito adrede, eis que há abuso de fato e não de direito). É este fenômeno que as cláusulas abusivas tentam reprimir quando vedam certas práticas impositivas de renúncia de garantia ou de foro privilegiado, por exemplo. Estas cláusulas não existiriam ou não seriam aceitas caso houvesse entre as partes a clássica figura das tratativas e a sonhada igualdade entre os envolvidos no negócio jurídico. Como esses ideais são rarefeitos, em muitas circunstâncias acabam, os que estão em posição privilegiada, excedendo a vantagem que a regra de mercado naturalmente lhe dão, descambando o que deve ser, segundo a boa-fé, um bom negócio, para um negócio extremamente vantajoso" (p. 129).

31. In "El objeto...", cit., p. 3.

32. O nosso sistema jurídico, por meio da dicção apresentada pelo *caput* do art. 51 do Código de Defesa do Consumidor, optou pela técnica da nulidade de pleno direito das cláusulas abusivas, distanciando-se do modelo francês e alemão. Luis Renato Ferreira da Silva sintetiza esses dois outros sistemas: "na França, há duas condições que a cláusula deve ter para que se possa classificá-la como abusiva. Deve haver abuso do poder econômico e uma vantagem excessiva para uma das partes. Tais critérios são amplos e carecem de complementação que é feita por decreto do Poder Executivo, via Conselho de Estado, após prévia recomendação da Comissão de Cláusulas Abusivas. Mais recentemente, Lei de 5.1.1988 concedeu legitimidade para as associações de consumidores se oporem a cláusulas abusivas, o que estende ao Poder Judiciário a possibilidade dele também concretizar as condições genéricas da lei. Na Alemanha, antepondo-se à lista negra (que torna absolutamente ineficaz a cláusula) e à lista cinza (com a cominação de cláusulas relativamente ineficazes), está a cláusula geral considerando ineficaz a disposição que, contrariando os imperativos da boa-fé, ponha em desvantagem uma das partes. Aliás, antes mesmo da entrada em vigor da lei de 1976, o controle judicial era feito através de recurso às cláusulas gerais do BGB que trata da boa-fé e dos bons costumes nos parágrafos 242 e 138" (in "Cláusulas abusivas:...", cit., p. 126).

33. O tema é abordado por Luis Renato Ferreira da Silva, in "Cláusulas abusivas:...", cit., p. 127, inspirado em acórdão onde a validade de cláusula contratual que autoriza a modificação unilateral dos termos do contratos é questionada: "O conceito de consumidor, por vezes, amplia-se, no Código de Defesa do Consumidor, para proteger quem 'equiparado'. È o caso do art. 29. Para o efeito das práticas comerciais e da proteção contratual. 'equiparam-se aos consumidores todas as pessoas, determináveis ou não, expostas às práticas nele previstas'. O Código do Consumidor rege as operações bancárias, inclusive as de mútuo ou de abertura de crédito, pois relações de consumo. O produto da empresa de Banco é o dinheiro ou o crédito, bem juridicamente consumível, sendo portanto, fornecedora; e o consumidor o mutuário ou credenciado. Sendo os juros o 'preço' pago pelo consumidor, *nula cláusula que preveja alteração unilateral em percentual prévia e expressamente ajustados pelos figurantes do negócio.* Sendo a nulidade prevista no art. 51 do CDC da espécie *pleno iure*, viável o conhecimento e a decretação de ofício, a realizar-se tanto que evidenciado o vício (art. 146, §, do CDC). É nula a cláusula que impõe representante "para emitir ou avalizar notas promissórias" (art. 51, VIII, do CDC). Objetivando a desconstituição de cláusulas, em homenagem ao princípio da congruência, deve a sentença ater-se ao

4.3 A onerosidade excessiva

O contrato representa na atualidade o principal instrumento de troca econômica, desempenhando papel de singular importância no convívio em sociedade. Como lembra Enzo Roppo, o contrato constitui a veste formal das operações econômicas, não podendo ser abstraído desta finalidade instrumental.[34]

Entretanto, a função social do contrato somente será satisfatoriamente atingida enquanto ele representar um instrumento econômico justo e equilibrado. A fim de garantir este desempenho adequado das figuras negociais, o direito criou uma série de mecanismos que irão servir para monitorar a economia contratual, de forma a evitar que ele venha a sofrer influências externas que tornem as suas contraprestações excessivamente onerosas.

Para tanto, temos as teorias que autorizam a revisão do contrato que já nasce para o mundo jurídico em desacordo com os ideais econômicos que lhe seriam pertinentes — teoria da lesão e das cláusulas abusivas — ou evitam que durante o período de sua duração o contrato venha a sofrer efeito de mudanças externas que o tornariam inviável economicamente — teoria da imprevisão e da quebra da base econômica do contrato.

Nas relações negociais cativas de longa duração a preocupação centraliza-se na segunda hipótese: a ocorrência de fatos supervenientes que venham a afetar a economia do contrato. Neste ponto, parece não haver dúvidas quanto a necessidade de revisão dos valores estabelecidos, a fim de extirpar os excessos e resgatar a harmonia negocial.

Neste contexto, surge a necessidade de se apontar qual o grau de oneração tolerável no valor previamente estipulado, ou seja, até que ponto a influência de novos fatores poderá ensejar a alteração do valor contratado, já que não se espera que uma relação de longa duração permaneça ilesa, em suas referências valorativas, às várias modificações da realidade social que busca regular.

Trata-se, entretanto, de tarefa complexa, e novamente deve ser trazida à colação a importância da manutenção do sinalagma genético da relação, que servirá como norte balizador da questão. Assim, a solução tópica se impõe, permitindo ao juiz compor cada lide contratual isoladamente, mas em combinação com as aspirações sociais. O recurso à tópica é um método que num primeiro momento ensejador de certa intranqüilidade, face à diversidade de possibilidades resultantes de sua utilização, mas que, vista em sua essência, representa a única forma sadia de solução para os casos de onerosidade contratual.

Nesta tarefa, alguns autores fazem referência à álea natural de cada espécie contratual, que por participar da essência negocial, terá que ser absorvida pelas partes contratantes. Por outro lado, se verificam a ocorrência de fatores estranhos ao risco negocial normal, a revisão se impõe.

Ricardo Lorenzetti, utilizando-se do modelo dos contratos de seguro saúde explica este posicionamento: "en la medicina prepaga, la aparición de una nueva enfermedad, o de una nueva tecnología que se diferencie sustancialmente de las utilidades en el momento en que el contrato se celebró, pueden constituirse en supuestos de hecho previstos en art. 1198 del Cód. Civil, y dar lugar a la resolución o a la pretensión autónoma de modificación del precio. Es una hipótesis de apreciación restrictiva, puesto que se trata de un contrato aleatorio, y la aplicación de la excesiva onerosidad debe situarse fuera del 'alea normal' prevista por las partes. (art. 1198, Cód. Civil), de modo que la circunstancia de que el paciente se enferme, o aparezcan nuevos tratamientos o enfermedades, no es per si una circunstancia extraordinaria ni imprevisible. En cambio pueden asumir ese carácter, enfer-

pedido. Sentença perfeitamente reformada" (7ª Câm. Civ. do TAGS, 19.5.1993 — destaque nosso).

34. In *O Contrato*, p. 11.

medades masivas e inexistentes al momento de la contratación, o una resolución en los tratamientos médicos que cambie la naturaleza de los previstos en la celebración del vínculo".[35]

4.4 O dever de cooperação nos contratos cativos de longa duração

Os contratos cativos de longa duração, como se vem enfatizando, são indissociáveis do elemento *tempo*, experimentando o reflexo natural de seu transcurso.

Dentre as modalidades de contratos cativos de longa duração pode-se visualizar as relações travadas entre agentes financeiros e consumidores — contratos bancários, financeiros e de crédito.

Esses contratos, como é curial acontecer, em um número considerável de situações, acabam por *aprisionar* o consumidor, que se vê envolto em uma órbita de dívidas que vão se tornando insolúveis, expondo-o a uma verdadeira ruína financeira.

No Direito comparado, em especial na França o tema é tratado com bastante acuidade. Sob a denominação de *teoria do superendividamento*, recebendo inclusive tratamento normativo específico.[36] A lei francesa de 31 de dezembro de 1989 define a situação do superendividamento como "caracterizada pela impossibilidade manifesta pelo devedor de boa-fé de fazer face ao conjunto de suas dívidas não profissionais exigíveis e não pagas".[37]

Na doutrina portuguesa o superendividamento é conceituado por Maria Manuel Leitão Marques como a situação "em que o devedor se vê impossibilitado, de uma forma durável ou estrutural, de pagar o conjunto das suas dívidas, ou mesmo quando existe uma ameaça séria de que o não possa fazer no momento em que elas se tornam exigíveis",[38] classificando-se em duas espécies: o *superendividamento ativo*, quando o devedor contribui de forma positiva para se colocar nesta condição, e o *superendividamento passivo*, que se verifica face a ocorrência de situações que afetam gravemente a possibilidade de cumprimento de suas dívidas, como desemprego, doenças, acidentes pessoais.[39]

Em nosso país o tratamento dedicado ao tema é ainda incipiente, mas já chama a atenção da doutrina mais atenta. Cláudia

35. In "El objeto...", cit., p. 3.

36. Cláudia Lima Marques explica que "a França trata o superendividamento com bastante eficiência. Como ensina Danielle Khayat, existem dois tipos de bancos de dados sobre o endividamento dos consumidores, os bancos positivos e os bancos negativos, e dois tipos de tratamento do superendividamento, pelo direito civil geral e por leis especiais. Aqui, os países principais do direito comparado são a França, a Alemanha, os Países Baixos, os Estados Unidos e o Reino Unido, que conhecem a falência civil (ou *bankruptcy*) ou procedimentos assemelhados, que conduzem (a exceção da Alemanha) ao desaparecimento de toda ou em parte da dívida do particular após a liquidação de seus bens, com a participação judicial ou acordo supervisionado pelo juiz para o re-escalonamento da dívida, redução do montante, diminuição dos juros, etc." (in "Boa-fé nos serviços bancários, financeiros, de crédito e securitários e o Código de Defesa do Consumidor: informação, cooperação e renegociação?", *Revista da Faculdade de Direito da Universidade Federal do Rio Grande do Sul* 22/74).

37. Posteriormente a matéria foi tratada no *Code de Consommation* deste país, nos artigos L.331-1 s. e R.331-1 e ss. Gilles Paissant, ao apresentar um panorama sobre o tema do *superendividamento*, narra que "desde la entrada en vigor de la primera ley específica el 1.3.1990 hasta el 31.12.2000 se han registrados 1.027.841 demandas de consumidores para disfrutar de sus ventajas. En 1998 hubo 117.000 demandas, 142.000 en 1990 y 148.000 en 2000. Como puede comprobarse, las demandas están creciendo. Este fenómeno es muy diversificado. Se puede estar sobreendeudado por 10.000 F ó 1,5 MF. El sobreendeudado puede ser un asalariado, obrero o mando, lo mismo que un funcionario; un soltero o un matrimonio y, a menudo, un parado o un individuo divorciado. En cualquier categoría profesional o personal se pueden encontrar sobreendeudamiento. No existe un perfil tipo de sobreendeudado. Además de diversificado, el sobreendeudamiento aparece también como un fenómeno duradero. Es lo que explica la intervención del legislador francés en 1989" ("El tratamiento del sobreendeudamiento de los consumidores en Derecho francés", *RDC* 42/9).

38. In *O Endividamento dos Consumidores*, p. 2.

39. Ob. cit., p. 2.

Lima Marques, ao abordar o assunto, é enfática ao ressaltar que: "este é um tema considerado quase 'tabu' pelas Instituições Financeiras e Administradoras de Cartões de Crédito, face à grande insolvência dos consumidores no Brasil. A verdade é que nas sociedades de consumo consolidadas, o tema do superendividamento é tratado como problema jurídico que é, legislações especiais são preparadas para evitar (prevenção) e dirimir este problema (tratamento), que faz parte do sistema das sociedades de consumo. Neste países há sempre uma espécie de 'falência civil' dos consumidores e suas famílias, a evitar a 'morte' total do 'homo economicus', afinal os contratos de consumo devem ser momentos de cooperação e lealdade e não de 'destruição' e 'falta de opções' do parceiro contratual mais fraco".[40]

Desta forma, a teoria do superendividamento traz uma série de questionamentos na seara do direito, ensejando uma diversificada gama de discussões sobre como enfrentar essa problemática frente ao modelo jurídico existente. O endividamento excessivo dos consumidores, além se ser um problema social grave, uma cultura equivocada que assola o mercado de consumo, é um problema que pede, então, uma solução jurídica. Mas, como adverte José Reinaldo de Lima Lopes, o Direito não é capacitado para representar, de forma isolada, um caminho para solução destes problemas creditórios. É necessária uma solução estatal incisiva, por meio de mudanças na política de consumo, porque *a insolvência dos consumidores é um fato social, com origens muitas vezes na força maior social — desemprego, período de turbulência econômica geral*.[41]

Entretanto, mantemo-nos dentro do âmbito jurídico, no qual é trazido à colação o princípio da boa-fé objetiva, largamente consagrado no CDC e no Código Civil atual, para implementar a sua função potencializadora do dever de cooperação das partes nos contratos cativos de longa duração. A boa-fé objetiva desempenha papel singular como fonte orientadora do desenvolvimento das relações negociais, mantendo-as constantemente arejadas e aptas a se adaptarem as novas contingências. Maria Cristina Cereser Pezzella, após destacar que o princípio da boa-fé objetiva "visa a proteção do devedor contra exigências impertinentes que colidam com o direito ou a equidade", lembra que ele "se inspirou nas mesmas idéias que fundamentaram a 'exceptio doli generalis' do direito romano, frente a qual poderia evitar-se que se exigissem de modo não eqüitativo as prestações".[42]

A boa-fé, como fonte criadora de deveres anexos de informação, cuidado, lealdade e cooperação, irá atuar no vínculo

40. In "Boa-fé nos serviços bancários...", cit., p. 73.

41. In "Crédito ao consumidor e superendividamento — Uma problemática geral", *RDC* 17/63. Na opinião do autor "Nestas circunstâncias quem deve pagar a conta? O problema torna-se um de políticas públicas e de redistribuição (...) Há um problema geral de política do consumo no equívoco dos órgãos de defesa do consumidor (privados ou públicos) de aceitar o consumismo, aceitar uma perspectiva econômica equivocada, conformista, sem capacidade de ser crítica do sistema que provoca o superendividamento" (p. 63).

42. In "O princípio da boa-fé objetiva no Direito Privado alemão e brasileiro", *RDC* 23-24/205. A autora explica ainda que "com fundamento na boa-fé objetiva, podem resultar a cargo do devedor deveres 'secundários' especiais de 'notificar' ou informar o credor sobre algo do interesse para 'conservação dos seus bens jurídicos'. Seu cumprimento acarretará a pretensão da parte prejudicada de ser indenizada, podendo também resultar na caducidade do direito. As relações 'obrigacionais duradouras', que pressupõem uma relação de confiança recíproca ou que obrigam a uma prestação pessoal podem ser denunciadas por meio de uma causa significativa. O BGB reconheceu este princípio expressamente em relação aos contratos de serviços e de sociedade (§§ 626 e 723), como também para os contratos de longo prazo (RG Seuff A 66, n 195) e os contratos de abastecimento de água (OLG hamburg Seuff A 73, n 5). A jurisprudência sobre o § 242, BGB, desenvolveu-se também na chamada revalorização das prestações atingidas por meio da desvalorização sofrida pelo dinheiro, causada pela guerra e pela infração" (pp. 205-206).

relacional existente entre as partes, onde, pela natureza da relação se destacará a cooperação recíproca das partes para a função sócio-econômica do contrato.[43]

Este dever de cooperação traz consigo o questionamento da existência de um dever geral de renegociação nos contratos de longa duração — em especial bancários, financeiros e de crédito — onde resta evidenciada a situação de superendividamento do contratante.

Analisando a questão na doutrina germânica atual e em face das recentes alterações do BGB, Cláudia Lima Marques aponta a existência de simpatia dos juristas tedescos pela aceitação da obrigatoriedade decorrente da boa-fé, de cooperação para a renegociação do pacto que se torna excessivamente oneroso. Diz a autora: "estes autores alemães partem da premissa de que haveria uma cláusula ou um dever de modificação de boa-fé (no caso brasileiro, com previsão expressa no art. 6º, V, do CDC) dos contratos de longa duração, sempre que exista quebra da base objetiva do negócio (*Wegfall der Geschäftsgrundlage*) e onerosidade excessiva daí resultante. Assim, considera a parte majoritária da doutrina alemã, de que haveria uma espécie de dever '*ipso jure*' de adaptação (*ipso jure-Anpassungspflicht*) ou dever de antecipar e cooperar na adaptação, logo, dever (ou para alguns *Obligennheit*) de renegociar (*Neuverhandlungspflicht*) o contrato".[44]

Esse dever de submeter-se à renegociação contratual, para evitar o superendividamento do outro contratante, espelha claramente a doutrina de Clóvis do Couto e Silva, ao ver na boa-fé objetiva um "dever de consideração para com o *alter*".[45] Poder dizer ainda que esta cooperação também vem a traduzir no âmbito das relações

43. Esta função da boa-fé como dever de cooperação, em especial nos contratos de longa duração, é destacada na doutrina italiana por Francesco Macário, no sentido de que "non v'èdubbio che lo spazio riconosciuto all'operatività del principio di buona fede avvicini significativamente la reflessione sulla revisione giudiziale del contratto all'impostazione socio-economica del discorso relativo ai contratti a lungo termine, intesi nella prospectiva 'relazionale'. La valorizazione del precetto di buona fede quale regola di comportamento nell'esecuzione del contratto può dirsi, infatti, il più immediato risultado della ricaduta sul terreno giuscivilistico della dottrina dei 'relational contracts', ove la logica cooperativa tendente alla realizzazione del risultado dedotto in contratto dovrebbe sostituire quella egoistica, finalizzata al mero 'advantage-talking' (evidentemente antitética a quella di 'sharing and cooperation'), tipica dello scambio isolato (indicato, in area anglosassone, in contrapposizione al modelo del 'long-term contract', come 'discrete transsaction'), normalmente ad efficacia istantanea. Non per nulla gli studiosi che, soprattutto nell'ambiente di 'common law' nordeamericano (dove la teoria dei contratti relazionali è stata originariamente elaborata e comunque maggiormente sviluppata), hanno accolto questa configurazione dei raporto contrattuali — senza dubbio meno dirigibile, in termini generali, per il 'civil lawer' continentale tradizionale — si sono prontamente schierati a favore dell'intervento giudiziale nel contratto in presenza di sopravvenienze incidenti sull'originario equilíbrio fra le prestazione" (in "Rischio contrattuale e rapporti di durata nel nuovo diritto dei contratti: dalla presupposizione all'obbligo di renegoziare", *Rivista di Diritto Civile*, pp. 83-84).

44. In "Boa-fé nos serviços bancários...", cit., p. 77. A autora refere também a sugestão de Horn de inclusão de um número 2 no 242 do BGB, com o seguinte texto: "se a prestação de uma das partes, em virtude de circunstâncias externas, se tornar excessivamente difícil, pode este contratante requerer uma razoável divisão dos prejuízos entre as partes através de adaptação do contrato, se ele não deveria contar com estas circunstâncias, em especial, se este risco no sentido do contrato não lhe é normal e se a manutenção do contrato nas condições anteriores não lhe é razoável (*zumutbar*), podendo requer também a rescisão do contrato. A adaptação (*Anpassung*) ou a rescisão (*Auflösung*) dar-se-á por consenso entre as partes ou por decisão judicial". Tal sugestão, entretanto, não foi incorporada na recente reforma legislativa experimentada pelo BGB. Ainda, a autora complementa, informando que "o novo BGB-Reformado em 2000 e 2001 traz agora um direito geral de rescisão em contratos cativos de longa duração (novo par. 314 do BGB-Reformado), mesmo que este direito não esteja previsto, se considerado o caso concreto, e levando em conta os interesses de continuidade do vínculo, não é razoável (*zumetet*) a continuidade para uma das partes, evitando assim o superendividamento. Mais ainda, o novo BGB-Reformado traz a figura da quebra da base do negócio (novo par. 313), permitindo a adaptação do vínculo à nova a nova base e evitando o superendividamento" (pp. 77-78).

45. In *Obrigação como Processo*, p. 29.

privadas o ideal de solidariedade, insculpido nos ditames da nossa Constituição Federal.[46]

Assim, não há motivos para deixar de reproduzir este raciocínio nas relações de trato sucessivo, pois o ordenamento jurídico nacional conta com todo o aparato normativo que serve de sustento a esta premissa, além do respaldo de abalizada doutrina.

Novamente, Cláudia Lima Marques sintetiza a questão: "no Direito Brasileiro, face ao CDC parece também ser possível considerar-se a existência deste dever de renegociação a favor do consumidor, pois tanto o art. 6º, V menciona o direito do consumidor de pedir a modificação do contrato em caso de onerosidade excessiva, quanto nos arts. 52 e 53 menciona o direito à informação, ao pagamento antecipado e devolução das quantias pagas. Logo, parece-me possível também no Brasil requerer a antecipação desta modificação e a cooperação do parceiro-fornecedor (dever de renegociação) para a adaptação do contrato (princípio de boa-fé do art. 4º, III) e sua manutenção (art. 51, § 2º)".[47]

A nova legislação civil, ao consagrar expressamente a função social do contrato e a observância dos ditames da boa fé-objetiva na sua execução, parece encerrar de vez a discussão, permitindo que se conclua pela necessidade de observância do dever de colaboração entre os contratantes, inclusive por meio de renegociação forçada.

Considerações finais

Os contratos cativos de longa duração são uma realidade já consolidada nas relações negociais da pós-modernidade. Há muito deixaram de representar o futuro e passaram a integrar de forma necessária o atual convívio em sociedade, onde o homem-social e o homem-econômico se confundem numa única realidade, cabendo ao Direito proporcionar mecanismos eficazes para monitorá-los para que sejam formas sempre vinculadas a sua natural função sócio-econômica, a serviço, portanto, dos anseios sociais.

Não se pode conceber a possibilidade dessa nova e necessária modalidade contratual servir de "*aprisionamento*" dos contratantes mais débeis, que se tornaram dependentes da sua manutenção.

Se os contatos cativos de longa duração vieram para acompanhar o indivíduo na sua existência em sociedade, devem servir para auxiliá-lo na sua constante e incessante busca de crescimento e realização pessoal.

Neste contexto, as soluções jurídicas apontadas para os diversos problemas que surgem nos contratos cativos de longa duração devem estar em compasso com a efetividade dos direitos fundamentais consagrados na Carta Constitucional, que, no dizer de Luís Afonso Heck, representa elemento de unidade da ordem jurídica,[48] en-

46. Na doutrina italiana, Natalino Irti afirma que "la solidarietà econômica, delineata nell'art 2 Cost. Como contenuto di um 'dovere inderogabile', va conmvertita in critério giuridico: può, così, rinvigorire il principio di buona fede nell'interpretazione ed esecuzione del contratto" (in "Persona e mercato", *Rivista di Diritto Civile* 3/297).

47. In "Boa-fé nos serviços bancários...", cit., p. 80.

48. In "Direitos fundamentais e sua influência no Direito Civil", *RDC* 29/53, onde o autor aborda a temática no Direito alemão, explicando que "depois da segunda guerra, a influência do direito constitucional sobre o direito civil encontra-se no plano jurisprudencial, isto é, no do aperfeiçoamento e desenvolvimento do direito. Dito em outras palavras: na constituição estão os pressupostos da criação, validez e realização das normas da ordem jurídica infraconstitucional e ela determina, em grande medida, também o seu conteúdo; assim, ela converteu-se em um elemento de unidade da ordem jurídica total da comunidade e, nisto, ela não só exclui uma separação entre direito constitucional e outros setores jurídicos, especialmente do direito privado, mas também uma coexistência estanque destes setores e, com isso, ela desenvolve, simultaneamente, aquele efeito que cimenta a unidade, a qual pressupõe a existência e efeito normativo da constituição mesma" (pp. 53-54). No mesmo sentido, na doutrina civilista italiana, Pietro Perlingieri aponta que "o papel unificador do sistema, tanto nos seus aspectos mais tradicionalmente civilísticos quanto naqueles

sejando a consolidação do fenômeno conhecido com *filtragem constitucional*, que consiste em determinar que toda a ordem jurídica deva ser lida e apreendida sob a lente da Constituição, de modo a realizar os valores nela consagrados.[49]

Portanto, cabe fazer referência à consagrada teoria alemã da *Drittwirkung der Grundrecht*, que prega a eficácia horizontal dos direitos fundamentais, por meio da qual essas garantias essenciais consagradas no Texto Constitucional, além de servirem para regular as relações entre o Estado e os particulares, também servem de orientação para as relações firmadas entre os particulares. Como enfatiza Vasco Manuel Pereira da Silva, trata-se da eficácia horizontal ou externa dos direitos fundamentais,[50] a qual se manifesta de três formas: (a) quando a normal infra-constitucional concretiza os direitos fundamentais; (b) quando a norma infra-constitucional estabelece cláusulas gerais e conceitos indeterminados, que deverão ter o seu conteúdo preenchido pela aplicação dos paradigmas constitucionalmente estabelecidos e, (c) quando a Constituição regula a matéria, mas não há norma inferior concretizadora, sequer por meio de cláusulas gerais e conceitos indeterminados, caso em que deverá haver a aplicação direta das regras constitucionais as relações inter-privadas.[51]

O comprometimento dos Tribunais com os direitos fundamentais do indivíduo, nestes incluídos os direitos humanos, é a única forma de permitir que as relações negociais sirvam como instrumento de inclusão social dos indivíduos, para que este adquira condições de plena realização de sua liberdade.

Essa foi a opção da Corte Constitucional alemã,[52] que desde 1993 vem determinando a observância dos direitos da personalidade no controle de cláusulas de con-

de relevância publicista, é desempenhado de maneira cada vez mais incisiva pelo Texto Constitucional" (in *Perfis do Direito Civil: Introdução ao Direito Civil Constitucional*, p. 6).

49. Conforme Luís Roberto Barroso, in "Fundamentos teóricos e filosóficos do novo Direito Constitucional brasileiro", p. 63.

50. In "Vinculação das entidades privadas pelos direitos, liberdades e garantias", *Revista de Direito Público* 82/41, esclarecendo que "a unidade do sistema jurídico leva a que quando se aplica uma lei, não é ela, apenas, que se esta a aplicar, mas todo o Código e todo o sistema legislativo no seu conjunto, pelo que entre a Constituição e a norma de Direito Privado a aplicar não se verifica um hiato, mas um contínuo fluir. Este fluir contínuo é facilitado pelo fato de, por um lado, as Constituições não se limitarem a consagrar a categoria de direitos contra o Estado, mas de se referirem, também, de forma explícita ou implícita, à autonomia privada; por outro lado, as cláusulas gerais e os conceitos indeterminados do Direito Privado serem tão amplos que o seu conteúdo pode ser, facilmente, preenchido pelos valores constitucionais".

51. Daniel Sperb Rubin elaborou interessante observação quanto à eficácia horizontal dos direitos fundamentais, no seguinte sentido: "disso, se pode tirar duas conclusões básicas: a) no estado de natureza, o homem já tinha certos direitos que, hoje, são consagrados pelo ordenamento jurídico como direitos fundamentais; mas no estado natural não existia o ente Estado, razão pela qual tais direitos fundamentais eram concebidos entre indivíduos; e b) se aceitarmos a posição de Locke, os direitos fundamentais não podem ter seu campo de incidência diminuído com a transição do estado de natureza para o estado social, senão que, ao contrário, terão seu campo de incidência aumentado, pois agora não são mais apenas os direitos dos indivíduos entre si, mas também, direitos dos indivíduos perante o Estado. Assim, se Locke estiver certo, concluímos, numa perspectiva jusnaturalista, que a eficácia horizontal dos direitos fundamentais teria, de uma certa maneira, precedido à eficácia vertical" (in "Direito privado e Constituição — Contratos e direitos fundamentais", *Revista do Ministério Público* 44/107).

52. Sobre o assunto escreve Luís Afonso Heck, inicialmente narrando os casos concretos que deram origem a dívidas excessivas para as forças patrimoniais dos devedores, e após indicando a posição assumida pelo Tribunal Constitucional alemão: "o caso concreto (...) o pai da proponente do recurso constitucional trabalhava, primeiro como agenciador de imóveis. Ele construía e vendia apartamentos. Em 1982 ele solicitou para a caixa econômica municipal a duplicação de seu limite de crédito de 50.000 para 100.000 marcos. Quando a caixa econômica municipal pediu uma garantia, a proponente, então, com 21 anos, assinou em 1982 um documento de fiança impresso com quantia máxima de 100.000 marcos, afora os deveres acessórios. O aumento foi então concedido. A proponente obteve crédito para a conta de crédito um direito de assinatura mas, ela mes-

tratos bancários,[53] o que deverá servir de inspiração para os tribunais de nosso país. Como ensina Luís Afonso Heck, se conteúdo do contrato para uma parte é invulgarmente agravante e, como compensação de interesses, manifestamente inadequado, então os tribunais não devem satisfazer-se com a afirmação "contrato é contrato".[54]

O contrato, independentemente do tempo de sua duração, deve ser fonte de reforço da liberdade pessoal, e jamais servir como um cativeiro invisível que aprisiona e ao mesmo tempo retira a dignidade do contratante mais vulnerável.

Referências bibliográficas

BARROSO, Luís Roberto. "Fundamentos teóricos e filosóficos do novo Direito Constitucional brasileiro — Pós-modernidade, teoria crítica e pós-positivismo". *Revista do Ministério Público* 46/29-66, Porto Alegre, jan.-mar. 2002.

BAUMAN, Zygmount. *Modernidade Líquida*. Trad. Plínio Dentzien. Rio de Janeiro, Ed. Jorge Zabar, 2001.

COSTA, Judith Martins. *A Noção de Contrato na História dos Pactos. Homenagem a Carlos Henrique Carvalho*. Ed. RT, p. 497.

FRIAS, Ana López. *Los Contratos Conexos: Estudio de Supuestos Concretos y Ensayo de una Construcción Doctrinal*. Barcelona, José Maria Boch Editor S/A.

GHERSI, Carlos Alberto. "Los profesionales y la posmodernidad — Los abogados". *RDC* 23-24/25.

GHESTIN, Jacques e BILLAU, Marc. *El Precio en los Contratos de Longa Duración*. Trad. Moisset de Espanés e Ricardo de Zavalía. Buenos Aires, Ed. Zavalia, 1990.

HABERMAS, Jürgen. *Ensayos Políticos*. Trad. Ramón García Cotarelo. Barcelona, Ed. Península, 1997.

HECK, Luís Afonso. "Direitos fundamentais e sua influência no Direito Civil". *RDC* 29/53.

ma, não dispunha de bens. Ela não tinha formação profissional, estava preponderantemente desempregada e recebia, ao tempo da declaração de fiança, 1.500 marcos líquido (...) o segundo recurso constitucional — a proponente afiançou-se em 1979 de sua própria dívida diante do banco demandante para a garantia de um 'empréstimo de seguro' que havia sido concedido a seu cônjuge na quantia de 30.000 marcos. Na época da declaração de fiança ela estava sem rendas e bens". Nestes casos, a posição do Tribunal Constitucional alemão foi no sentido da promoção dos direitos fundamentais: "A Lei fundamental contém em seu título de direitos fundamentais decisões básicas jurídico-constitucionais para todos os setores do direito. Essas decisões básicas desdobram-se por meio daquelas prescrições que dominam diretamente o campo jurídico respectivo e têm, sobretudo, também significado na interpretação de cláusulas gerais jurídico-cíveis. Quando os parágrafos 138 e 242 remetem, em geral, aos bons costumes, aos costumes de tráfico, assim como à boa-fé, eles pedem dos tribunais uma concretização pelo critério de concepções de valores que são, em primeiro lugar, determinadas pelas decisões de princípio da constituição. Por isso os tribunais cíveis estão obrigados, em virtude da constituição, a considerar, na interpretação e emprego das cláusulas gerais, os direitos fundamentais como 'linhas diretivas'. Se eles desconhecem isto e decidem, por conseguinte, em prejuízo de uma parte processual, então eles a violam em seus direitos fundamentais" (pp. 51-52).

53. Conforme informa Cláudia Lima Marques, o aresto de referência foi o BverfG Beschl. v. 19.101993-1BvR 567/89 u.la., e explica que "a novidade foi considerar contrária aos bons costumes uma exigência mais fictícia do que real, isto é, um aval por uma pessoa sem patrimônio, um filho estudante ou uma dona de casa, sem condições reais de pagar a dívida (muito superior as suas possibilidades atuais) e que necessitaria passar toda a sua vida a trabalhar para pagá-la, uma verdadeira dívida asfixiante se exigida no futuro. Para concretizar a cláusula geral do par. 138 e par. 242 do BGB, as Cortes deveriam, segundo a Corte Constitucional alemã, utilizar-se da noção de direitos fundamentais do indivíduo (no caso concreto um estudante de medicina de 21 anos, que serviu de avalista de dívida do pai, um pequeno comerciante) a desenvolver sua personalidade (desenvolvimento da personalidade econômica e social) no futuro. Como conseqüência este contrato de garantia deveria ser considerado contrário aos bons costumes e à boa-fé, logo ineficaz, uma vez que o garante não tinha nem patrimônio, nem trabalho e estava fazendo uma quase 'consignação' de seu futuro. A Corte Constitucional expressamente ordenou às cortes civis o controle do conteúdo dos contratos de crédito bancários, nos quais o contratante mais fraco é obrigado a suportar cargas anormais para suas condições pessoais (superendividamento, no original, *Überschuldung*)" (in "Boa-fé nos serviços bancários...", cit., p. 75).

54. In "Direitos fundamentais...", cit., p. 52.

IRTI, Natalino. "Persona e mercato". *Rivista di Diritto Civile* 3/297, ano XLI, 1995.

JAYME, Erik. "Identité culturelle et intégration: le droit international privé postmoderne — Cours général de droit international privé 1995". *Recueil des Cours de l'Académie de Droit International de la Haye* II/36, 1995.

LOPES, José Reinaldo Lima. "Crédito ao consumidor e superendividamento — Uma problemática geral". *RDC* 17/63.

LORENZETTI, Ricardo. "El objeto y las prestaciones en contratos de larga duración: a propósito de la medicina prepaga, servicios educativos, contratos de suministros y asistencia". Suplemento *La Ley* 167/2, ano LXI.

MACÁRIO, Francesco. "Rischio contrattuale e rapporti di durata nel nuovo diritto dei contratti: dalla presupposizione all'obbligo di renegoziare". *Rivista di Diritti Civile*, ano XLVIII, p. 83.

MACEDO JÚNIOR, Ronaldo Porto. *Contratos Relacionais e Defesa do Consumidor*. Max Limonad, 1998.

MARQUES, Cláudia Lima. "Contratos bancários em tempos pós-modernos — Primeiras reflexões". *RDC* 25/19.

______. "Boa-fé nos serviços bancários, financeiros, de crédito e securitários e o Código de Defesa do Consumidor: informação, cooperação e renegociação?". *Revista da Faculdade de Direito da Universidade Federal do Rio Grande do Sul* 22/74, set. 2002.

______. "Contratos de *time-sharing* e a proteção dos consumidores: crítica ao direito civil em tempos pós-modernos". *RDC* 22/65.

______. *Contratos no Código de Defesa do Consumidor: o Novo Regime das Relações Contratuais*. 4ª ed., Ed. RT, 2002.

MARQUES, Maria Manuel Leitão. *O Endividamento dos Consumidores*. Lisboa, Almedina, 2000.

MESSINEO, Francesco. *Doctrina General del contrato*. t. I. Buenos Aires, Ediciones Jurídicas Europa-América, 1952.

MOSSET ITURRASPE, Jorge. *Contratos Conexos: Grupos y Redes de Contratos*. Buenos Aires, Ed. Rubinzal Culzoni, 1999.

NALIN, Paulo. *Do Contrato: Conceito Pós-Moderno; em Busca de sua Formulação na Perspectiva Civil-Constitucional*. Curitiba, Juruá, 2002.

PAISSANT, Gilles. "El tratamiento del sobreendeudamiento de los consumidores en Derecho francés". *RDC* 42/9.

PEREIRA DA SILVA, Vasco Manuel Pascoal Dias. "Vinculação das entidades privadas pelos direitos, liberdades e garantias". *Revista de Direito Público* 82/41.

PERLINGERI, Pietro. *Perfis do Direito Civil: Introdução ao Direito Civil Constitucional*. Trad. Maria Cristina e Cicco. Rio de Janeiro, Renovar, 1997.

PEZZELLA, Maria Cristina Cereser. "O princípio da boa-fé objetiva no Direito Privado alemão e brasileiro". *RDC* 23-24/205.

REZZÓNICO, Juan Carlos. *Principios Fundamentales de los Contratos*. Buenos Aires, Editorial Astrea, 1999.

ROPPO, Enzo. *O Contrato*. Trad. Ana Coimbra e M. Januário C. Gomes. Coimbra, Almedina, 1988.

RUBIN, Daniel Sperb. "Direito privado e Constituição — Contratos e direitos fundamentais". *Revista do Ministério Público* 44/83, jan.-mar. 2001.

SILVA, Clóvis Veríssimo do Couto. *A Obrigação como Processo*. São Paulo, Bushatsky, 1976.

SILVA, Luis Renato Ferreira da Silva. "Cláusulas abusivas: natureza do vício e decretação de ofício". *RDC* 23-24/127.

SILVA, Ovídio Baptista da. "Coisa julgada relativa". *Revista Jurídica* 316/7, fev. 2004.

Atualidades

O AVISO DE SINISTRO NO DIREITO BRASILEIRO — EXISTE UM "PRINCÍPIO DO PREJUÍZO"?

A insubsistência do Enunciado 229 do STJ e a exegese do art. 771 do Código Civil de 2002 em consonância com o princípio da boa-fé objetiva

Dennys Zimmermann

Introdução. O termo "a quo" do prazo prescricional no Contrato de Seguro — Insubsistência do Enunciado 229 do STJ. O aviso de sinistro e o "late notice" no Direito Comparado. A boa-fé objetiva e a evolução da teoria contratual. Aspectos funcionais da boa-fé aplicáveis à espécie. O aviso de sinistro e a exigência de comprovação de prejuízo por parte do Segurador — A existência de um "princípio do prejuízo" como decorrência da boa-fé. Conclusão. Bibliografia.

Introdução

Com o advento do novo Código Civil, a disciplina do contrato de seguro sofreu sensíveis modificações que, dadas a jovialidade e a amplitude temática da matéria, até o momento ainda não foram submetidas a uma cuidadosa vivisseção por parte da doutrina. Certo, porém, é que nem todas essas alterações são dignas de encômios. Antes pelo contrário, no que toca à disciplina do contrato de seguro, um breve passar de olhos já é o suficiente para evidenciar que o tratamento dispensado pelo novo Código Civil a alguns dos pontos mais controvertidos no âmbito do negócio securitário retrocedeu em demasia comparativamente aos avanços verificados na jurisprudência especialmente após a promulgação do Código de Defesa do Consumidor.

Em particular, questão que sempre se afigurou tormentosa no nosso Direito, fonte de inesgotáveis debates que a final culminaram com a edição do Enunciado 229 da súmula da jurisprudência do Superior Tribunal de Justiça, dizia respeito à conduta do Segurado após a ocorrência do sinistro e, mais especificamente, à disciplina da prescrição e da decadência no contrato de seguro. Ao cabo de acaloradas discussões, a Corte Infraconstitucional proclamou que o prazo prescricional da "ação" (*rectius*: pretensão) do Segurado contra o Segurador visando ao recebimento de indenização decorrente de contrato de seguro principiaria a correr da data de ocorrência do sinistro, suspendendo-se com a entrega do aviso de sinistro pelo Segurado ao Segurador e retomando seu curso pelo tempo faltante a partir da ciência inequívoca da negativa de cobertura securitária.[1] Ademais,

1. "O pedido do pagamento de indenização à Seguradora *suspende o prazo de prescrição* até que o Segurado tenha ciência da decisão" (destacamos).

em relação à antinomia aparentemente existente entre o Código Civil e o estatuto consumerista no que respeita à definição de qual o prazo prescricional da pretensão do Segurado contra o Segurador, aquela Corte pontificou que, quando tal pretensão estiver direcionada ao recebimento da importância prevista no contrato, e não à responsabilização do Segurador por evento identificado como "fato do serviço", o prazo prescricional correspondente será regido não pelo preceito do art. 27 do Código de Defesa do Consumidor, mas sim pela disposição do art. 178, § 6º, II do Código Civil de 1916, que estabelece ser o mesmo anual.[2]

A edição do Enunciado 229 rendeu ensejo à proliferação de decisões judiciais que, de maneira irrefletida, tomaram-no como seu fundamento sem submetê-lo a qualquer análise criteriosa do seu conteúdo, o qual, numa leitura mais atenta, se mostra repleto de contradições. Além disso, sua aplicação acabou por ofuscar o preceito veiculado pelo art. 1.457 do Código Civil revogado,[3] deixado de lado que foi em razão do maior vulto que a discussão acerca do termo *a quo* do prazo prescricional da pretensão do Segurado em face do Segurador ganhou nos Tribunais.

Do mesmo modo, tão lastimável quanto o menoscabo da jurisprudência pelo art. 1.457 do Código Civil revogado foi a malversação do instituto da prescrição, cujo prazo, nos termos do Enunciado 229 do STJ, principiaria a correr, no âmbito do contrato de seguro, a partir da data de ocorrência do sinistro, e não da ciência da negativa da Seguradora ao pagamento da indenização acordada. Ora, a identificação do termo *a quo* do prazo prescricional com a data de ocorrência do sinistro contraria frontalmente o posicionamento hodiernamente consagrado na doutrina, segundo o qual a prescrição atinge não o direito,[4] como propugnavam alguns estudiosos, nem tampouco a ação, como apregoavam outros, mas sim a pretensão,[5] isto é, em apertada síntese, "o poder de exigir de outrem o cumprimento de uma prestação".[6]

A Lei 10.406/2002 (o novo Código Civil), ao cristalizar o entendimento doutrinário de que a prescrição atinge a pretensão (e não o direito subjetivo, nem tampouco o direito de ação), impingindo à regra anteriormente veiculada no art. 1.457 uma singela — mas aparentemente significativa — modificação, pôs em xeque a subsistência do Enunciado 229 do STJ e recolocou em debate a relevância do "aviso de sinistro" no ordenamento jurídico positivo brasileiro. De um lado, porque a aplicação conjunta do art. 189[7] e do art. 206, § 1º, II, alínea *b*[8] do novo Código conduz à inarredável conclusão de que o prazo prescricional da pretensão do Segurado em face do Segurador somente tem início com a lesão do direito subjetivo — lesão esta que, por óbvio, só se concretiza com a ciência inequívoca da negativa de pagamento da

2. Por todos: "*Direito Civil. Seguro. Pagamento a menor da indenização. Prescrição ânua.*

Tratando-se de ação de segurado contra seguradora, incide a prescrição ânua, prevista no art. 178, § 6º, II, Código Civil de 1916, e não o art. 27 do Código de Defesa do Consumidor. Precedente da Segunda Seção. Recurso conhecido e provido" (REsp 555065-RJ, 4ª T., Rel. Min. César Ásfor Rocha, j. 14.10.2003).

3. O qual dispunha que, verificado o sinistro, o Segurado deveria comunicá-lo logo que o soubesse ao Segurador, exonerando-se este de responsabilidade somente se provasse que, oportunamente avisado, lhe teria sido possível evitar ou atenuar as conseqüências do infortúnio.

4. V., nesse sentido, por todos, Caio Mário da Silva Pereira, *Instituições de Direito Civil*, v. I, 18ª ed., p. 435.

5. Sobre o tema, seja-nos consentido sugerir a leitura do texto de Agnelo Amorim Filho, "Critério científico para distinguir a prescrição da decadência e identificar as ações imprescritíveis", *RT* 744/725.

6. André Fontes, *A pretensão como Situação Jurídica Subjetiva*, p. 11.

7. "Art. 189. Violado o direito, nasce para o titular a pretensão, a qual se extingue, pela prescrição, nos prazos a que aludem os arts. 205 e 206."

8. Art. 206. Prescreve: "§ 1º. Em um ano: (...) II — a pretensão do Segurado contra o Segurador, ou a deste contra aquele, contado o prazo: (...) b) quanto aos demais seguros, da ciência do fato gerador da pretensão".

indenização securitária. De outro, porque o art. 771 do novo *Codex*, a que corresponde o art. 1.457 do estatuto revogado, excluiu a ressalva a que a exoneração da obrigação do Segurador condiciona-se à prova da existência de prejuízo decorrente do atraso no aviso de sinistro, suscitando dúvida (a nosso ver, infundada) sobre se o simples retardo na comunicação do sinistro pelo Segurado, independentemente de outras considerações acerca das suas conseqüências adversas para o Segurador, doravante seria suficiente para, de *per se*, ensejar a perda do direito à indenização securitária.

Sem embargo, a solução preconizada pela jurisprudência do STJ pecou pela flagrante ausência de maior apuro técnico-dogmático, na medida em que, ao fazer coincidir o início do prazo prescricional com o implemento do risco contra o qual se contrata o seguro, menosprezou os traços distintivos que estremam os institutos jurídicos da prescrição e da decadência, olvidando-se que *o implemento do risco não é o fato gerador da pretensão*, senão a *conditio iuris* que torna exigível a prestação secundária (e eventual) contratada ao Segurador. De tal arte, em que pese o teor (altamente criticável!) do enunciado ora em exame, dúvida não nos parece haver de que o prazo prescricional da pretensão do Segurado nasce não da ocorrência do sinistro, como erroneamente sufragado pela Corte Superior, mas sim da ciência inequívoca da negativa de cobertura pelo Segurador, este o fato que traduz a efetiva lesão do direito subjetivo do Segurado.[9]

A conclusão acima expendida de nenhuma maneira implica dizer que, nascendo a pretensão (e, conseqüentemente, o prazo prescricional) somente da ciência da negativa inequívoca de cobertura, seria consentido ao Segurado permanecer perpetuamente em silêncio, guardando a ocorrência do evento egoisticamente para si e suprimindo-a propositalmente do conhecimento do Segurador, de molde a com isto obstar o início da regulação do sinistro e a apreciação do pagamento da indenização securitária.[10] Decerto que não! Uma tal inferência importaria em admitir que o Segurador fosse mantido em situação de absoluta ignorância acerca do implemento do risco coberto na apólice, circunstância que, como é curial, se afigura potencialmente nociva para a apuração das causas de ocorrência do sinistro e para a constituição e a manutenção, pelo Segurador, das provisões e reservas técnicas necessárias ao cumprimento da sua obrigação de garantia.

Por tal razão é que consideramos que, em caso de demora na comunicação do sinistro pelo Segurado, cabe ao Segurador, em tese, invocar a regra veiculada no art. 771 do novo Código, que determina que tal comunicação seja feita pelo Segurado "tão logo" este saiba da sua ocorrência, sob pena de perda do direito à indenização securitária contratada. *Porém*, a nosso ver, *tal alegação só deve ser aceita caso se faça acompanhar de prova cabal do prejuízo imposto ao Segurador pela desídia do Segurado*! Não obstante a supressão, no art. 771 do novo diploma civilístico, da restrição consignada no parágrafo único do art. 1.457 do estatuto revogado, entendemos que a exoneração da obrigação do Segurador *de nenhuma maneira deixou de prescindir da*

9. Saliente-se que, no julgamento do REsp 590489-RJ (Rel. Min. César Ásfor Rocha, j. 9.12.2003), o STJ, por sua 4ª Turma, sinalizou uma possível alteração no entendimento da matéria, embora não tenha enfrentado explicitamente a sobrevivência do Enunciado 229:

"*Direito Civil. Seguro. Prescrição ânua. Termo inicial. Conhecimento inequívoco da recusa.*

Tratando-se de ação de segurado contra seguradora, incide a prescrição ânua, prevista no art. 178, § 6º, II, Código Civil de 1916, e não o art. 27 do Código de Defesa do Consumidor. Precedente da Segunda Seção. Todavia, na espécie, não restou consumado o prazo prescricional, porquanto a ação da segurada foi proposta em menos de um ano *da ciência inequívoca da recusa da seguradora*. Recurso especial conhecido, mas desprovido" (destacamos).

10. Sobre a regulação de sinistro, v. o trabalho pioneiro de Ernesto Tzirulnik, *Regulação de Sinistro (Ensaio Jurídico)*, 1ª ed., especialmente pp. 83 e ss.

comprovação da ocorrência de prejuízo resultante da demora na comunicação do sinistro pelo Segurado.

Esta é a conclusão que se alvitra a partir da incidência à espécie dos princípios da segurança jurídica e da boa-fé objetiva, este último vigorante nas relações de consumo desde a edição do Código de Defesa do Consumidor (embora encontremos seu fundamento na Constituição de 1988) e estendida à generalidade das relações jurídico-contratuais com o novel estatuto civilístico.

O termo "a quo" do prazo prescricional no Contrato de Seguro — Insubsistência do Enunciado 229 do STJ

Por razões óbvias, escapa aos contornos estreitos deste trabalho uma digressão teórica mais profunda acerca dos institutos da prescrição e da decadência e sua evolução na ordem jurídica brasileira. De há muito a questão divide os juristas, não tendo sido poucos os que se perderam nas inúmeras tentativas de se revesti-la de certo "lustre" científico, enredados que foram, entre outros fatores, pelo tratamento extremamente assistemático dispensado à matéria pelo legislador civilista de 1916.[11]

O Código Civil de 2002, numa tentativa de pôr termo à antiga controvérsia, proclamou que a prescrição não atinge o direito nem a ação, mas a pretensão, ou seja, o poder de exigir de outrem o cumprimento de determinada prestação. A exigibilidade é o conteúdo da pretensão, que, embora tenha em comum com o direito subjetivo o fato de configurarem ambos espécies de situações jurídicas subjetivas, com ele não se confunde. De fato, com o advento da prescrição, remanesce plenamente incólume o núcleo do direito subjetivo, apenas restando *atenuada a eficácia da pretensão*, e tanto assim o é que, conforme dispõe o art. 882 do novo Código, o pagamento de "dívida prescrita" não autoriza a repetição do indébito em favor de quem a pagou.

Ao pontificar que a pretensão nasce da violação do direito subjetivo, o art. 189 do novo Código Civil salvaguardou a autonomia entre ambos os institutos (conquanto não se possa deixar de assinalar que esse preceito se afigura insuficiente para disciplinar de maneira exaustiva todos os aspectos do fato prescricional), estremando o "direito à prestação" do "poder de exigir o seu cumprimento". Especificamente no que tange ao contrato de seguro, essa distinção — a final consagrada pelo ordenamento jurídico-positivo — hoje assume especial relevo em face dos termos conflitantes do Enunciado 229 da súmula do Superior Tribunal de Justiça, que, no intuito de pacificar a controvérsia que grassava na jurisprudência, consignou que o prazo prescricional da "ação" do Segurado contra o Segurador teria início quando da ciência da ocorrência do sinistro (e não da negativa de pagamento), "suspendendo-se" com o aviso de sinistro e "tornando a fluir pelo tempo restante" após o conhecimento da negativa inequívoca de cobertura.

Note-se que tal enunciado, não obstante cuidasse de prescrição, tomou como fato propulsor do prazo prescricional não a lesão ao direito subjetivo, como enuncia a novel legislação, mas a ciência da ocorrência do sinistro (assim designada a realização do risco, isto é, o evento que, nos termos do contrato de seguro, dá surgimento ao direito à prestação indenizatória), incorrendo em crasso equívoco ao confundir o direito à prestação com o poder de exigi-la[12] (o que traduz uma retrógrada e infeliz consagração das posições subjetivistas acerca da pretensão, hoje definitivamente

11. Para tanto, novamente recomenda-se o texto hoje clássico de Agnelo Amorim Filho.

12. Saliente-se que a prestação principal no contrato de seguro é a garantia provida pelo Segurador. Neste tópico do texto, estamos a nos referir à prestação secundária e eventual consistente no pagamento de indenização na eventualidade do implemento do risco contra o qual se contrata o seguro.

superadas[13]). A solução aí expressa, a todas as luzes, não resiste aos ditames do novo Código Civil (conquanto ainda se esforcem bravamente alguns autores para extrair sua sobrevivência, a fórceps, da novel legislação[14]), que, a esse propósito, não deixou margem a dúvidas ao dispor que a prescrição consiste na consolidação, pelo decurso do tempo, de uma *lesão* ao direito subjetivo,[15] bem como que o prazo prescricional da pretensão do Segurado contra o Segurador tem origem com o "fato gerador" de tal pretensão (art. 206, § 1º, II, *b*).[16]

Consagrada pelo novo Código a concepção de prescrição vitoriosa na doutrina contemporânea, que a considera como "o decurso do tempo que faz convalescer uma lesão de direito no interesse social",[17] inviável queda-se sustentar que o prazo prescricional teria início com a ocorrência do sinistro, momento no qual o Segurador, que é o devedor na relação obrigacional, ainda não foi sequer instado ao cumprimento do seu dever contratual.

Na sistemática do novo Código, a fluência do prazo prescricional só tem início a partir da ocorrência da lesão do direito — tal como sucede, a guisa de ilustração, caso o devedor não pague o *quantum* devido no prazo contratualmente estipulado.[18] Nesse momento nasce a pretensão do credor de ver cumprida a obrigação ou ressarcido o dano a ele imposto pelo devedor inadimplente.[19]

Tal concepção, transposta para o contrato de seguro, indubitavelmente conduz à conclusão de que a pretensão do Segurado tem origem não com a ocorrência do sinistro, e sim com a ciência, pelo Segurado, da negativa de pagamento da indenização pelo Segurador. A partir deste momento é que principia a correr o prazo prescricional correspondente, não havendo de se cogitar, por absoluta falta de amparo legal ou dogmático, nem da "suspensão do referido prazo na pendência da reclamação administrativa", nem do "recomeço da contagem pelo tempo que sobejar".

Pode-se redargüir que, caso se venha a considerar insubsistente o Enunciado 229 do Superior Tribunal de Justiça, o Segurador ficará em posição de desvantagem na relação jurídico-contratual, na medida em que o Segurado estará autorizado a omitir a ocorrência do evento danoso pelo lapso de tempo que lhe aprouver, postergando o início da regulação do sinistro, sem que de tal omissão decorra qualquer espécie de sanção à sua conduta flagrantemente desidiosa. Ademais, pode-se ainda argumentar que, nesta hipótese, quando da comunicação do sinistro, o Segurador já não mais disporá de meios como regulá-lo, porquanto os seus vestígios terão desaparecido, dificultando ou inviabilizando a colheita de evidências e a averiguação das causas e dimensões do ocorrido.

13. Sobre a contraposição das teorias objetivistas e subjetivistas, confira-se André Fontes, ob. cit., pp. 19-20.

14. Neste sentido, Ricardo Bechara Santos, "Comentários ao novo Código Civil. Novas regras de prescrição. Novo conceito de contrato de seguro estabelecido no art. 757", artigo publicado na *Revista Caderno de Seguros* 113. No mesmo diapasão, a Recomendação 25 do Guia FENASEG de Recomendações e Comentários sobre o novo Código Civil Brasileiro.

15. Gustavo Kloh Muller Neves, "Prescrição e decadência no novo Código Civil", in Gustavo Tepedino (Coord.), *A Parte Geral do Novo Código Civil. Estudos na perspectiva Civil-Constitucional*, 1ª ed., pp. 418-419.

16. Após a promulgação do Código de Defesa do Consumidor (Lei 8.078/1990), sustentou-se que o art. 27 do CDC — que estabelece o prazo de cinco anos de prescrição para as pretensões reparatórias decorrentes de danos causados por fato do produto ou do serviço — teria acarretado a derrogação, no âmbito das relações de consumo, do art. 178, § 6º, inciso II, do Código Civil de 1916. No Superior Tribunal de Justiça, contudo, prevaleceu tese oposta, no sentido da permanência da prescrição anual da pretensão de cobrança do Segurado contra o Segurador, mesmo no âmbito das relações consumeristas (REsp 590489-RJ). No seguro de responsabilidade civil, existe regra específica prevista na alínea *a* do inciso II do § 1º do art. 206 do CC.

17. Arnoldo Wald, *Curso de Direito Civil Brasileiro. Introdução e Parte Geral*, 8ª ed., p. 201.

18. Arnoldo Wald, ob. cit., p. 202.

19. Francisco Amaral, *Direito Civil. Introdução*, 2ª ed., p. 555.

Tal argumentação, contudo, não resiste a uma hermenêutica construtiva e a uma interpretação sistemática do Código Civil, que, com o propósito de prevenir tal conduta por parte do Segurado, estabeleceu, à semelhança de inúmeras outras legislações, a obrigação de o Segurado comunicar ao Segurador a ocorrência do sinistro tão logo dele tenha conhecimento. A jurisprudência, curiosamente, poucas vezes evocou essa disposição, que figura de maneira expressa no art. 771 do Código Civil de 2002 (tal como constava no art. 1.457 do Código Civil de 1916).[20] Ao identificar na ocorrência do sinistro o termo inicial de fluência do prazo prescricional, a jurisprudência, ainda que involuntariamente, atenuou a relevância da obrigação veiculada no dispositivo retro mencionado, na medida em que converteu a comunicação de ocorrência do sinistro em simples causa de suspensão da fluência do prazo prescricional.

Diversamente, em outros países, a notícia do sinistro pelo Segurado assumiu significativa relevância. Tanto na doutrina como na jurisprudência alienígenas medrou a discussão acerca do atraso do Segurado no aviso do sinistro (o *late notice*) e sobre a exigibilidade, ou não, da comprovação da ocorrência de prejuízo como requisito para a negativa de cobertura pelo Segurador.

Com a consagração da lesão do direito como termo inicial do prazo prescricional, parece-nos que o aviso do sinistro pelo Segurado deve passar a ocupar lugar de relativo destaque nas discussões acerca do contrato de seguro no novo Código Civil. Isto é, ocorrido o sinistro, deve o Segurado comunicá-lo ao Segurador tão logo dele tenha conhecimento, *ex vi* do art. 771 do Código Civil de 2002.

20. Existe uma referência a uma decisão judicial invocando esse dispositivo, proferida na Ap. Cív. 194009833 (julgada pela 2ª CCiv. do TJRS, em 11.8.1994), na obra *O Contrato de Seguro de acordo com o Novo Código Civil Brasileiro*, de Ernesto Tzirulnik e outros, 2ª ed., p. 87. Trata-se, aliás, de livro que, apesar de sua concisão, constitui leitura obrigatória a todos que se interessarem pelo tema.

Sucede que, em contrariedade ao que dispunha o *Codex* revogado, o dispositivo em vigor não mais exige que o Segurador comprove a ocorrência de prejuízo para se recusar validamente ao pagamento da indenização securitária. Numa leitura apressada do referido dispositivo, poder-se-ia inferir que o novo Código abdicou da exigência de prova do prejuízo por parte do Segurador, colocando-se na contramão das legislações ocidentais hodiernas. Inclusive, aqui e acolá pululam interpretações nesse sentido;[21] Trata-se, contudo, de uma exegese equivocada do dispositivo. Uma hermenêutica construtiva, repita-se, que se distancie do método literal, não pode permitir ao Segurador se descurar da exigência de demonstração de prejuízo. É a isto que conduz o princípio da boa-fé objetiva.

O aviso de sinistro e o "late notice" no Direito Comparado

A asserção de que a demora na comunicação do sinistro pelo Segurado ao Segurador teria o condão de ensejar a perda do direito à indenização securitária não constitui uma inovação ou uma peculiaridade do ordenamento jurídico brasileiro, sendo encontrável na generalidade das legislações dos Países Ocidentais, quer sejam de cultura jurídica romano-germânica, como é o nosso, quer sejam de tradição anglo-saxão.

Isto não obstante, em tais legislações, a possibilidade de o Segurador negar cobertura ao evento danoso sob fundamento *si et simpliciter* na demora na entrega do aviso de sinistro pelo Segurado, independentemente da prova da ocorrência de prejuízo resultante da demora, tem despertado significativa controvérsia doutrinária e jurisprudencial, cujo deslinde atualmente se inclina de maneira felizmente favorável à

21. Nesse sentido, a nosso ver equivocado, aponta a Recomendação 82 do Guia FENASEG de Recomendações e Comentários acerca do novo Código Civil Brasileiro.

exigência de comprovação de prejuízo pelo Segurador como *conditio sine qua non* para a sua negativa ao cumprimento da prestação contratada.

A obrigatoriedade de que o Segurado dê ciência ao Segurador do implemento do risco consignado na apólice é uma decorrência natural do fato de que, em regra, é o Segurado quem detém controle sobre o objeto do contrato de seguro (a saber: o interesse segurado[22]), e, por conseguinte, presumivelmente dispõe de melhores condições de saber a ocorrência do sinistro e notificá-lo ao Segurador. Assim, não é de causar nenhuma espécie que tal obrigação incumba ao Segurado por força de lei[23] ou em decorrência do disposto no contrato; a questão que se coloca é se ele está obrigado a comunicar a ocorrência do sinistro ao Segurador em um determinado lapso temporal, e se, não o fazendo em um prazo reputado "razoável", o Segurador estaria autorizado a se recusar ao cumprimento da sua prestação independentemente de qualquer comprovação de que da aludida demora ter-lhe-ia decorrido um prejuízo real e efetivo.

Quanto ao primeiro ponto, assinala a doutrina estrangeira que, à míngua de estipulação expressa no clausulado da apólice de seguro, o Segurado está obrigado a comunicar ao Segurador a ocorrência do sinistro em um lapso de tempo que se afigure "razoável" em consonância com as circunstâncias fáticas do caso concreto.[24] A aferição da "razoabilidade" desse lapso temporal dependerá do tipo de seguro que houver sido contratado pelo Segurado e, em especial, das características intrínsecas e extrínsecas do risco coberto na apólice, as quais serão determinantes para a configuração da ocorrência do sinistro e, conseqüentemente, para a eventual atribuição de caráter abusivo à demora no aviso respectivo ao Segurador. Conforme se apresentem o tipo de seguro e as características do risco por ele coberto, o evento danoso e as suas repercussões negativas serão assimilados pelo Segurado somente depois de decorrido um certo lapso de tempo após a sua deflagração, hipótese na qual, diferentemente do que ocorre com os eventos geradores de danos ditos "instantâneos",[25] a caracterização da ocorrência do sinistro ensejará enormes dificuldades práticas.

No concernente aos efeitos da extemporaneidade do aviso do sinistro, autores há que salientam que os mesmos estão a depender da intenção manifestada pelos contraentes no contrato, de maneira que, quando a apólice não estabelecer a perda de direitos de maneira expressa e inequívoca, a demora do Segurado em promover a entrega do aviso de sinistro não deverá prejudicar, *si et simpliciter*, o seu direito ao recebimento da indenização securitária, cabendo ao Segurado, nesta hipótese, tão-somente responder ao Segurador pelos prejuízos porventura decorrentes de tal atraso: "Where the stipulation as to time is not made a condition precedent, a failure to give notice within the prescribed time will not preclude the assured from recovering, provided that he does in fact give notice at some time or other to the insurers. He will, however, be liable to the insurers for any damages which they may have sustained by reason of his failure".[26]

22. Sobre o interesse segurado e o interesse segurável, recomenda-se a leitura da obra memorável de Fábio Konder Comparato, *O Seguro de Crédito*, pp. 24-25.

23. À semelhança do que preceitua o art. 46-1, da Ley de Seguros da argentina, que estabelece ser de 3 (três) dias o prazo para a denúncia do sinistro.

24. E. R. Hardy Ivamy, *General Principles of Insurance Law*, p. 423. "The notice should be given within the prescribed time, i. e. within the time fixed by stipulation, or within a reasonable time, as the case may be. What is a reasonable time depends on the circumstances". Em tradução livre: "O aviso deve ser entregue no prazo prescrito, isto é, dentro do prazo contratualmente estipulado, ou dentro de um prazo razoável, conforme seja o caso. O que é razoável depende das circunstâncias".

25. Rubén S. Stiglitz, *Derecho de Seguros*, 2ª ed., p. 214.

26. E. R. Hardy Ivamy, ob. cit., p. 425. Em tradução livre: "Quando a estipulação respeitante ao

Constando no contrato a cominação da perda do direito à indenização ao Segurado que não promover a comunicação do sinistro em tempo hábil, a legislação dos Países Europeus, de uma maneira geral, condiciona a aplicação de tal penalidade à cabal e efetiva demonstração, pelo Segurador, de que o atraso na formulação do aviso de sinistro acarretou-lhe um prejuízo considerável, sem o quê a oponibilidade de tal exceção ao Segurado é de ser afastada em prol da satisfação do interesse deste.

Na França, o art. L113-2, 4º do *Code des Assurances* (*Loi* 89-1014 *du* 31 *décembre* 1989) dispõe expressamente que a recusa de indenização com fundamento no atraso do aviso de sinistro pelo Segurado somente pode ser oposta pelo Segurador na hipótese de restar evidenciado que tal retardo efetivamente lhe causou um prejuízo ("lorsqu'elle est prévue par une clause du contrat, la déchéance pour déclaration tardive au regard des délais prévus au 3º et au 4º ci-dessus ne peut être opposée à l'assuré que si l'assureur établit que le retard dans la déclaration lui a causé un préjudice"). Bernard Beignier aplaude efusivamente a introdução desse dispositivo na legislação francesa, aclamando-a como merecedora das maiores homenagens pela doutrina e acrescentando que: "Évidemment, la modification introduite em 1989 a eu pour premier effect de mettre à la charge de l'assureur la preuve du préjudice subi, même si la preuve de la déclaration en temps utile incombe à l'ássuré".[27]

Não obstante assinale a relevância de tal inovação na órbita do direito positivo, Laurent Villegas lamenta que o legislador francês não tenha sido mais ousado, recalcitrando em atender à recomendação emanada da *Comission des Clauses Abusives* instituída pela Lei 78-23, de 10 de janeiro de 1978, a qual propugnava que, mesmo comprovando o Segurador que o atraso na entrega do aviso de sinistro acarretou-lhe um prejuízo, ser-lhe-ia vedado opor ao Segurado a decadência do direito à indenização, alocando-se a favor do Segurador, em contrapartida a tal atraso por parte do Segurado, apenas e tão-somente uma indenização equivalente ao dano sofrido: "En 1989, les esprits avaient évolué, et on peut déplorer que le législateur ne soit pas alé au bout d'une reforme qui semble conforme à la justice contractuelle et à la logique juridique".[28]

A solução alvitrada por Villegas foi a adotada pela Ley de Seguros da Espanha (Ley 50/1980), cujo art. 16 estabelece que, na hipótese de o Segurado deixar de comunicar ao Segurador a ocorrência do sinistro dentro do prazo máximo de 7 (sete) dias após havê-lo conhecido (salvo se no contrato houver sido estipulado prazo superior a este), "o Segurador poderá reclamar os danos e prejuízos causados pela falta de declaração", mas só poderá argüir a perda do direito à indenização no caso de dolo ou culpa grave do Segurado.[29]

prazo não constituir um pré-requisito, a falta de aviso de sinistro dentro do prazo prescrito não excluirá o direito do Segurado de recuperar as suas perdas, contanto que ele o comunique em algum prazo ou outro aos Seguradores. Entretanto, ele será responsável perante os Seguradores por quaisquer danos que estes possam haver suportado em razão da sua falha".

27. Bernard Beignier, *Droit du Contract d'Assurance*, p. 295. Em tradução livre: "Evidentemente, a modificação introduzida em 1989 teve por primeiro efeito o de colocar a cargo do Segurador a prova do prejuízo sofrido, mesmo se a prova da declaração em tempo útil incumbe ao Segurado".

28. Laurent Villegas, *Les Clauses Abusives dans le Contrat d'Assurance*, p. 87. Em tradução livre: "Em 1989, os espíritos tinham evoluído, e é possível deplorar que o legislador não tenha ido ao fim de uma reforma que pareça conforme à justiça contratual e à lógica jurídica".

29. "El tomador del seguro o el asegurado o el beneficiario deberán comunicar al asegurador el acaecimiento del siniestro dentro del plazo máximo de siete días de haberlo conocido, salvo que se haya fijado en la póliza un plazo más amplio. En caso de incumplimiento, el asegurador podrá reclamar los daños y perjuicios causados por la falta de declaración.

Este efecto no se producirá si se prueba que el asegurador ha tenido conocimiento del siniestro por otro medio.

A exemplo do que preceitua a legislação francesa, a Corte de Apelações do Quebec, no julgamento de litígio em que figuravam como partes a Compagnie d'Assurance Continental e os Laboratoires Rio-Recherchers Ltée,[30] confirmou a eficácia do aviso de sinistro entregue ao Segurador o mais tardar 5 (cinco) meses após o Segurado tomar conhecimento da sua ocorrência, com fundamento em que, de conformidade às disposições do Código Civil local, o Segurador teria de alegar e demonstrar a ocorrência de prejuízo para se eximir de prestar ao Segurado a cobertura securitária contratada, não bastando para tanto o só atraso na realização de tal comunicação.

Nos Estados Unidos, a jurisprudência de praticamente todos os Estados da Federação se consolidou no sentido de exigir do Segurador a prova da ocorrência do prejuízo, ao argumento de que, de acordo com princípio consagrado em matéria de contratos, o inadimplemento de uma obrigação por uma das partes não dispensa o cumprimento da obrigação assumida pela outra, a menos que tal inadimplemento tenha sido tal que causou a esta um dano efetivo ("*actual prejudice*"),[31] impondo-se, na hipótese contrária, a conservação do contrato. Até mesmo a Justiça do Estado de Nova York, virtualmente a única onde até a pouco ainda era consentido ao Segurador negar cobertura ao Segurado sem necessariamente demonstrar a existência de dano "considerável" decorrente de atraso na comunicação do sinistro, recentemente decidiu revisitar a questão no julgamento do caso Varrichio *vs.* Chicago Ins. Co.,[32] todavia sem solucionar o ponto controvertido, em razão de que, antes da solução da contenda, o Segurador e o Segurado entabularam um acordo entre si.

O Direito argentino agasalhou solução peculiar, pois previu expressamente em lei (art. 46 da Ley de Seguros) o prazo de que o Segurado dispõe para notificar o Segurador da ocorrência do sinistro, sob pena de caducidade do direito à indenização. Dito prazo foi fixado em exíguos 3 (três) dias, consignando o art. 46 da LS, como circunstâncias excludentes da aplicação da pena de caducidade ao Segurado, somente as hipóteses de caso fortuito, força maior ou "impossibilidade de fato" não derivada de culpa ou negligência.[33] Não obstante o excessivo rigor da solução imposta pelo legislador argentino, é de se ver que a jurisprudência local encontrou meios de atenuar a aplicação de tal sanção, ampliando sobremaneira o elenco de situações fáticas em que se deve inferir da parte do Segurador uma "renúncia tácita" à invocação da decadência.[34] com fulcro no princípio da boa-fé e na teoria dos atos próprios (corolário do princípio da boa-fé).

Na contramão das discussões travadas nos Países europeus, o legislador civilista brasileiro retirou do nosso ordenamento jurídico-positivo a referência à obrigatoriedade da prova do prejuízo como *conditio sine qua non* para a negativa de cobertura pelo Segurador, tal como constava do parágrafo único do art. 1.457 do CC de 1916. Ao fazê-lo, sustenta parte da doutrina que

"El tomador del seguro o el asegurado deberá, además, dar al asegurador toda clase de informaciones sobre las circunstancias y consecuencias del siniestro. En caso de violación de este deber, la pérdida del derecho a la indemnización sólo se producirá en el supuesto de que hubiese concurrido dolo o culpa grave." Sobre o ponto, v. Fernando Sanchez Calero, *Ley de Contrato de Seguro*, pp. 239 e ss.

30. 500-09-004597-977, 16 de fevereiro de 2001.

31. American Home Assur. Co. *vs.* International Ins. Co., 90 NY2d 433, 661, NYS2d 902 (1997).

32. Varrichio *vs.* Chicago Insurance Co., 312 F3d 544 (2nd Circuit).

33. Gustavo Meilij, *Manual de Seguros*, 3ª ed., pp. 59-60. No mesmo sentido, Isaac Halperin, *Lecciones de Seguros*, 8ª ed., p. 60.

34. Para uma visão panorâmica das diferentes hipóteses versadas pela jurisprudência, sugere-se a leitura da obra clássica de Rubén S. Stiglitz e Gabriel A. Stiglitz, *Contrato de Seguro*, pp. 202-220. Do mesmo modo, o interessante artigo de Aida K. Carlucci, "El silencio del asegurador frente a la denuncia del siniestro", in Nicolás H. Barbato (Coord.), *Derecho de Seguros*, pp. 180-208.

o novo Código deixou ao alvedrio do Juiz (ou das estipulações contratuais unilateralmente redigidas pelo Segurador) a fixação do prazo para a entrega do aviso de sinistro pelo Segurado, sob pena de decadência do direito à indenização securitária.

Não obstante a variedade de tipos (ou ramos) de seguros existentes não recomende a fixação de um prazo uniformizado para a entrega do aviso de sinistro ao Segurador (razão pela qual dissentimos da solução abraçada pela Ley de Seguros da Argentina), a ausência de tal previsão legal e de qualquer outro balizamento para a aferição da "razoabilidade" do prazo de entrega do aviso de sinistro conduziria o Segurado a uma inaceitável situação de absoluta insegurança jurídica, porquanto sujeito à aplicação de um prazo decadencial que não é de seu conhecimento e em relação ao qual jamais manifestou sua anuência.

Por tal razão, imprescindível se afigura que o art. 771 do novo Código receba interpretação coetânea com os princípios que informam a "nova" teoria contratual,[35] notadamente com os paradigmas da segurança jurídica e da boa-fé objetiva, este último que, longe de constituir uma "inovação" do novo Código como propalado por alguns comentaristas, de há muito já espraia os seus efeitos sobre todas as relações jurídico-contratuais, por influxo dos princípios constitucionais da dignidade da pessoa humana e da solidariedade social. Somente com a reconstrução do real sentido de tal dispositivo, à luz da tábua axiológica da Constituição e, em especial, do paradigma da boa-fé na sua feição objetiva, será possível alcançar-se solução que melhor se coadune com a vocação instrumental do contrato de seguro de servir à realização de mais uma etapa da transformação social do direito das obrigações, como "sintoma do ponto crítico de socialização da Humanidade" ou da "organização coletiva da energia humana".[36]

A boa-fé objetiva e a evolução da teoria contratual

O art. 1.443 foi um dos poucos dispositivos do antigo Código Civil a consagrar o dever de boa-fé em matéria obrigacional, ao estabelecer que, no ato de conclusão do contrato de seguro, Segurado e Segurador deveriam guardar "a mais estrita boa-fé" tanto acerca do seu objeto como das características e circunstâncias a ele imanentes.

A ênfase então conferida ao dever de boa-fé no contrato de seguro não foi despropositada. À época, como bem o sabemos, o voluntarismo jurídico não reconhecia na boa-fé um valor autônomo, fonte de integração do conteúdo contratual,[37] geradora de deveres dissociados da manifestação "soberana" da vontade. Isto, ao lado da configuração da boa-fé como um "princípio" — logo, despido de eficácia normativa segundo a concepção então prevalecente —, acabava criando enormes embaraços para a sua aplicação prática.

Impunha-se, portanto, nesse contexto, a referência expressa na legislação codificada à incidência do dever de boa-fé no contrato de seguro, quando muito com o fim de que a tal aplicação não se opusessem os formalistas da Escola da Exegese, que vislumbravam na concretização desse princípio uma ofensa intransponível à dou-

35. Em relação a tal adjetivação, desde já salienta-se que se compartilha aqui da observação de Gustavo Tepedino, que leciona que "a relativização histórica rompe com o caráter absoluto dos institutos jurídicos, obriga-nos a considerar sempre em mutação nossas categorias e teorias, todas historicamente condicionadas. E, sob este ponto de vista, nem mesmo precisaríamos recorrer ao adjetivo novo para qualificar a teoria contratual que floresce das relações de consumo, senão apenas para, em homenagem à retórica ou — vá lá — à didática, enfatizar as transformações ocorridas nesta mesma dogmática" ("As relações de consumo e a nova teoria contratual", in *Temas de Direito Civil*, pp. 199-200).

36. A citação é de Fábio Konder Comparato, ob. cit., p. 161.

37. Pedro Alvim, *O Contrato de Seguro*, 3ª ed., pp. 59-60.

trina da rígida separação de poderes do Estado.

Na esteira do legislador, a doutrina pátria tradicionalmente aludiu ao seguro como um contrato em que a boa-fé constitui requisito (ou, para alguns, "elemento") essencial à sua validade, a ponto de aí ser "reclamado com maior insistência" do que nas demais espécies contratuais,[38] em virtude da relevância que reveste na formação e execução do negócio. A alusão à "mais estrita boa-fé" era vista como uma vicissitude dessa espécie de contrato, um requisito que, em virtude das características intrínsecas da operação jurídico-econômica subjacente, aí se fazia indispensável não somente com "maior intensidade", mas de modo *qualitativamente* diferente, na medida em que pressupunha do Segurado e do Segurador um padrão de comportamento *objetivamente* definido, distinto do simples "estado de consciência" que marcava a boa-fé subjetiva e a teoria dos vícios do consentimento.

Esse tratamento diferenciado era justificado pela doutrina em razão da correlação existente entre o dever de boa-fé e a mutualidade, atributo que confere contornos característicos à operação securitária, distinguindo-a de outros contratos típicos que, embora assemelhados ao seguro, dele se distanciam estrutural e funcionalmente. Não fosse a mutualidade, o Segurador não conseguiria atender às expectativas dos seus Segurados, eliminando parte ou totalidade dos riscos a que estes estão sujeitos, por meio de um complexo mecanismo atuarial de diluição de perdas patrimoniais no interior de uma dada coletividade. Isto porque, tecnicamente, o seguro não encerra uma simples "transferência" do risco do Segurado para o Segurador (se a tanto se limitasse o contrato de seguro, o Segurado continuaria sujeito ao risco de inadimplência do Segurador, permanecendo a insegurança tanto para um como para outro), compreendendo, ao revés, a sua pulverização ou disseminação entre os titulares de interesses sujeitos a riscos homogêneos. É, enfim, a mutualidade que assegura a repartição dos prejuízos em pequenas parcelas que não afetam a estabilidade econômica da coletividade.

O conhecimento, ainda que singelo, da estrutura econômica do contrato de seguro está a revelar que o mesmo é uma operação que se realiza no contexto de um grande vulto de pessoas.[39] Uma assunção isolada de riscos mediante remuneração pré-fixa não é seguro; é antes jogo ou aposta.[40]

A mutualidade subjacente à operação securitária implica, em apertada síntese, a desintegração econômica do risco contratual "através daquele procedimento técnico que, nas suas duas fases sucessivas, comporta, num primeiro momento, a dispersão do risco individual numa massa de riscos homogêneos e, sucessivamente, a redistribuição do risco assim disperso através da determinação da fração matemática do evento que incide sobre o contrato singular".[41] Suas bases assentam sobre o princípio da solidariedade, que, à época da elaboração dos modernos códigos civis oitocentistas (dos quais o nosso *Codex* de 1916 constitui uma das mais fulgurantes expressões legislativas), presididos pelo liberalismo e pelo individualismo filosófico-jurídico, somente poderia ser compreendido pela doutrina como um exemplo "extravagante" (posto que justificado pragmaticamente) de "penetração do socialismo" na esfera do direito privado.[42]

Entre nós, a única acepção jurídica do vocábulo "solidariedade" até a promulgação da Constituição de 1988 era a que re-

38. Pedro Alvim, ob. cit., p. 130.

39. Newton De Lucca, *Direito do Consumidor. Teoria Geral da Relação de Consumo*, p. 248.

40. Newton De Lucca, ob. cit., p. 250.

41. Rosario Ippolito, "L'evoluzione normativa del rischio nella teoria dell'assicurazione", in *Assicurazione*, I, 1981, *apud* Paulo Luiz de Toledo Piza, *Contrato de Resseguro*, 1ª ed., p. 148.

42. Vivante, *La Pénétration du Socialisme dans le Droit Privé*, Paris, Lyon, 1903, *apud* Fábio Konder Comparato, ob. cit., p. 161.

montava ao *Corpus Juris Civilis* (segundo a qual "solidários" são aqueles sujeitos que, encontrando-se em um dos pólos da relação obrigacional, estão aptos a receber a dívida inteira ou obrigados a solvê-la por inteiro).[43] A este significado a Constituição Federal de 1988 somou outro, mais abrangente e relevante, que conclamava ao abandono da perspectiva individualista sufragada pelo Código Civil de 1916, imputando, ao Estado e a todos os membros da coletividade, o encargo de juntos construírem uma "sociedade solidária", promovente da justiça distributiva.

Não obstante a sua tardia incorporação ao ordenamento jurídico-positivo, o princípio da solidariedade já se fazia refletir, aqui e alhures, no surgimento e na proliferação de sistemas de seguridade social cujas condições de realização encontraram inspiração na mesma lógica aplicável aos seguros privados. O desenvolvimento de estruturas coletivas orientou o pensamento jurídico no sentido de que certos riscos, por sua natureza supra-individual, não deveriam ser deixados a cargo dos indivíduos, mas, antes, deveriam ser socializados, como forma de melhor amortizar as suas incidências.[44] A seguridade permite o "equilíbrio dos riscos" a que está sujeita uma diversidade de Segurados, pela "influência recíproca" da totalidade dos contratos concluídos com o Segurador (que, no âmbito do seguros privados, são harmonizados racionalmente por meio de cálculos estatísticos e de probabilidade).[45]

Partindo-se da premissa de que o seguro exprime uma "técnica da solidariedade", na feliz definição de Alvim,[46] a exigência de boa-fé, aí, era de ser levada a "extremos" (leia-se: *objetivamente*),[47] conquanto não se possa asseverar que fosse privativa dessa espécie contratual.[48] A conexão entre solidariedade e boa-fé impunha a exigência desta como algo imanente (embora não exclusivo) ao contrato de seguro.

Nesse diapasão, afigura-se sintomático que, assim como o princípio de solidariedade, também o dever de boa-fé — que, não por coincidência, encontra naquele o seu esteio[49] — fosse inserido no regramento do contrato de seguro como um requisito de cunho excepcional, que, não fosse a "oportuna" explicitação legislativa, mostrar-se-ia inoperante como fonte de integração do conteúdo do vínculo contratual. Se no seguro atribuía-se à boa-fé uma feição "peculiar", era porque, nesse contrato,

43. Maria Celina Bodin de Moraes, "O princípio da solidariedade", in Manoel Peixinho Filho, Isabella Franco Guerra e Firly Nascimento Filho (Orgs.), *Os Princípios da Constituição de 1988*, p. 168.

44. "Toutefois ce mouvement de socialisation a été surtout appuyé par d'autres institutions complétement étrangères à la responsabilité. Notanment la pratique des assurances directes de personnes ou de choses qui consiste à transférer sur une mutualité d'assurés certains risques (notanment d'accidents, de maladie, de destruction d'um bien...) auxquels chacun d'euz est exposé permet de repartir lê cut de l'indemnisation entre tous ceux qui sont exposés à subir um certain type de dommages" (Geneviéve Viney, *Traité de Droit Civil*, 2ª ed., p. 40).

45. Vivante, *Il Contratto di Assicurazione*, v. I, p. 43.

46. Ob. cit., p. 60.

47. "Diz-se que o seguro é um contrato de boa-fé. Aliás, todos os contratos devem ser de boa-fé. No seguro, porém, este requisito se exige com maior energia, porque é indispensável que as partes confiem nos dizeres uma da outra. Pela mesma razão, é posto em relevo, no seguro, o dever comum de dizer-se a verdade" (Clóvis Beviláqua, *Código Civil dos Estados Unidos do Brasil Comentado...*, v. IV, p. 573).

48. Vera Helena de Mello Franco, *Lições de Direito Securitário: Seguros Terrestres Privados*, p. 27.

49. "A incidência da boa-fé objetiva sobre a disciplina obrigacional determina uma valorização da dignidade da pessoa, em substituição à autonomia do indivíduo, na medida em que se passa a encarar as relações obrigacionais como um espaço de cooperação e solidariedade entre as parte e, sobretudo de desenvolvimento da personalidade humana" (Teresa Negreiros, *Fundamentos para uma Interpretação Constitucional do Princípio da Boa-Fé*, pp. 281-282). Na sua obra, Teresa Negreiros alude ao princípio da boa-fé como resultante necessária de uma ordenação solidária das relações intersubjetivas, patrimoniais ou não, projetadas pela Constituição (pp. 222-223).

vislumbravam-se vestígios de uma solidariedade então ausente nos confins do direito privado.

Felizmente, a perspectiva de um direito dos contratos moldado à margem do princípio da solidariedade não resistiu ao descrédito do individualismo filosófico e do liberalismo jurídico. À medida que o modelo de organização econômica, política e social prevalecente no limiar do século XX se modificava, também a disciplina contratual sofria uma profunda transformação, refletindo a "relatividade" comum a todos os institutos jurídicos.[50] O contrato, transitoriamente transformado numa "arena de egoísmos", volta a ser a sede da justiça comutativa. A concepção social da ordem jurídica destrona a visão individualista legada pelos séculos antecedentes, deixando de predominar o ponto de vista individual como valor absoluto. Nos dizeres sempre lúcidos de Galvão Telles: "a evolução moderna dos contratos é como caudaloso mar que invade a terra e progride sempre no seu jogo perpétuo de fluxo e refluxo".[51]

De início, vislumbrava-se nessa transformação do direito contratual tão-somente uma limitação exógena à aptidão das partes para a auto-regulamentação dos seus interesses, numa diagnose excessivamente reducionista das modificações sofridas pelo instituto.[52] Essas limitações — indubitavelmente menores, quando não inexistentes, num sistema jurídico-privado assente nas bases doutrinárias do liberalismo jurídico — impunham-se como um mecanismo de *intervenção estatal* voltado para corrigir ou impedir os desenvolvimentos absolutos da liberdade contratual,[53] tendo em vista que, com a industrialização e a massificação das relações negociais, tornou-se evidente que o conceito clássico de contrato não mais se adaptava à realidade socioeconômica do século XX.[54]

O incremento das restrições à liberdade contratual — originário dos grandes movimentos sociais do final do século XIX e da primeira metade do século XX — levou ao reconhecimento do papel preponderante da ordem pública, acrescentando-se, em decorrência, aos princípios da autonomia da vontade, da força obrigatória dos contratos e da relatividade contratual, o "princípio da supremacia da ordem pública",[55] que, em verdade, como acentua Junqueira, consubstanciava antes um limite do que um princípio propriamente dito.[56]

Com o evolver dos anos, a tal ponto se ampliaram as restrições à autonomia da vontade que, atendendo a reclamos sociais, as legislações dos Países Ocidentais consagraram em numerosos casos um *dever*

50. "Deve ficar claro, de fato, que a disciplina legal dos contratos — longe de limitar-se a codificar regras impostas pela 'natureza' ou ditadas pela 'razão' (como afirmavam os seguidores do direito natural) — constitui, antes, uma intervenção positiva e deliberada do legislador (das forças políticas que exprimem o poder legislativo), destinada a satisfazer determinados interesses e a sacrificar outros, em conflito com esses, tentando dar às operações econômicas concretamente realizadas um arranjo e um processamento, conformes aos interesses que, de quando em quando, se querem tutelar" (Enzo Roppo, *O Contrato*, p. 24).

51. Inocêncio Galvão Telles, *Aspectos Comuns aos Vários Contratos*, Boletim do Ministério da Justiça, pp. 18-91.

52. Em uma perspectiva mais abrangente, Michele Giogianni ("O direito privado e as suas atuais fronteiras", *RT* 747/40): "Todavia, retomando o discurso interrompido, pode-se interrogar se as transformações que o Direito Privado sofreu no curso de mais de 150 anos, tão densos de história, podem ser sumariamente explicadas sob o rótulo da 'publicização', ou seja, da sua absorção na órbita do Direito Público. Poderia, ao contrário, ter acontecido uma mais íntima modificação da estrutura do Direito Privado e, portanto, das relações com o Direito Público".

53. Carlos Alberto da Mota Pinto, *Teoria Geral do Direito Civil*, 3ª ed., p. 98.

54. Cláudia Lima Marques, *Contratos no Código de Defesa do Consumidor — O Novo Regime das Relações Contratuais*, 4ª ed., p. 150.

55. Álvaro Villaça Azevedo, *Teoria Geral dos Contratos Típicos e Atípicos*, pp. 24-25.

56. Antonio Junqueira Azevedo, "Princípios do novo direito contratual e desregulamentação do mercado, direito de exclusividade nas relações contratuais de fornecimento, função social do contrato e responsabilidade aquiliana do terceiro que contribui para o inadimplemento contratual", *RT* 750/115.

jurídico de contratar, pelo qual a recusa de uma das partes não constituía um fator impediente da formação do vínculo jurídico-contratual. Exemplo significativo é dos seguros de responsabilidade por acidente automobilístico e do trabalho. Passando o risco a assumir a condição de elemento "integrante do próprio modo de ser da sociedade contemporânea",[57] a sua coletivização (ou, mais tecnicamente, a sua diluição na mutualidade[58]) exsurge na ordem jurídica como um imperativo econômico-social, vicejando, em decorrência, os seguros ditos "obrigatórios", em que a conclusão do negócio independe do efetivo querer dos contratantes, senão que da posição de cada um destes em relação a determinada coisa ou pessoa.[59]

Tão intensa foi a ingerência estatal na esfera jurídica privada que não faltou quem infirmasse a natureza jurídica contratual do seguro obrigatório, chegando ao cúmulo de acoimá-lo de tributo em razão da compulsoriedade da contratação. Entretanto, o que aparentava ser uma crise do "contrato" se configurava, em verdade, como sendo uma crise do "contratualismo",[60] reunidas nesta designação as correntes jusfilosóficas que identificavam no dogma da autonomia da vontade um valor absoluto em si mesmo. O seguro obrigatório não se despe da sua natureza contratual, ainda que a manifestação de vontade se afigure de somenos relevância na sua formação. A ampliação da esfera do seguro obrigatório — com a conseqüente proliferação das modalidades destinadas a garantir pessoas e bens (DPVAT, DEPEM etc.) —, reflete a "nova" realidade derivada das profundas transformações sofridas pela teoria contratual, a qual está expressa com inegável primor na decisão denegatória de medida liminar pleiteada pela Federação Nacional das Empresas de Seguros Privados e de Capitalização (FENASEG) nos autos da ADI 1.003/DF, proposta contra dispositivo da Lei 6.194/1974 — com a alteração promovida pela Lei 8.441/1992 — que determinou ao consórcio de Seguradoras que operam o seguro obrigatório de danos pessoais causados por veículos automotores de via terrestre (DPVAT) o pagamento de indenização também nos casos de acidentes causados por veículos com seguro não realizado ou vencido: "O art. 7º da Lei 6.194/74, na redação que lhe deu o art. 1º da Lei 8.441/92, ao ampliar as hipóteses de responsabilidade civil objetiva, em tema de acidentes de trânsito nas vias terrestres, causados por veículo automotor, não parece transgredir os princípios constitucionais que vedam a prática de confisco, protegem o direito de propriedade e asseguram o livre exercício da atividade econômica. — *A Constituição da República, ao fixar as diretrizes que regem a atividade econômica e que tutelam o direito de propriedade, proclama, como valores fundamentais a serem respeitados, a supremacia do interesse público, os ditames da justiça social, a redução das desigualdades sociais, dando especial ênfase, dentro*

57. J. J. Calmon de Passos, "A atividade securitária e sua fronteira com os interesses transindividuais. Responsabilidade da SUSEP e competência da Justiça Federal", *RT* 763/96.

58. "L'assurance suppose essentiellement le groupement de personnes qui, pour faire face à une même risque susceptible de les atteindre, décident de contributer toutes au réglement des sinistres; il y a ainsi une mise em commun, une association des chances heureuses et malheureuses, et ce sont les cotisations ver sées par tous qui permettent le réglement des indemnités au profis de ceux qui sont frapées" (Picard e Besson, *Traité Général des Assurances Terrestres*, t. I, p. 107).

59. "O Decreto-lei 408/79, de 25 de setembro, concretizando uma prioridade fundamental que vinha sendo sucessivamente adiada, veio finalmente instituir entre nós o seguro obrigatório de responsabilidade civil automóvel. Consagrou-se, deste modo, a obrigação de segurar, isto é, o dever jurídico de realização dum contrato de seguro, que impende sobre o proprietário do veículo (cf. arts. 1º e 3º), não podendo as empresas e sociedades seguradoras legalmente autorizadas à exploração de seguros do ramo 'Automóvel' negar-se à sua celebração" (Carlos Alberto da Mota Pinto, ob. cit., p. 96).

60. Assim designada a série de teorias em torno à gênese, à natureza, ao ordenamento e ao funcionamento da sociedade amadurecidas no século XVII e no século XVIII (Enzo Roppo, ob. cit., p. 28).

dessa perspectiva, ao princípio da solidariedade, cuja realização parece haver sido implementada pelo Congresso Nacional ao editar o art. 1º da Lei 8.441/92" (destacamos).

Assim colocada a questão, verifica-se que a concepção de limitações à liberdade contratual como sendo resultantes da ingerência externa da ordem pública se afigura insuficiente para compreender o direito contratual nos novos tempos. A leitura do direito civil sob a ótica constitucional atribui novos fundamentos à liberdade contratual. A autonomia negocial, diferentemente das liberdades existenciais, não constitui em si mesma um valor, encontrando-se condicionada à observância das regras e dos princípios constitucionais[61] (isto é, a autonomia, ela mesma, é um princípio funcionalizado). Isto significa, em conformidade com a tábua axiológica constitucional, conceber o contrato como um instrumento a serviço da pessoa, do seu desenvolvimento existencial.

Nesse diapasão, aos princípios "clássicos" acrescem-se outros, que formam com os primeiros um amálgama de tendências axiológicas que, embora distintas, nem por isso se excluem reciprocamente.[62] A teoria contratual passa a exigir o recurso a esses novos paradigmas — a boa-fé objetiva entre eles —, ao lado daqueles ditos "clássicos". Em um cenário de hipercomplexidade (a que alude Junqueira), os modelos clássico e contemporâneo são chamados à coexistência, e o contrato sofre uma implosão, fragmenta-se em múltiplos pedaços, sem que se possa mais cogitar da prevalência de um único modelo fundado na autonomia da vontade, outrora premunido de um valor absoluto. Isto não implica, porém, uma negação à autonomia negocial. Ao revés, a invocação a princípios contemporâneos como o da boa-fé objetiva acaba por reforçá-la, na medida em que enfatiza a obrigatoriedade de cumprimento do vínculo contratual.

Nesse cenário de hipercomplexidade, em que coexistem cânones de matizes axiológicas distintas, há que se buscar uma composição entre os princípios informadores da teoria contratual. E, conquanto no contexto contemporâneo se devam manter reservas à adoção de soluções uniformizadoras, induvidoso nos parece que, no âmbito do contrato de seguro, *a prevalência da boa-fé objetiva se impõe como um corolário da mutualidade imanente à operação securitária*. No seguro, o princípio da boa-fé objetiva opera em todas as etapas do contrato, constituindo-se em valiosa fonte de integração do conteúdo contratual, de interpretação das normas a ela aplicáveis e limitação dos direitos das partes contratantes.

Freqüentemente associada à conduta do Segurado no momento da formulação da proposta de contratação do seguro, a boa-fé, em verdade, constitui-se num dever comum de ambos os contratantes e tampouco se restringe à etapa pré-negocial. O caráter do contrato de *uberrima fides* ou de mais estrita boa-fé — decorrência que é da mutualidade ínsita ao contrato — espraia-se sobre todas as disposições a ele pertinentes, informando-o em todas as fases de sua vigência e mesmo após a extinção da relação jurídico-contratual.[63] E assim o é porque, no seguro, sobreleva o interesse público na integral reparação dos danos e na efetividade da garantia prestada pelo Segurador.

Aspectos funcionais da boa-fé aplicáveis à espécie

Nos tempos coevos, a obrigação passa a ser concebida como um vínculo dialético entre devedor e credor, envoltos que

61. Teresa Negreiros, *Teoria do Contrato*, 1ª ed., pp. 106-107.

62. Teresa Negreiros, ob. cit., p. 110.

63. Sobre a pós-eficácia das obrigações, confira Maurício Jorge Mota, "A pós-eficácia das obrigações", in Gustavo Tepedino (Coord.), *Problemas de Direito Civil-Constitucional*, pp. 187-239.

estão em uma relação de cooperação voltada ao total e correto adimplemento da obrigação. Em função disso, passa-se a reconhecer a existência de outros deveres além daqueles criados a partir da autonomia negocial: tratam-se dos deveres anexos ou laterais, surgidos por imposição da boa-fé e integrados ao conteúdo contratual pela atuação construtiva do juiz.

Nesse processo de reconstrução do vínculo obrigacional, passa-se ainda a admitir que a obrigação desfrute de um sentido que lhe seja próprio e que desborde dos lindes estreitos dos interesses particulares dos contraentes. Na doutrina nacional, pode ser atribuída à obra de Clóvis do Couto e Silva a conversão do dever de boa-fé em um princípio operativo, capaz de realiza verdadeira transformação jurídica através da atividade jurisprudencial.[64] Partindo da percepção da relação obrigacional como um processo que se desenvolve em sucessivas fases dirigindo-se ao correto adimplemento da obrigação, Couto e Silva conferiu à boa-fé o papel de fonte autônoma — e alheia à formação da vontade — de direitos e obrigações.[65]

De tal arte, a boa-fé objetiva não representa apenas um conceito jurídico indeterminado veiculado em um determinado dispositivo legal (qual o art. 113 do Código Civil de 2002). Mais do que isso, trata-se de um princípio que fundamenta e serve de referência a um expressivo conjunto de regras e institutos jurídicos. O princípio da boa-fé exprime-se no novo Código Civil por intermédio de uma cláusula geral, de cuja aplicação pelo juiz derivará a criação de uma série de normas jurídicas aplicáveis às particularidades e vicissitudes do caso concreto. Na construção dessas normas, o juiz deverá se valer de elementos externos ao sistema,[66] dispondo de uma maior amplitude de ação com o objetivo de conferir ao caso em apreço a solução mais consentânea com as suas especificidades. Abdica-se de uma solução uniforme, tal como lucubrado pela técnica subsuntiva, em favor de uma expansão da atividade judicante na solução do caso concreto a partir da experiência comum.

É incontestável que, a partir do momento em que o sistema jurídico oferece ao juiz a ampliação das suas funções, adotando uma linguagem de tessitura mais aberta, possibilita que a decisão frutifique da prevalência de convicções pessoais. Disso resulta a importância de se estabelecerem parâmetros com os quais se possam implementar um controle mais efetivo da atuação jurisdicional, visando a reduzir a margem de discricionariedade e subjetivismo no processo de tomada de decisões pelo juiz. Em sendo um princípio, a boa-fé ostenta o seu sentido próprio apenas numa combinação de complementação e restrição recíprocas, coexistindo com os demais princípios jurídicos.[67] Admitindo-se, nesse conseguinte, que a adoção de um sistema legislativo aberto constitui-se em tendência irreversível dos ordenamentos jurídicos contemporâneos, o desafio dos juristas é buscar critérios com que aferir a dimensão a ser conferida a cada um dos paradigmas contratuais coexistentes — sejam os "clássicos", sejam os "atuais". Se de um lado suprime-se o valor da segurança, tão querido pela dogmática tradicional, de índole conceitualista, de outro se obtém a tutela da justiça do caso concreto, que não poucas vezes é obstada pela adoção de fórmulas rígidas e dissociadas da realidade.

A boa-fé objetiva traduz um padrão de comportamento — um dever de agir em conformidade aos padrões socialmente recomendados, com vistas a não lesar a con-

64. Clóvis Couto e Silva, "O princípio da boa-fé no Direito brasileiro e português", in *Estudos de Direito Civil Brasileiro e Português*, p. 43.

65. Idem, ibidem, p. 47.

66. O sistema, conquanto dotado de autonomia, não dispensa os contatos com elementos que lhe sejam exteriores. Diferenciação não significa isolamento. Cf. Niklas Luhman, *Legitimação pelo Procedimento*, p. 53.

67. Claus-Wilhelm Canaris, *Pensamento Sistemático e Conceito de Sistema na Ciência do Direito*, p. 93.

fiança da outra parte. Se hoje soa desnecessário traçar um panorama distintivo das duas feições assumidas pelo princípio da boa-fé — objetiva e subjetiva —, em razão da profusão de trabalhos publicados com esse objetivo, não o é, contudo, repisar os seus aspectos funcionais característicos, conquanto tenha sido proficiente a doutrina nacional nesse mister. A boa-fé objetiva, além de um simples critério de qualificação do comportamento do sujeito, impõe-lhe o cumprimento de determinados deveres, constituindo-se em autêntica norma de conduta.[68]

É sabido que a doutrina nacional conferiu à boa-fé objetiva uma tríplice função, realçando o seu papel de linha teleológica de interpretação/integração das regras jurídicas, de criadora de novos deveres contratuais anexos ao dever principal e de norma de limitação de direitos subjetivos.[69] A primeira dessas funções é uma função criadora, seja como fonte de deveres de conduta anexos aos deveres de prestação contratual; seja como fonte de responsabilidade por ato lícito. A segunda é uma função limitadora da liberdade de atuação dos parceiros contratuais, seja controlando a transferência dos riscos profissionais, seja libertando o devedor em razão da não razoabilidade de outra conduta. A terceira é a função interpretadora, pois a melhor linha de interpretação de um contrato ou de uma relação de consumo deve ser a do princípio da boa-fé, o qual permite uma visão total e abrangente do contrato sob exame.[70]

A casuística da boa-fé objetiva nos Tribunais brasileiros tem revelado o esforço da jurisprudência pela obtenção da "otimização do comportamento contratual", quer através da imposição de deveres de cooperação e de proteção dos recíprocos interesses, visando à exata realização da relação obrigacional, à satisfação dos interesses globais envolvidos, auxiliando na concretização do fim contratual e na proteção à pessoa e aos bens da contraparte; quer pela utilização do princípio da boa-fé como cânone de interpretação e integração do contrato consoante a função que ele é concretamente chamado a realizar; quer, ainda, pela imposição de limitações ao exercício de direitos subjetivos.[71]

Como mandamento de cooperação solidarística e de sopesamento dos interesses dos colaboradores contratuais, a boa-fé intensifica os deveres das partes contratantes, "otimizando-os" a partir da premissa inicial de que cada uma delas deve agir em permanente "consideração pelo outra". Na aplicação do princípio da boa-fé, há de prevalecer a concreção, porquanto o "peso" dos deveres a serem impostos às partes contratantes vincula-se, de maneira incindível, à natureza do contrato e às concretas circunstâncias nas quais ele é concluído e executado.[72] Se de um lado a boa-fé constitui um *standard* comportamental, um parâmetro objetivo, genérico,[73] de outro, na sua aplicação, não é consentido ao juiz divorciar-se das circunstâncias concretas do caso em apreço, reveladoras que são da finalidade da relação jurídica *sub judice*.[74]

Verificadas as circunstâncias concretas, e delas extraída a finalidade sócio-econômica da relação contratual *sub examine*, mormente no que toca à gravidade das conseqüências advindas a uma das partes contratantes em decorrência do inadimplemento contratual da outra, torna-se possível apontar a conduta a ser adotada em consonância com o princípio da boa-fé objetiva. Protege-se, nessa ordem de pensamento, a legítima expectativa criada pelo contratante contra comportamentos que con-

68. Teresa Negreiros, *Teoria...*, cit., p. 120.

69. Judith Martins-Costa, *A Boa-fé no Direito Privado*, pp. 427 e ss., em especial p. 437. Indispensável é ainda a leitura da obra de Teresa Negreiros, *Fundamentos...*, cit., pp. 224 e ss.

70. Cláudia Lima Marques, *Contratos...*, cit., 4ª ed., p. 180.

71. Judith Martins-Costa, *Diretrizes Teóricas do Novo Código Civil Brasileiro*, pp. 199 e ss.

72. Idem, ibidem, p. 202.

73. Cláudia Lima Marques, ob. cit., p. 181.

74. Teresa Negreiros, *Teoria...*, cit., p. 137.

travenham à postura solidária exigida de todos quantos tenham se comprometido a honrar as obrigações assumidas. O contrato é uma relação jurídica contínua, composta de uma série de deveres de conduta preordenados à realização dos interesses legítimos das partes e de todos aqueles que sejam afetados por uma dada relação jurídica. Como tal, inquina-se de uma dinâmica própria, da qual emerge um complexo de deveres, limitações e nortes interpretativos direcionados à realização da base concreta do negócio.

Porém, a boa-fé não se adstringe à criação de deveres anexos ou tampouco à sua função interpretativa/integradora. Sob a via da boa-fé, a casuística tem operado negativamente, de molde a impedir ou sancionar condutas que se contraponham à consecução dos interesses supra mencionados. Exemplo significativo disso são, de um lado, a consagração da Teoria dos Atos Próprios, por meio da qual se tem por injurídico o aproveitamento de situações prejudiciais ao *alter* para a caracterização das quais tenha agido, positiva ou negativamente, o titular do direito ou faculdade; e, de outro, o acolhimento do conceito de Adimplemento Substancial, oriundo do *Common Law*, pelo qual se limita ou impede o exercício do poder formativo (potestativo) de resolução do contrato nos casos em que a obrigação contratual, embora não totalmente, foi "substancialmente adimplida".[75]

Ademais, desde o Direito Romano vem sendo admitida como regra geral a denominada *exceptio doli*, que consiste no poder de se impedir que prepondere uma conduta que, em tese, está de acordo com a norma jurídica, mas que está sendo realizada de má-fé, com o objetivo de prejudicar outrem.[76] Menezes Cordeiro observa que a *exceptio doli generalis* teve aplicação difusa e residual, para enfrentar situações aparentadas com o abuso de direito, como meio de proteção contra injustiças obtidas na aplicação fria da lei, à custa da boa-fé.[77]

A *exceptio doli* consiste em evitar que os meios sejam transformados em fins em si mesmo. O exercício de um direito pressupõe um interesse da parte que o invoca, interesse esse o qual, a seu turno, se imbrica com a finalidade sócio-econômica desse mesmo direito. Segundo essa ótica, proíbe-se que o titular de um direito o exerça apenas com o propósito de realizar um capricho egoístico ou com propósito emulativo. Daí a relevância da boa-fé objetiva como parâmetro de valoração do comportamento do seu titular e, neste mesmo diapasão, como justa e necessária limitação ao exercício dos direitos decorrentes do contrato.

O novo Código Civil dispôs de maneira textual que comete ato ilícito o titular de um direito que, ao exercê-lo, excede os limites impostos pelo seu fim econômico e social, pela boa-fé ou pelos bons costumes (art. 187). O legislador civilista teve o cuidado de reproduzir, quanto ao ponto, disposições semelhantes veiculadas no art. 334 do Código Civil português e no art. 2º do Código Civil suíço, este consoante o qual "todos devem exercer direitos e executar suas obrigações segundo as regras da boa-fé".[78] Nesta sua função de limitar ou até mesmo impedir o exercício de direitos que emergem da relação jurídico-contratual (mormente quando divorciados de um interesse legítimo tutelado pelo Direito), a boa-fé imbrica-se de maneira direta com a figura do abuso de direito.[79] Trata-se (a boa-fé) de assegurar que o regramento contratual seja executado em consonância com a sua finalidade sócio-econômica, vi-

75. Judith Martins-Costa, *Diretrizes...*, cit., pp. 214 e ss.

76. Régis Fichtner Pereira, *A Responsabilidade Civil Pré-Contratual. Teoria Geral e Responsabilidade pela Ruptura das Negociações Contratuais*, p. 82.

77. Idem, Ibidem, p. 83.

78. Heloísa Helena Carpena de Mello, "A boa-fé como parâmetro de abusividade no direito contratual", in *Problemas...*, cit., pp. 316-317.

79. Teresa Negreiros, *Teoria...*, cit., p. 141.

sando à plena realização dos interesses envolvidos, tendo por subjacente um espírito de lealdade e franca cooperação entre as partes. Considerando-se que a boa-fé relaciona-se com o conteúdo material de dada obrigação, uma série de direitos (subjetivos ou potestativos) ou posições jurídicas que, formalmente, seriam concedidos às partes, deixam de sê-lo em razão das circunstâncias peculiares do caso concreto.[80]

Qualquer que seja o aspecto funcional enfocado, releva notar que o princípio da boa-fé objetiva está vocacionado a assegurar que a relação obrigacional atinja o seu fim primeiro, a saber: o *correto adimplemento*. Esse fim só pode ser atingido caso a economia interna da relação esteja dotada não apenas de uma estrutura formal, mas, sobretudo, de um conteúdo material que contemple o princípio da boa-fé.[81] A importância desse princípio se afigura indiscutível, mas não é difícil antever as dificuldades concretas que inevitavelmente surgirão quando da sua aplicação. Decorridos quase dois anos de vigência do novo Código Civil, é com tristeza e angústia que testemunhamos a relutância de alguns juristas em fazer valer os valores e princípios constitucionais, ainda quando abraçados de maneira explícita pela novel legislação.[82] A despeito da transformação que vivenciamos, insiste parte da doutrina em uma leitura meramente "comparativa" (e absolutamente estéril) do diploma legislativo atual e do revogado.

Nascido o vínculo obrigacional, recebe ele o influxo da normatividade do sistema jurídico. Deste modo, imperioso é que a legitimidade formal atribuída à vontade seja substituída por uma legitimação de cunho substancial, para o quê o princípio da boa-fé será chamado a influir.[83] No processo que se convencionou denominar de "constitucionalização do direito civil", à boa-fé é reservado um papel central, por ser ela a via de ingresso dos direitos fundamentais e dos valores constitucionais no direito dos contratos. Ademais, é através da boa-fé que se logra obter a interpenetração dos diversos sistemas epistemológicos, na busca de uma solução para o caso concreto submetido à apreciação judicial que ultrapasse os limites da lógica meramente formal.

O aviso de sinistro e a exigência de comprovação de prejuízo por parte do Segurador — A existência de um "princípio do prejuízo" como decorrência da boa-fé

O art. 771 do novo Código Civil reproduziu, com poucas modificações, o art. 1.457 do Código revogado. Todavia, uma das modificações promovidas pelo legislador de pronto atraiu a atenção da doutrina. Trata-se da supressão, do texto do parágrafo único do retro mencionado dispositivo legal, da referência a que o Segurador só poderia considerar-se exonerado da sua obrigação se demonstrasse que, oportunamente avisado, lhe teria sido possível evitar ou atenuar as conseqüências do sinistro.

Depois dessa modificação, precipitou-se parte da doutrina nacional,[84] que correu

80. Jorge Cesa Ferreira da Silva, "Princípios de direito das obrigações no novo Código Civil", in Ingo Wolfgang Sarlet (Org.), *O Novo Código Civil e a Constituição*, p. 118.

81. Idem, ibidem, p. 115.

82. Sobre a recalcitrância da doutrina em assimilar a experiência constitucional no âmbito das relações jurídicas privadas, escreve Gustavo Tepedino ("Contornos Constitucionais da Propriedade Privada", in *Temas de Direito Civil*, p. 333): "O caminho a percorrer é tormentoso e longo, mas o intérprete não pode declarar *forfait*, sucumbindo em direção à estrada mais cômoda da consolidada dogmática pré-constitucional, a menos que queira interromper o curso da história, ignorando o texto constitucional e colocando sobre o leito de Procusto os novos fatos sociais e o direito nascente".

83. Jorge Cesa Ferreira da Silva, ob. cit., p. 122.

84. Acerca da qual se poderia repisar aqui a crítica oportunamente veiculada por Pietro Perlingero em *Perfis Direito Civil. Introdução ao Direito Civil-Constitucional*, 2ª ed., p. 24.

a dizer que, no Direito brasileiro, tornara-se dispensável a prova do prejuízo pelo Segurador, bastando a demora do Segurado na formulação do aviso de sinistro para que se tornasse automaticamente operativa a perda do direito à indenização.

Contudo, tal entendimento, a par de se colocar na contramão da legislação ocidental contemporânea (conforme visto de sobejo em tópico anterior), evidentemente se afigura insustentável à luz do princípio da boa-fé objetiva!

Nesta esteira, imperioso é sopesar a finalidade sócio-econômica do contrato de seguro no âmbito das relações privadas em sociedade.

Com efeito, na ponderação dos diversos interesses decorrentes do contrato de seguro, induvidoso é que haverá de prevalecer aquele que se apresenta mais vantajoso em termos de "custo social", o que aponta para a pulverização dos prejuízos no interior de uma determinada coletividade, de maneira a que, ao invés de ser o Segurado a suportar com exclusividade a totalidade dos prejuízos advindos do implemento do risco coberto no contrato, seja o Segurador a diluí-los entre os seus Segurados, unidos que estão entre si pela homogeneidade dos seus interesses comuns.

Não é por outro motivo que salienta Cláudia Lima Marques que "os contratos de seguro foram responsáveis por uma grande evolução jurisprudencial no sentido de conscientizar-se da necessidade de um direito dos contratos mais social, mais comprometido com a eqüidade e a boa-fé e menos influenciado pelo dogma da autonomia da vontade".[85] Essa concepção mais social de contrato decorre do princípio da solidariedade (que jaz implícito no mutualismo) e da importante dimensão econômica que o contrato de seguro assume no contexto do desenvolvimento da economia nacional, em face do seu caráter estratégico para a otimização dos recursos e do elevado volume de negócios que ele propicia e protege em sociedade.[86] Disto decorre que, na solução de qualquer controvérsia, a finalidade sócio-econômica do contrato de seguro não pode ser menosprezada, antes servindo de parâmetro ao exercício de todos os direitos dele decorrentes.

Diante disto, parece-nos induvidoso que, não obstante o art. 771 do novo Código Civil não lhe faça referência expressa, impõe-se, *por influxo do princípio da boa-fé*, a prova da ocorrência do prejuízo sofrido pelo Segurador, para que este possa ser considerado exonerado da sua obrigação de indenizar o Segurado pelos danos decorrentes do sinistro.

O princípio da boa-fé atua na espécie na sua função de limitador do exercício de direitos subjetivos, direta e indissoluvelmente vinculado à figura jurídica do abuso de direito. Obsta, tal princípio, que o Segurador declare a perda do direito do Segurado independentemente da existência de um legítimo interesse que, decorrente do prejuízo sofrido *pela mutualidade* em razão da demora no aviso de sinistro, se contraponha eficazmente àquele consubstanciado na diluição dos danos em uma dada coletividade.

Considerando-se a existência de um interesse público na coletivização dos danos advindos da ocorrência do sinistro[87]

85. *Contratos...*, cit., p. 394.

86. No mesmo sentido do texto, com o diferencial de estar versando sobre contratos previdenciários, v. Ronaldo Porto Macedo, *Contratos Relacionais e Defesa do Consumidor*, p. 338.

87. Nesse sentido, ensina magistralmente J. J. Calmon de Passos que "o que antes fora pensado como um contrato entre pessoas, no qual uma delas assumia os riscos de indenizar a outra por força de algum sinistro que viesse a atingir o seu patrimônio ou a sua pessoa, bem mais próximo do jogo e da aposta que de algo relacionado com algum interesse social relevante, o que antes fora assim pensado tornou-se uma técnica a serviço do interesse geral, mais adequadamente definível como seguridade social ou segurança social, publicizando-se. Deixou de ser possível, por conseguinte, entender-se a atividade securitária como de natureza estritamente privada, passando a ser vista como vinculada ao interesse público, retirada do campo da pura autonomia da vontade, passando a ser regulada, de forma cogente

(razão de ser da rígida regulação a que a atividade securitária encontra-se sujeita), resta de todo evidente que, da parte do Segurador, também deve haver um legítimo interesse que o autorize a se considerar exonerado da sua obrigação de indenizar, interesse este consubstanciado no *comprovado prejuízo* decorrente da demora do Segurado na entrega do aviso de sinistro. Repise-se que a liberdade contratual deve ser exercida nos limites "e *em razão* da função social do contrato" (art. 421 do CC — os destaques são nossos), sendo certo que o exercício dos direitos subjetivos deve se pautar pelo respeito à boa-fé e aos fins sociais e econômicos a que eles visam (art. 187 do CC). Como a respeito leciona a doutrina pátria: "A partir do art. 187 do novo CC teremos mais esta modalidade de responsabilidade civil, por abuso de direito, reconhecida expressamente, e juntamente a esta outra que se expressa nas relações contratuais, embora não pelo seu descumprimento, e sim pelo abuso contratual daquele que está em melhor posição, ou que tem maior poder, diante da outra parte".[88]

No âmbito do processo civil, de há muito o Direito brasileiro consagrou o adágio provindo do Direito francês *pas de nullité sans grief*, proclamando a doutrina nacional a existência de um "princípio do prejuízo" (ou da transcendência). Ao propósito, lecionam os autores que "é evidente a correlação existente entre o princípio do prejuízo e o princípio da finalidade", salientando que em todos os casos prevalece o interesse público em salvar o processo, exceto nas hipóteses em que a falta de forma afronta e prejudica o próprio interesse protegido.[89] Não à toa os processualistas mencionam que esse princípio está correlacionado a uma visão instrumental do processo, vale dizer, de um processo publicista funcionalizado à realização dos interesses e valores fundamentais do ordenamento jurídico.[90]

A mesma linha de raciocínio deve aplicar-se na órbita dos contratos em geral e, em particular, nos domínios do contrato de seguro. O exercício de um direito atribuído a algum dos contratantes deve refletir o interesse e a finalidade que o justifica, sob pena de se revestir de abusividade e desautorizar o seu pretenso titular a invocá-lo em contrariedade aos seus fins. Assim sendo, salvo se o Segurador lograr comprovar que da demora do Segurado em comunicar-lhe a ocorrência do sinistro decorreu um prejuízo real e efetivo para a mutualidade (justificando-se, por conseguinte, que essa seja protegida), não terá incidência a sanção cominada pelo art. 771 do novo Código. Esta é única resposta possível à pergunta sobre qual seria a conduta confiável e leal do Segurador,[91] uma vez objetivada a situação e liberta de seus aspectos subjetivos.

Saliente-se, ao propósito, que o art. 765 determina que o Segurado e o Segurador devem observar o princípio da boa-fé tanto na conclusão como na execução (e, acrescentaríamos, na pós-execução[92]) do contrato. Destarte, o respeito dos parâmetros ético-jurídicos em que consiste o princípio da boa-fé impõe-se ao Segurado e ao Segurador em todos os momentos do contrato, e, em especial, quando do exercí-

e minuciosa, pelo Poder Público. Os negócios que formaliza entram na categoria também nova dos chamados contratos de massa" (ob. cit.).

88. Paulo Neves Soto, "Novos perfis do direito contratual", in Carmen Lúcia Silveira Ramos e outros (Org.), *Diálogos Sobre Direito Civil. Construindo a Racionalidade Contemporânea*, p. 260.

89. Rui Portanova, *Princípios do Processo Civil*, 5ª ed., p. 193.

90. "A negação da natureza e objetivo puramente técnicos do sistema processual é ao mesmo tempo afirmação de sua permeabilidade aos valores tutelados na ordem político-constitucional e jurídico-material (os quais buscam efetividade através dele) e reconhecimento de sua inserção no universo axiológico da sociedade a que se destina" (cf. Cândido Rangel Dinamarco, *A Instrumentalidade do Processo*, 10ª ed., p. 24).

91. Ruy Rosado de Aguiar, *Extinção dos Contratos por Incumprimento do Devedor: Resolução*, p. 242.

92. No mesmo sentido: Jonas Figueiredo Alves e outros, *Novo Código Civil Comentado*, p. 689.

cio dos direitos dele decorrentes. A interpretação de que, com o novo Código, ao Segurador seria dispensável a demonstração do prejuízo é insubsistente sob todo e qualquer prisma que se enfoque a questão. Como a respeito assinala abalizada doutrina, o art. 765 do novo Código Civil exige de ambas as partes contraentes o comportamento de boa-fé com a máxima intensidade, relacionando "a exigência destes comportamentos com o objeto, isto é, o interesse legítimo, assim como com aquilo que lhe diz respeito, como o risco e as variações que venham a alterá-lo de forma relevante para a formação e a execução contratuais".[93]

O princípio da boa-fé objetiva constitui a via para a concretização, no domínio das relações obrigacionais, dos deveres que defluem da diretriz constitucional da solidariedade social, exprimindo a necessidade de um espírito de colaboração e cooperação recíproco e permanente entre os contraentes e articulando-se, na sua atuação concreta, com outros princípios e as outras regras vigentes no ordenamento, visando a assegurar um equilíbrio substantivo entre os partícipes das relações econômico-sociais.[94] Daí que a conduta das partes deve orientar-se à contínua manutenção desse equilíbrio, de maneira a que *o contrato permaneça socialmente útil*, evitando-se que um atraso na comunicação do sinistro ao Segurador, desde que ocasional e irrelevante (por não lhe ensejar nenhum prejuízo), possa levar a que os danos dele decorrentes sejam concentrados no patrimônio do Segurado, ao invés de pulverizados no seio da coletividade.

Mesmo no Direito argentino, em que a legislação estabeleceu um prazo decadencial (diga-se: deveras exíguo) para a comunicação do sinistro pelo Segurado, tão relevante é a influência exercida pelo princípio da boa-fé objetiva, que a jurisprudência local não tardou a lucubrar exceções cuja configuração afasta a perda do direito à indenização securitária. Essas exceções, fundadas que são, notadamente, na teoria dos atos próprios, dizem respeito à renúncia tácita do Segurador quando este pratica atos incompatíveis com a invocação da caducidade, tal como ocorre se o segurador deixa de invocá-la no prazo para tanto fixado pelas condições do contrato, ou se, nesse prazo, ele não põe em dúvida a ocorrência do sinistro.[95]

E sobre os atributos do prejuízo suscetível de invocação pelo Segurador, leciona Nicole Catala que, embora não se deva exigir que o prejuízo assuma determinada monta em dinheiro, deve ao menos ser "real" e "sério", sob pena de não servir de escusa liberatória ao Segurador.[96] Assim, não é qualquer alegação que permite ao Segurador se eximir da sua obrigação contratual, mas somente aquela que se refira a um prejuízo material efetivo, vale dizer, que seja economicamente apreciável.

Conclusão

Os contratos de seguro, à semelhança dos planos privados de assistência à saúde e de outros contratos afins, são contratos de cooperação e solidariedade, "cuja essência é o vínculo recíproco de cooperação, a consciência de interdependência de cada um de seus participantes, da necessidade de direcionar-se para o mesmo fim, de manter uma relação de apoio e adesão ao objetivo compartilhado, única forma de realizar as expectativas de todos os envolvidos".[97]

93. Ernesto Tzirulnik e outros, *O Contrato de Seguro*, p. 84.

94. Judith Martins-Costa, *Diretrizes Teóricas...*, cit., pp. 219-220.

95. Rúben S. Stiglitz, *El Siniestro*, p. 100.

96. Nicole Catala, *Rapport au Nom de la Comission des Lois de l'Assemblée Nationale*, p. 74.

97. Cláudia Lima Marques, "Solidariedade na doença e na morte: sobre a necessidade de 'ações afirmativas' em contratos de planos de saúde e de planos funerários frente ao consumidor idoso", in Ingo Wolfgang Sarlet (Org.), *Constituição, Direitos Fundamentais e Direito Privado*, p. 206.

A obrigação do Segurador é de prestar garantia aos Segurados, o que o Segurador realiza com base nas provisões e nas reservas técnicas constituídas, nos ativos que ele compõe com o fim de garantir a sua solvabilidade. A atividade securitária preserva e racionaliza a economia nacional, na medida em que assegura que um maior volume de recursos seja utilizado no desenvolvimento do comércio e da indústria, já que os prejuízos decorrentes da ocorrência de sinistros que afetem alguns poucos Segurados serão disseminados entre todos os integrantes da mutualidade, alcançando um nível ótimo de equilíbrio. O seguro exprime uma técnica de solidariedade aplicada aos infortúnios que, nos dias coevos, marcados pela caracterização da sociedade contemporânea como uma "sociedade de risco",[98] ameaçam a estabilidade dos negócios e o desenvolvimento existencial da pessoa humana.

Em todo e qualquer contrato, forçoso é admitir a existência de uma relevância social, que transcende os interesses individuais dos contratantes. É em razão desse valor social que o ordenamento jurídico reconhece a força obrigatória dos contratos, colocando-se em prontidão para nele intervir com o objetivo de, se necessário for, constranger as partes a honrarem os compromissos assumidos.

Se a idéia de cooperação entre os contratantes concretiza, no plano contratual, o princípio solidarista insculpido no inciso I do art. 3º da Constituição Federal, dúvida não resta de que tal concepção se manifesta, com maior clareza, no âmbito do contrato de seguro. O contrato de seguro atende a elevados fins econômicos e sociais, que, qual a boa-fé objetiva, pautam o exercício dos direitos dele decorrentes. A boa-fé traz consigo ínsita o elemento confiança, que se traduz na exigência de que nenhuma parte se aproveite da vulnerabilidade da outra, segundo a concepção de que os comportamentos a serem adotados pelos contraentes devem, obrigatoriamente, corresponder a um interesse legítimo que os justifiquem.

Daí que, para se exonerar da sua obrigação de indenizar, não basta a demora do Segurado na ocorrência do sinistro. É indispensável a cabal comprovação, por parte do Segurador, de que da demora do Segurado decorreu um prejuízo sério e efetivo. Não importa que o art. 771 do novo Código Civil não tenha reproduzido, neste aspecto, a letra do parágrafo único do art. 1.457 do *Codex* revogado. A exigência de comprovação do prejuízo constitui uma decorrência natural do princípio da boa-fé objetiva, que, além da previsão genérica dos arts. 113 e 422 ganhou ainda previsão específica no art. 765 do mesmo Código, o qual manda que o Segurado e o Segurador guardem na conclusão e na execução do contrato "a mais estrita boa-fé e veracidade".

Salientamos que, a nosso ver, tal entendimento aplica-se tanto às relações jurídicas securitárias caracterizadas como de consumo para fins de aplicação do CDC, como àquelas que não o sejam por envolverem contratantes em posição de paridade negocial. Não são poucos os autores que, ávidos por "descobrir" no texto do novo Código retrocessos, comparativamente às posições consolidadas na jurisprudência após a edição do CDC, insistem em uma interpretação meramente literal e comparativa do novo *Codex* e do diploma revogado. Essa linha de pensamento deve ser severamente rechaçada pelo intérprete, em prol de uma hermenêutica construtiva que considere o contrato (e as obrigações dele decorrentes) como um meio e não um fim em si mesmo, prestando-se à satisfação de finalidades sociais, econômicas e morais.

98. François Ewald, *L'État Providence*, p. 47.

Bibliografia

AGUIAR JÚNIOR, Ruy Rosado de. *Extinção dos Contratos por Incumprimento do Devedor: Resolução*. Rio de Janeiro, AIDE, 1999.

ALVES, Jonas Figueiredo Alves, e outros. *Novo Código Civil Comentado*. São Paulo, Saraiva, 2002.

ALVIM, Pedro. *O Contrato de Seguro*. 3ª ed., Rio de Janeiro, Forense, 2001.

AMARAL, Francisco. *Direito Civil. Introdução*. 2ª ed., Rio de Janeiro, Renovar, 1998.

AMORIM FILHO, Agnelo. "Critério científico para distinguir a prescrição da decadência e identificar as ações imprescritíveis". *RT* 744/725.

AZEVEDO, Álvaro Villaça. *Teoria Geral dos Contratos Típicos e Atípicos*. São Paulo, Atlas, 2002.

AZEVEDO, Antonio Junqueira. "Princípios do novo Direito Contratual e desregulamentação do mercado, direito de exclusividade nas relações contratuais de fornecimento, função social do contrato e responsabilidade aquiliana do terceiro que contribui para o inadimplemento contratual". *RT* 750/115.

BEIGNIER, Bernard. *Droit du Contract d'Assurance*. PUF, 1999.

BEVILÁCQUA, Clóvis. *Código Civil dos Estados Unidos do Brasil Comentado*. v. IV, 1958.

BODIN DE MORAES, Maria Celina. "O princípio da solidariedade". In PEIXINHO FILHO, Manoel, GUERRA, Isabella Franco, e NASCIMENTO FILHO, Firly (Orgs.). *Os Princípios da Constituição de 1988*. Rio de Janeiro, Lumen Juris, 2001.

CALERO, Fernando Sanchez. *Ley de Contrato de Seguro*. Pamplona, Aranzadi, 1998.

CANARIS, Claus-Wilhelm. *Pensamento Sistemático e Conceito de Sistema na Ciência do Direito*. Lisboa, Fundação Calouste Gulbekian, 1989.

CARLUCCI, Aida K. "El silencio del asegurador frente a la denuncia del siniestro". In BARBATO, Nicolás H. (Coord.). *Derecho de Seguros*. Buenos Aires, Ed. Hammurabi, 2001.

CATALA, Nicole. *Rapport au Nom de la Comission des Lois de l'Assemblée Nationale*.

COMPARATO, Fábio Konder. *O Seguro de Crédito*. São Paulo, Ed. RT, 1968.

COUTO E SILVA, Clóvis. "O princípio da boa-fé no Direito brasileiro e português". In *Estudos de Direito Civil Brasileiro e Português*. São Paulo, Ed. RT, 1986.

DE LUCCA, Newton. *Direito do Consumidor. Teoria Geral da Relação de Consumo*. São Paulo, Quartier Latin, 2003.

DINAMARCO, Cândido Rangel. *A Instrumentalidade do Processo*. 10ª ed., São Paulo, Malheiros Editores, 2002.

EWALD, François. *L'État Providence*. Paris, Grasset, 1986.

FONTES, André. *A Pretensão como Situação Jurídica Subjetiva*. Belo Horizonte, Del Rey, 2002.

FRANCO, Vera Helena de Mello. *Lições de Direito Securitário: Seguros Terrestres Privados*. São Paulo, Maltese, 1993.

GIOGIANNI, Michele. "O direito privado e as suas atuais fronteiras". *RT* 747/40, 1998.

HALPERIN, Isaac. *Lecciones de Seguros*. 8ª ed., Buenos Aires, Depalma.

IVAMY, E. R. Hardy. *General Principles of Insurance Law*. Butterworths Insurance Library, 1979.

LUHMAN, Niklas. *Legitimação pelo Procedimento*. Brasília, UnB, 1980.

MACEDO, Ronaldo Porto. *Contratos Relacionais e Defesa do Consumidor*. São Paulo, 1998.

MARQUES, Cláudia Lima. *Contratos no Código de Defesa do Consumidor — O Novo Regime das Relações Contratuais*. 4ª ed., São Paulo, Ed. RT, 2002.

______ "Solidariedade na doença e na morte: sobre a necessidade de 'ações afirmativas' em contratos de planos de saúde e de planos funerários frente ao consumidor idoso". In SARLET, Ingo Wolfgang (Org.). *Constituição, Direitos Fundamentais e Direito Privado*. Porto Alegre, Livraria do Advogado, 2003.

MARTINS-COSTA, Judith. *A Boa-fé no Direito Privado*. São Paulo, Ed. RT, 1999.

______ *Diretrizes Teóricas do Novo Código Civil Brasileiro*. São Paulo, Saraiva, 2002.

MEILIJ, Gustavo. *Manual de Seguros*. 3ª ed., Buenos Aires, Depalma.

MELLO, Heloísa Helena Carpena de. "A boa-fé como parâmetro de abusividade no direito contratual". In TEPEDINO, Gustavo (Coord.). *Problemas de Direito Civil-Constitucional*. Rio de Janeiro, Renovar, 2000.

MOTA, Maurício Jorge. "A pós-eficácia das obrigações". In TEPEDINO, Gustavo (Coord.). *Problemas de Direito Civil-Constitucional*. Rio de Janeiro, Renovar, 2000.

NEGREIROS, Teresa. *Teoria do Contrato*. 1ª ed., Rio de Janeiro, Renovar, 2002.

______ *Fundamentos para uma Interpretação Constitucional do Princípio da Boa-fé*. Rio de Janeiro, Renovar, 1998.

NEVES, Gustavo Kloh Muller. "Prescrição e decadência no novo Código Civil". In TEPEDINO, Gustavo (Coord.). *A Parte Geral do Novo Código Civil. Estudos na Perspectiva Civil-Constitucional*. 1ª ed., Rio de Janeiro, Renovar, 2002.

PASSOS, J. J. Calmon de. "A atividade securitária e sua fronteira com os interesses transindividuais. Responsabilidade da SUSEP e competência da Justiça Federal". *RT* 763/96.

PERLINGERO, Pietro. *Perfis Direito Civil. Introdução ao Direito Civil-Constitucional*. 2ª ed., Renovar, 2002.

PEREIRA, Caio Mário da Silva. *Instituições de Direito Civil*. v. I, 18ª ed., Rio de Janeiro, Forense, 1997.

PEREIRA, Régis Fichtner. *A Responsabilidade Civil Pré-Contratual. Teoria Geral e Responsabilidade pela Ruptura das Negociações Contratuais*. 1ª ed., Rio de Janeiro, Renovar, 2001.

PICARD, M. e BESSON, A. *Traité Genéral des Assurances Terrestres*. t. I, Paris, 1938.

PINTO, Carlos Alberto da Mota. *Teoria Geral do Direito Civil*. 3ª ed., Coimbra Editora, 1999.

PIZA, Paulo Luiz de Toledo. *Contrato de Resseguro*. 1ª ed., São Paulo, EMTS, 2002.

PORTANOVA, Rui. *Princípios do Processo Civil*. 5ª ed., Porto Alegre, Livraria do Advogado, 2003.

SANTOS, Ricardo Bechara. "Comentários ao novo Código Civil. Novas regras de prescrição. Novo conceito de contrato de seguro estabelecido no art. 757". *Revista Caderno de Seguros* 113, ano XXII, jul. 2002.

SILVA, Jorge Cesa Ferreira da. "Princípios de Direito das Obrigações no novo Código Civil". In SARLET, Ingo Wolfgang (Org.). *O Novo Código Civil e a Constituição*. Porto Alegre, Livraria do Advogado, 2003.

SOTO, Paulo Neves. "Novos perfis do direito contratual". In RAMOS, Carmen Lúcia Silveira, e outros (Org.). *Diálogos sobre Direito Civil. Construindo a Racionalidade Contemporânea*. Rio de Janeiro, Renovar, 2002.

STIGLITZ, Rubén S. *Derecho de Seguros*. 2ª ed., Buenos Aires, Abeledo-Perrot, 1998.

______ *El Siniestro*. Buenos Aires, Astrea, 1980.

______. e STIGLITZ, Gabriel A. *Contrato de Seguro*. Buenos Aires, La Rocca, 1988.

TELLES, Inocêncio Galvão. *Aspectos Comuns aos Vários Contratos*. Boletim do Ministério da Justiça, 1951.

TEPEDINO, Gustavo. "As relações de consumo e a nova teoria contratual". In *Temas de Direito Civil*. Rio de Janeiro, Renovar, 1999.

______ "Contornos constitucionais da propriedade privada". In *Temas de Direito Civil*. Rio de Janeiro, Renovar, 1997.

TZIRULNIK, Ernesto. *Regulação de Sinistro (Ensaio Jurídico)*. 3ª ed., São Paulo, Max Limonad, 2001.

______ e outros. *Contrato de Seguro*. 2ª ed., Ed. RT, 2003.

VILLEGAS, Laurent. *Les Clauses Abusives dans le Contrat d'Assurance*. Presses Universitaires D'Aix-Marseille, 1998.

VINEY, Geneviéve. *Traité de Droit Civil*. 2ª ed., 1995.

VIVANTE, C. *Il Contratto di Assicurazione*. v. I, 1885.

WALD, Arnoldo. *Curso de Direito Civil Brasileiro. Introdução e Parte Geral*. 8ª ed., Ed. RT, 1995.

OS TÍTULOS DE CRÉDITO E O CÓDIGO CIVIL

WERTER R. FARIA

O Livro I da Parte Especial do Código Civil, referente ao Direito das Obrigações, dedica o Título VIII aos Títulos de Crédito. O Título subdivide-se em Capítulos:

I — Disposições Gerais;

II — Título ao Portador;

III — Título à Ordem;

IV — Título Nominativo.

O Código Civil italiano que, em tantas partes, serviu de modelo ao brasileiro destina o Título V aos Títulos de Crédito, subdivido em quatro Capítulos com a mesma titulação.

A correspondência entre os Códigos não se limita à ordenação meramente formal dos respectivos Títulos VIII e V. O Brasil e a Itália participaram da conferência internacional que, em 7 de julho de 1930, aprovou a Convenção para a Adoção de uma Lei Uniforme sobre Letras de Câmbio e Notas Promissórias, anexos e protocolos, a convenção destinada a regular conflitos de leis nessas matérias, com protocolo, e a convenção relativa ao imposto do selo em matéria de letras de câmbio e notas promissórias, com protocolo. Essas convenções tornaram-se aplicáveis na Itália com o com o Decreto 1.669, de 14 de dezembro de 1933, convertido na Lei 1.946, de 20 de dezembro de 1942, que substituiu as disposições do Código Comercial concernentes à matéria. A Lei Uniforme sobre Letras de Câmbio e Notas Promissórias tornou-se aplicável no Brasil com a promulgação das convenções pelo Decreto 57.663, de 24 de janeiro de 1966.

Após a unificação do direito cambiário entre os Estados que adotaram a Lei Uniforme, a Itália aprovou o Código Civil pelo Decreto 262, de 16 de março de 1942. Rosario Nicolò[1] lembra a polêmica que grassou no seu país e no exterior acerca da idéia de "eliminar a duplicação dos códigos de direito privado e converter em uniforme a disciplina da matéria civil e da matéria comercial. Decidiu-se também basear a disciplina da atividade econômica, em todas as suas formas (compreendida a agrária), do ponto de vista subjetivo, na figura do empresário e, do ponto de vista objetivo, no conceito de empresa e na noção de *azienda*, e, no quadro desta disciplina, dar maior relevância ao trabalho subordinado, que é um dos elementos determinantes da empresa, e, do ponto de vista social, de longe o mais relevante".

Exposto o programa de trabalho adotado na elaboração do Código Civil, Nicolò observa que "Fora do código teria ficado a disciplina da letra de câmbio e da nota promissória, já reguladas pelas leis especiais expedidas em execução de convenções internacionais, e a disciplina da falência e de outras formas de liquidação concursal, que estaria contida numa lei especial".

1. Codice Civile, em *Enciclopedia del Diritto*, v. VII, Giuffrè, 1960, p. 246.

Na expressão autorizada de Alberto Asquini,[2] as disposições do Código Civil sobre os títulos de crédito, constituem a base legislativa da matéria. Mas, "foi mantida fora do Código Civil a disciplina da cambial e da nota promissória que, após a convenção de Genebra, de 1930, já fôra retirada do Código Comercial para constituir objetivo de duas leis especiais (...)".

O Código Comercial brasileiro de 1850, cuja Parte I (Do Comércio em Geral) foi revogada pelo art. 2.045 do Código Civil, regulou as letras de câmbio e as notas promissórias (arts. 354-424) até o advento da Lei 2.044, de 31 de dezembro de 1908. Assim como sucedeu na Itália, revogado Título XVI do Código Comercial a lei sobre letras de câmbio e notas promissórias continuou vigente devido ao seu particularismo.

Os Códigos Civis da Itália e do Brasil entraram em vigor após a Lei Uniforme que se tinham obrigado a introduzir em seus territórios. A sobrevivência da Lei Uniforme em matéria de letras de câmbio e notas promissórias, da Lei Uniforme em matéria de cheques e das leis que dispõem sobre outros títulos de crédito tem dois efeitos:

- a inaplicabilidade das disposições de caráter geral do Código Civil às letras de câmbio e notas promissórias e outros títulos de créditos objeto de leis especiais;
- o surgimento do problema das relações entre as disposições do Código Civil sobre os títulos de créditos e as contidas nas leis especiais.

Quanto ao primeiro efeito, Antonio Pavone la Rosa[3] ensina: "A lei cambiária uniforme permaneceu em vigor mesmo depois da promulgação do novo Código Civil de 1942. Com efeito, a disciplina que ditou para os títulos de crédito (arts. 1.992-2.027) respeita aos títulos 'em geral', e precisamente pelo seu caráter 'geral' é inaplicável à letra de câmbio, a que se aplicam as disposições da lei especial, destinada a prevalecer, como tal, sobre aquela disciplina (art. 2.001 c.c.). A disciplina geral do Código Civil poderá, por conseguinte, ser utilizada somente com função 'supletiva', no caso de silêncio da lei especial, seja para integrar eventuais lacunas desta última, ou como elemento de interpretação da mesma lei, no caso em que apresente uma formulação equívoca, que possa ser eliminada utilizando-se dados normativos contidos no Código Civil".

No tocante ao segundo efeito, Luigi Bianchi d'Espinosa[4] leciona: "Com a entrada em vigor do Código de 1942, pôs-se o problema das relações entre o novo Código e as leis cambiárias. Para muitas normas do novo Código, respeitantes a institutos não regulados pela lei de 1933, pode-se falar, sem dúvida alguma, de fontes de direito cambiário (...), como fontes subsidiárias em relação às leis especiais".

A respeito de outras disposições, especialmente as constantes do Título V do Livro IV do Código Civil, que se aplicam como normas gerais em face das especiais das leis cambiárias, a relação é discutida. "Na jurisprudência predominante, julgou-se que algumas normas do Código Civil tinham valor interpretativo da lei cambiária: assim o art. 1.993 que dispõe que podem ser opostas ao possuidor do título as exceções pessoais entre o devedor e os possuidores anteriores apenas se o possuidor, ao adquirir o título, agiu *intencionalmente* em prejuízo do próprio devedor, teria esclarecido o alcance dos arts. 21 l.c. e 25 l.c., que, ao contrário, utilizavam o advérbio *cientemente* (...). Em sentido oposto, na mais recente jurisprudência da Cassação (...) foi considerada inaplicável à amortização dos títulos cambiários a obrigação de depositar o título na chancelaria, imposta a quem oferece oposição ao decreto de amortização

2. *Titoli di Credito* (reimpressão revisada), Pádua, Cedam, 1966, p. 29.

3. *La Cambiale*, Milão, Giuffrè, 1982, p. 21.

4. *Le Leggi Cambiarie nell'Interpretazione della Giurisprudenza*, 3ª ed., Milão, Giuffrè, 1969, p. 3.

do art. 2.017 c.c. A propósito, a Cassação argumentou com o fato de que as normas das leis cambiárias, em matéria de amortização, constituem um sistema 'fechado' que não permite a inserção de disposições estranhas à própria lei; e com a circunstância de que as leis cambiárias estão conformes com as disposições da Convenção de Genebra, por isso não se pode presumir que o legislador tenha desejado modificá-las posteriormente, violando o compromisso assumido pelo Estado italiano no plano internacional".

Asquini[5] relata que, a partir de 1926, a balança da reforma do Código Comercial inclinou-se definitivamente para o sistema de um código de base profissional, concentrado no conceito de empresa, como forma organizativa típica do exercício profissional do comércio. Coube àquele comercialista presidir a comissão, constituída em 1939, que elaborou o terceiro projeto de Código Comercial, em que os atos de comércio cederam lugar à empresa comercial. Nessa linha, o direito comercial mantinha sua posição profissional, exceto para algumas categorias de relações, que, por razões históricas, foram consideradas objetiva e absolutamente comerciais (títulos de crédito, contratos de bolsa, relações atinentes à navegação).

O projeto deixava para o Código Civil as normas gerais sobre as obrigações comerciais e a prescrição, a fim de serem unificadas. Em compensação, desenvolvia muito mais a disciplina dos contratos novos, alguns não incorporados ao Código Comercial.

Asquini, em seguida, diz que o projeto da comissão "deveria ter porém um destino singular. Aprovado pela comissão parlamentar, fortalecido pelos pareceres dos grupos consultivos, parecia maduro para a transformação em projeto definitivo. Em vez disso, no último momento, foi bloqueado por propostas improvisadas, segundo as quais o esquema tradicional do Código Comercial tivera que ceder o lugar a um novo esquema de código da economia corporativa, diversamente configurado. Estas propostas depararam com os votos recorrentes favoráveis a um código único das obrigações de tipo suíço, em direção ao qual, na verdade, os últimos projetos tinham dado um grande passo, com a unificação das normas gerais das obrigações. Terminou por prevalecer a tese da fusão do Código Comercial com o Código Civil (...)".

Apreciando a unificação, Asquini conclui: "Em substância, a reforma se concretizou com a inserção no projeto de Código Civil do projeto de Código Comercial de 1940, por obra da mesma comissão que tinha preparado este projeto, salvo as modificações impostas pela coordenação".

Como nota Federico Mortarano,[6] o Código Civil introduziu, pela primeira vez, a disciplina geral dos títulos de crédito no ordenamento italiano, com uma clara origem doutrinária, "constituindo a tradução, em termos normativos, de uma série de princípios individualizados, mediante uma obra de generalização daqueles aspectos da disciplina de cada tipo, que não se relacionavam com as características especiais de um ou de outro tipo de documento, mas que correspondiam aos seus traços comuns, chegando assim à elaboração de uma série de normas jurídicas aplicáveis a toda a categoria".

Mortarano observa que a disciplina geral dos títulos de crédito permite a realização, quer do tratamento uniforme da categoria na sua totalidade, quer dos novos documentos, criados pela vida econômica em continua evolução, os quais, mesmo não sendo incluíveis em algum tipo de título de crédito, apresentam as características que qualificam a categoria, e estão em condições de receber a disciplina geral.

O Código Civil brasileiro regula os títulos de crédito em trinta e nove artigos (887

5. Ob. cit., p. 12.

6. "Titoli di credito", *Enciclopedia del Diritto*, t. XLIV, Giuffrè, 1992, p. 573.

a 926) e o italiano em trinta e cinco (1.992 a 2.027), dos quais, para Mortarano, "três representam o núcleo essencial e revestem valor qualificador de toda a categoria".

São os arts. 1.992 (cumprimento da obrigação), 1.993 (exceções oponíveis) e 1.994 (efeitos da posse de boa-fé). O art. 1.992 tem por objeto a legitimação do possuidor, na forma prescrita na lei, para receber a prestação indicada no título, mediante sua apresentação, bem como do devedor para o efetuar e liberar-se, procedendo sem dolo ou culpa grave, ainda que o possuidor não seja o titular do direito. O art. 1.993 admite que o devedor oponha ao possuidor do título as exceções fundadas nas suas relações pessoais, as exceções de forma, as fundadas no contexto literal do título, mas também as que dependem da falsidade da própria assinatura, da falta de capacidade ou de representação no momento da emissão ou da falta das condições necessárias para o exercício da ação. Também pode opor as exceções fundadas nas relações pessoais com os precedentes possuidores, unicamente se ao adquirir o título o possuidor agiu intencionalmente em prejuízo do próprio devedor. O art. 1.994 põe a salvo da reivindicação quem adquirir de boa-fé a posse de um título de crédito, em conformidade com as normas que regulam sua circulação.

Cada artigo correlaciona-se com um dos princípios do direito cambiário. O art. 1.992 com o da legitimação, o art. 1.993 com o da literalidade e o art. 1.994 com o da autonomia.

O primeiro princípio (legitimação) quer dizer que o portador do título, contanto que esteja legitimado na forma prescrita na lei, tem o direito de receber a prestação nele mencionada. Por outro lado, o devedor isento de dolo ou culpa grave que cumpra a obrigação em face do possuidor fica liberado, mesmo se este não for o titular do direito. No plano jurídico, essa dupla segurança, como diz Filippo Chiomenti,[7] "Traduz-se num dever e num direito. Dever do emitente do título de adimplir somente ao possuidor do título. Direito à prestação somente por parte do possuidor do título".

Os títulos de crédito desempenham a função de legitimação pela qual, para receber o pagamento, o credor não necessita provar que adquiriu o documento em razão de uma transferência válida. Basta apresentar-se como legítimo possuidor do título. É legítimo o possuidor do título quem adquiriu a posse do documento "na forma prescrita pela lei" para a sua circulação: a tradição (títulos ao portador); a série contínua de endossos e a tradição do documento (títulos à ordem); a indicação do nome do credor no título e a correspondente inscrição nos livros do emitente, inclusive no caso de transferência (títulos nominativos).[8]

O segundo princípio (literalidade) significa que o direito do possuidor do título, distinto do direito que compete ao sujeito ativo da relação fundamental e independente do direito dos possuidores antecedentes, determina-se de acordo com o texto do documento.

O art. 1.943 do Código Civil italiano relaciona as exceções que o devedor pode opor ao possuidor do título:

• as fundadas nas relações pessoais entre ambos (diversas das cartulares);

• as de forma;

• as fundadas no contexto literal do título;

• as dependentes da falsidade da sua assinatura, da falta de capacidade ou de representação no momento da emissão, ou da falta das condições necessárias para o exercício da ação;

7. *El Titolo di Credito, Fattispecie e Disciplina*, Milão, Giuffrè, 1977, p. 497.

8. O art. 20 da Lei 6.404, de 15 de dezembro de 1976, com a redação dada pela Lei 8.021, de 12 de 1990, prescreveu que as ações devem ser nominativas e os certificados conter o nome do acionista. Conforme o disposto no art. 31, § 1º, da Lei de Sociedades por Ações, a transferência, regra geral, realiza-se por termo lavrado no livro próprio, assinado pelo cedente e pelo cessionário.

• as fundadas nas suas relações pessoais com os possuidores anteriores se, ao adquirir o título, o possuidor agiu intencionalmente para o prejudicar.

O terceiro princípio (autonomia) afirma a independência da posição do credor, em relação à dos possuidores anteriores, e estabelece a presunção da boa-fé do adquirente do título em conformidade com as normas que regem sua circulação. Torna esse possuidor livre de reivindicações. As referidas exceções constam dos Capítulos II (Dos Títulos ao Portador), III (Dos Títulos à Ordem) e IV (Dos Títulos Nominativos) do mencionado Código.

O art. 1.994 relaciona-se com o art. 1.153, que tutela o adquirente de boa-fé de coisa móvel alienada por quem não seja seu proprietário. Para esse fim, deve preencher os mesmos requisitos exigidos para a aquisição a *non domino*: título idôneo para a transmissão da propriedade, boa-fé do adquirente e tradição do bem.

O Código Civil brasileiro omite duas daquelas três normas, que representam o "núcleo essencial e revestem valor qualificador da categoria" dos títulos de crédito.

Na doutrina italiana acusa-se a inexistência da definição de título de crédito numa regulamentação geral suficientemente articulada, tanto a respeito do exercício como da circulação do direito cartular. Deixado o problema para o intérprete solucionar, ficam duas interrogações feitas por Mortarano: "por um lado, quais as características jurídicas que um documento assume para o efeito da sujeição à disciplina do art. 1.992 ss. (definição normativa), por outro, qual das características de fato que um documento deve apresentar para ser submetido àquela mesma disciplina (definição tipológica)".

Uma vez superado o sistema atual em que conduzidas à dignidade normativa aquelas regras gerais de elaboração doutrinária que tenham levado a individuar o perfil comum das disciplinas, "põem-se ao intérprete só o problema, de sinal contrário, de fixar um limite ao âmbito de aplicação da disciplina geral (...)".

Ao dizer que o título de crédito somente produz efeito quando preenche os requisitos da lei, o art. 887 do Código Civil brasileiro conceitua-o como "documento necessário ao exercício do direito literal e autônomo nele contido". Usa a palavra "contido" em lugar do termo "mencionado", que se lê na definição de Cesare Vivante. A troca do vocábulo "mencionado" por "contido" não contribui, de forma positiva, para determinação das condições que um documento deve satisfazer a fim de sujeitar-se às normas aplicáveis aos títulos de crédito.

O art. 887 impõe a sanção de ineficácia aos títulos que não preenchem os requisitos legais e o art. 888 a de invalidade. Não sendo coincidentes os termos, o que resta ao intérprete é considerar equivalentes os conceitos de ineficácia e invalidade, como o faz parte da doutrina.[9] Qualquer que seja a sanção da falta de requisito legal, não se estende ao negócio que origina a criação do título ou, melhor dito, ao negócio que constitui a fonte da relação fundamental.

As normas gerais sobre os títulos de crédito verdadeiramente fundamentais, segundo a expressão de Pellizzi,[10] são as que dizem respeito à legitimação do possuidor do título para exercer o direito nele indicado, à literalidade deste conforme o texto das declarações cambiárias e à autonomia do direito cartular.

Entre as disposições gerais, o art. 896 do Código Civil brasileiro é a única "verdadeiramente fundamental". Corresponde ao art. 1.994 do Código Civil italiano (efeitos da posse de boa-fé), tido por Asquini[11] como a norma nuclear em matéria de títu-

9. P. ex., Luis Díez-Picazo e Antonio Gullon, *Sistema de Derecho Civil* (reimpressão), v. I, Madri, Tecnos, 1976, p. 545: "A arbitrariedade da terminologia não é o mais grave, posto que ineficaz tem que ser sempre o negócio inválido, pelo que invalidade e ineficácia são conceitos iguais".

10. Ob. cit., p. 47.

11. Ob. cit., p. 48.

los de crédito. Essas normas protegem o possuidor que adquiriu de boa-fé a posse do título, em conformidade com as suas normas de circulação,[12] pondo-o a salvo de reivindicação.

Faltam duas outras disposições básicas, relativas aos princípios da legitimação e da literalidade. O art. 906 prevê a oposição de duas exceções ao possuidor do título ao portador: uma fundada em direito pessoal e outra em nulidade da obrigação do devedor. O art. 1.993 do Código Civil italiano permite que o devedor, além das exceções pessoais a este e a de forma, oponha:

• as fundadas no contexto literal do título;

• as dependentes da falsidade da sua assinatura;

• as dependentes da falta de capacidade ou de representação no momento da emissão do título;

• as dependentes da falta das condições necessárias para o exercício da ação.

A omissão do Código Civil com referência à oponibilidade das exceções fundadas em direito pessoal ou nulidade da obrigação do devedor, relativamente aos títulos à ordem e nominativos, não priva o devedor de argüí-las. Independentemente da lei de circulação dos títulos de crédito, admitem-se exceções como as resumidas por Tullio Ascarelli:[13]

• que visem negar a qualidade de titular do direito, no portador;

• que têm por fim negar ser, ele réu, o autor da obrigação cartular (homonímia, falsificação, excesso ou falta de poderes);

• que se referem à falta da vontade de assinar o título (violência absoluta, hipnose);

• que digam respeito à extinção do direito cartular referente ao título.

O art. 906 do Código Civil brasileiro aplica-se somente aos títulos ao portador, deixando indefesos os devedores dos títulos à ordem e nominativos. Esta diferença de tratamento viola o princípio constitucional de igualdade. Em segundo lugar, a referida disposição tem um conteúdo extremamente limitado, pois a exceção oponível pelo devedor tem de ser "fundada em direito pessoal" (de crédito, que atribui ao seu titular o poder graças ao qual pode exigir de outra pessoa uma ação ou omissão).

A hipótese do art. 1.993 do Código Civil italiano é outra, por dizer respeito a de "relações pessoais" entre o devedor e o possuidor do título. Estas relações subjetivas têm conexão com a criação ou a transmissão do título. Sendo as relações cambiárias distintas das relações fundamentais, as exceções pessoais ao devedor são as que este pode opor ao possuidor, com fundamento nos seus vínculos extracambiários anteriores, concomitantes ou posteriores à criação ou transmissão do título. Adriano Fiorentino[14] explica a matéria: "São pessoais as exceções fundadas na relação extracartular entre o devedor e o possuidor (chamada relação fundamental ou subjacente), isto é, na relação causal respeitante à qual foi emitido ou transferido (...)".

O art. 1.993 usa corretamente a expressão "exceções pessoais a este", ou seja, deduzidas de uma determinada relação extracartular estabelecida entre o possuidor do título e o devedor.

A segunda exceção oponível pelo devedor, ainda com apoio no art. 906 do Código Civil brasileiro, fundamenta-se "em nulidade de sua obrigação" (i.é., da declaração cambiária do devedor). Por não ser exclusiva dos títulos ao portador, deveria fazer parte das disposições gerais, assim como as que foram omitidas (sobre a forma, o contexto literal do título a falta de

12. Tradição (título ao portador), endosso (título à ordem) e termo de registro (título nominativo) e inscrição do nome do adquirente no documento ou emissão de outro em seu nome.

13. *Teoria Geral dos Títulos de Créditos*, trad. bras., São Paulo, Saraiva, 1943, p. 402.

14. *Titoli di Credito*, 2ª ed., Bolonha, Zanichelli, 1974, p. 83.

capacidade ou de representação no momento da emissão a ausência de condições necessárias para o exercício da ação, e as fundadas nas relações pessoais do devedor como os possuidores precedentes, se o possuidor, ao adquirir o título agiu intencionalmente em prejuízo do mesmo devedor).

O art. 903 estabelece que, salvo disposição diversa de lei especial, os títulos de crédito regem-se pelas normas do Código Civil. O dispositivo tem correspondência com o art. 2.001 do Código Civil italiano.

Chiomenti[15] assim interpreta essa última disposição: "Sem dúvida, o art. 2.001, primeira parte, c.c., declara que a normativa do Título V não é de todo inderrogável; porém, a normativa que concerne ao pressuposto de fato é sempre e absolutamente inderrogável, no sentido que, sendo a lei livre para prescrever para um pressuposto de fato normativa diversa da estabelecida no art. 1.992 ss., c.c., este pressuposto de fato, pela contradição que não admite, nem tipologicamente, nem por tratamento normativo, não poderá, entretanto, reentrar no fenômeno regulado pelo art. 1.992 ss., c.c. De fato, qualquer derrogação dos caracteres de um tipo encontra um limite lógico (e, como melhor poderei esclarecer-se a seguir, aludo a uma lógica de interesses) nos que, à maneira dos critérios inspiradores de uma determinada disciplina (seja negocial ou legal), resultam caracteres essenciais do tipo".

Fiorentino[16] menciona, entre outras, as leis sobre letras de câmbio e notas promissórias, cheques, e crédito fundiário. Faz notar depois que "as normas do primeiro grupo (normas do Código Civil e do Código da Navegação) são normas contemporâneas, pelo que, em caso de contraste ou conflito, as normas especiais prevalecem sobre as normas gerais contidas no título em exame. As normas do segundo grupo, ao contrário, pelo disposto na 1ª alínea do artigo em exame, não estão derrogadas pelas normas gerais do Código Civil, que têm aplicação só ali onde as leis especiais não disponham ou disponham diversamente: as segundas têm, portanto, função meramente supletiva".

O art. 2.001 reenvia a outras normas do Código Civil italiano ou de leis especiais. O art. 903 não faz referência a outras normas do Código Civil brasileiro. Aquela disposição prescreve a aplicação das normas do Título V aos títulos de crédito em geral, exceto se outras normas do Código Civil ou de leis especiais dispuserem diversamente.

15. Ob. cit., p. 20.

16. Ob. cit., p. 129.

O EMPRESÁRIO NO CÓDIGO CIVIL BRASILEIRO

VINÍCIUS JOSE MARQUES GONTIJO

1. Introdução. 2. Breve esforço histórico dos atos de comércio. 3. Ferramental tipológico e, não, conceitual. 4. Compreensão tipológica do art. 966 do Código Civil. 5. Excluídos da compreensão de empresário. 6. Conclusões. 7. Referências bibliográficas.

1. Introdução

Com a edição do Código Civil brasileiro, Lei n. 10.406, de 10 de janeiro de 2002, um sem-número de questionamentos vêm sendo propostos pela doutrina, o que, certamente, implicará igual debate jurisprudencial. Neste contexto, um dos pontos mais delicados que se apresenta é a compreensão do "empresário", tanto pessoa natural, quanto pessoa jurídica.

A discussão que envolve a compreensão do que seja empresário é de capital importância, uma vez que ele é a figura central do modernamente chamado Direito Empresarial.

A partir da doutrina de Rubens Requião,[1] pode-se ambientar o Direito Empresarial em períodos de prevalência de conceitos *subjetivo*, *objetivo* e *subjetivo moderno*, a saber:

No período de prevalência *subjetiva*, o Direito Empresarial era visto apenas a serviço dos, à época, chamados comerciantes. Assim, é que, no sistema subjetivo, "o comerciante ocupa o primeiro lugar. O direito comercial é essencialmente o direito do comerciante ou da profissão mercantil, e só acidentalmente o direito do ato de comércio".[2]

Já no período *objetivo*, o sistema desloca a base do Direito Empresarial da pessoa do comerciante para os atos de comércio, o que "tem sido acoimado de infeliz, de vez que até hoje não conseguiram os comercialistas definir satisfatoriamente o que sejam eles".[3]

A bem da verdade, a modificação do foco central do Direito Empresarial para os atos de comércio, teoria que orientou o Código Comercial Napoleônico e o Código Comercial brasileiro de 1850, tem conotação notadamente política: após a Revolução Francesa, o povo daquele país não toleraria a existência um ramo do direito, cuja função primordial seria a tutela direta dos privilégios de uma classe. Nesse sentido, tem-se a melhor doutrina:

"O Direito comercial chegava ao século XIX como o Direito dos comerciantes. A tradição anterior tinha uma base nitidamente pessoal, atribuindo-lhes jurisdição própria. A Revolução Francesa não poderia contemporizar com esse tipo de privilé-

1. Rubens Requião, *Curso de Direito Comercial*, v. 1, 21ª ed., pp. 9 a 14.

2. João Eunápio Borges, *Curso de Direito Comercial Terrestre*, 5ª ed., 4ª tir., p. 96.

3. Rubens Requião, *Curso...*, cit., v. 1, 21ª ed., p. 12.

gio. Mas como a autonomia do Direito comercial era vivida como um dado ontologicamente irrecusável, houve que remodelar: a competência dos tribunais de comércio seria ditada não pela qualidade das partes, mas pelo facto que dê azo ao litígio.

"Resultou daí a adopção dum sistema dito objectivo: o *Code* visava os actos de comércio, indicando depois, num sistema fechado, que actos seriam esses, para efeitos de jurisdição comercial. E os próprios comerciantes vinham definidos por referência aos actos de comércio. Segundo o artigo 1/1, do *Code de Commerce*, São comerciantes aqueles que exercem actos de comércio e disso fazem a sua profissão habitual."[4]

Ante o exposto, conclui-se que o "ato de comércio", na teoria objetiva, ocupa a posição anteriormente destinada aos empresários.

Atualmente, não causa indignação a existência de ramo do Direito que tenha o seu foco de tutela básico em uma classe determinada, que origina de uma relação jurídica básica, como é o caso do Direito do Trabalho[5] e do Direito Empresarial.

Nesse diapasão, propugna-se o Direito Empresarial como sendo o direito dos empresários e das empresas. Com essa perspectiva laborou o legislador brasileiro na redação do Livro II do Código Civil de 2002/2003, fazendo emergir no direito positivo nacional a teoria *subjetiva moderna*.

A partir disso, temos que, da mesma maneira que em outros ramos do Direito, aplica-se ao Direito Empresarial o vetor básico que orienta a hermenêutica jurídica como procedimento interpretativo do fenômeno do Direito, com seus sistemas e escolas.

Conquanto na exegese do Direito Empresarial se aplique o procedimento interpretativo geral, há que se atentar para uma especificidade do ramo: ele existe para a tutela dos interesses e a regulamentação das relações jurídicas de uma classe, qual seja, a empresarial. Conforme pretendemos demonstrar, agrega-se-lhe, então, certo enfoque valorativo, ou seja, uma jurisprudência axiológica. Destarte, como ocorre no Direito do Trabalho para as relações de emprego, no Direito Empresarial se protege, ou, pelo menos é o que se deve proteger, as relações empresariais. O foco da tutela deve ser este e, mais especificamente, a tutela do empresário e da empresa.

Analogicamente, como no Direito do Trabalho e na aplicação de suas normas há o princípio *in dubio pro operario*,[6] no Direito Empresarial e na aplicação de suas normas, que regulamentam esta matéria, mesmo quando isso se dá por outros ramos, deve haver a prevalência, na dúvida, em favor do empresário. Em suma: não se pode interpretar o Direito Empresarial senão para otimizar a razão de sua existência e o foco de sua tutela e regulamentação: o empresário e a empresa. A empresa, objeto sob o qual o empresário exerce seu direito,[7] hoje, é um bem que urge ser tutelado como atividade geradora de riquezas, na medida em que, a partir dela, se implementam empregos e auxilia a diminuição da criminalidade; melhora-se tecnologicamente o País; recolhe-se tributos e auxilia o Estado etc.

Quando o Código Civil adota a teoria subjetiva moderna, ele acolhe a proteção aos empresários e, via de conseqüência, à empresa. Eles passam, com suas relações jurídicas, a ser o foco central do Direito Empresarial que assumidamente deixa de se camuflar em *atos de comércio*, que aparen-

4. António Menezes Cordeiro, *Manual de Direito Comercial*, p. 33.

5. Maurício José Godinho Delgado, *Introdução ao Direito do Trabalho*, pp. 25 *et seq*.

6. Paulo Emílio Ribeiro de Vilhena, in Alice Monteiro de Barros (coord.), *Curso de Direito do Trabalho — Estudos em memória de Célio Goyatá*, v. 1. p. 126.

7. "Enquanto a sociedade é o *sujeito de direito*, a empresa é *objeto de direito*, ou seja, a empresa, ao contrário da sociedade, não tem personalidade jurídica, não é pessoa jurídica" (Marcelo M. Bertoldi, *Curso Avançado de Direito Comercial*, v. 1, 2ª ed., p. 56).

temente faziam o ramo buscar a tutela de assuntos objetivos, provendo, assim, indiretamente, a classe, à época, dos comerciantes.

Com isso, o Direito Empresarial retorna ao seu eixo central histórico, a tutela dos empresários, de suas relações e da própria empresa, buscando o desenvolvimento do País.

Por tudo isso, no Código Civil, seguindo orientações modernas, o Direito Empresarial toma corpo como sendo o direito dos empresários, ou seja, retorna-se, reitere-se, ao subjetivismo, sendo que, obviamente, não é possível se confundir a *empresa* com a *sociedade empresária* ou mesmo o *empresário*.[8]

Contudo, deve-se ressaltar que o resgate da concepção subjetiva não conseguiu minimizar a problemática existente quanto à fixação dos contornos precisos da figura central. Se os comercialistas não se entendiam no que tangia aos atos de comércio, muito menos no que se refere ao empresário e mesmo à empresa. Daí a necessidade premente de se compreender tecnicamente, no Código Civil brasileiro e no Direito nacional, o que vêm a ser *empresário* e *sociedade empresária* (que nada mais é do que a pessoa jurídica que tem por objeto o exercício de atividade própria do empresário — art. 982 do CC),[9] afastando o seu conteúdo dos atos de comércio e do método utilizado no seu estudo, modernizando-se e adequando-se, via de conseqüência, o ferramental técnico na pesquisa do assunto.

A figura central do Direito Empresarial não pode ser preterida, sob pena de ruir o sistema positivo que a assentou. A ausência de um trabalho técnico, com discussão sistemática na doutrina nacional gera insegurança nos operadores do direito.

Neste nosso artigo pretendemos estabelecer as balizas técnicas para a compreensão do que vem a ser *empresário* no Código Civil brasileiro.

2. Breve esforço histórico dos atos de comércio

Para a perfeita compreensão do que vem a ser empresário, impõe-se contextualizar o tormentoso problema dos *atos de comércio*, figura nuclear da teoria objetiva, que, por sua vez, foi acolhida pelo Código Comercial brasileiro de 1850.[10]

A doutrina brasileira, ao iniciar o estudo dos atos de comércio sempre colacionava a memorável frase de Brasílio Machado: "Problema insolúvel para a doutrina, martírio para o legislador, enigma para a jurisprudência".[11]

A despeito da crítica de Brasílio Machado, Fran Martins entendia que, indiscutivelmente, os atos de comércio prevaleciam sobre os comerciantes que não existiriam na hipótese da ausência dos atos de comércio.[12]

A grande dificuldade no que tangia aos atos de comércio se referia ao critério de

8. "A empresa, portanto, não é detentora de personalidade jurídica. Não concebe o Direito brasileiro a personificação da empresa, sendo, pois, objeto de direito. O empresário, titular da empresa, é quem ostenta a condição de sujeito de direito" (Sérgio Campinho, *O Direito de Empresa à Luz do Novo Código Civil*, 2ª ed., p. 13).

9. "Também, se empresa é objeto e, como tal, pode ser exercida por uma pessoa física ou jurídica, não há como: a) confundir empresa com sociedade, porque a primeira é objeto e a segunda — pessoa jurídica —, sujeito de direitos; b) dizer que a empresa pressupõe uma sociedade, porque a pessoa física, natural (o comerciante em nome individual), também pode ser empresária, pode exercer uma atividade mercantil" (José Maria Rocha Filho, *Curso de Direito Comercial*, v. 1, p. 63).

10. Nesse sentido, De Plácido e Silva anotava: "Os *atos mercantis* ou *atos de comércio* mostram-se de magna relevância em Direito Comercial. São eles que revelam a *matéria comercial*. E são eles que, praticados profissionalmente, dão a qualidade de comerciante às pessoas" (De Plácido e Silva, *Noções Práticas de Direito Comercial*, 14ª ed., p. 38).

11. *Apud* Rubens Requião, *Curso...*, cit., v. 1, 21ª ed., p. 34.

12. Fran Martins, *Curso de Direito Comercial*, 20ª ed., p. 71.

caracterização deles,[13] na medida em que a doutrina, quase sempre, laborava em sintonia com conceitos e definições,[14] como se o fenômeno jurídico (*atos de comércio*) pudesse ser, a partir de exemplos casuísticos, percebido de maneira hermética (apesar de se admitir a analogia) e imutável já que descrita racional e previamente, quando o mais adequado seria a utilização de um raciocínio indutivo, mais acertado para o ramo do Direito Empresarial, portanto, um método tipológico, defendido para a Ciência Jurídica por Ihering.[15]

Nessa perspectiva de conceituação, Alfredo Rocco procurou estabelecer um conceito positivista dos atos de comércio. Como os sistemas optaram, geralmente, pelo critério da enumeração exemplificativa, ele buscou no Código Comercial italiano (que ele sempre reiterou referir-se, apenas e tão-somente, ao direito italiano) o elemento ou elementos que definiriam um determinado ato como sendo de comércio. Para tanto, a partir dos atos que considerava intrinsecamente comerciais, separou-os em quatro grupos: *a*) compra para revenda e ulterior revenda; *b*) operações bancárias; *c*) empresas em geral; e *d*) indústria de seguros.[16]

Obteve, em conclusão, que o elemento caracterizador dos atos de comércio era a troca indireta ou mediata, ou seja, uma interposição na efetivação da troca.

Em face disto, vários foram os doutrinadores[17] que definiram o ato de comércio como sendo aquele praticado habitualmente, com fito de lucro, para a mediação (circulação e intermediação) de bens e serviços, sendo que Waldirio Bulgarelli chamava a atenção para o fato de que tal definição não era boa, uma vez que nela não se incluía a produção, senão através de uma dilatação demasiada da compreensão do conceito de mediação.

Usando de critério similar ao de Alfredo Rocco, J. X. Carvalho de Mendonça classificou o sistema brasileiro dos atos de comércio em três categorias, a saber:[18]

a) Atos de comércio por natureza, que deram origem ao ramo do Direito Empresarial, sendo considerados atos de mercancia, bancos, operações de câmbio etc.;

b) Atos de comércio por dependência ou conexão, que eram os que visavam a promover, a facilitar o exercício do comércio, sendo que Fran Martins[19] nos oferecia como exemplo a aquisição de instalações (vitrines e balcões) para um estabelecimento chamado, à época, comercial, e atualmente, empresarial;

c) Atos de comércio por força de lei, cujo caráter comercial decorria de imposição legal, tais como: letras de câmbio, seguros etc.

13. O sistema brasileiro não contemplava a chamada "teoria dos atos mistos", que era aquela decorrente da intervenção na relação comercial de comerciantes e não-comerciantes. Dylson Dória registrava com pertinência: "é de se ressaltar que, considerando mercantis todas as causas que derivarem de direitos e obrigações sujeitos aos seus dispositivos, desde que comerciante uma das partes, a lei brasileira consagrou a integralidade do ato" (Dylson Dória, *Curso de Direito Comercial*, v. 1, 11ª ed., p. 43). Por outras palavras: quando havia a intervenção de comerciante na relação materialmente mercantil, como pelo menos uma das partes, o ato seria, à época, considerado de comércio.

14. Isso, a despeito da melhor doutrina obtemperar para o Direito italiano: "Não se pode, portanto, dar uma definição dos atos de comércio regulados pelo Código, porque não têm caracteres comuns; o próprio legislador a isso renuncia. Preferiu indicar em uma longa série demonstrativa quais são os atos regulados pelo Código Comercial, e a esta devemos cingir-nos sem a discutir" (Cesare Vivante, *Instituições de Direito Comercial*, 3ª ed., p. 30).

15. "Contra o pensamento limitador do conceito classificatório, o tipo surgiu como nova proposta, uma ordem mais adequada para captar as fluidas transições da vida" (Misabel de Abreu Machado Derzi, *Direito Tributário, Direito Penal e Tipo*, p. 37).

16. Alfredo Rocco, *Princípios de Direito Comercial*, pp. 202 *et seq*.

17. De Plácido e Silva demonstra este entendimento, a despeito de dele dissentir (*Noções Práticas...*, cit., 14ª ed., p. 38).

18. José Xavier Carvalho de Mendonça, *Tratado de Direito Comercial Brasileiro*, v. 1, 3ª ed., p. 455.

19. Fran Martins, *Curso...*, cit., 20ª ed., p. 80.

Entretanto, Otávio Mendes reduziu a classificação apresentada a apenas duas classes: *a*) atos objetivos, e *b*) atos subjetivos. Com isso, ele reuniu os atos de comércio por natureza e por conexão em atos de comércio subjetivos; e a estipulada só em razão dos atos prescritos em lei seria classificada como atos de comércio objetivos.[20]

Fran Martins,[21] por sua vez, propunha e fundamentava o seu entendimento acerca dos atos de comércio nos seguintes termos: os atos de comércio deveriam ser caracterizados a partir de sua circulação (entendida não apenas e tão-somente como transferência física, mas também como a tradição ficta da coisa, pouco importando se móvel ou imóvel) e pelo *animus lucrandi* que sempre foi intuito do comércio e da atividade empresarial de uma maneira geral.

Com isso, a doutrina, ainda que não o fizesse expressamente, já examinava a atividade comercial de maneira tipológica, buscando os elementos essenciais para a compreensão do ato de comércio e, conseqüentemente, do comerciante.

Nessa linha de pesquisa científica iniciada implicitamente com o estudo dos atos de comércio, o art. 966 do Código Civil está a merecer interpretação não como conceito ou definição de empresário, mas, sim, descrição tipológica do fenômeno, sob pena de não conseguirmos nos desvencilhar da velha discussão sobre quem estaria sujeito aos efeitos normativos previstos para o empresário e quem deles estaria excluído. O Direito Empresarial é ramo especial do Direito Privado que foca sua tutela na pessoa do empresário, figura, reitere-se, central, que necessita ser bem conhecida a fim de se lhe aplicar as normas de conteúdo empresarial.

3. *Ferramental tipológico e, não, conceitual*

O art. 966 do Código Civil prescreve que se considera "empresário quem exerce profissionalmente atividade econômica organizada para a produção ou a circulação de bens ou serviços".[22]

Não se nega que *omnis definitio in iure periculosa est*. A utilização do método dedutivo aplicado na *civil law* demanda a constante busca da definição, do conceito e de suas limitações, conforme magistralmente leciona Misabel de Abreu Machado Derzi:

"A Teoria Geral e a Ciência do Direito foram fortemente influenciadas pelo conceito geral abstrato, classificatório. Segundo a lógica tradicional, a abstração conceitual, desencadeada pela percepção sensível de um objeto concreto (cujas peculiaridades ou determinações múltiplas nele se 'uniram', possibilitando o seu existir concreto), vem a ser o processo pelo qual se dá a separação, a percepção isolada e, ao mesmo tempo, a denominação e a determinação genérica das características do objeto. Será

20. Rubens Requião, *Curso*..., 21ª ed., p. 42.

21. Fran Martins, *Curso*..., cit., 20ª ed., pp. 74 a 76.

22. José Maria Rocha Filho parece entender que, por força do que prescreve o art. 967 do Código Civil, o registro teria, neste particular, se tornado condição essencial para que uma pessoa pudesse ser considerada empresária. Logo, para ele, este registro teria assimilado natureza constitutiva. Isso, porque o mencionado dispositivo legal exige que o empresário se registre *antes* do início de sua atividade (José Maria Rocha Filho, *Curso de Direito Comercial*, Parte Geral, 3ª ed., pp. 37 e 83).

Nós, por outro lado, entendemos que o registro não se compreende na percepção do fenômeno *empresário*, que se trata, por força do art. 967 do CC, de mera formalidade estrutural, em nada mitigando o conteúdo material que orienta a figura do empresário, sendo que, por isso, divergimos de Rocha Filho.

Soma-se ao exposto o fato de que, ao teor do art. 36 da Lei n. 8.934/1994 (Lei do Registro Empresarial), o documento encaminhado a arquivamento nos trinta dias posteriores à sua lavratura, terá o seu registro retroativo quanto aos seus efeitos à data constante do documento. Dessa feita, a natureza jurídica do registro, no caso, é declaratória.

Não se perca ainda de vista, o fato de que o próprio Código Civil previu e regulamentou a "Sociedade em Comum" (arts. 986 a 990), assim como, nós entendemos que é possível a existência das sociedades empresárias de fato, atendidos os elementos do tipo. Portanto, a ausência de registro, por si só, não autorizaria afastar o reconhecimento de ser determinada pessoa empresária.

omitido aquilo que não for considerado essencial para a regulamentação jurídica.

"Para Aristóteles, dois traços caracterizam toda espécie de ciência: a abstração e a dedução. A ciência procede por abstração, seccionando a realidade, despojando as coisas, que sejam objeto de estudo, dos caracteres que não lhe interessam. Da mesma forma, na ciência os conhecimentos derivam uns dos outros, em rigorosa seqüência, obtida de maneira apodítica.

"O conceito secciona, seleciona. Quanto maior, então, for a abstração, tanto mais abrangente será o conceito, porque abrangerá um maior número de objetos e, em contrapartida, tanto mais vazio será de conteúdo e significado."[23]

Destarte, a conceituação que descreve o fenômeno racionalmente se despoja de variações ocorridas em concreto, muitas vezes prejudicando a sua total percepção. Dessa maneira se dava ordinariamente no exame científico dos *atos de comércio*, em que se pretendia uma conceituação, em detrimento de uma análise tipológica, com raciocínio indutivo, que é característico do sistema anglo-saxão,[24] mas também deve ser do Direito Empresarial, na medida em que este é um ramo do direito muito dinâmico e versátil, que não se permite amarrar indefinidamente na espera de tramitação legislativa quase sempre muito longa, como a do Código Civil que foi de aproximadamente 30 (trinta) anos.

Da mesma maneira, a doutrina vem debatendo uma conceituação do que seja empresa,[25] sendo que Jorge Lobo esclarece que, "qualquer estudo, por mais despretensioso que seja, da teoria, da noção, do conceito jurídico de empresa obriga a uma torrente de citações, que se repetem, às vezes; anulam-se, com freqüência; pouco acrescentam, ao final".[26]

Por isso mesmo, entendemos que, para os fins deste artigo, a compreensão da empresa também deve se dar de maneira tipológica e, não, conceitual. Para aqueles leitores que pretendem uma análise conceitual, sugerimos a leitura do texto de Jorge Lobo e do livro de Waldirio Bulgarelli citados, que apresenta farta referência doutrinária e estudos dos conceitos dados e suas evoluções.

Por sua vez, o raciocínio tipológico se faz a partir da verificação de certos atributos, ditos *essenciais*, mas que podem sofrer pequenas variações.

Assim, destacam-se do fenômeno estudado os seus elementos essenciais, admitindo-se, repita-se, *pequenas* variações decorrentes da sua evolução ou mesmo de sua reação com o meio e com os fatos que envolvem a aplicação da norma.

A partir do somatório desses atributos, ou elementos, essenciais se constrói a percepção do fenômeno, sendo a compreensão racional destes atributos fundamental para se entender o tipo estudado.

Analogicamente, e visando à facilitação da percepção racional do que estamos afirmando, temos que, um ser humano não deixa de sê-lo por não ter um braço, uma perna ou mesmo por ter seis dedos, posto que estes não são atributos que ausentes ou presentes retirariam de uma pessoa sua condição de humano. O ser humano é um animal racional. Naturalmente, isso também não significa que uma pessoa deixa de ser humana por ser idiota ou por ser gênio, na

23. Misabel de Abreu Machado Derzi, *Direito Tributário, Direito Penal e Tipo*, p. 35.

24. "Nos sistemas da *common law*, especialmente no sistema inglês, salvo em algumas áreas pequenas e especiais, há pouco pensamento que se dedica ao sistema doutrinário.

Já a aplicação do Direito segue o método indutivo. O raciocínio indutivo caracteriza-se pelo movimento do pensamento que vai de uma ou várias verdades singulares a uma verdade mais universal" (Harriet Christiane Zitscher, *Metodologia do Ensino Jurídico com Casos — Teoria e Prática*, pp. 22 e 23).

25. Nesse sentido é de todo pertinente a leitura de Waldirio Bulgarelli, *A Teoria Jurídica da Empresa*.

26. Jorge Lobo, "A empresa: novo instituto jurídico", *RDM* 125/30.

medida em que se admitem variações dos atributos essenciais do *tipo* humano, desde que não impliquem subtração absoluta deste atributo, como no caso de animal que aja por instinto.

Misabel de Abreu Machado Derzi bem sintetizou a diferença entre o conceito e o tipo:

"De um lado, encontramos o tipo com ordem rica de notas referenciais ao objeto, porém renunciáveis, que se articulam em uma estrutura aberta à realidade, flexível, gradual, cujo sentido decorre dessa totalidade. Nele, os objetos não se subsumem mas se ordenam, segundo método comparativo que gradua as formas mistas ou transitivas.

"De outro lado, observamos os conceitos fechados que se caracterizam por denotar o objeto através de notas irrenunciáveis, fixas e rígidas, determinantes de uma forma de pensar seccionadora da realidade, para a qual é básica a relação de exclusão ou... ou. Através dessa relação, calcada na regra da identidade, empreendem-se classificações com separação rigorosa entre as espécies.

"O tipo propriamente dito, por suas características, serve mais de perto a princípios jurídicos como o da igualdade, o da funcionalidade e permeabilidade às mutações sociais e o da justiça. Em compensação, com o seu uso, enfraquece-se a segurança jurídica, a legalidade como fonte exclusiva de criação jurídica e a uniformidade.

"O conceito determinado e fechado (tipo no sentido impróprio [conforme se diz em Direito Penal: o tipo penal]), ao contrário, significa reforço à segurança jurídica, à primazia da lei, à uniformidade no tratamento dos casos isolados, em prejuízo da igualdade, da funcionalidade e adaptação da estrutura normativa às mutações sócio-econômicas."[27]

27. Misabel de Abreu Machado Derzi, *Direito Tributário...*, cit., p. 84.

4. Compreensão tipológica do art. 966 do Código Civil

Diante de tudo o quanto foi exposto neste nosso artigo, temos que o art. 966 do Código Civil está a merecer uma leitura não conceitual (hermética e imutável enquanto não haja alteração legal), mas, sim, tipológica, sendo que o dispositivo legal apresenta os elementos (ou atributos)[28] do tipo "empresário" (que pode, no caso em concreto, conter variações, assim como sofrer a reação dos fatos a que se aplica a norma, como naturalmente acontece em um tipo). Estes elementos são: *a*) profissionalismo; *b*) atividade econômica; *c*) organização; e *d*) produção ou circulação de bens ou serviços.

Nesta fase do nosso trabalho, temos que examinar cada um desses elementos, que são essenciais, e, portanto, devem estar presentes concomitantemente, em que pese poderem sofrer as variações naturais do tipo. Compreendidos os atributos, o somatório deles representa a compreensão do que seja empresário ou sociedade empresária, que nada mais é, conforme já dissemos, do que a pessoa jurídica com objeto empresarial.

O primeiro elemento a ser estudado é o *profissionalismo*, que representa o oposto do amadorismo, que é o desenvolvimento de uma atividade por amor, portanto sem esperar contraprestação remuneratória.

O profissionalismo, portanto, ao revés do amadorismo, é o exercício habitual de uma atividade com a finalidade de extrair dela as condições necessárias para o estabelecimento e desenvolvimento da pessoa, natural ou jurídica. É profissional,[29] des-

28. Trata-se de elementos fático-jurídicos, ou seja, de atributos de fato, aos quais o Estado reconhece um efeito jurídico. Estando todos eles presentes, tem-se a figura jurídica do *empresário*.

29. "*Profissional*. De *profissão*, além do sentido vulgar, para distinguir tudo o que se refere à profissão, é empregado para designar o *perito* ou *mestre na arte* ou *ofício*. E, assim, quando nos refe-

tarte, aquele que, em nome próprio, se estabelece e exerce uma atividade com a intenção de obter condições para se manter e se desenvolver no próprio exercício da atividade. Para tanto, o exercício desta atividade deverá se dar com habitualidade,[30] não se caracterizando o profissionalismo pelo exercício esporádico e eventual da atividade, bem como aquela desenvolvida graciosamente. "Assim, as atividades de mero desfrute, ainda que expressivas, encontram-se afastadas do âmbito empresarial".[31]

Portanto, para que haja a caracterização do profissionalismo, o empresário deve exercer habitualmente a atividade em nome próprio, ainda que com concurso de auxiliares e prepostos, que praticarão a atividade por ordem, ou seja, em nome do empresário, que, então, alcançará as condições econômicas para sua manutenção e desenvolvimento.

O segundo atributo é a *atividade econômica*. O empresário, no exercício de sua atividade, visa ao lucro. Não é o lucro que é essencial ao exercício da atividade, mas, sim, a sua busca, a intenção de obter o lucro, o ânimo,[32] mesmo que, eventualmente, o lucro não se dê, o que, em casos extremados, gera a insolvência do empresário e, via de conseqüência, pode-se chegar à falência, instituto que estaria fadado ao desaparecimento se o lucro fosse essencial ao exercício da atividade empresarial, uma vez que ela seria sempre positiva.

rimos a um *profissional*, aludimos a quem *entenda* ou seja conhecedor da arte ou do ofício.

É o *entendido* ou *versado na arte*. *Mas, em amplo sentido, profissional entende-se todo aquele que exerce uma profissão e que dela faz seu* ***meio de vida***. *Não será, pois, um* ***amador***, *um* ***curioso*** *acerca de certa arte ou ofício, mas o que vive dela ou dela tira seu sustento*" (De Plácido e Silva, *Vocabulário Jurídico*, 17ª ed., p. 647. Destaque acrescido ao original).

30. Sérgio Campinho, *O Direito*..., cit., 2ª ed., p. 14.

31. José Edwaldo Tavares Borba, *Direito Societário*, 8ª ed., p. 13.

32. Waldo Fazzio Júnior, *Manual de Direito Comercial*, 3ª ed., p. 56.

O terceiro atributo é a *organização*. Talvez este seja o elemento fático-jurídico que mais gere discussões e divergências.

A maioria dos autores[33] está buscando na doutrina italiana a explicação do que seja o elemento *organização*, limitando-o à exploração de mão-de-obra alheia. Por outras palavras: a organização decorreria do exercício da atividade com o concurso de auxiliares, pois este seria o critério que distinguiria o empresário do autônomo, que, supostamente, não exploraria a sua atividade com o apoio de outras pessoas. Diz-se "supostamente" porque, segundo entendemos, isto não corresponde ao que se observa legal e empiricamente.

Os fenômenos jurídicos representam a síntese de múltiplas concepções determinadas a partir do que se observa *in concreto*. Destarte, ao se interpretar um fenômeno jurídico, há que se reconhecer, em procedimento classificatório, os elementos de aproximação e dissociação havidos entre as figuras, a fim de situá-las, ou não, em um mesmo gênero tipológico. Naturalmente, o empresário pode explorar mão-de-obra, organizando-a, mas isso não implica que o autônomo não possa, também, fazê-lo. Ambos os fenômenos jurídicos não se dissociam por isso, mas, ao contrário, nisso podem coincidir. De fato, nada impede que haja trabalho autônomo com caráter empresarial.

Com efeito, supor que o autônomo não possa explorar mão-de-obra alheia é um equívoco doutrinário, até porque, atualmente, se admite o exercício de atividade autônoma por pessoa jurídica, caso em que haverá fungibilidade do trabalhador decorrente da impessoalidade que orienta a prestação do serviço, que poderá ser executado por diversas pessoas empregadas da sociedade.[34]

33. Por exemplo, cf.: José Edwaldo Tavares Borba, *Direito Societário*, 8ª ed., p. 13; Fábio Ulhoa Coelho, *Manual de Direito Comercial*, 14ª ed., p. 14; Ricardo Negrão, *Manual de Direito Comercial e de Empresa*, 3ª ed., p. 47.

34. Maurício José Godinho Delgado, in Alice Monteiro de Barros (coord.), *Curso de Direito do Trabalho*..., cit., v. 1, pp. 258-261.

De fato, a doutrina italiana é fundamental para a compreensão do texto legal, mas ela deve ser adequada ao sistema nacional, sob pena de se vulnerar o Direito brasileiro. Os italianos bem esclarecem o sistema nacional a partir da exclusão proposta pelo parágrafo único do art. 966 do Código Civil e que será objeto de nosso estudo no próximo item.

Nós compreendemos a organização como sendo o exercício da atividade de maneira concatenada, articulada, e, não, desconexa ou caótica. Por mais rudimentar que seja a atividade do empresário, ela deve ser organizada, ou seja, bem orientada.

Como conseqüência da organização legalmente imposta, o nosso legislador, por exemplo, obriga que os empresários se registrem (art. 967, CC), se identifiquem por um nome (arts. 1.155 *et seq.*, CC), escriturem livros e documentos (arts. 1.179 *et seq.*, CC) etc.

O quarto e último atributo consiste no fato de que *a atividade do empresário se liga à produção ou à circulação de bens ou de serviços.*

Aqui restou mitigada grande parte da atuação do Direito Civil, na medida em que as pessoas prestadoras de serviços que eram exclusivamente de caráter civil foram, em grande parte, absorvidas pelo Direito Empresarial. Disse-se em grande parte porque nem todas o foram, permanecendo como tal, dentre outras, as sem fins lucrativos, aquelas não profissionais e mesmo os ruralistas que não optarem pela atividade empresarial (art. 971 do Código Civil).

Naturalmente, a atividade de produção ou circulação de bens ou serviços, que caracteriza o empresário, deve estar voltada para o mercado.[35] Com efeito, não se pode perder de vista a orientação de Tullio Ascarelli, segundo a qual a produção ou circulação deve estar destinada ao mercado geral, mas sem que isso implique afastar a destinação a um mercado pré-determinado ou âmbito mais restrito de mercado ou mesmo a uma pessoa determinada, desde que extrapole o círculo meramente familiar.[36]

De fato, há casos em que o empresário destina seu produto ou serviço a circulação restrita, com clientela e mercados reservados a um ou poucos adquirentes, ou mesmo com destinação previamente estipulada, produzindo sob encomenda. Naturalmente, nada que não signifique afastamento do direcionamento ao mercado significaria subtração do elemento legal: produção ou circulação de bens ou serviços.

No entanto, para a compreensão do que seja empresário não nos basta verificar a presença dos quatro elementos fático-jurídicos prescritos pelo art. 966 do Código Civil. De fato, há casos em que, ainda que presentes todos os elementos legais, a pessoa natural ou jurídica não será considerada empresária por força da exclusão determinada pelo parágrafo único do art. 966 do CC, impondo-se o seu estudo para a melhor compreensão do "empresário" a que nos dispusemos neste nosso trabalho.

5. *Excluídos da compreensão de empresário*

Para que se compreenda a exclusão prescrita pelo parágrafo único do art. 966 do Código Civil, há que se ter em mente a velha discussão acerca da unificação do Direito Privado travada entre Cesare Vivante e Alfredo Rocco, brilhantemente sintetizada por João Eunápio Borges.[37]

Como se sabe, o Direito Empresarial tem dentre os seus princípios o *individualismo* e a *onerosidade* presumidos nas relações.[38] Isso gera no empresário uma men-

35. Ricardo Negrão, *Manual...*, cit., 3ª ed., v. 1, p. 46.

36. Tullio Ascarelli, *Iniciación al Estudio del Derecho Mercantil*, p. 155.

37. João Eunápio Borges, *Curso...*, cit., 5ª ed., 4ª tir., pp. 55 *et seq.*

38. Rubens Requião, *Curso...*, cit., 23ª ed., v. 1, p. 31. José Maria Rocha Filho, *Curso...*, cit., 3ª ed., p. 25.

talidade, uma ética, um estado de espírito e atitudes diversas daquelas do cidadão comum. Quando determinada pessoa assume a atividade empresarial, ela vai paulatinamente absorvendo essa forma de pensar e agir, que não coadunam com aquelas que se dão, ou pelo menos se espera que se dê, em relação ao civil, à cooperativa, ao servidor público ou, por uma sociedade *simples*, cuja ética, atitudes, maneira de pensar e agir espera-se (ou pelo menos o legislador acreditou) sejam diversas das do empresário.

Observe-se que a própria vedação ao exercício da profissão de empresário prescrita, por exemplo, para o servidor público, o juiz, o promotor, somente se compreende como constitucional e, portanto, não violadora do art. 5º, inciso XIII da Carta de 1988, quando contemporizada com o escopo que orienta a proibição, que é exatamente impedir estas pessoas de absorverem a ética, o comportamento, ou seja, o "estado de espírito" do empresário.[39]

Cesare Vivante propôs a unificação do Direito Privado, mas Alfredo Rocco foi analisando e impugnando todos os argumentos colacionados por Vivante, e com isso demonstrando a impossibilidade, à época, da unificação. O próprio Cesare Vivante termina por assumir o equívoco doutrinário e, na quinta edição de seu monumental *Trattado del Diritto Commerciale*, fundamentando-se basicamente na "diversidade de espírito" que havia entre o comerciante e o civil e à qual já nos referimos, concorda com Alfredo Rocco e se diz favorável à manutenção da divisão do Direito Privado.

Sabe-se, perfeitamente, que o Código Civil atual não unificou o Direito Privado, mantendo a dicotomia do Direito Empresarial e do Direito Civil, mantendo diversidade de regulamentos, princípios, institutos etc. Da mesma maneira, o legislador *excluiu expressamente* da compreensão do que seja *empresário* pessoas que possam até mesmo exercer *profissionalmente*, uma *atividade econômica*, devidamente *organizada* de *produção ou circulação de bens ou serviços* e que, em tese, estariam compreendidas como sendo empresárias, pois teriam todos os atributos prescritos pelo *caput* do art. 966 do Código Civil brasileiro.

Assim, para a real compreensão do parágrafo único do art. 966 do Código Civil e da exclusão nele prescrita, é mister estar certo da magnitude da discussão travada entre Cesare Vivante e Alfredo Rocco.

Como se sabe, o Direito Empresarial não se contenta com suas próprias fronteiras e vai adentrando aos outros ramos do Direito, mormente o Civil.[40]

Dessa forma, o Direito Privado evoluiu em grande parte por causa do Direito Empresarial, sendo que o Direito Civil restou consideravelmente absorvido pelo ramo dos empresários, fazendo emergir como sucedâneo do Direito Comercial aquele, hodiernamente chamado, Direito Empresarial, na medida em que atualmente a mentalidade do empresário civil é basicamente semelhante à do empresário mercantil. Logo, não mais havendo razão para manter a distinção de tratamento que, até a edição do Código Civil, ainda persistia. Daí a unificação em torno da figura: *empresário*; desprezando-se as figuras do *comerciante* e do *civil*. Naturalmente, sem que isso tenha gerado a unificação do Direito Privado.

A mais abalizada doutrina moderna já demonstrava a superação do conceito de comerciante pelo de empresário, antes mesmo do Código Civil vigente.[41] Isso decorre do fato de os empresários civis terem o mesmo comportamento e ética (= estado de

39. "(...) A proibição recai sobre pessoas plenamente capazes que exerçam no entanto profissão, ou que se encontrem em situação [caso do falido] que a lei considera incompatíveis com o exercício do comércio. Razões de conveniência ou de utilidade pública aconselham e justificam a proibição" (João Eunápio Borges, *Curso...*, cit., 5ª ed., 4ª tir., p. 158).

40. José Xavier Carvalho de Mendonça, *Tratado de Direito Comercial Brasileiro*, v. 1, p. 34.

41. Fábio Ulhoa Coelho, *Curso...*, cit., v. 2, pp. 3 *et seq*.

espírito) dos empresários mercantis, como fruto da absorção da mentalidade mercantil pelo civil, cujo ramo jurídico restou, quanto a isso, absorvido pelo Direito Empresarial.

Por outro lado, essa "diversidade de espírito" em atos, ética, comportamento etc., o legislador brasileiro não vislumbrou absorvida por aqueles que exercem atividade *intelectual*, pouco interessando se de natureza artística, literária ou científica. Daí a exclusão contemplada no parágrafo único do art. 966 do Código Civil, que tem evidente conotação ética.

Assim como as cooperativas, o legislador entendeu que, por causa da sua "diversidade de espírito", aquele que exerce atividade intelectual de natureza científica, ou atividade intelectual de natureza literária ou ainda atividade intelectual de natureza artística, ainda que explorando mão-de-obra alheia, por outras palavras: com concurso de auxiliares, não pode ser considerado empresário. Portanto, a compreensão da *organização* como sendo exploração de serviço alheio não se coaduna com a exceção contemplada pelo parágrafo único, que expressamente autoriza a "organização" de trabalho de terceiro. Raciocinar como a maioria da doutrina, que se limita a buscar no direito alienígena a justificativa para o sistema brasileiro, urge "malabarismos" e "ginásticas" doutrinárias que não se conjugam com a real intenção legal, que é de cunho ético.

Com efeito, entendemos que a exceção contemplada pelo parágrafo único do art. 966 do Código Civil tem origem na vetusta dicotomia do Direito Privado, o nosso legislador entendeu que aqueles que exercem na condição de pessoa natural ou mesmo pessoa jurídica atividades intelectuais ainda não absorveram o "estado de espírito", ou seja: a ética empresarial e, dessa feita, devem estar excluídos da compreensão de empresários.

Essa mesma orientação se reserva ao exame da exceção criada dentro da exceção, que implicará atividade regra: empresarial. De fato, o legislador entende que se o exercício da profissão intelectual constituir elemento de empresa, a sua exploração caracterizará atividade empresarial.

Se a compreensão do empresário congrega quatro elementos (profissionalismo, atividade econômica, organização e produção ou circulação de bens ou serviços), a compreensão da empresa congrega três:[42] capital + trabalho + atividade organizada para gerar lucros.[43] Tudo isso concomitante e, naturalmente, voltado para o mercado.[44]

Logo, a empresa é o somatório dos seus três elementos tipológicos.[45] Não há empresa sem a presença obrigatória[46] dos três elementos. Para o estudo final do parágrafo único do art. 966 do Código Civil é necessário exatamente o elemento "trabalho", expressamente trazido à colação pelo dispositivo legal.

Quando o legislador do Código Civil prescreveu que o exercício da profissão intelectual não seria considerado objeto simples caso constituísse elemento de empresa, ele quis dizer que, se o exercício desta

42. Aqui também, conforme já afirmamos, deve ser mantido o raciocínio tipológico como método mais adequado.

43. "Logo, na *acepção jurídica*, ***'empresa é o exercício de uma atividade'***. E, se assim é, ***como entidade jurídica***, empresa é uma abstração. Por quê? Porque a empresa, juridicamente somente *nasce* quando o empresário resolver iniciar, efetivamente, a atividade. Vale dizer: enquanto os fatores de produção, mesmo organizados, não forem colocados em movimento, não haverá empresa: haverá um conjunto de bens e pessoas, inertes. E essa ação do empresário — colocar os fatores de produção em movimento —, vê-se, é um elemento abstrato" (José Maria Rocha Filho, *Curso*..., cit., v. 1, p. 62).

44. Não se pretendeu aqui conceituar empresa, mas apenas e tão-somente trazer os seus elementos. Àqueles que pretendem a busca deste conceito, Waldirio Bulgarelli a define como sendo a "atividade econômica organizada de produção e circulação de bens e serviços para o mercado, exercida pelo empresário, em caráter profissional, através de um complexo de bens" (*Tratado de Direito Empresarial*, 2ª ed., p. 100).

45. Da mesma maneira que o empresário é o somatório de seus quatro elementos tipológicos.

46. Em raciocínio tipológico.

atividade estiver inserido na linha de produção da pessoa (natural ou jurídica), ela não estaria excluída da compreensão de empresária. Logo, seria uma pessoa empresária, mesmo tendo atividade intelectual como elemento (trabalho) de empresa.

De fato, somente estaria contemplada na exceção (= interpretação restritiva) a pessoa que exercesse a atividade intelectual como um fim em si mesma. Neste caso, como as cooperativas, a sociedade teria objeto simples, podendo se revestir dos tipos prescritos pelo art. 983 do Código Civil, inclusive o próprio tipo simples.

Veja-se a título de exemplo e para que sejamos mais claros, se um cientista pesquisa na *universidade* a cura para a AIDS ou para o câncer, ele faz isso como um fim em si mesmo, da mesma maneira que a entidade: universidade. Ele visa eminentemente ao retorno pessoal: reconhecimento acadêmico e de seus pares, ser agraciado com o Prêmio Nobel, ser citado em obras técnicas, ou, ainda, que a doença tenha o seu próprio nome (tais como: mal de Hansen, mal de Parkinson, mal de Alzheimer, mal de Chagas etc.), em suma: ele busca a imortalidade, o reconhecimento público. Não se trata de um elemento de empresa, da mesma maneira que a arte desenvolvida pelos membros do Grupo Corpo ou do Grupo Gira-mundo ou mesmo do Grupo Balcão.

Não é diversa a situação da *universidade*, que procura ter em seu quadro de profissionais intelectuais, posto que sua atividade é intelectual como um fim em se mesma.

Contudo, se o mesmo cientista faz a mesma pesquisa trabalhando para uma indústria farmacêutica, a sociedade apenas explora seu trabalho como a qualquer outro elemento da empresa (*verbi gratia*: o capital), ela não busca interesses pessoais, ela está voltada ao conteúdo econômico decorrente de eventual descoberta como um fim em si mesmo, pouco interessando os louros que pudessem ser colhidos pelo cientista. Para que esta sociedade não pudesse, posteriormente, alegar não ser empresária, posto que tem "trabalho intelectual", foi que o legislador afastou da exclusão prescrita pelo parágrafo único do art. 966 do Código Civil o exercício da profissão intelectual como elemento de empresa.

Da mesma maneira poderíamos dizer, ainda, por exemplo, de eventual editora. Naturalmente, ela tem nos seus quadros pessoas que exercem atividade intelectual, mas como elemento de empresa.

Bem diversa seria a situação dos "profissionais" liberais, que, a despeito de "visarem ao lucro", "produzem serviços", e muitas vezes de maneira "organizada", não são considerados empresários, posto que exercem atividade intelectual, não como meio, mas, sim, como fim.

Assim, todas as vezes que o trabalho intelectual está inserido na linha de produção empresarial, aquele que explora a atividade será empresário, pessoa natural ou jurídica, se também tiver os demais atributos prescritos pelo *caput* do art. 966 do Código Civil brasileiro.

6. Conclusões

Diante de tudo o que expusemos neste nosso artigo, podemos tirar como conclusão que empresário, que pode ser pessoa natural ou jurídica, é aquele que exerce profissionalmente, em nome próprio, atividade organizada que vise ao lucro decorrente da produção ou circulação de bens ou serviços destinados ao mercado.

Mesmo que a pessoa explore uma atividade com todos os atributos do empresário mencionados, ela não será considerada empresária se a atividade for intelectual de natureza artística, literária ou científica, desde que esta atividade não esteja inserida na linha de produção da pessoa como elemento de empresa.

7. Referências bibliográficas

ANDRADE JÚNIOR, Attila de Souza Leão. *Comentários ao Novo Código Civil*. v. 4. Rio de Janeiro, Forense, 2002.

ASCARELLI, Tullio. *Iniciación al Estudio del Derecho Mercantil*. Barcelona, Bosch, 1964.

BERTOLDI, Marcelo M. *Curso Avançado de Direito Comercial*. v. 1, 2ª ed. São Paulo, Ed. RT, 2003.

BORBA, José Edwaldo Tavares. *Direito Societário*. 8ª ed. Rio de Janeiro, Renovar, 2003.

BORGES, João Eunápio. *Curso de Direito Comercial Terrestre*. 5ª ed., 4ª tir. Rio de Janeiro, Forense, 1991.

BULGARELLI, Waldirio. *A Teoria Jurídica da Empresa*. São Paulo, Ed. RT, 1985.

______. *Tratado de Direito Empresarial*. 2ª ed. São Paulo, Atlas, 1995.

CAMPINHO, Sérgio. *O Direito de Empresa à Luz do Novo Código Civil*. 2ª ed. Rio de Janeiro, Renovar, 2003.

COELHO, Fábio Ulhoa. *Curso de Direito Comercial*. v. 1. São Paulo, Saraiva, 1999; 6ª ed. 2002.

______. *Manual de Direito Comercial*. 14ª ed. São Paulo, Saraiva, 2003.

CORDEIRO, António Menezes. *Manual de Direito Comercial*. Coimbra, Almedina, 2001.

DELGADO, Maurício José Godinho. In BARROS, Alice Monteiro de (coord.), *Curso de Direito do Trabalho — Estudos em Memória de Célio Goyatá*. v. 1. São Paulo, LTr, 1993.

______. *Introdução ao Direito do Trabalho*. São Paulo, LTr, 1995.

DERZI, Misabel de Abreu Machado. *Direito Tributário, Direito Penal e Tipo*. São Paulo, Ed. RT, 1988.

DÓRIA, Dylson. *Curso de Direito Comercial*. v. 1. São Paulo, Saraiva, 1996.

FAZZIO JÚNIOR, Waldo. *Manual de Direito Comercial*. 3ª ed. Rio de Janeiro, Atlas, 2003.

LOBO, Jorge. "A empresa: novo instituto jurídico", *RDM* 125/29 *et seq*., São Paulo.

MARTINS, Fran. *Curso de Direito Comercial*. 20ª ed. Rio de Janeiro, Forense, 1994.

MENDONÇA, José Xavier Carvalho de. *Tratado de Direito Comercial Brasileiro*. v. 1, 3ª ed. Rio de Janeiro, Freitas Bastos, 1937; v. 1, Campinas, Bookseller, 2000.

NEGRÃO, Ricardo. *Manual de Direito Comercial e de Empresa*. v. 1, 3ª ed. São Paulo, Saraiva, 2003.

REQUIÃO, Rubens. *Curso de Direito Comercial*. v. 1, 21ª ed. São Paulo, Saraiva, 1993.

ROCCO, Alfredo. *Princípios de Direito Comercial*. Campinas, LZN, 2003.

ROCHA FILHO, José Maria. *Curso de Direito Comercial*. v. 1 — Parte Geral. Belo Horizonte, Del Rey, 1994; 3ª ed. 2004.

SILVA, De Plácido e. *Noções Práticas de Direito Comercial*. 14ª ed. Rio de Janeiro, Forense, 1998.

______. *Vocabulário Jurídico*. 17ª ed. Rio de Janeiro, Forense, 2000.

VILHENA, Paulo Emílio Ribeiro de. In BARROS, Alice Monteiro de (coord.), *Curso de Direito do Trabalho — Estudos em Memória de Célio Goyatá*. v. 1. São Paulo, LTr, 1995.

VIVANTE, Cesare. *Instituições de Direito Comercial*. 3ª ed. Campinas, LZN, 2003.

ZITSCHER, Harriet Christiane. *Metodologia do Ensino Jurídico com Casos — Teoria e Prática*. Belo Horizonte, Del Rey, 1999.

OS PREPOSTOS DAS SOCIEDADES NO NOVO CÓDIGO CIVIL

JOÃO LUIZ COELHO DA ROCHA

O preposto-gerente. A representação e a "aparência de representação". A responsabilização extensiva do preponente

Uma novidade no trato legislativo sistemático entre nós é consagrada à figura jurídica do preposto, como vemos nos arts. 1.169 e ss. do Código Civil vigente em 2003.

E, por todas as razões, tais regras se aplicam a preposto de qualquer tipo de sociedade, inclusive das companhias, à força do art. 1.089 do novo Código.

Nada disso se via estratificado no velho Código Comercial, nem mesmo no Código Civil de 1916. Até aqui, somente em matéria de relação trabalhista consignava-se de modo mais explícito e amplo tal instituto, e o preposto se configura como o representante, a voz da empresa no trato judicial e sindical das relações de trabalho.

Na verdade, vai se logo esclarecendo que o preposto, no nosso contexto legal, em qualquer faceta nominal que apareça, não é, enquanto tal, diretor, nem conselheiro, nem administrador da empresa.

Da melhor doutrina, aqui e do exterior, há tempos já se extraiu essas características distintivas do preposto, em relação ao simples procurador ou mandatário, por exemplo.

E aí vemos que a subordinação hierárquica, uma certa situação de dependência, sinalizam para o "status" jurídico do preposto, que age sob a direção, sob o guante de outrem, seja empregado ou não deste último.

Neste sentido, os irmãos Mazeaud;[1] Aguiar Dias;[2] Caio Maio da Silva Pereira.[3]

E Arnoldo Wald[4] cunhou uma conceituação jurídica muito precisa, declarando o preposto como "todo indivíduo que pratica atos materiais por conta e sob a direção de outra pessoa".

A relação de "preposição", pois, tal como hoje vemos vigente nos tratos laborais, será um vinculo de representação da empresa com um terceiro, a ela subordinado, empregado seu ou não.

Mais intima e mais severamente contida do que a mera relação de mandato, a preposição é, em princípio, personalizada (art. 1.169), donde a regra de que, salvo expressão escrita em contrário, não pode ser cedida a outra pessoa sob pena de responsabilidade do preposto.

Tal caráter mais próximo com o seu preponente — do que aconteceria se fosse

1. *Responsabilité Civile*, v. 1, n. 376.

2. *Da Responsabilidade Civil*, v. 2, Forense, n. 190.

3. *Responsabilidade Civil*, Forense, p. 102.

4. *Obrigações e Contratos*, Ed. RT, p. 380.

mero mandatário — conduz à proibição (salvo convenção contrária), ao preposto, de negociar por si ou por um outro, ou participar indiretamente dessas operações comerciais, individuais, de serviços etc., do mesmo gênero daquelas que lhe são cometidas pelo preponente.

Assim, o preposto do comerciante, que por ele negocia a venda de seus produtos alimentícios, está interdito, a menos que sob autorização expressa, a realizar venda deste gênero de produto por conta própria ou a mando de terceiros.

Na outra ponta, para qualificar bem a responsabilização do preposto, e assegurar a confiabilidade do vínculo de preposição perante terceiros, a lei (art. 1.171) considera como "perfeita a entrega de papéis e valores ao preposto encarregado pelo preponente, se os recebeu sem protesto, salvo nos caso em que haja prazo para reclamação".

Portanto, se o empresário com quem comercio se apresenta na figura de um preposto perfeitamente habilitado, minha eventual obrigação de entrega de bens, assim como a prova de envio de documentos devidos, se perfaz na entrega ao preponente, a menos que haja prazo legal ou convencional para se excepcionar aquela entrega.

Usos e costumes, sobretudo na área comercial, sabe-se, são importantes subsídios já na integração da ordem jurídica, já mesmo como meios informativos na estratificação de certas normas.

O preposto-gerente

Aqui temos, assim, nos arts. 1.172 e ss. do novo Código Civil, a apropriação do conceito normativo de "gerente", tão utilizado na prática administrativa, organizacional, diária, para qualificar o preposto usual permanente, dentro da empresa, em sua sede ou estabelecimentos.

Decerto há de se imaginar aí provavelmente um empregado (gabaritado) da sociedade, pela constância e provável horário fixo de suas funções e ainda pela sua força administrativa.

Sendo então caso de preposição geral, o art. 1.173, com toda a razão, ordena que os poderes constantes da carta ou documento da preposição haverão de ter uma interpretação extensiva, necessária ao pleno cumprimento daquele ato credencial, a menos que na hipótese acaso vertente a lei demande especialização de poderes.

E, para necessária simplificação perante os terceiros envolvidos, a lei assegura (art. 1.173, parágrafo único) a solidariedade de poderes entre dois ou mais gerentes acaso credenciados, a menos que convencionado de outra maneira.

Por serem necessariamente amplos os poderes desses prepostos-gerentes, como vimos acima, eventuais limitações contidas em seus documentos credenciadores deverão ser necessariamente levadas a "arquivamento e averbação" no Registro Público de Empresas Mercantis (Juntas Comerciais) para que tenham oponibilidade a terceiros, a menos que se prove serem tais limitações conhecidas do interessado.

A representação e a "aparência de representação"

O princípio é importante como esclarecedor, iluminador dessa "zona plúmbea" da representação, e da conhecida "aparência de representação", que tantas vezes tem despertado problemas jurídicos em casos práticos.

Porque esse preposto-gerente é, de um modo geral, aquela pessoa que exerce, por delegação dos órgãos administrativos, tantos atos diários de responsabilização da empresa, e assim suas cartas ou ofícios de credenciamento valem como um título de asseguração, a terceiros que se relacionem com a sociedade, de que um ato ou documento a ele entregue ou dele recebido significa a voz negocial daquela sociedade produzindo efeitos.

Já no trato sistemático das sociedades simples, o Novo Código (art. 1.015, parágrafo único) traz uma expressão similar, ao restringir a defesa da sociedade, perante objeção de terceiros a sua regular representação social (caracterizando excesso de poderes) nos casos de (a) limitação inscrita e averbada no registro público ou (b) prova pela sociedade de que tal limitação era conhecida por aqueles terceiros ou (c) a operação concertada ser claramente estranha aos negócios sociais, elementos factuais esses que, como se sabe, são os extratos que, como base na lei das sociedades anônimas concedem suporte à invocação da teoria da aparência para suprir a falta de poderes formais de diretores em casos ocorridos.

Estamos aqui em que também essa última hipótese, omitida no art. 1.174, *caput*, do Código Civil, nas mencionadas no seu art. 1.013, parágrafo único, III, deve ser acolhida como suficiente para se ter como inválido o ato do preposto, de qualquer espécie societária, pois este, com mais razão do que o administrador, não tem como atuar em ações estranhas ao objeto social da preponente.

E, coerentemente, o mesmo trato se dá à revogação ou modificação do mandato, da carta de preposição ou de credenciamento, como se vê no parágrafo único do art. 1.174, pois que assim se terá definido então, para os efeitos vinculatórios, quando precisamente tal preposto não terá mais aqueles poderes, ou os terá com outra conformação.

Conta-se que, agora com um trato legal sistemático, orgânico, da figura do preposto, se veja enfim mais bem definido esse âmbito de responsabilização da empresa em tantos casos de importância prática, como, "v.g.", no recebimento de mercadorias para fins de, qualificando juridicamente a entrega, proporcionar ao remetente, acaso sacador de uma duplicata, poder protestar o título, se este não tiver sido aceito, e proceder à execução contra a sociedade adquirente das mercadorias ou mesmo ao requerimento falimentar.

Dificilmente no fluxo normal do comércio será um diretor da empresa (institucionalmente habilitado), quem concede recibo em entrega de bens ou no acolhimento de serviços. E raramente este se dá por meio de um mandatário comum.

Quase sempre é um preposto da sociedade, seu empregado em geral, mas não necessariamente quem vai formalizar aqueles atos. Daí a importância dessas regras novas do Código Civil que concedem tintas mais nítidas e precisas ao alcance, à prova e ao limite dos poderes dos prepostos das sociedades.

Com tais tintas e contornos bem mais nítidos sobre os poderes do preposto de responsabilização assumida, por parte do mesmo, em nome da sociedade, tal como hoje também vemos no tocante aos administradores orgânicos das companhias, conta-se que seja amenizada a influência da teoria da aparência entre nós.

Esse caminho jurídico, entre nós palmilhado pioneiramente por Orlando Gomes,[5] admitia eficácia em negócios jurídicos, celebrado em nome da sociedade, por representantes desprovidos de poderes necessários, desde que se apresentem em aparência séria, como seu representante credenciado.

Pontes de Miranda,[6] em concordância, falava na proteção aí da boa-fé do terceiro contratante, "aquele que teve de atender ao suporte fático, exteriorizado, aparentemente, de poder".

Pois se agora toda a orientação normativa é voltada a expor contornos e limites aos poderes de representação e colocá-los em publicidade registral, essa prescrição de boa-fé deve cair por terra, não sem-

5. *Transformações Gerais do Direito das Obrigações*, Ed. RT, 1967.

6. Conforme citado por Luiz Antônio Soares Hentz, *Direito de Empresa no Código Civil de 2002*, Ed. Juarez de Oliveira, p. 125.

pre, mas decerto mais freqüentemente, diante do exigido cuidado e zelo na verificação das condições jurídicas de quem assina pela sociedade, concedendo assim prevalência a segurança das relações.

A responsabilização extensiva do preponente

Mais questionável, por certo, é a regra inscrita no art. 1.175 onde se importa à empresa preponente responsabilidade pelos atos que o preposto pratique em nome próprio, mas à conta daquela.

Admite-se que o legislador pretenda estender tal responsabilização no suposto de que, mesmo desbordando para atuar em seu próprio nome, o preposto o estaria fazendo por autorização do preponente, conforme regra do art. 1.170, daí seguir-se o arrastão da empresa na seqüela responsabilizatória.

Ainda assim, há de se conceber que o preponente pode não ter ciência — ou ainda não ter ciência — do ato do preposto em nome próprio, à hora de sua realização, e aí parece-nos injusto o deferimento de responsabilidade por derivações de um ato de terceiro do qual ele, preponente, não tinha conhecimento.

No seguimento legal expressa-se a força vinculante de "assentos lançados nos livros ou fichas do preponente por qualquer dos prepostos encarregados de sua escrituração", salvo ocorrência de má-fé (art. 1.177).

O postulado é mais do que razoável, dando-se por certo que, alocados às questões contábeis da empresa, a força da relação de preposição deve contemplar o importante efeito probatório das contas por tais prepostos registradas.

É claro que o preponente, como decorre de princípio básico da *culpa in eligendo*, responde, perante quaisquer terceiros, pelos atos dos prepostos, até onde, evidentemente, tais atos sejam praticados dentro dos poderes conhecidos, tal como já vimos acima, quanto à publicidade registral, conhecimento por terceiros das condições de preposição etc.

Segue-se, contudo, como já acontecia na matriz desta *culpa in eligendo*, que os prepostos respondem de sua vez perante os preponentes se agirem com culpa nos seus atos (art. 1.177, parágrafo único).

Quanto aos atos dolosos, não contemplados na regra do Código Civil, parece-nos falhar a nova expressão legal, pois se é certo e coerente que preposto e preponente solidariamente garantam terceiros por eles afetados, seria essencial deixar expresso que essa responsabilidade experimentaria um direito de regresso completo do preponente contra o preposto, já que este é o agente ativo, direto, do ato doloso em questão.

E o art. 1.177, parágrafo único, *in fine*, omite-se a respeito, o que afronta a sistemática responsabilizatória de nossa ordem jurídica.

Encerrando o trato legal (art. 1.178) a lei declara que os atos praticados pelo preposto direto da empresa, e concernente às atividades dela, mesmo que não especificamente autorizadas por escrito trazem a responsabilização da pessoa jurídica.

A matriz valorativa aqui adotada é a de que o contexto ambiental da prática do ato (dentro da sede, filial, estabelecimento), tomado o seu caráter social, normal, sistemático, dentro das ações regulares da empresa, dispensa expressão específica de poderes para que tal ato tenha validade jurídica própria.

Parece estar aqui consagrada nessa discreta regra do Código Civil, uma razoável linha distintiva (e, importantíssimo, aplicável por analogia imediata também a atos da administração orgânica), das circunstâncias de boa-fé que ensejam a invocação da teoria da aparência: o ato praticado em um conjunto de circunstâncias locais, rituacionais, próprias da empresa por alguém que possui alguma base documental séria que lhe confira representa-

tividade ao menos aparente ao cidadão comum.

Já se praticada tal ação pelo preposto fora do ambiente da empresa, ou em viagem, ou na sede ou filial de outra empresa etc., exige-se expressa autorização escrita para que o preponente se veja responsabilizado (art. 1.178, parágrafo único).

Abril/2003.

Atualidades

A FUNÇÃO SOCIAL E O CONTROLE DO PODER DE CONTROLE NAS COMPANHIAS

FREDERICO AUGUSTO MONTE SIMIONATO

I — Introdução. II — Os limites éticos da administração na macroempresa. III — A institucionalização da atividade empresarial — Atividade funcional e orgânica — Interesse da empresa em si ("Unternehmen an sich"). IV — Os fins sociais dos meios de produção sob a forma de empresa. V — A socialização na administração das companhias. VI — Dissociação entre controle e propriedade — Personalidade jurídica como técnica organizacional — Bem comum e função da empresa.

I — Introdução

Na lição de Yves Djian, *controle* possui o significado de verificar, examinar, fiscalizar e de submeter à analise a administração colocada a efeito pelo controlador.[1] Carlos Pasteris, analisando o controle sobre os órgãos administrativos, considera que, em teoria, esses deveriam ser perfeitamente livres, nos limites fixados pelo estatuto, para agirem no melhor modo na consecução do objeto social. Se o grupo de controle coloca-se em posição de exercitar influência direta sobre o órgão administrativo, tal influência será normalmente endereçada para fins extra-sociais em vantagem do grupo e em contrariedade com a minoria.[2]

O controle sobre o poder de controle é o último estágio do desenvolvimento capitalista com a separação entre propriedade e produção e diante do sistema produtivo empresarial a questão primordial não se restringe à proteção contra turbações externas, mas à fiscalização do seu exercício evitando o abuso. O "controle do controle", assevera Comparato, "é o desafio permanente que se apresenta nesta matéria".[3] O controle é algo único, como uno é o poder e suas formas de direção, seja realizado sob comandos internos, externos ou gerenciais.

II — Os limites éticos da administração na macroempresa

As normas éticas não envolvem somente um juízo de valor a respeito dos comportamentos humanos, entretanto, resultam na escolha da diretriz considerada obrigatória para uma coletividade. *Essa posição axiológica resulta na imperatividade da forma escolhida, que não corresponde a um mero resultado de decisão arbitrária, mas é a expressão de um complexo processo de perspectivas valorativas no qual*

1. *Le Contrôle de la Direction des Sociétés Anonymes*, Paris, Techniques, 1975, p. 6.

2. *Il Controllo nelle Società Collegate e le Participazioni Reciproche*, Milão, Giuffrè, 1957, p. 77.

3. *O Poder de Controle na Sociedade Anônima*, Rio de Janeiro, Forense, 1983, p. 96.

o poder decisório se encontra condicionado.[4]

A norma jurídica, o poder ou qualquer outra força social deve ser dirigido para a igualdade social. Em verdade, indivíduo e todo se complementam. A decisão política deve ter em mira a defesa do organismo. Essa postura de propender para o coletivo torna as relações jurídicas mais seguras, sem retirar proteção ao indivíduo. A complementaridade dos sistemas alcança a moderna concepção da conjugação do liberal e do social, sem renunciar às conquistas transcendentais do indivíduo.

A construção de uma comunidade humana importa equacionar uma série de fatores sociais e econômicos que somente o momento histórico é capaz de tipificar e dar-lhe resposta. A realidade empresarial, por sua vez, e com a instalação do poder econômico que irrompe fronteiras, desperta uma nova condição para a própria conduta do controlador. O discurso que serve de apoio à teoria do liberalismo requer nova análise, talvez mesmo calcada em admitir que a concorrência seja algo distante do cenário comercial contemporâneo. Sob essa perspectiva a administração das sociedades deveria seguir as premissas éticas e os postulados do direito ao desenvolvimento como um direito intrínseco à humanidade.

Como e qual deveriam ser os mecanismos de controle sobre a conduta do controlador na atividade empresarial? Ao relacionar algumas práticas administrativas que são proibidas a legislação societária não levou em consideração a ética que deve presidir a conduta do administrador, com exceção dos deveres (arts. 153-157), constatando-se a falta de uma noção precisa da ética empresarial, a qual, em verdade, é desconhecida pelas próprias empresas que adotam uma política de desperdício e de exploração do consumidor.[5]

Com a economia de massa a ética foi relegada e considerada como limite externo ao sistema então proposto, que na época visava o acúmulo desenfreado de capitais. Esse acúmulo foi notado com bastante intensidade nos países que tiveram tardia industrialização, quando o mercado econômico e de consumo já estavam divididos em blocos, comandados pelos grandes conglomerados econômicos internacionais.

O Código de Conduta para a macroempresa, elaborado pela ONU, ficou como texto normativo de tipo a ser seguido pela legislação interna dos próprios países e certamente essa foi realmente a sua maior função, ou seja, persuadir o legislador nacional a regular decisivamente a atuação dessas empresas. A pressão que os grupos econômicos fazem sobre o poder estatal dificulta o desenvolvimento de política social sobre meio ambiente, a qualidade dos produtos, redução dos preços, distribuição de renda etc. O que pode ocorrer na realidade empresarial é uma administração social pouco preocupada com a situação macroeconômica do país, limitando-se aos reclamos sobre os níveis tributários, com a absoluta ausência de política industrial em âmbito nacional e sua inserção no comércio internacional. A ética da atuação empresarial foi inexoravelmente infirmada com as técnicas de produção mundiais. Fica fácil para uma grande transnacional diminuir a sua produção em determinado país e proceder a importação dos mesmos equipamentos de suas outras filiais localizadas em países com mão-de-obra farta, isenções fiscais etc. Elas têm o comando da política econômica do Estado, como é a grande empresa capitalista que determina os locais de desenvolvimento, de geração de empregos, redução da incidência tributária etc.

As empresas públicas tinham importante função de propulsão econômica das

4. Miguel Reale, *Lições Preliminares de Direito*, São Paulo, Saraiva, 1987, p. 33.

5. Waldirio Bulgarelli, *Manual das Sociedades Anônimas*, São Paulo, Atlas, 1996, pp. 173-174; M. W. Childs e D. Cater, *A Ética em uma Sociedade Mercantil*, Rio de Janeiro, Civilização Brasileira, 1957, 178 pp.

regiões não industrializadas e com pequeno desenvolvimento financeiro e social. Essa função foi desvirtuada pelos governos que viam na empresa pública uma forma de auferir ganhos políticos com o prejuízo da sociedade e das próprias empresas. Essa situação provocou a ruptura lógica do sistema, que não mais suportava a falta de liquidez. A privatização demonstrou com toda a força como a ética administrativa não se encontra entre os princípios do estado mínimo.

O controle do controlador, dentro da Lei n. 6.404/1976, permanece sem efetividade prática. A Lei coloca normas de controle sem que haja um órgão social que represente com mais ênfase os trabalhadores e a sociedade, o que poderia ser feito nos moldes do sistema jurídico das sociedades por ações como na Alemanha. *A implementação de um sistema eficaz de controle da gestão exigiria a reformulação jurídica das sociedades em função da importância que cada uma delas possui na coletividade, porque parece um tanto quanto irrealizável aplicar um mesmo sistema de controle da gestão sobre as grandes, médias e pequenas empresas.*[6]

A discussão, nesse caso, ocorre sobre a forma de representatividade. Toda sociedade precisa possuir uma sistemática de controle. Esse controle varia conforme a qualidade da sociedade, ou seja, o tipo societário, mas o princípio é o mesmo, alterando-se somente a composição dos representantes e sua atuação. Esse é um princípio secular que nenhuma legislação conseguiria alterar. Há casos ainda em que podem ser encontradas sociedades desse tipo, inclusive de grandes proporções. Em parecer sobre tal assunto, o Prof. Fábio Konder Comparato analisa a participação dos sócios dentro de uma sociedade em nome coletivo. *Se os sócios em nome coletivo se unem para comerciar em comum, isso significa que todos participam, necessariamente, da administração, mesmo que exista diversidade nessa participação.*[7]

O controle sobre a conduta do controlador se intensifica nas *holdings*, que precisamente também estão vinculadas às noções sociais do comando empresarial, obedecendo ao capítulo do abuso de poder e do desvio de finalidade. Com efeito, o art. 117 da Lei n. 6.404/1976 determina a responsabilidade do controlador quando promover a liquidação de companhia próspera, ou a transformação, incorporação, fusão ou cisão da companhia, com o objetivo de auferir, para si ou para outrem, vantagem em prejuízo dos acionistas, dos trabalhadores e dos investidores. Essa hipótese pode ocorrer nos grupos de sociedade, quando das reorganizações societárias.

A existência e o funcionamento dos grupos de sociedade estão fundamentados antes de tudo sobre a noção de controle. A distinção entre a administração do patrimônio social e a direção técnica da empresa coloca em prática uma função importante na constituição e na organização dos grupos de sociedade. A *holding* estabelece o esquema de divisão de poderes que deve ser seguido nas sociedades filiadas. Nesse sistema os administradores subordinados têm conhecimento do poderio dos comandantes e seguem as ordens que lhe são transmitidas com presteza, mantendo-se os vínculos de subordinação e de poder.[8]

Tal perspectiva de distribuição de poder é profundamente bem desenvolvida, o que permite o controle dos órgãos sociais das filiadas, os quais devem observar as decisões da direção do grupo. Com isso, facilita-se, sobremaneira, que a administração seja feita no interesse do grupo (*holding*), principalmente na distribuição dos recursos, investimentos, acordos com empresas concorrentes e outras formas de aproveitamento da sua posição dominante e de controle.

6. R. Contin, *Le Contrôle de la Gestion*, cit., pp. 499-500.

7. *Ensaios e Pareceres de Direito Empresarial*, Rio de Janeiro, Forense, 1978, p. 161.

8. Claude Champaud, *Le Pouvoir de Concentration de la Societé par Actions*, Paris, Sirey, 1962, p. 102.

O controle do controlador também tem lugar nos casos dos grupos de fato e de direito, o que se torna evidente diante das posturas sociais que a administração das sociedades tem demonstrado. A Lei n. 6.404/1976 trata dos Grupos de Sociedades principalmente sobre a noção de "Convenção de Grupo". As relações entre as sociedades, a estrutura administrativa do grupo e a *coordenação ou subordinação* dos administradores das sociedades filiadas serão estabelecidas pela convenção do grupo, *mas cada sociedade conservará personalidade jurídica e patrimônios distintos* (art. 266). O art. 273 deixa claro o nível de hierarquia do grupo. Assim, aos administradores das sociedades filiadas, sem prejuízo de suas atribuições, poderes e responsabilidades, compete observar a orientação geral estabelecida e as instruções expedidas pelos administradores do grupo, que não sejam contrários à Lei e ao estatuto.

O art. 245 estabelece que os administradores não podem, em prejuízo da companhia, favorecer sociedade coligada, controladora ou controlada, cumprindo-lhes zelar para que as operações entre as sociedades observem condições comutativas (igualdade), ou com pagamento compensatório adequado, respondendo por atos praticados em contrário.

O grupo de sociedades será constituído por convenção aprovada pelas sociedades que o componham, a qual deve conter: *a designação do grupo; indicação da sociedade de comando e das filiadas; as condições de participação das diversas sociedades; prazo de duração e as condições de extinção; condições para a participação de novas sociedades e para a retirada das anteriores; os órgãos e cargos da administração dos grupos, suas atribuições e as relações entre a estrutura administrativa do grupo e das sociedades integrantes; a declaração de nacionalidade do controle do grupo; as condições para as alterações da convenção* (art. 269).

Quanto ao grupo de sociedades, que na verdade é uma sociedade de sociedades, deveria ser aumentada a responsabilização dos controladores, o que alteraria a noção de personalidade jurídica, que passaria a ser vista como uma técnica empresarial, e não somente com a limitação patrimonial. É estranho que o comando do grupo pode ser único, mas a responsabilização muitas vezes fica segmentada entre as sociedades participantes.

III — A institucionalização da atividade empresarial — Atividade funcional e orgânica — Interesse da empresa em si ("Unternehmen an sich")

É através da perspectiva institucional da empresa que se outorga melhor tratamento ao controle sobre o controlador, ou seja, a postura institucionalista é aquela que atende aos requisitos de uma nova atuação empresarial. A conseqüência mais clara do *Fuhrerprinzip* na empresa é que o controlador se comporta como um legislador. A afirmação do caráter funcional desse poder legislativo não é uma coisa irreal. Controles e sanções estão previstos no caso dessa função ser desviada do seu fim maior, como no caso de seguir interesses egoísticos.[9]

O conceito institucional da empresa é uma forma de tipificar os fenômenos sociais, tanto que podem ser consideradas instituições básicas da sociedade o Estado, a igreja, a família e, conforme alguns autores, a empresa. De imediato surge no intérprete o questionamento em considerar a empresa como uma instituição e a possibilidade de incluí-la entre as instituições clássicas.[10]

9. Michel Despax, *L'Entreprise et le Droit*, Paris, LGDJ, 1957, pp. 224-225.

10. "A teoria filosófica da ciência, nos dias de hoje, documenta o discurso, enquanto ação teórica, com deveres retóricos. Em síntese: quem fala tem de poder justificar sua fala. Só o preenchimento dos deveres discursivos, especialmente a observação dos deveres de defesa e de esclarecimento, garante suficientemente afirmações confiáveis, nas quais existe indubitavelmente um interesse geral" (Theodor Viehweg, *Tópica e Jurisprudência*, Brasília, MJ, 1979, p. 107).

Ao analisarmos o fator político e econômico de uma sociedade chegamos ao entendimento que a constituição das "formas" exteriores de dominação econômica são passageiras, mas a dominação econômica em si é também perpétua (ao lado do Estado, da igreja, da família etc.). Como a empresa representa a exterioridade de um sistema econômico, ela pode ser inserida dentro da característica da perpetuidade institucional absoluta; porém, ela torna-se relativa quando analisamos as suas formas.

Dentre as teorias que explicam atualmente a formação e a atividade da sociedade por ações, sem dúvida, *a mais aceita pela doutrina e jurisprudência é a da instituição.*[11] Conforme Santoro-Passarelli, o conceito fundamental de empresa deve ser o de "um organismo autônomo que não é ligado, na sua atividade e nas suas atribuições, à existência da pessoa do seu proprietário".[12]

Francesco Galgano considera que a intervenção e a institucionalização representam formas de preservação do capitalismo.[13] Esta observação é correta, tanto que a institucionalização ocasiona a consolidação de um sistema econômico que tende à perpetuidade. Por isso do postulado da preservação da empresa como algo absoluto.

A tendência que fundamentou várias reformas foi a da intervenção estatal com a completa regulamentação da configuração social e com restrição sobre a liberdade estatutária, situação bem diversa da ocorrida quando da codificação no século XIX. Essa tendência é a consagração da teoria da instituição, relegando a uma função secundária a Assembléia Geral, como se percebe tanto na Alemanha e nos Estados Unidos da América.[14]

O sistema societário deve permitir um equilíbrio de poderes, sem esquecer da importância dos vários tipos de acionistas: rendeiros, especuladores e empresários. Principalmente sobre o acionista rendeiro não se pode esquecer que é ele que traz liquidez ao mercado acionário e permitem o desenvolvimento e financiamento empresarial. Há, no sistema francês, tendência de centralizar o debate do controle dos órgãos administrativos sobre a proteção da minoria. É bem verdade que a legislação societária francesa é uma das mais desenvolvidas nesse aspecto, e o *conseil de surveillance* representa uma das perspectivas mais interessantes, principalmente pela sua composição.

O controle desse órgão sobre a administração não se resume nas questões financeiras, mas se estende aos aspectos técnicos e comerciais da gestão da diretoria. É, portanto, o bom funcionamento da empresa que o *conseil* verifica. Ele pode fixar os objetivos a serem seguidos pela empresa, principalmente no que diz respeito às estratégias industriais ou comerciais, porém, não deve descer aos detalhes dessa execução, que fica a cargo da diretoria.[15] Na França, em 1986, deferiu-se às sociedades por ações a faculdade de introduzir em seus estatutos dispositivos permitindo que os tra-

11. Fran Martins, *Novos Estudos de Direito Societário*, São Paulo, Saraiva, 1988, p. 28.

12. Francesco Santoro-Passarelli, "L'impresa nel sistema del diritto civile", *Rivista del Diritto Commerciale*, XL, 1942, pp. 392-393. Portanto, "la nozione di istituzione è stata elaborata dalla scienza del diritto pubblico, in Italia specialmente da Romano, e precedentemente in Germania da Gierke, in Francia da Hauriou. Istituzione è ogni organizzazione di persone — volontaria o coatta — fondata su un rapporto di gerarchia e di cooperazione tra i suoi membri in funzioni di uno scopo comune (...). Il conferimento della personalità giuridica a un'organizzazione di persone ha essenzialmente lo scopo di riferire a un soggetto diverso dai singoli i rapporti giuridici *esterni* dell'organizzazione. Il riconoscimento di un'organizzazione di persone come istituzione implica solo il riconoscimento di un determinato modo di essere dei rapporti *interni* tra i componenti dell'organizzazione in relazione a un fine comune" (Alberto Asquini, "Profili dell'impresa", *Rivista del Diritto Commerciale*, XLI, Parte II, 1943, pp. 17-18).

13. *Tratatto di Diritto Commerciale e di Diritto Pubblico dell'Economia*, Pádua, Cedam, 1984, v. 7, p. 62-63.

14. Waldirio Bulgarelli, *Manual...*, cit., p. 26.

15. Yves Guyon, *Droit des Affaires*, t. I, Paris, Economica, 1990, p. 360.

balhadores participem do *conseil de surveillance* com voz deliberativa.[16]

A forma acionária não se restringe a simples contrato, no sentido liberal, mas é verdadeira instituição que supera os seus fundadores ou acionistas, tornando o contrato apenas instrumento de organização que deve observar posturas outras do individualismo e dos interesses egoísticos.

Outro fator decisivo para a institucionalização da sociedade por ações é o conceito de personalidade jurídica como técnica organizacional. Comentando a noção institucional de Maurice Hauriou, o Prof. Miguel Reale assevera que "a justiça e a ordem social são duas coordenadas, segundo as quais o Direito estabelece as regras dos relacionamentos políticos e econômicos".[17] *O aspecto institucional possui o sentido de algo a realizar ou de um valor a atingir, os quais conseguiram se concretizar e continuar existindo num meio social.*[18] Há, portanto, relação entre o matiz institucional e a perpetuidade do organismo social.

Otto von Gierke afirma que "as organizações são pessoas coletivas reais, autônomos entes coletivos com unidade própria, como um todo orgânico, que se compõem mediante a reunião de pessoas individuais, mas sem se identificar com a soma das suas partes".[19] O que se coloca é verificar se as forças de poder foram equilibradas e se o exercício do poder de controle (soberania ou tecnocracia) está atendendo aos princípios da função social da propriedade. *A legislação das S/A na Alemanha em 1965, que serviu de modelo para a francesa, segue a tendência da institucionalização, tendência essa que teve sua origem nas primeiras décadas deste século. No direito das sociedades por ações admitiu-se que os administradores constituem um organismo da sociedade com poderes próprios que lhes são atribuídos diretamente pela lei e não pelos acionistas.*[20]

A Assembléia Geral, convocada e instalada de acordo com a Lei e o estatuto, possui poderes necessários para decidir todos os negócios referentes ao objeto da companhia e tomar as decisões que julgar convenientes para sua defesa e desenvolvimento. Isso é o que determina o art. 121 da Lei n. 6.404/1976. Quando o legislador fala em Assembléia Geral deve-se entender controlador, quem realmente determina a expressão vontade social.

Ninguém contesta que a Assembléia das grandes companhias tenha se transformado num sofisticado exercício formal, *com a retórica capitalista que se assemelha ao despotismo esclarecido.*[21] O dilema está em como realizar o controle da administração. A Lei n. 6.404/1976 inclinou-se decisivamente para a defesa das prerrogativas do controlador. Os limites à sua administração são de restrita dimensão e permitem ampla liberdade. Para Modesto Carvalhosa, a Lei n. 6.404/1976 adotou o institucionalismo germânico da empresa em si (*Unternehmen an sich*), segundo o qual os controladores e administradores deveriam administrar a companhia para o bem da empresa e dos seus empregados.[22]

A função da empresa seria certamente o desenvolvimento da sociedade em que ela atua, promovendo o crescimento econômico, empregando pessoas, pagando os tributos. Ela não é nada mais que um centro de

16. Georges Ripert e René Roblot, *Traité de Droit Commercial*, t. 1, Paris, LGDJ, 1989, p. 964.

17. Miguel Reale, *Fundamentos do Direito*, São Paulo, Ed. RT, 1972, p. 222.

18. Dalmo de Abreu Dallari, *Elementos de Teoria Geral do Estado*, São Paulo, Saraiva, 1989, p. 151.

19. "Perciò, non soltanto la vita esterna delle persone collettive è oggetto dell'ordinamento giuridico, ma anche la vita interna, che allo stesso tempo è vita esterna delle persone collegate" (Otto von Gierke, "Sulla storia del principio di maggioranza", *Rivista delle Società*, VI, 1961, p. 1.118).

20. Fábio Konder Comparato, *Aspectos Jurídicos da Macro-Empresa*, São Paulo, Ed. RT, 1970, p. 47.

21. Fábio Konder Comparato, *Aspectos...*, cit., p. 21.

22. *Comentários à Lei das S/A*, São Paulo, Saraiva, 1997, p. XLVIII.

interesses convergentes que comanda a economia moderna e seria ilógico que esse centro fosse criado para desrespeitar os ditames da função social.

Na Alemanha a fiscalização sobre o controlador é muito mais eficaz, tanto que podem ser encontrados órgãos específicos para tal fim. A evolução das sociedades por ações conduziu à realização de um controle que não é mais exclusivamente organizado para e pelo acionista. Foi reconhecido esse mesmo poder de fiscalização às outras categorias de interessados na empresa.[23] O contínuo crescimento dessa esfera de poder já determinou o que deve ser feito para imprimir o caráter institucional às companhias.

Nada mais óbvio que a empresa passasse a conjugar uma série de situações econômicas que representam a realização do desenvolvimento qualitativo das suas funções em sociedade e limitação da noção contratual das sociedades. Diante de tal situação, a evolução jurídica contemporânea tende a romper com a clássica diferenciação entre público e privado. *Quer no âmbito dos particulares ou do Estado vai se afirmando a esfera social dos bens ou valores coletivos, insuscetíveis de apropriação. Nesse caso, ninguém pode pleitear privilégios ou poderes adquiridos. Todos são obrigados a satisfazer as necessidades e os interesses comuns da população na iniciativa empreendedora.*[24]

Com efeito, a grande empresa não é uma organização de interesse privado, mas, sobretudo, é um fator da economia nacional que deve estar a serviço do interesse público.[25] O problema da empresa em si é colocado não somente para a sociedade comercial, como para a atividade comercial individual. Partindo da noção funcional da empresa como comunidade de trabalho e produção, há especialmente a disciplina dos trabalhadores e do controle sobre o exercício da empresa. Isso evidencia o assim chamado perfil institucional da empresa.[26]

No âmbito social, quanto mais a empresa cresce mais ela afirma sua função pública, transcendendo o limite dos sócios e alcançando outros setores.[27] A mencionada transcendência é fruto da própria realidade. A empresa não se constrói somente pela atuação e conversão de fundos dos detentores do capital, mas pela presença dos empregados e demais acionistas que não participam da gestão. Eles também uniram esforços para que a empresa alcançasse estágio de desenvolvimento superior. A mais-valia dos salários, os consumidores e os recursos financeiros dos acionistas e debenturistas sempre merecem proteção.

O controle da administração é o corolário da análise da empresa como instituição social, correlacionada aos reflexos que a atividade empresarial produz e nos limites dessa exteriorização. Andre Tunc considera as sociedades por ações como uma instituição essencial para a atual sociedade capitalista, afirmando que devem existir novos meios de efetivar o controle sobre elas.[28]

A atividade empresarial exercida, principalmente através da forma acionária, constitui verdadeira técnica de organização sob a estrutura do contrato plurilateral. Esta atividade envolve inúmeros interesses, inclusive o da própria empresa. Contin afirma que a proteção ao interesse próprio da empresa não excluiria os demais, porém, esses, quaisquer que sejam, estão subordinados àquele interesse maior. A proteção de todos os interesses que envolvem a em-

23. R. Contin, *Le Contrôle de la Gestion*, cit., p. 497.

24. Fábio Konder Comparato, "A reforma da empresa", *RDM* 50/60, nova série, abr.-jun. 1983.

25. Walther Rathenau, "La realtà della società per azioni", *Rivista delle Società*, V, fasc. 4-5, jul.-out. 1960, p. 935.

26. Alberto Asquini, "I battelli del Reno", *Rivista delle Società*, IV, fasc. 4-5, jul.-out. 1959, p. 618.

27. R. Contin, *Le Contrôle de la Gestion*, cit., p. 501.

28. *Le Droit Anglais de Sociétés Anonymes*, Paris, Dalloz, 1971, p. 1.

presa seria assegurada com a proteção ao interesse da empresa em si.[29]

O Prof. Fábio Konder Comparato entende que "o reconhecimento de que o controle empresarial não é uma propriedade, implica uma revolução copernicana no estatuto da empresa, com a alteração do ponto de vista sobre os fins da empresa".[30] Essa reformulação, no tocante à empresa, conduziria à perspectiva institucional e à defesa da empresa como ente social sem desprezar a vontade individual, mas através da sua complementação com o todo, que é o fator realmente decisivo para a perpetuação coletiva. A empresa continuaria a ser administrada pelos atuais órgãos sociais, entretanto, eles não devem ser a reprodução da vontade ou mesmo interesses de certa classe de acionistas; a empresa está acima deles. Na gestão econômica da empresa, o controlador deve deixar em plano secundário seu interesse pessoal, consentindo em certos sacrifícios no interesse do bom funcionamento da empresa.[31]

O controle incidiria diretamente sobre os órgãos e atingiria, conseqüentemente, o controlador que não poderia impor política administrativa contrária à empresa ou aos demais setores envolvidos. *O acionista controlador deve utilizar o seu poder com o fim de fazer a companhia realizar o seu objeto social e cumprir sua função social, tendo deveres e responsabilidades para com os demais acionistas, os que nela trabalham e para a comunidade em que atua, cujos direitos e interesses deve lealmente respeitar e atender* (art. 116).

Por outro lado, a Lei consagra uma série de prerrogativas ao controlador como senhor único das deliberações sociais. O Conselho de Administração e a Assembléia Geral representam, na verdade, um instrumento para a defesa da vontade do controlador numa sistematização normativa em que o art. 116, parágrafo único permanece esquecido, apesar de revolucionário. O tratamento institucional da sociedade por ações não se limitaria à retórica legislativa, mas através da criação de um órgão específico que controlaria a gestão. A posição desse órgão seria de complementaridade com os atuais, precisamente com Conselho Fiscal.[32]

O órgão máximo de fiscalização seria composto de representantes do controlador, dos acionistas, dos trabalhadores e da sociedade civil nos moldes do *conseil de surveillance* francês. Ele não interferiria diretamente na gestão. Sua função seria fiscalizar *a posteriori* os administradores, o que não se contrapõe decisivamente sobre o próprio controle administrativo. O controle desse órgão repercutiria mediatamente sobre a administração, impondo-lhe limites e estabelecendo responsabilização. Seria um órgão que defenderia o interesse da empresa. O Conselho promoveria reuniões deliberativas quando todos os setores teriam a oportunidade de expressar sua opinião sobre os caminhos administrativos, cabendo aos dissidentes fazer consignar sua divergência. Verificada a ocorrência de abuso de poder ou desvio de finalidade, esse órgão, ou cada um dos seus integrantes, deveria proceder às medidas societárias para responsabilizar todo aquele que agisse de maneira contrária ao interesse social.[33]

29. *Le Contrôle de la Gestion*, cit., pp. 495-496.

30. "A reforma da empresa", *RDM* 50/70.

31. Michel Despax, *L'Entreprise et le Droit*, cit., p. 196.

32. "Le rôle principal de l'*Aufsichtsrat* n'est pas de vérifier les comptes, mais de surveiller la gestion sociale. Le rapport qui lui est remis par les contrôleurs du règlement et les contrôles comptables qu'il peut lui-même effectuer accessoirement en se faisant assister au besoin par des experts ne sont que des moyens auxiliaires lui permettant d'exercer sa mission fondamentale, le contrôle da le gestion de la direction" (Yves Djian, *Le Contrôle de la Direction des Sociétés Anonymes dans le Pays du Marché Commun*, Paris, Sirey, 1965, p. 84).

33. "Constatons simplement que, dans le système français, les rapports organiques à l'intérieur de la société anonyme sont aménagés selon des règles et des principes sur lesquels est sans prise la volonté des associés. L'idée de *structure* rend compte assez fidèlement du phénomène. Elle possède également

É da própria característica funcional do controle que surge a noção institucional. No controle gerencial característico da macroempresa a tecnocracia assume o poder. Vale aqui o comentário de Ripert quando dizia que os proprietários no sistema atual se tornaram credores. Berle e Means[34] já afirmavam que, na verdade, o acionista tem, no dividendo, um emprego (renda), um seguro ou um crédito a receber.

No controle gerencial a diretoria comanda a empresa e essa tecnocracia altamente treinada possibilita a realização de grandes negócios para a empresa, tornando-a rentável e deixando os acionistas tranqüilos e completamente alheios à política social. Por isso do controle sobre a administração dessas companhias quando manipulam o mercado, ou impõem política contrária à empresa do próprio grupo, como o fechamento de companhia próspera. Está cada vez mais corriqueira a aquisição de empresas brasileiras por conglomerados internacionais, com o encerramento ou reorganização das atividades produtivas. Na esfera societária o controle seria realizado diretamente sobre a diretoria. Todo ato administrativo deveria ter que ser justificado *posteriormente*, mostrando as suas conseqüências econômicas e sociais para a companhia e coletividade.

IV — Os fins sociais dos meios de produção sob a forma de empresa

Toda atividade humana possui um sentido finalístico. A atividade empresarial não é diferente, tanto que a Constituição Federal determina a sua obrigação em observar a função social. É bem verdade que a norma Constitucional foi pouco precisa nesse aspecto, preocupando-se mais decisivamente com a empresa pública. Tal situação causa espécie, principalmente pelo atual processo de privatização, que tantos prejuízos trouxe, colocado a efeito num estado liberal.

Claude Champaud afirma que o principal está em saber se pode ser colocado em causa o mito da democracia acionária e se o poder econômico pode ser objeto de pesquisas e de decisões objetivas. A sociedade possui dupla finalidade que deve ser observada, a qual não se cinge apenas aos acionistas.[35] A empresa não deve ser analisada como propriedade absoluta do empresário, mas sim como a comunidade de trabalhadores, capital e coletividade.[36]

O art. 5º, XXIII, da Constituição, determina que a propriedade atenderá sua função social. Entre os princípios da atividade econômica estão a soberania, propriedade privada e função social da propriedade (art. 170).

Fábio Konder Comparato afirmava, antes mesmo da atual Constituição de 1988, que "é preciso estabelecer distinções e precisões fundamentais para lograr algum avanço na regulação constitucional da propriedade. Quando se trata de bens de produção, o poder-dever do proprietário de dar à coisa uma destinação compatível com o interesse da coletividade torna-se um poder-dever do controlador em dirigir a empresa para a realização dos interesses coletivos".[37]

A função social também deve ser analisada em razão da propriedade particular. Mesmo que se possa referir à função social

le mérite de souligner qu'un tel aménagement jouit d'une dynamique propre, d'exigences de fonctionnement inhérentes à son existence autant qu'à son objet. L'observation révèle ainsi un intérêt social institutionnel, tendant, toute autre préoccupation exclue, au fonctionnement satisfaisant des organes" (J. Schapira, "L'intérêt social et le fonctionnement de la société anonyme", *Revue Trimestrielle de Droit Commercial*, 1971, p. 961).

34. *Moderna Sociedade Anônima e a Propriedade Privada*, São Paulo, Nova Cultural, 1987, 335 pp.

35. Cf. R. Contin, *Le Contrôle de la Gestion*, cit., p. 494.

36. Rubens Requião, "A função social da empresa no Estado de Direito", *Revista da Faculdade de Direito da Universidade Federal do Paraná* 19/270, 1978-1980.

37. "Função social da propriedade dos bens de produção", *RDM* 63/71-74, jul.-set. 1986.

das empresas estatais essa noção também atribui vínculo específico à atividade empresarial particular.[38] *No estado liberal a ordem jurídica é vaga ou alheia aos fins determináveis. O Direito limita-se a fixar regras mínimas, sem conceder privilégios a qualquer dos envolvidos, considerando-os iguais. A grande transformação se realizou quando foram tidos como legítimas a organização estatal e a construção da ordem jurídica em função dos objetivos sociais.*[39]

Ao reconhecer a função social da propriedade, "a Constituição não negou a propriedade exclusiva do dono sobre a coisa, mas exige que a sua utilização atenda à coletividade".[40] Como todo poder é fruto de uma situação social, a Constituição consagra a propriedade como algo que não é absoluto. *A noção de função social é o dever de dar ao objeto da propriedade destinação própria ou de ajustá-lo a certo fim. Quando se está diante de um interesse coletivo, essa função social corresponde ao poder-dever do proprietário, controlado pela ordem jurídica.*[41]

O planejamento qualifica a intervenção do Estado sobre e no fator econômico na medida em que essa, quando necessária para o seu prévio exercício, resulte mais racional.[42] Fábio Konder Comparato, no seu magistério brilhante, já afirmava que *os deveres sociais dos controladores das empresas, estabelecido em tese por algumas normas, somente poderão ser desempenhados com clareza e cobrados com efetividade quando os objetivos sociais a serem atingidos forem impostos no quadro de uma planificação vinculante para o Estado e diretiva da atividade econômica particular.*[43]

V — A socialização na administração das companhias

O art. 7º da Constituição de 1988 estabelece uma série de garantias para o trabalhador. O art. 7º, XI, determina que *é direito do trabalhador participar nos lucros ou resultados, desvinculados da remuneração e, excepcionalmente, a participação na gestão da empresa.*

A Constituição não reflete a realidade empresarial brasileira ao estabelecer o número mínimo de duzentos empregados. A função do representante também é bastante limitada, tanto que o texto Constitucional expressamente determina competir-lhe a promoção de *entendimento* com os controladores. O trabalhador não terá meios de realizar a fiscalização, ou tampouco exercer o controle. Apenas dispensa-lhe uma atuação formal, despida de resultados eficazes. O trabalhador continua alheio à administração, e o termo "entendimento" é profundamente prolixo, e deixa claro que a representação somente terá lugar nos momentos de crise.

Outro aspecto que merece análise é a forma de atuação empresarial. Com a produção em massa a empresa atingiu um patamar de responsabilidade sobre os caminhos da coletividade muito semelhante ao estatal. Não podem existir diferenças fundamentais sobre a finalidade social do setor privado e estatal. Todos são responsáveis pela promoção de uma sociedade na qual os bens de produção atendam objetivamente aos reclamos sociais. A socialização não deve ser confundida com os processos de estatização do setor produtivo e o favorecimento da acumulação de riqueza pela elite econômica que, posteriormente, recebe o patrimônio estatal na privatização.

38. Eros Roberto Grau, *A Ordem Econômica na Constituição de 1988*, São Paulo, Malheiros Editores, 1997, p. 249.

39. Fábio Konder Comparato, "A reforma da empresa", cit., p. 59.

40. Manoel Gonçalves Ferreira Filho, *Curso de Direito Constitucional*, São Paulo, Saraiva, 1997, p. 353.

41. Fábio Konder Comparato, "Função social da propriedade...", cit., p. 75.

42. Eros Roberto Grau, *A Ordem Econômica...*, cit., p. 159.

43. "Função social da propriedade...", cit., p. 79.

Deve-se enfatizar a diferença circunstancial na qual embora o capitalismo reclame a estatização assim o faz em virtude na sua própria renovação. *A estatização não configura a realização da socialização e, pelo contrário, o exercício do Estado na função de acumulação de capitais promove a renovação do capitalismo.*[44]

Com a importância da atividade empresarial e do interesse da empresa, a disciplina constitucional deveria ser realizada por norma enfática, traçando o relacionamento empresarial com os diversos setores. Reflexo dessa sistematização estaria no surgimento de legislação que estabelecesse os níveis de relacionamento entre as empresas e o Estado, com repercussão nas questões tributárias — alterando a competência legislativa federal. O sistema jurídico postula essa regulamentação e cabe à legislação constitucional disciplinar o *controle do poder de controle dos bens de produção* como a nova noção de propriedade.[45]

O controle é algo que não pode ser apropriado. Ele deveria pertencer à empresa. O sobrevalor da ação de controle deveria permanecer com a empresa e, no caso de venda, os acionistas controladores receberiam apenas a variação da cotação das suas ações como qualquer outro acionista. Seria ilógico que os acionistas controladores, mediante ocupação, se apropriassem de um valor que de antemão já não lhes pertencia. Essa característica do valor pertencer à empresa promoveria a realização de uma administração empresarial mais equânime com a realidade.

Rubens Requião compara o controle com o aviamento para justificar o fundamento da apropriação do controle por ocupação. Assim, observando a tradição, e em analogia com outros bens da mesma categoria imaterial, afirma que o controle acionário é um bem apropriável, *segundo os cânones do direito natural.*[46] Por mais que essa solução tenha vencido na prática societária, ela é claramente contrária ao interesse da empresa. Ela mantém o cânone da propriedade como algo absoluto. A defesa do seu fundamento natural fomenta a desequilíbrio societário. É bom notar que a empresa não alcança elevado nível de crescimento apenas pela atuação dos sócios. Priva-se, conforme a doutrina dominante, a distribuição eqüitativa de um valor que pertence à empresa, prejudicando os trabalhadores e os acionistas minoritários e debenturistas. Essa situação poderia ocorrer no caso de alienação do controle de instituição financeira em dificuldades econômicas nas quais a carta patente possui um valor elevado. Se o mercado é deixado livre dentro da sua legalidade intrínseca, ele leva em consideração somente o objeto e esquece-se da pessoa.[47] É preciso insistir pela reformulação da administração societária e a sua socialização seria o corolário desse sistema.

VI — Dissociação entre controle e propriedade — Personalidade jurídica como técnica organizacional — Bem comum e função da empresa

Caracterizando a resultante clássica entre limitação ética, institucionalização, fins sociais e a socialização, a dissociação controle-propriedade ultrapassa os limites da sociedade e do próprio controlador. O administrador exerce sua atividade no interesse da companhia, observando um poder próprio. Seus poderes de deliberação, de gestão e representação são exercidos na proteção da função social da empresa.[48] A mudança de perspectiva é completa. A empresa como fonte produtiva assume a função primordial na realização e na consecu-

44. Eros Roberto Grau, *A Ordem Econômica...*, cit., p. 340.
45. Idem, *A Ordem Econômica...*, pp. 340-341.
46. Rubens Requião, "O controle e a proteção dos acionistas", *RDM* 15-16/31, XIII, 1974.
47. Max Weber, *Economia e Sociedade*, v. 1, Brasília, Ed. UnB, 1994, p. 420.
48. Modesto Carvalhosa, *Comentários à Lei...*, cit., v. 3, pp. 23-24.

ção não apenas do seu objeto social ou da vontade dos acionistas.

Esse é o fenômeno fundamental que predomina sobre a consideração da personalidade jurídica como entidade distinta dos seus componentes.[49] Quando a atividade empresarial assumiu o comando das relações coletivas imediatamente ela recebe em contrapartida a responsabilidade pelo desenvolvimento do próprio organismo que ela coordena. Do contrário, seria um processo econômico calcado na diluição de responsabilização.

A dissociação entre empresa e empresário é uma das conseqüências da personalidade jurídica como técnica organizacional. Com a crescente separação das funções administrativas, cada setor da empresa representa uma parcela do poder, possuindo comandos normativos específicos. Quando os órgãos da empresa se movimentam, não é o seu controlador que ordena, mas eles atuam conforme as necessidades e obrigações decorrentes. Por mais que o controlador queira ser o senhor único do comando dentro da empresa, fica em aberto certa discricionariedade aos órgãos sociais, quanto mais nas grandes sociedades.

Cabe ao controlador estabelecer as deliberações gerais para as companhias. O poder muitas vezes está nos diretores, que sabem das condições de mercado, e não se limitam a assessorar as decisões do controlador. Eles, na verdade, dizem o que deve ser feito. Essa situação não foi determinada pelo art. 116, *b*, da Lei n. 6.404/1976. O texto normativo determina que é controlador aquele que *possui direitos de sócio e utiliza efetivamente seu poder para dirigir as atividades sociais e orientar o funcionamento dos órgãos da companhia*.

A prática empresarial do controle externo e gerencial mostrou-se contra o texto normativo. Na verdade, é comum que os diretores escolham os caminhos sociais a serem seguidos pela empresa, restando ao controlador apenas sua homologação em Assembléia. A busca por mercados, como exportação e importação, compra de equipamentos de alta tecnologia e investimentos nas Bolsas de Valores, se resolve por tecnocratas que se arvoraram sobre o comando empresarial. Isso não é ficção. Situações corriqueiras acontecem e comprovam a existência de um poder concorrente ao do controlador, o qual acaba ficando sem o comando da administração.

O comandante da empresa não pode fazer face à multiplicidade das suas obrigações. Ele deve se proteger de colaboradores, aos quais confiará seu poder. *Sob esse ponto de vista, a distinção das funções da administração e direção técnica podem ser consideradas como a resultante da organização da grande empresa.*[50]

As organizações empresariais cada vez mais tendem ao aumento da especificidade das atribuições da diretoria. O fato importante que surge dessa situação está em questionar como surge uma vontade social única dentro dos conglomerados, diante da diversidade de setores administrativos. O esquema de poder dentro das companhias retoma o feudalismo. É a hierarquia rígida que determina a sorte da empresa. O poder dentro de cada diretoria é limitado por um chefe que sabe qual a solução que mais agrada à empresa. Cada setor deve agir da maneira que seja mais proveitosa para a empresa. O risco e a distribuição dos recursos dentro dos órgãos determinarão a forma de atuação, como para os sistemas de publicidade.

O art. 154 é enfático. O administrador deve exercer suas atribuições para realizar os fins e interesses da companhia, satisfazer o bem público e a sua função social. A intenção da Lei n. 6.404/1976 ficou bem determinada, quando no art. 156 estabelece que as normas referentes aos deveres e responsabilidades serão aplicadas aos membros de quaisquer órgãos, criados pelo es-

49. Fábio Konder Comparato, *O Poder de Controle*, cit., p. 285.

50. Claude Champaud, *Le Pouvoir de Concentration...*, cit., p. 89.

tatuto, com *funções técnicas ou destinadas a aconselhar os administradores.*

O legislador deixou bem claro que todo aquele que participa dos comandos administrativos deverá observar as regras éticas de conduta. A Assembléia Geral seria o lugar para que todos os segmentos sociais se reunissem e apresentassem suas razões. As decisões da diretoria e dos órgãos técnicos ganharam destaque e "autonomia". Eles comandam a sociedade controlando seus negócios. O poder de controle não está somente na posse de direito de sócio. Está também no controle gerencial.

A dissociação empresa e empresário, consagrando a teoria institucional, revela essa situação típica do elevado nível de desenvolvimento capitalista e financeiro, repercutindo no moderno direito falimentar com a dissociação entre a sorte do empresário e da empresa. O sócio controlador pode ser destituído, mantendo-se a atividade da empresa. Fala-se, modernamente, em administrador judicial e plano de reorganização. Todos enfatizam o aspecto técnico da administração, com a sua revisão dentro do processo concursal.

A Constituição Federal determina que a propriedade atenderá sua função social. No art. 170, está previsto que a ordem econômica, fundada na valorização do trabalho humano e na *livre iniciativa*, tem por objetivo assegurar existência digna, conforme os ditames da justiça social. Entre os seus princípios estão: a soberania, propriedade privada, função social da propriedade e livre concorrência.

Conforme a doutrina, a Lei n. 6.404/1976 seguiu a teoria institucional da empresa em razão dos limites dualistas existentes entre a minoria e as prerrogativas do controlador, como as reservas financeiras, porém, o que diferencia mesmo as legislações, é a presença de órgãos de controle da gestão e principalmente a composição deste órgão. Fábio Konder Comparato já defendia a existência de estatuto jurídico específico da macroempresa que possuísse a natureza institucional e não contratual. *Isso permitiria equacionar dentro de um esquema racional os diversos segmentos que convergem na grande empresa capitalista: o do empresário, investidor, trabalhadores e coletividade, todos representados no Conselho de Administração.*[51]

O Conselho de Administração na Lei n. 6.404/1976 mantém a representação apenas dos acionistas. Para os minoritários relega-se a possibilidade do voto múltiplo. Suas funções principais são: fixar a orientação geral da companhia, eleger e destituir diretores, fiscalizar a gestão, examinar os livros e títulos da companhia, solicitar informações sobre contratos celebrados e por celebrar, convocar a Assembléia, manifestar-se previamente sobre atos ou contratos quando o estatuto assim o exigir, autorizar a alienação de bens do ativo permanente e a constituição de ônus reais e garantias às obrigações de terceiros, contratar auditorias.

O que não pode continuar é o controlador como senhor único das deliberações sociais, porque, mantendo o atual esquema de poder, existirá uma noção parcial do conceito de empresa que não se ajusta ao critério institucional. É imperiosa a reforma da legislação, o que deve repercutir sobre a prática da atividade empresarial. Quem trabalha na empresa ou compra os produtos por ela produzidos também deve ter informações sobre a administração, recebendo explicações sobre o andamento dos negócios, situação dos preços, perspectivas de investimentos, movimentos grevistas, automação, interferência no meio ambiente, poluição, auxiliando os órgãos estatais de controle.[52] A responsabilidade coletiva que a atividade empresarial pos-

51. *Aspectos*..., cit., pp. 88-89.

52. Essas medidas são usuais em alguns países, como Alemanha e Suécia, quando as pessoas participam de organizações civis de proteção do meio ambiente, sobre atividades nucleares, sindicatos, possibilidades de novos empregos, centros de colocação profissional, investimentos em saúde, fundos particulares para pesquisa científica etc.

sui na sociedade é imensa. O mundo jurídico vem há muito tempo tentando dar uma solução tradicional aos efeitos provocados pela atuação das empresas na coletividade. Quando a Constituição fez essa opção legislativa ela encerrou uma série de preceitos que poderiam constar do seu texto, servindo como norma enfática sobre o controle das empresas e não com dualismo inaceitável entre público e privado, como se fossem esferas diversas e com fins diversos.

O controle será abusivo quando orientar a companhia para fim estranho ao objeto social ou favorecer outra companhia, em prejuízo dos acionistas minoritários; promover a liquidação de companhia próspera ou a transformação, incorporação, fusão ou cisão da companhia, com o fim de obter para si ou para outrem vantagem indevida, em prejuízo dos demais acionistas, dos trabalhadores e do mercado; contrariar a vontade da empresa; eleger administrador ou conselheiro inapto para o cargo; induzir ou tentar induzir administrador ou conselheiro fiscal a praticar ato ilegal; contratar com a companhia diretamente ou através de terceiro em condições de favorecimento ou não eqüitativas; aprovar contas irregulares; subscrever ações para aumento de capital com bens estranhos ao objeto social.

O Conselho de Administração precisa cumprir fielmente a função de fiscalização e controle que, frise-se, é prevista no ar. 142, III-VIII. Cabe ao Conselho de Administração fiscalizar a gestão dos diretores, examinar livros e títulos da companhia, solicitar informações sobre contratos celebrados e por celebrar; manifestar-se sobre o relatório da administração e as contas da companhia; deliberar sobre emissão de ações ou bônus de subscrição; autorizar a alienação de bens do ativo permanente e onerar a sociedade.

O Conselho Fiscal deve realizar plenamente a importante função que a Lei lhe determinou. Sobre esse órgão da sociedade, a não ser a participação majoritária do controlador, há disciplinação eficiente, atribuindo uma série de poderes-funções ao conselheiro. Um dos aspectos problemáticos do Conselho Fiscal deriva da noção jurídica da matéria que, salvo o posicionamento do Prof. Waldirio Bulgarelli e de Cunha Peixoto que o entendem como órgão social de atribuições individuais, se consideram de natureza colegial e majoritária as deliberações do Conselho Fiscal. Se for sufragada a posição doutrinária do Prof. Waldirio Bulgarelli sobre a atuação individual do conselheiro fiscal, a funcionalidade do Conselho Fiscal seria muito mais proveitosa para a sociedade, representando meio de controle sobre o controlador.

O administrador deve cumprir suas funções na defesa do interesse da companhia, satisfazendo as exigências comuns e a função social da empresa. Ao administrador é proibido realizar qualquer ato que conflitante com o interesse da companhia. Esse é um dever clássico dos administradores. Proposta que pode ser lançada neste momento é a inclusão de novo órgão social nas companhias, que seria composto de representantes dos trabalhadores, dos controladores, minoritários e coletividade.

O Conselho de Administração teria somente a função de fixar a orientação geral dos negócios da companhia, podendo eleger e destituir diretores, mantendo a disciplinação do art. 142, I-II, e sua composição. O órgão encarregado da fiscalização poderia ser denominado de Conselho da Empresa. Sua função seria semelhante ao *conseil de surveillance* francês e ao da Alemanha, e pode existir Comitê ligado diretamente ao Conselho, como o dos trabalhadores.

Na França, o Conselho de Fiscalização exerce o controle permanente da gestão realizada pela diretoria. Os estatutos podem subordinar à autorização do Conselho a conclusão de negócios comerciais específicos. Em qualquer época do exercício social o Conselho de Fiscalização deve realizar a verificação e o controle que julgue necessário e oportuno, requisitando os documentos para o cumprimento da sua função. Ademais, a cada trimestre a diretoria deve apresentar relatório ao Conselho.

O Conselho de Fiscalização deve deliberar por maioria dos membros presentes. O estatuto pode determinar maioria absoluta para decisões que envolvam matérias determinadas sobre aspectos importantes da administração. O Conselho da Empresa não interferiria diretamente na gestão. Ela realizaria o controle *a posteriori* da administração. Caberia à diretoria informá-lo sempre dos problemas de funcionamento e rentabilidade da empresa, o desenvolvimento e total dos negócios realizados. O Conselho Fiscal deve manter sua função atual, e deveria atuar ao lado do Conselho da Empresa, fornecendo todas as informações importantes sobre a gestão e a regularidade das contas. É vedada a participação conjunta como membro do Conselho da Empresa e da Diretoria. O representante dos trabalhadores possuirá estabilidade contra dispensa. Essa função não se confunde com o processo de co-gestão clássica.

O Conselho da Empresa deve ter poderes e competências próprias, que lhe garantam autonomia diante dos acionistas e mesmo dos empregados. Seus integrantes devem verificar a administração da empresa como ente social que possui vontade e deveres sociais precisos. Na reforma dever-se-ia seguir o esquema traçado pelo Prof. Fábio Konder Comparato. Um dos pontos que o referido jurista comenta está na dificuldade da equiparação dos representantes dos trabalhadores e dos investidores dentro do Conselho de Administração. No Conselho da Empresa precisam estar previstos poderes próprios a determinada categoria de representantes, conforme sua ligação imediata com os diversos setores da empresa. Com efeito, a distribuição de poder dentro do Conselho da Empresa deve ter metodologia que permita a cada setor representado manifestar sua vontade, sem que isso ocasione dificuldade estrutural de funcionamento, permitindo a obtenção de solução razoável para o caso. A conseqüência lógica da atuação do Conselho da Empresa é a limitação ao poder do controlador dentro da Assembléia Geral. As manifestações do Conselho devem ser observadas quando da realização da Assembléia, exigindo maioria absoluta (3/4) para reformá-las. Com isso, se estabelece um sistema de equilíbrio dentro da entidade social, sopesando os segmentos que o integram.

A diretoria será fiscalizada quanto ao mérito das suas decisões, o que terá especial destaque nas grandes empresas sob controle gerencial. No caso das companhias controladas a função do Conselho da Empresa é primordial. Seria esse órgão que poderia detectar com facilidade os caminhos administrativos que estão sendo colocados pelo controlador, inclusive para responsabilizá-lo. A Lei n. 6.404/1976 estabelece uma série de mecanismos de controle sobre o controlador. Pela falta de órgão específico de fiscalização fica fácil para o controlador realizar a sua política administrativa e se livrar das responsabilidades. A presença de órgão próprio, diverso do Conselho de Administração, seria a melhor forma para a determinação dos agentes administrativos e da sua responsabilização por atos praticados contra a empresa.

Sistema que poderia servir de paradigma é o já antigo Projeto de lei da Sociedade Anônima Européia. Dentre os vários modelos, destaca-se o Projeto de 1970, com a disciplinação do *comité européen d'entreprise* (arts. 100 e ss.) que trata da representação dos empregados. Na justificação do Projeto, a Comissão das Comunidades Européias afirmava que "os Estados membros da Comunidade estão certos da convicção que convém dar aos empregados da empresa a possibilidade de defender em comum os *seus interesses* dentro da empresa e de participar de algumas decisões", permitindo, também, representantes dos trabalhadores dentro do *conseil de surveillance*.[53]

53. Sobre este Projeto, Fábio Konder Comparato, "Sociedade anônima européia", *RDM* 3/97-210, X, 1971.

O Projeto de 1970 é muito significativo porque ele foi realizado sob a influência das legislações francesa de 1966 e da Alemanha de 1965. Por isso, o Projeto possui a conotação social e de fiscalização da administração. No comitê europeu de empresa a participação dos empregados é colocada como órgão da empresa, observando o sistema alemão, que foi consagrado em 1976.[54] A sociedade por ações não deve ser vista apenas como máquina de coletar capitais mas, também, de distribuição desse mesmo capital como renda e valorização do trabalho comum. A elaboração da noção da empresa é fruto e conseqüência da vivência empresarial, dos reclamos justos e necessários da coletividade, vendo na empresa uma entidade não só econômica mas, acima de tudo, jurídica e social, como uma verdadeira constelação de interesses.

54. O sistema de representação dos empregados já era disciplinado na Europa, destacando-se: na Alemanha a *Betriebsräte* de 1952; Bélgica o *conseil d'entreprise* de 1948; França *comité d'entreprise* de 1945; Itália as *commissioni interne d'azienda*, que foram sendo aprimorados posteriormente.

PROJETO DE LEI DE FALÊNCIAS E A REALIDADE BRASILEIRA

JOSÉ ANCHIETA DA SILVA

I. Preâmbulo. II. A tendência legal nova: do individual ao coletivo. III. A Lei de Falências e a construção pretoriana. IV. A concordata preventiva e seu esgotado modelo atual: sua inutilidade. V. O projeto em análise — Seus avanços e algumas críticas: V.1 Sobre as disposições preliminares; V.2 Sobre as disposições comuns à recuperação judicial e à falência; V.3 Sobre a recuperação judicial; V.4 Sobre a recuperação extrajudicial; V.5 Sobre a convolação da recuperação judicial em falência; V.6 Sobre a falência; V.7 Sobre a falência das microempresas e empresas de pequeno porte; V.8 Sobre o procedimento penal. VI. A adequação do Código Tributário Nacional. Notícia. VII. Conclusão.

I. Preâmbulo

A título de reflexão preambular, acreditamos, sem qualquer novidade, que a prioridade que tardiamente se pretende dar no Congresso Nacional ao projeto de lei, objeto deste breve estudo, atende ao binômio da "oportunidade" somada à "necessidade" urgente de um novo estatuto legal, em matéria de falência ou de direito concursal. Esta necessidade e esta oportunidade têm assentamento múltiplo seja em face do anacronismo da lei vigente, seja em face do vazio da doutrina, seja ainda em face do vacilo permanente e nada uniforme da jurisprudência sobre falência, sobre concordata e sobre temas afins.

Desnecessárias maiores perquirições, para demonstrar a extraordinária mudança daquele Brasil da metade do século XX, em relação ao Brasil em que se vive neste pórtico de século novo. Basta voltar os olhos pelo retrovisor para reconhecer as mudanças profundas ocorridas em todos os campos da atividade humana, conferindo-se, em estudo comparativo, que não vivemos mais no Brasil de Getúlio Vargas. Não temos mais os Barões do Café. A contabilidade não mais é feita por guarda-livros. A atividade comercial, fundada no "ato de comércio", não mais pode ser bipartida entre os comerciantes de atacado e os comerciantes de varejo, ou, no jargão da época, venda a grosso e venda a retalho. A atividade comercial não mais aguarda pela chegada do carteiro para o acertamento do negócio.

Em escala internacional, não se vive mais sob a ameaça daquela guerra fria que antagonizava os dois mundos: o capitalista e o comunista. Não existe mais o muro de Berlim. O Brasil mudou. O mundo mudou.

O tradicional Direito Comercial Brasileiro que nasceu regulado, após os precários e pontuais regulamentos do império, pelo Código Comercial de Dom Pedro II, em 1850, tratando de locação de escravos, de navio a velas e de trapiches e trapicheiros, veio sendo substituído por moderna legislação extravagante, de maneira tão volumosa que recentemente, quando o Código Civil do Professor Miguel Reale dele revogou significativa parte, nada mais se praticou senão um simples *réquiem*, promovendo-lhe um "descanse em paz". De se reconhecer, evidentemente, em relação do Código Comercial, os seus preciosos serviços prestados ao Brasil e de se lhe reservar lugar de honra e de destaque nas estantes do fundo, como inegável obra de valor histórico inclusive.

Aquele Brasil rural recebeu investimentos industriais de relevo, principalmente no campo da indústria do aço, do automóvel, da energia elétrica e mais recentemente da comunicação. O desenvolvimento de uma indústria baseada na energia elétrica e no petróleo mudou inteiramente a face do Brasil, seguindo-se modificação estrutural em todo o comércio de dinheiro e de valores mobiliários. Afinal, além do mercado de frutas, de legumes e de verduras em geral, passamos a conviver com outros tipos de mercados complexos: o financeiro e o de capitais.

II. A tendência legal nova: do individual ao coletivo

Em face de tantas modificações e em face de um crescimento demográfico também acentuado, no surgimento de um Brasil cada vez mais repleto de grandes conglomerados industriais e comerciais, ensejando o aparecimento de metrópoles e de regiões metropolitanas, a legislação passou a ocupar-se de interesses cada vez mais coletivos, afastando-se de uma dedicação, até então acentuada, que se verificava, sobretudo, na primeira metade do século XX, ao individuo isoladamente, em detrimento até de interesses coletivos ou comunitários. Os exemplos mais à mão de tais constatações aparecem na legislação ambiental, no Código do Consumidor e no novo Código Civil.

O legislador, seguindo tendência mundial, passou a preocupar-se com a qualidade de vida; com a proteção dos mananciais, do ambiente em que vive o ser humano; com as relações de consumo, ganhando terreno a dita proteção dos interesses chamados difusos.[1]

Foi neste cenário que passou a ser indispensável o considerar a figura dos agentes da produção, em substituição daquela figura do comerciante com os considerados "atos de comércio", reconhecendo-se ao empresário, pessoa natural e às sociedades empresárias a sua verdadeira importância no contexto social.

A nova ordem está a pôr e a ver as coisas a partir do coletivo para o individual.

Tornou-se, então, imperativo modificar o conceito das relações jurídicas existentes entre o dono do negócio (ou titular da atividade) e os seus parceiros, para analisar-se, a partir de um escopo mais amplo, todo um conjunto de relações, com todos os seus reflexos econômicos e sociais, sopesando-se os interesses da comunidade.

O mundo do indivíduo não desapareceu. O ser humano não deixou de ser uma esfera jurídica. A partir, entrementes, dessa visão nova reclamada pelo Direito, passou a ser fundamental o considerar as suas relações individuais relacionando-as com o contexto comunitário, maior e mais abrangente.[2]

III. A Lei de Falências e a construção pretoriana

Com esta realidade nova, tornando-se superada a legislação individualista do Código Civil de Clóvis Bevilaqua, diferentemente não se deu com a legislação falimentar. Aliás, o Decreto-lei 7.661, de *21.6.1945* — a atual Lei de Falências —

1. Interesse difuso que, na expressão de Maria Sylvia Zanella Di Pietro, compreende aquele *pertinente a um grupo de pessoas caracterizadas pela indeterminação e indivisibilidade* (*Direito Administrativo*, 13ª ed., Atlas, 2001, p. 652).

2. Miguel Reale, "O novo Código Civil brasileiro", *Revista da Academia Paulista de Magistrados* 1, São Paulo, 2001.

tendo em vista o cosmopolitismo e a agilidade próprios do Direito Mercantil, só veio a resistir por mais de cinco décadas, em face da extraordinária contribuição dos tribunais, em trabalho diuturno de construção pretoriana, digno de nota, não obstante nada uniforme.

Deve-se a este trabalho de construção jurisprudencial, auxiliado por também volumoso esforço despendido por doutrinadores, o retardamento de um trabalho legislativo mais fecundo e que se deu a partir do ano de 1993, resultando no Projeto que será objeto de nossas considerações.

Pessoalmente, e censurando os saudosistas por antecipação, não levo em consideração afirmativas tais como a de que a Lei atualmente em vigor estaria dentre nós consolidada. Este argumento é muito bom apenas para servir de biombo àqueles que têm medo do novo. Não é o nosso caso. A legislação anterior não se consolidou na medida em que os institutos nela regulados não atenderam à finalidade social alguma. A falência tal como ali regulada é apenas meio violento de cobrança, para surpreender comerciante incauto ou desprevenido. A concordata preventiva perdeu completamente sua utilidade, já que cinge-se a credores quirografários, não conferindo ao concordatário prerrogativa alguma. Noutro ponto, a concordata suspensiva — ave cada vez mais rara que os ambientalistas do processo sequer perceberam o risco de sua extinção — não pode fazer milagre, exatamente porque não há como ressuscitar a ninguém, depois de assaltadas as suas vísceras úteis e de esquartejada a sua dignidade de agente de produção.[3]

Pelo sistema atual o que se presencia é o exercício de uma ação violenta, que dissipa o patrimônio do devedor; penaliza os credores que, com raríssimas exceções, conseguem receber os seus créditos, e ainda beneficia figuras que encontram no bojo do processo falimentar, mas longe do magistrado, ambiente próprio para se moverem na penumbra, entre o crime e a contravenção, utilizando-se da debilidade do sistema para atender a propósitos secundários, às vezes inconfessáveis. Trata-se de operações próprias de guabirús[4] e de aves de rapina, realizadas nos desvãos da lei. É certo que Vitor Hugo, em sua consagrada obra *Os Miseráveis*, descreveria melhor algumas daquelas tramas.

O resultado disso é que se criou um cenário onde a lei não cumpre a sua função; da falência, como instrumento legal, restou apenas o estigma que crava nos seus alcançados, transformados em mortos vivos.

À parte discursos desprovidos de sinceridade, não há como não reconhecer que estávamos a necessitar de um ordenamento positivo novo para o nosso Direito Falimentar.

Não será difícil constatar que, em se tratando de falência pura, aquela correspondente à eliminação do agente da produção, em face da absoluta impossibilidade de resgatar-lhe a atividade, não pode e nem precisa ser um processo longo ou complexo. Afinal, a falência corresponde, basicamente, em arrecadar os bens ativos para resgatar, nos limites de suas forças e observadas todas as prelações legais, a massa passiva: os credores.

Quanto à concordata, no entanto, ou qualquer nome que se lhe dê, há necessidade de se estabelecer regras mais contemplativas; com interferência mesmo sobre os interesses em conflito. Foi nesta parte, que a legislação ainda vigente falhou e vem deixando órfãos todos os agentes da produção que, a despeito de viáveis os seus negócios, não encontram na lei o apoio capaz de propiciar-lhes o soerguimento, o salvamento da atividade e do negócio mui-

3. "O purgatório do devedor comerciante", deste Autor, *Diário do Comércio*, Belo Horizonte-MG, edição do dia 25.5.1998.

4. "Guabirús", espécie de rato grande, ratazana, segundo o "Caldas Aulete" (verbete) que passou a ser usado para descrever os seres humanos ditos "excluídos"; diz-se dos que vivem ou sobrevivem dos lixões dos centros urbanos.

to mais no interesse coletivo e social do que no individual.

IV. A concordata preventiva e seu esgotado modelo atual: sua inutilidade

É nosso propósito analisar o projeto diante da realidade brasileira. Entretanto, antes de enfrentá-lo, parece-nos razoável peregrinar por sobre as ruínas que ficarão do sistema atual, para demonstrar inclusive que, no futuro, dele não restará nem saudade.

Analisando os inconvenientes do processo de concordata preventiva do modelo atual tradicional, pudemos nele verificar dez desvantagens que o desrecomendam e não, dez vantagens que o pudessem justificar.

Em primeiro lugar, certamente que distanciado daquilo que era desejo do legislador de 1945, a concordata preventiva se tornou algo definitivamente estigmatizante. Por mais que se queira analisar a questão despida de preconceitos, o concordatário é visto no meio em que atua, debaixo de um inaceitável estigma, o que traz como conseqüência natural, uma retração no seu negócio. Vários são os exemplos a confirmar essa conclusão, dentre eles devem ser citadas as limitações enfrentadas nos processos licitatórios,[5] as malfazejas anotações nos vários cadastros setoriais, dos quais os Cadins e os Serasas são os exemplos mais conhecidos.

Em escala comercial, tais anotações correspondem às inscrições que mantinha a Igreja Católica, por volta da Idade Média, em relação às doutrinas que não queria difundidas dentre seus fiéis, criando-se o então chamado *Index Librorum Proibitorum*.

Em segundo lugar, na lei atual tem-se que a concordata só obriga os chamados credores quirografários. Este é o universo de seu alcance. Credores quirografários são os assim considerados credores comuns, aqueles despidos ou destituídos de quaisquer garantias. De um modo geral se encontram na conta dos fornecedores. Ocorre, no entanto, que não têm sido estes os credores que propriamente atazanam a vida do devedor comerciante, até porque o fornecedor, geralmente, é também empresário sujeito aos mesmos padecimentos do empresário concordatário.

Em terceiro lugar, de acordo com a cinqüentenária lei, vem o prazo e a forma de pagamento que também não conferem com as técnicas modernas de compor passivos. A lei estabelece como prazo máximo para o resgate ou para o pagamento aos credores quirografários o limite de dois anos. Quanto à forma de pagamento, não obstante certo escalonamento com algum desconto admitido em lei, que só funciona em se contando com o *placet* dos credores e do magistrado, em regra exige-se o pagamento de cem por cento da dívida quirografária, sendo quarenta por cento ao término dos primeiros doze meses e os restantes sessenta por cento ao término dos vinte e quatro meses, contados da data da impetração do pedido, corrigidos. Já restou mais do que comprovado que este prazo não atende à necessidade de reorganização do devedor concordatário. É seguro que quem deveria ditar os prazos, haveria de ser um "plano" e não a lei. Aí o sentido técnico da verdadeira concordata. E note-se bem: a concordata sequer cogita de dilação de prazo para cumprimento de quaisquer outras obrigações. Aí a sua inutilidade mais à mostra.

Em quarto lugar, na concordata preventiva se apresenta a figura do chamado comissário que, por lei, o juiz da concordata tem que nomear para funcionar como seu olheiro durante a concordata. Este comissário, por sua vez, deve indicar o nome de um perito contador para proceder à verificação da qualidade da contabilidade do concordatário. A conta de ambos quem paga é o concordatário. Esta dupla pode

5. Confira-se na Lei de Licitações (Lei 8.666, de 21.6.1993), o conteúdo de seu art. 31, II.

recomendar ao juiz que se convole a concordata em falência. Neste caso eles se transformam em agentes da eutanásia. A seu turno, o universo de observação desse comissário não diz respeito apenas ao universo dos credores quirografários, aqueles submetidos à concordata. Logo, trata-se de ônus excessivo para um resultado prévia e sabidamente pífio. E nem se cogitará dos tristes casos em que comissários desonestos, ainda transformam o purgatório do devedor em inferno dantesco, quando esses, por deformação de caráter, se tornam agentes da extorsão contra os espoliados concordatários. Evitando-se a concordata preventiva que oferece tão pouco, evitar-se-á a convivência com esse dito "fiscal" do juiz.

Em quinto lugar, atualmente, à desvantagem consignada no tópico anterior, aparece ainda o agente do Ministério Público que, funcionando nos feitos judiciais da concordata, dá parecer e, portanto, palpita em todos os passos e passadas do processo. Também ele pode vir a ser o anjo da eutanásia, requerendo ao juiz a rescisão da concordata com a conseqüente decretação da falência. O comerciante comum, mesmo no enfrentamento de processos singulares, não está sujeito, ordinariamente, à fiscalização deste órgão ministerial. Logo, a presença de mais este fiscal da lei é um ônus sem contrapartida razoável que a concordata preventiva possa oferecer.

A sexta desvantagem do modelo vigente reside no impedimento legal que recai sobre o concordatário, se se pretender alienar o estabelecimento ou sua *azienda*, segundo os italianos. Acrescente-se que "o estabelecimento", doutrinariamente tem sido admitido como "o negócio", mas, como negócio não possui uma definição clara e limitada, acabando o concordatário por enfrentar dificuldades até mesmo na alienação de quinquilharias. Concretamente, se a sorte não estiver ao lado do concordatário, dificuldades intransponíveis aparecerão. Desnecessário dizer que o empresário comum tem a mais ampla liberdade para comprar e vender todo o seu patrimônio livre, aí incluído o próprio negócio. Logo, também esta desvantagem deveria ser sopesada no momento de se requerer o referido "favor legal".[6]

Em sétimo lugar, de acordo com a lei vigente, aparece uma verdadeira crueldade, contida na exigência introduzida na lei, a obrigar o empresário que pretenda requerer sua concordata preventiva, a sua regularidade fiscal. Esta desvantagem deve ser analisada em conjunto com aquela na qual se demonstrou que a concordata preventiva só alcança os créditos de natureza quirografária. É seguro que aquele que não está conseguindo pagar em dia os credores considerados comuns, muito provavelmente também não estará conseguindo pagar em dia os seus tributos.[7] Aí a afirmativa de que a concordata preventiva perdeu-se como instituto de proteção ao devedor honesto. Tornou-se um instituto sem função.

Em oitavo lugar, atualmente, aparece a desvantagem que diz respeito e atinge diretamente a todos os coobrigados do devedor concordatário. Coobrigados, em bom português são os avalistas, os fiadores e todos aqueles que de alguma forma se obrigaram solidária ou subsidiariamente em torno dos compromissos assumidos pelo concordatário. Isto significa que, além de a concordata não alcançar os débitos bancários na sua quase totalidade, além de não alcançar também as obrigações de natureza fisco tributárias e as trabalhistas, também não alcança e não beneficia os fiadores e os avalistas. Contra estes, de costas

6. Favor legal é um eufemismo utilizado doutrinariamente para referir-se à concordata preventiva atual.

7. De se registrar que recentemente, duas iniciativas do governo federal tentaram mitigar difícil situação dos devedores de tributos federais. Trata-se do REFIS — Programa de Recuperação Fiscal que foi criado pela Medida Provisória 2.004-4, de *13.1.2000*; e o PAES — Programa Especial de Parcelamento do Débito Tributário e Previdenciário, também chamado de novo REFIS, editado pela Medida Provisória 107/2003, de *31.5.2003*. Ambos, no entanto, têm-se demonstrado insuficiente para solucionar a séria questão dos encargos tributários tendo em vista o tamanho da carga dentre outros motivos.

para os eventuais benefícios da concordata impetrada, o credor pode mover as ações judiciais que tiver direito. Sendo os sócios e os empresários, pessoas naturais — situação, por sinal, comum — seus familiares e amigos é que figuram como coobrigados. Assim, a concordata tradicional, ao invés de devolver o sono a quem dela necessitou, acaba por tirá-lo de todos aqueles indiretamente envolvidos.

Há, ainda, uma nona desvantagem no atual sistema. Diz o ditado que não é de boa prudência colocar todos os ovos num cesto só. É prudente ouvir este sábio ditado popular. A concordata da lei traz em seu colo a desvantagem considerável de o empresário permitir que a sorte ou o destino de seu negócio, muitas vezes uma vida inteira de labuta, seja concentrado num só processo, e, portanto, sujeitando-se a uma só cabeça, uma só sentença de um só juiz. Não se pretende com esta consideração suscitar qualquer conspiração contra o consagrado princípio da unicidade do juízo. Apenas se quer registrar que, diante de tantas desvantagens, não seria prudente assumir o caminho da concordata preventiva sem antes considerar devidamente todos esses inevitáveis percalços.

A décima desvantagem da concordata preventiva no sistema atual está no fato de que a concordata preventiva é rescindível a qualquer tempo, a juízo crítico, e de certa forma subjetivo do magistrado que preside o processo. Apenas para bem apreender esta consideração, observe-se que na execução comum, assim como na ação ordinária, assim como na ação de despejo, assim como na ação de busca e apreensão não pode o juiz convolar tais processos em falência. O argumento não pode ser desprezado.

A concordata preventiva atual, portanto, ao mesmo tempo em que compreende o benefício da moratória legal, pode também vir a ser a ante-sala da falência e, em não trazendo, benefícios reais a quem dela possa necessitar, melhor será que se analise a possibilidade de outros caminhos.

São estes outros caminhos que, alvissareiramente, o Projeto da nova lei de falências, concretamente, anuncia e sobre eles agora estaremos a dissertar.

V. O projeto em análise — Seus avanços e algumas críticas

Passamos a tratar do Projeto de Lei de Falências (PL 4.376/1993), que após mais de dez anos de tramitação, e após receber quase quinhentas emendas, encontra-se, acreditamos, em fase final de votação na Câmara dos Deputados tendo já retornado do Senado Federal.

V.1 Sobre as disposições preliminares

No capítulo primeiro, tratando das disposições preliminares, o Projeto elege os seus destinatários ao dizer a que veio: *esta lei institui e regula a recuperação judicial, a recuperação extrajudicial e a falência da sociedade empresária, da sociedade simples e do empresário.* O dispositivo, além de mencionar a atividade econômica organizada para a produção e a circulação de bens, inclui os *serviços* (art. 1º). A norma não deixa dúvidas quanto à inclusão das sociedades simples que não são sociedades empresárias, na medida em que registradas no Cartório de Registro de Pessoas Jurídicas e não nas Juntas Comerciais (art. 998 c/c art. 1.150 do Código Civil). Esta inovação merece ser destacada.

O Projeto exclui o agricultor titular de exploração rural de subsistência, não restando excluído, portanto, aquele que preferir o seu registro como empresário (Código Civil, art. 971). Dela se exclui ainda: a cooperativa, o artesão, o profissional e a sua sociedade de trabalho, a empresa pública e a de economia mista.

As instituições financeiras, cooperativas de crédito, consórcios, sociedades de previdência privada, operadoras de planos de saúde, seguradoras, sociedades de capitalização são objeto de leis específicas, as quais, certamente, a seu tempo também deverão ser pelo menos atualizadas (art. 2º).

O Projeto confere a unicidade do juízo falencial e da recuperação, dizendo-o indivisível e universal, exceção feita para as ações trabalhistas, com limitação destas em se tratando de execução de suas sentenças, nas causas fiscais e naquelas em que o devedor for autor ou litisconsorte ativo (art. 4º). Estas exceções que não correspondem a novidade não conspiram contra o princípio da unicidade do juízo falencial, apenas propicia que tais processos sejam, em primeiro lugar, decididos nos juízos próprios antes de aportarem na falência para compor a massa seja como direito, seja como obrigação, isto é, para compor a massa ativa ou a massa passiva.

Nesta parte e com relação à Justiça especializada do Trabalho, entendemos que a redação proposta poderia ser melhorada de modo a dizer com clareza que a Justiça do Trabalho, para efeito de execução de seu julgado, não haverá de ser juízo de execução. Se assim o fizessem os legisladores estariam a evitar que naquela justiça especializada se possa pensar e decidir diferentemente, em detrimento do juízo falencial, uno e universal, para os efeitos da quebra.

V.2 Sobre as disposições comuns à recuperação judicial e à falência

Há no art. 6º uma previsão de que as multas ambientais haverão de ser exigidas na recuperação judicial e na falência. De se considerar que as multas contratuais, as penas pecuniárias decorrentes de infração às leis penais e administrativas não são exigíveis. (§ 1º). De se considerar ainda que as multas dos créditos fiscais, só seriam exigidas após o pagamento dos créditos subordinados (art. 186, § 2º, do Código Tributário Nacional).

Não se justifica, pois, manter a exigibilidade excepcional da multa de caráter ambiental. Tal como redigida, a disposição penaliza a comunidade de credores e não o devedor, exatamente porque os destinatários das penas pecuniárias ambientais são organismos ou entidades do próprio Poder Público, o que não assegura a ninguém o uso dos recursos de tais penas na mitigação do mal causado.

A sorte da multa ambiental, a nosso sentir, deveria ser a mesma daquela referentemente às demais, isto é, sem direito a prelação alguma.

É seguro que do Código Civil foi retirado o art. 374 que admitia, de modo genérico e amplo, a compensação de créditos de natureza fiscal. Em matéria de compensação o art. 8º do Projeto está a assegurar que *compensam-se, com preferência sobre todos os demais credores, as dívidas do devedor vencidas até o dia do requerimento da recuperação judicial ou da falência, provenha o vencimento do deferimento da recuperação judicial ou da sentença de falência, de estipulação contratual ou da expiração do prazo do título, obedecidos os requisitos da legislação civil.* Esta disposição, diante, sobretudo, da revogação daquela norma expressa do Código Civil está a merecer um acréscimo que sugerimos, *...incluídos os de natureza fiscal.*

A ordem da classificação dos créditos no instituto novo da recuperação judicial será definida no plano de recuperação judicial aprovado (art. 9º). Aí a primeira das grandes novidades, já que não mais se há falar apenas em credores quirografários. Se o instituto vier a ser comparado com a nossa tradicional concordata, esta há de ser definida como uma espécie de concordata ampla.

A ordem da classificação dos créditos na falência, fazendo justiça aos créditos de natureza trabalhista ao mantê-los com as prelações das prelações, está a esquecer-se da etiologia histórica desta preferência. A prelação absoluta deste crédito tem origem no direito natural, eis que se trata de direito alimentar. Por esta razão, tal preferência deverá contemplar, a nosso aviso, apenas o salário do trabalhador; de se entender como tal o salário puro, devendo ser as demais rubricas classificadas como quirografárias. Nessa linha de pensamento estamos a sugerir que se acrescente ao inc. I do art. 11 a expressão, *como tal compreendido o salário puro.*[8]

A ordem da classificação dos créditos na falência, todavia, veio estabelecida no art. 11 e traz uma novidade de extraordinário relevo, qual seja: a de estabelecer a concorrência *de um para um*, entre os créditos fiscais, independentemente de sua natureza, concorrendo agora com os créditos garantidos por ônus real até o limite do valor do bem gravado ou objeto da garantia (art. 11, II, alíneas *a* e *b*).

É neste art. 11, entrementes, que estamos a sugerir a inclusão de um acréscimo, certamente que em forma de parágrafo e que o seria sob os seguintes termos: "Parágrafo único. Decairá de qualquer privilégio, tanto na recuperação judicial, na extrajudicial, quanto na falência o crédito de entidades públicas se o motivo da recuperação ou da falência tiver por fundamento comprovado o inadimplemento dos agentes públicos. Neste caso os créditos das entidades públicas passam a ser créditos subordinados".

A prática tem revelado a presença quase que constante de um Estado inadimplente (os precatórios que o digam) e, não nos parece nem justo e nem jurídico, que em casos tais, concorrendo o próprio Estado como autor ou co-autor da causa de uma quebra, nela compareça munido de algum privilégio. Ao inadimplente não se confere privilégio algum. Afinal, não se pode conceber outro tipo de Estado que não seja o do Estado ético.

Aparece em lugar do síndico, assim como em lugar do comissário, a figura do administrador judicial que terá a obrigação, dentre outras, de cuidar da consolidação do quadro geral de credores a ser homologado pelo juiz tanto na recuperação judicial, quanto na falência (arts. 13 e 22).

8. Apenas para se ter uma idéia da importância desta alteração proposta, basta conferir o sem número de decisões trabalhistas que penalisa o reclamado devedor com multa de 100% (cem por cento) sobre o débito. Isto tem nome: é confisco.

O pedido de restituição vem autorizado no art. 26, dizendo-o cabível na hipótese de falência. De fato, admitindo-se que o instituto da recuperação da empresa necessariamente estará a compreender a proteção de todo o sistema empresarial instaurado, isto é, mantendo-se intacta toda a *azienda*, a norma legal, ainda que correta na sua inspiração (na hipótese de falência), está, no Projeto, colocada no lugar equivocado, já que o art. 26 está no campo onde se pretende regular a "recuperação" e não a falência. Esta norma deve, pois, ser deslocada para o capítulo próprio da falência.[9]

O Projeto inova ao criar a "assembléia geral de credores", presente na recuperação judicial e na falência, dizendo-a competente *para deliberar sobre o plano de recuperação judicial, a proposta de recuperação extrajudicial e os incidentes do procedimento de falência previstos nesta lei.* A esse órgão ficam assinaladas as seguintes atribuições: na recuperação judicial: (a) aprovar ou aditar o plano de recuperação judicial; (b) aprovar, por maioria simples, a emissão de debêntures; (c) aprovar a supressão ou a substituição de garantias; (d) requerer a constituição de comitê de recuperação indicando-lhe os membros e (e) deliberar sobre o nome do administrador judicial quando do afastamento do devedor. Na recuperação extrajudicial: (a) deliberar sobre a celebração de acordo de recuperação extrajudicial; (b) produzir documento em que se comprove a aprovação da proposta de recuperação extrajudicial apresentada pelo devedor; (c) aprovar proposta de recuperação extrajudicial apresentada pelo devedor. Na falência: deliberar a forma de realização do ativo (art. 36).

A assembléia geral pode ser convocada por credores que representem 25% (vinte cinco por cento) do valor total dos créditos de uma determinada classe e, em se tratando de recuperação judicial e na fa-

9. No Senado Federal percebeu-se este equívoco e tem-se notícia de proposta visando arredar a disposição para o capítulo da falência.

lência, será presidida pelo administrador judicial. O voto do credor será proporcional ao valor de seu crédito (art. 38).

A assembléia geral é dividida por classes de credores assim dispostos: (a) credores trabalhistas; (b) credores com direitos reais ou privilégios especiais; (c) credores quirografários e com privilégios gerais (art. 40).

Nas deliberações de interesse exclusivo de cada classe, somente seus membros poderão votar (art. 42). O plano de recuperação judicial deverá ser aprovado por todas as classes de credores, devendo, para tanto, ser aprovado pelos credores que representem mais de 50% (cinqüenta por cento) da totalidade dos créditos e, cumulativamente, pela maioria dos credores presentes (art. 43).

Se o plano de recuperação não houver sido aprovado na assembléia geral de credores o juiz poderá aprová-lo, cumprindo-se os requisitos percentuais do art. 44, o que corresponde à acumulação das seguintes ocorrências: (a) voto favorável de credores que representem mais de 50% (cinqüenta por cento) do valor total dos créditos totais e (b) voto favorável de credores que representem mais de 50% (cinqüenta por cento) do valor dos créditos em cada uma de duas das classes de credores de que trata o art. 40 e (c) voto favorável dos credores que representam mais de 33% (trinta e três por cento) dos créditos no âmbito da classe que o tiver rejeitado.

V.3 Sobre a recuperação judicial

A recuperação judicial é ação judicial *destinada a sanear a situação de crise econômico-financeira do devedor, salvaguardando a manutenção da fonte produtora, do emprego de seus trabalhadores e os interesses dos credores, e viabilizando, dessa forma, a realização da função social da empresa* (art. 45). Eis aí um exemplo da dicção adotada com certa ênfase pelo novo Código Civil, ao cogitar da "função social da empresa". Trata-se, pois, de fato, de um modelo de concordata ampla e judicial.

Reputa-se devedor em estado de crise econômico-financeira aquele devedor sujeito a dificuldades temporárias do seu negócio, com iliquidez, insolvência ou em situação patrimonial a merecer readequação planejada de sua atividade. (parágrafo único do art. 44). Para tanto devem ser considerados: (a) importância social e econômica da atividade do devedor; (b) mão-de-obra e tecnologia empregadas; (c) volume do ativo e do passivo; (d) tempo de constituição e funcionamento do negócio; (e) faturamento anual e nível de endividamento da empresa (art. 46).

Merece chamar a atenção para a contextura do art. 49 que está a dizer que, em se tratando de recuperação judicial, os créditos de natureza trabalhista devem estar regularizados no prazo de um ano. Isto não corresponde dizer que tais créditos devam estar pagos naquele prazo de um ano. Esta norma, tal como existente, sugere que também os credores trabalhistas podem e devem participar do plano de recuperação.

Embora fazendo-o exemplificativamente, a lei é pródiga em apontar as operações que considera meios de recuperação de empresa, fazendo-o assim: (a) concessão de prazos e condições especiais para pagamento das obrigações vencidas e vincendas; (b) cisão, incorporação, fusão e transformação de sociedade, constituição de subsidiária integral e cessão de cotas ou ações, respeitados os direitos dos cotistas ou acionistas; (c) substituição total ou parcial dos administradores do devedor ou modificação de seus órgãos administrativos, concessão aos credores de direito de eleição em separado de administradores e de poder de veto em relação às matérias que o plano especificar; (d) aumento de capital; (e) transferência ou arrendamento; (f) celebração de acordo coletivo de trabalho; (g) dação em pagamento ou novação de dívidas do passivo; (h) constituição de sociedades de credores; (i) venda parcial de bens; (j) equalização de encargos financeiros relativos a débitos de qualquer natureza; (k) usufruto da empresa; (l) administração compartilhada; (m) emissão de debêntures; (n) constituição de sociedade de propósito específico para adjudicar, em pagamento dos créditos, os ativos da empresa em recuperação judicial, ressalvado o direito dos credores dissidentes, no rateio proporcional que lhes caberia; (o) substituição de garantia; (p) transformação de créditos em capital da empresa (art. 50).

A ação de recuperação judicial está sujeita à determinação de seu processamento[10] pelo juiz (art. 52), que: (a) nomeará o administrador judicial; (b) determinará a convocação de assembléia geral de credores; (c) determinará a constituição de comitê de recuperação judicial quando for o caso; (d) determinará a dispensa da apresentação de quaisquer certidões negativas para que o devedor exerça suas atividades comerciais, exceto para contratar com o poder público e para recebimento de incentivos fiscais ou creditícios; (e) determinará, mediante requerimento de credores, a elaboração de laudo econômico-financeiro; (f) designará datas para apresentação e abertura de propostas aos interessados na elaboração de laudo econômico-financeiro e laudo de avaliação; (g) ordenará a suspensão das ações e execuções contra o devedor, com exceção daquelas decorrentes de financiamento de valores a receber garantidos por penhor sobre direitos creditórios, títulos de crédito, valores mobiliários, aplicações financeiras (art. 52).

É possível a apresentação de plano alternativo de recuperação judicial, o que ensejará vista ao devedor (art. 55).

No caso de descumprimento de qualquer obrigação prevista no plano de recuperação judicial, qualquer credor poderá requerer a falência ou execução específica (art. 57). Neste caso, em se tratando de pedido isolado, a nova lei criará uma situação assaz interessante uma vez que, existente o plano, qualquer dos demais interessados no salvamento da empresa poderá intervir no processo, inclusive para contestá-lo, já que é evidente, no caso, o interesse de agir daqueles que estão submetidos a um plano de recuperação.

O art. 60 está a mencionar que *As Fazendas Públicas e o Instituto Nacional do Seguro Social (INSS) poderão deferir, nos termos da legislação específica, parcelamento de seus créditos, em sede de recuperação judicial, de acordo com os parâmetros estabelecidos na Lei 5.172, de 25 de outubro de 1966 (Código Tributário Nacional).*

Parece-nos seguro que uma leitura doutrinária séria em torno do verbo tal como utilizado — *poderão* — estaria por concluir que nele se contém uma ordem. Trata-se de determinação. A norma é mandatória. Livres de dúvidas, entrementes, estamos sugerindo seja o verbo substituído definitivamente por um: *deverão*. A motivação é simples, o cidadão comum — empresário ou não — não trata de suas tertúlias nem com o ministro da fazenda e nem com o presidente do Instituto Nacional da Seguridade Social. A forma adotada (o poderão) acabará por deixar o devedor nas mãos do agente público de plantão, sujeitando-se a uma interpretação subjetiva e muitas vezes mal humorada. É obrigação do legislador não deixar o cidadão assim exposto sem necessidade.

O juiz ao determinar o processamento do pedido de recuperação judicial, além de nomear o administrador judicial, determinará a convocação da assembléia geral de credores para a eleição dos representantes do Comitê de Recuperação Judicial (art. 64).

Os membros do comitê não serão remunerados, mas serão reembolsados nas despesas (art. 65) e este será composto por três membros e suplentes assim: um representante dos empregados com dois suplentes; um representante da classe de credores com direitos reais de garantias ou privilégios especiais com dois suplentes; um representante da classe de credores quirogra-

10. Trata-se daquele processamento previsto na lei atual em seu art. 163.

fários e com privilégios gerais com dois suplentes (art. 66).

Compete ao comitê após a posse e a assinatura do termo de compromisso: elaborar plano judicial alternativo se for o caso; fiscalizar a administração do devedor; apurar quaisquer reclamações emitindo pareceres; fiscalizar execução do plano; submeter à apreciação do juiz, quando afastados os administradores, proposta para alienação de bens ou constituição de garantias, agindo sempre em prol da recuperação (art. 67).

Não poderão integrar o comitê ou exercer as funções de administrador judicial aqueles que nos últimos cinco anos tiverem sido destituídos de tais misteres, tiverem deixado de prestar contas ou tiverem reprovadas as contas prestadas; ou aquele com relação de parentesco ou afinidade com o devedor até terceiro grau ou for amigo, inimigo ou dependente deste (art. 68).

A recomposição de tais órgãos ou substituição de seus integrantes se dará por ato do juiz no prazo de quarenta e oito horas.

A assembléia de credores poderá indicar representantes para acompanhar e fiscalizar os atos do administrador (art. 70), o que se nos afigura desnecessário se existente o comitê.

V.4 Sobre a recuperação extrajudicial

No capítulo quarto cuida o Projeto de outro tipo de recuperação de empresa. Trata-se da chamada recuperação extrajudicial.

A convocação, pelo devedor, de credores ou de classe de credores para apresentação de plano de recuperação extrajudicial não caracteriza ato de falência (art. 73). Atenção para a linguagem antiga utilizada, exatamente para esclarecer que a confissão do estado de descompasso do devedor, com as suas obrigações vencidas e vincendas não mais servirá de fundamento aceitável para requerer-lhe a falência.

A celebração do acordo de recuperação extrajudicial poderá ser formalizada em instrumento próprio ou resultar de deliberação da assembléia de credores. A convocação far-se-á por edital (art. 73). Não nos parece que esta deveria ser uma regra obrigatória.

Diferentemente da Recuperação Judicial, na Recuperação Extrajudicial não se tem uma ação judicial. O devedor que celebrar acordo de recuperação extrajudicial, entretanto, nos termos da recuperação judicial (art. 46 c/c art. 43), poderá requerer a sua homologação em juízo (art. 74). Nesse caso estamos a concluir que a recuperação passará a ser tratada como recuperação judicial. De forma outra teríamos uma situação pelo menos nominalmente inadequada, que seria a recuperação extrajudicial, em juízo. Afinal se estaria diante de uma recuperação extrajudicial judicializada. E como não há como comparecer em juízo sem ser mediante ação ou procedimento judicial próprio, a afirmativa de que a Recuperação Extrajudicial não corresponderia a uma ação, deve ser acompanhada deste esclarecimento. De outra forma — recuperação extrajudicial judicial entraria para o anedotário forense. Pede-se observar que, de eventual indeferimento da inicial ou do pedido de homologação de recuperação extrajudicial, sanção alguma ocorrerá. Pelo menos o Projeto não prevê. Não poderá o juiz decretar a falência. Não se pode perder de vista o fato de que a recuperação extrajudicial tem natureza contratual. É negócio jurídico multifacetado compreendendo certamente algum tipo de transação.

O plano de recuperação extrajudicial aprovado produzirá seus efeitos sobre todos os credores que tenham ou não votado favoravelmente, a partir da distribuição do pedido de homologação (art. 77). Esta norma merece ser objeto de reflexão, já que nem todas as classes de credores estão obrigadas a participar do plano de recuperação extrajudicial.

V.5 Sobre a convolação da recuperação judicial em falência

O capítulo quinto trata da convolação da recuperação judicial em falência (e não da extrajudicial). Será decretada, por convolação, se durante o processamento da recuperação judicial, assim o deliberar a assembléia de credores, ou quando tiver sido rejeitado o plano de recuperação, ou não tiver este sido objeto de deliberação no prazo de cento e oitenta dias, com direito a uma prorrogação por noventa dias, ou ainda, se requerida por qualquer credor por descumprimento do plano (art. 79).

Ocorrendo a convolação da recuperação judicial em falência, os atos de administração, endividamento, oneração ou alienação praticados durante o período, presumem-se válidos (art. 80).

V.6 Sobre a falência

O capítulo sexto trata da falência. Diz o art. 81 que será decretada a falência da pessoa que exercer a atividade empresária e que: (a) sem relevante razão de direito, não paga, no vencimento, dívida líquida constante de título executivo, cuja soma ultrapasse o equivalente a quarenta salários mínimos; (b) executado, não paga, não deposita, não nomeia bens à penhora de dívida líquida e certa; ou (c) comprovadamente (c.1) procede à liquidação desordenada de seus ativos ou lança mão de meios ruinosos ou fraudulentos para realizar pagamentos; (c.2) realiza por atos inequívocos ou tenta realizar, com o fito de retardar pagamentos ou fraudar credores, negócio simulado ou alienação de parte ou totalidade de seu ativo a terceiros credores ou não; (c.3) transfere a terceiro o seu estabelecimento sem o consentimento de todos os credores, salvo se ficar bens suficientes para solver o passivo; (c.4) simula transferência de seu principal estabelecimento para burlar a legislação ou a fiscalização ou prejudicar credores; (c.5) dá garantia real a algum credor sem ficar com bens livres e desembaraçados equivalentes às suas dívidas ou tenta esta prática, revelada a intenção por atos inequívocos; (c.6) ausenta-se sem deixar representante habilitado para administrar o negócio e com recursos suficientes, para pagar os credores, abandona o estabelecimento, ou se oculta de seu domicílio ou da sede do estabelecimento principal de seu negócio. A redação do apontado artigo é infeliz.

Em primeiro lugar está ele a dizer, expressamente, sobre falência da pessoa que exercer a atividade empresária, quando lá no seu art. 1º se acrescentou a sociedade simples como sociedade alcançada por esta lei, sabendo-se que sociedade simples, registrada no cartório das pessoas jurídicas não será sociedade empresária.

Em segundo lugar a norma mantém a redação infeliz da lei anterior ao falar em *relevante razão de direito*. Não há razão de direito que não mereça ser tratada com relevância.

Em terceiro lugar, ao exigir o vencimento de dívida líquida e com títulos protestados (art. 82) no valor original de quarenta salários mínimos, pratica-se uma ficção jurídica, abandonando-se uma boa regra da lei anterior que poderia, nesse direito novo, ser realimentada, obrigando a qualquer credor para requerer a falência de alguém, que o procedesse mediante o protesto especial (previsto este no art. 10 do Decreto-lei 7.661). Seria este protesto especial e declarado: protesto para requerer a falência, como condição para o exercício da ação. Em não sendo assim, a utilização do processo de falência continuará como meio violento de cobrança, ou, de outra forma, os pedidos de falência continuarão mais se parecendo com um tiro pelas costas.

Em quarto lugar, ao admitir a ação de falência por inação de devedor por não oferecer bens à penhora, esquece-se o legislador de que a atribuição de penhorar em circunstâncias que tais é obrigação ou dever processual do credor. O Código de Processo Civil já possui solução para este problema, que incluído no Projeto de lei de falência causará mais prejuízo do que resultado.

Em quinto lugar, recriando aquilo que seria a demonstração de estado de falência, na verdade a lei passa a propiciar, na instância falencial, discussão mais ampla, mediante processo cognitivo próprio, levando a questão da falência para a vala dos processos comuns o que se daria com prejuízo legal. Esta disposição compreende a negação de todas as inovações que o Projeto está a patrocinar. Neste caso, a proposta coloca o Projeto na contra mão do que era desejo do próprio projeto. Observe-se que no art. 81, III, de *a* a *f*, só há matéria de prova. Tudo isto se resolveria se tivesse o legislador admitido e valorizado a figura do protesto especial (inspirando-se no art. 10 da lei atualmente em vigor). Afinal, em se querendo requerer a falência, que se declare esta intenção no momento já do apontamento a protesto. Este nos parece o procedimento, inclusive, mais ético.

O único lenitivo que se recolhe de tais disposições é o de que, mesmo tendo contra si requerida a falência, pode o devedor requerer a recuperação judicial.

O prazo para defesa é de cinco dias (art. 85). Nesta parte a inovação faz justiça aos demandados e aos seus advogados que freqüentemente eram traídos pelas vinte e quatro horas da lei em vigor.

Diz o art. 90 que *a falência, ao promover o encerramento das atividades do devedor, visa a preservar e otimizar a utilização produtiva dos bens, ativos e recursos produtivos, inclusive os intangíveis, da empresa.* Há uma sinceridade nessa norma, compatível com os propósitos de um Direito novo. Perseguindo-se o encerramento das atividades do devedor se estará excluindo-o do exercício da atividade, mas a norma propõe a preservação de seus ativos produtivos, priorizando-se a venda ou a transferência de seu fundo de comércio. Privilegia-se o coletivo em detrimento do individual.

Na venda de ativos, os credores poderão, inclusive, pretender a adjudicação de bens, observada a regra da classificação dos créditos (art. 91). Aí, e em concreto, o exercício da função social da empresa.

O art. 105 prevê que *a sentença que decreta a falência da sociedade com sócios ilimitadamente responsáveis, diretores e administradores solidários por lei, também acarreta a falência destes, que ficam sujeitos aos mesmos efeitos jurídicos produzidos em relação à sociedade falida e, por isso, deverão ser citados para apresentar defesa, se assim o desejarem.* Esta norma há de ser aplicada com temperamentos.[11] É que as sociedades, agora regulados no Código Civil, no livro próprio do "Direito de Empresa", tem ali regulada a matéria da responsabilidade de seus membros, sociedade por sociedade, daí que qualquer lei de falência não necessitaria cogitar da matéria, bastando servir-se da regração já existente no Código Civil.

Pelas mesmas razões o art. 106 também necessita ser reescrito, porque não têm cabida as assertivas nele contidas ao assinalar que *a responsabilidade solidária e ilimitada dos controladores e administradores da sociedade por ações e a dos administradores da sociedade limitada, estabelecidas nas respectivas leis, bem como a dos sócios comanditários e do sócio oculto, previstas em lei, serão apuradas no próprio juízo da falência, independentemente da realização do ativo e da prova da sua insuficiência para cobrir o passivo.* Assim não pode ser. Não há responsabilidade nem solidária e nem ilimitada de controladores e muito menos de administradores de sociedade, a não ser na forma regulada pelo Código Civil ou por leis próprias. Em tais casos, a responsabilidade ilimitada ou decorreria de ilícito ou de ato volitivo do cidadão e não do tipo societário. Nessa linha, e também carecen-

11. As sociedades com sócios de responsabilidade ilimitada inclusive, estão reguladas no novo Código Civil (arts. 981 e ss.).

do de mitigação, aparece o § 6º para dizer da possibilidade e até da indisponibilidade de bens particulares dos réus, compatível com o dano provocado. Partindo-se da idéia de dano, adentra-se no território do ilícito, circunstância sobre a qual o enunciado do artigo não esteve a dizer.

A partir do art. 107, a lei passa a cogitar da falência requerida pelo próprio devedor, a autofalência. E nada se oferece àquele que exercitar o ato do pedido de sua própria quebra. Seria necessária uma revisão de toda a secção, a nosso sentir, oferecendo-se àqueles que requererem sua autofalência alguma condição e algum lenitivo especial. Afinal, este ato de cidadania e de auto-humilhação deveria, de alguma forma, proteger tais agentes da produção que tenham se vitimado da falência pelos percalços da atividade empresarial. Poder-se-ia, por exemplo, permitir que o próprio devedor viesse a exercer as funções de administrador judicial de sua empresa.

À declaração da quebra segue-se arrecadação e custódia dos bens (art. 111).

O art. 122 estabelece direito à compensação assim se expressando *as contas correntes com o devedor consideram-se encerradas no momento de decretação da falência, verificando-se o respectivo saldo após as compensações expressamente previstas nesta lei.* Para compatibilizar esta norma com a proposta que sustentamos, quando da abordagem do art. 8º, também aqui seria prudente deixar expresso que a compensação há de alcançar também *os créditos de natureza fiscal.*

Quanto à norma do art. 124, especialmente em seu parágrafo único, estamos admitindo necessária a sua supressão.

É que a disposição apontada está a permitir que a massa, em evidente diminuição de seus ativos, venha a pagar juros às debêntures e aos créditos assegurados por garantia real, advindo a receita para tal remuneração do *produto dos bens que constituem a garantia.* A aplicação de tal dispositivo além de distinguir créditos de forma diferente da hierarquia ou da vocação que a própria lei criou, está a sugerir que, na massa ativa seja possível separar o numerário resultante de uma determinada operação de um determinado bem ou de uma determinada coisa. Seria o dizer que esta norma carimba o dinheiro resultante de uso de um determinado equipamento. Na realidade isto é impossível.

O art. 124 estabelece que contra *a massa falida não correm juros, ainda que estipulados forem, se o ativo apurado não bastar para o pagamento do principal.* E o parágrafo abre exceção para os *juros das debêntures e dos créditos com garantia real, mas por eles responde, exclusivamente, o produto dos bens que constituem a garantia.* A norma padece dos mesmos vícios que acabamos de demonstrar no tópico anterior e, ademais, trata-se ainda de um conferimento de privilégio além daquele já consistente na própria garantia.

Ao administrador judicial compete administrar os bens compreendidos na falência (art. 143 em alentada descrição). Pode ser pessoa natural ou jurídica (art. 145). Suas atribuições são personalíssimas (art. 148).

A competência da assembléia geral aparece no art. 152, compreendendo: (a) acompanhar e fiscalizar o processo de falência; (b) fiscalizar o administrador judicial; (c) requerer ao administrador judicial o exame de livros; (d) propor formas alternativas de realização do ativo.

A seu turno a realização dos ativos recebe inovação com o Projeto quanto à oportunidade e quanto a forma de fazê-lo. Diz o art. 153 que *Logo após a arrecadação dos bens, com a juntada do respectivo auto do processo de falência, será iniciada a realização do ativo.* Esta antecipação da oportunidade de alienação dos artigos tem por finalidade evitar não o perecimento de bens solução encontrada na lei antiga, mas proteger os valores vivos de todo o fundo de comércio. Trata-se de proteção da empresa ou, pelo menos, de suas vísceras úteis.

E sobre as formas de realização prossegue o art. 154 admitindo (a) alienação da empresa, com a venda do estabelecimento em bloco; (b) alienação por venda de filiais ou unidades; (c) alienação em bloco de bens; (d) alienação parcelada ou individual de bens. E isto se dá independentemente da formação do quadro geral de credores. É inovação de monta e de extrema utilidade.

As vendas se darão por leilões orais, propostas fechadas ou pregão (art. 155).

As sobras porventura existentes, após pagamento integral dos créditos, serão restituídas ao devedor, mediante recibo nos autos (art. 167).

As obrigações do devedor se extinguem: (a) com o pagamento, sendo permitida a novação com os créditos com garantia real; (b) com o rateio de mais de 40% (quarenta por cento) depois de realizado todo o ativo; (c) pelo decurso do prazo de cinco anos contados a partir do encerramento da falência, se o devedor não tiver sido condenado penalmente; (d) pelo decurso do prazo de dez anos, contados a partir do encerramento da falência, se o devedor tiver sido condenado. O devedor pode requerer, por sentença, a declaração de extinção de suas obrigações (art. 170).

A reabilitação do devedor há de ser concedida ao devedor quando: (a) pagar integralmente os créditos, os juros, os encargos e as despesas do processo; (b) tiver declaradas extintas suas obrigações.

Quanto à assertiva legal de se incluir, na cota de pagamento pelo devedor, dos juros ajustados ou objeto de condenação, temos sustentado, com base na lógica mais elementar, aquilo que chamamos de princípio da comportabilidade, exatamente porque ninguém dará, materialmente, mais do que tem, ou, do que arrecadado. Isto é tudo.

V.7 Sobre a falência das microempresas e empresas de pequeno porte

Com relação à falência da microempresa ou empresa de pequeno porte está a prever o art. 180 que *deverá o credor instruir o pedido com um ou mais títulos executivos devidamente protestados, acompanhado de certidão de protesto de dois ou mais credores distintos, tirados contra o devedor no período de 90 dias anteriores à data do pedido.* As críticas e considerações já avivadas, em boa medida, até aqui se estenderão.

No caso dos créditos trabalhistas devidos superarem 30% (trinta por cento) do ativo circulante da empresa, caberá ao juiz fixar um novo critério de rateio entre os empregados. Continuamos a sustentar que a solução mais aceitável haveria de ser aquela contempladora de prelação em relação ao salário, mas apenas em relação ao salário puro, sem multas e sem penduricalhos.

Para tais devedores, o requerimento da recuperação tem efeito impositivo nos termos do art. 182, assim expresso: *a recuperação judicial, solicitada pelo devedor e homologada pelo juiz, consistirá no parcelamento automático dos valores dos débitos existentes no momento da sua solicitação, devendo todos os credores ser pagos em até trinta e seis parcelas mensais, iguais e sucessivas,* com possibilidade de prorrogação motivada por mais um ano. Os débitos trabalhistas deverão ser pagos em seis parcelas mensais, iguais e sucessivas.

Para o art. 182, em seu § 4º, gostaríamos que sua redação fosse razoavelmente aprimorada dizendo que *Os débitos fiscais deverão ser pagos na forma da legislação específica, assegurando-se-lhes direito a parcelamento que se concede a devedores comuns, se parcelamento especial não lhes for concedido.*

Estamos, assim, adotando a mesma inteligência que já sustentamos a respeito do art. 60, já analisado. Afinal, simplesmente não teria sentido deixar as microempresas e as pequenas empresas sem a certeza de que teriam acesso a algum tipo de parcelamento. De se ter em mente que, em se tratando de direito público, os seus agentes só poderão agir se autorizados por lei. Há, pois, necessidade de que esta autorização esteja prevista em lei e seja imperativa.

Nenhuma falência de microempresa ou de empresa de pequeno porte poderá perdurar por mais de cinco anos (art. 186).

V.8 Sobre o procedimento penal

Quanto aos crimes e procedimentos penais, a única observação de caráter preliminar aqui comportável é o de que permitindo-se a separação entre a massa ativa/passiva do devedor e seus eventuais delitos, o Projeto de lei andou bem.

Sobre os crimes diz o art. 200 que *na falência e na recuperação judicial de sociedades, os seus diretores, administradores, controladores e sócio oculto equiparam-se ao devedor ou falido para todos os efeitos penais decorrentes desta lei, na medida de sua culpabilidade.*

O conteúdo do art. 217 está a nos parecer um retroceder inaceitável. A lei deixa de olhar para frente, voltando-se para o retrovisor, ao olhar para trás. A norma pode e deve ser eliminada. Diz o artigo: *no caso de empresa ou empresário que se encontre em concordata somente será admitida a sua sujeição a esta lei, se estiver no exercício efetivo de suas atividades empresariais e fizer prova de regularidade fiscal, comprovando ainda o adimplemento das obrigações contraídas por força da decisão judicial que deferiu a concordata.* Tal disposição, não obstante final e transitória, coloca-se em descompasso com todo o espírito do Projeto, exatamente naquilo que ele tem e propõe de inovador.

VI. A adequação do Código Tributário Nacional. Notícia.

Considerando-se a significativa interferência da matéria fiscal nos institutos da recuperação e da falência, cogita-se também de alterações no Código Tributário Nacional, Lei 5.172, de 25.10.1966 (Projeto de Lei Complementar 72, de 2003, que é resultante da fusão da Emenda de Plenário 15, com os textos do PLP 72/2003, PLP 73/2003, PLP 97/2003, substitutivo da CEIC e substitutivo da CFT).

Isto é matéria, todavia, que merece um estudo à parte, o que faremos oportunamente.[12]

VII. Conclusões

A primeira conclusão que nos anima é a de poder afirmar que o texto, no geral, é bom.

Algumas alterações propostas são, a nosso sentir, mais do que úteis e até necessárias.

O mérito maior de toda a proposta se apresenta na determinação contida no texto de se preservar a empresa[13] e o empresário, com a sua atividade produtiva. Este, talvez, tenha sido dentre nós o exemplo mais exuberante do exercício, em concreto, da função social da lei e da função social da empresa.

Com efeito, a chegada, desejamos próxima e breve, de um novo estatuto para o direito falimentar é imperativa.

De fato seria manifestação de hipocrisia pura admitir-se que a atual lei de falências, em que pese os esforços dos tribunais brasileiros, teria resposta para as complexas questões modernas da sociedade, de suas empresas e de seus empresários.

De parte do Estado e de todos os seus entes o que se espera é que, a partir de um

12. Quando do término da elaboração deste texto, em *22.10.2004*, o projeto já então aprovado pela Câmara Federal havia já retornado do Senado Federal.

13. Atente-se para o fato de que ao se utilizar a expressão "empresa" a partir da vigência do novo Código Civil, estaremos sempre a falar em objeto de direito e não em sujeito de direito porque sujeitos de direito são os empresários pessoas naturais e as sociedades empresárias.

direito concursal novo, venha ele a ser parceiro, a ser companheiro confiável dos agentes da produção. Em outras palavras: o que se deseja é a presença de um Estado, sobretudo, Ético. Isto também é urgente.

Fazem eco às nossas observações em relação ao Projeto aquelas palavras proferidas por Carnelutti, dentre nós reproduzidas por Arnoldo Wald: *a função do direito é a de submeter a economia à ética.*

A ORDEM DE PREFERÊNCIA NA NOVA LEI DE FALÊNCIAS[1]

CARLOS ALBERTO FARRACHA DE CASTRO

1. Introdução. 2. Igualdade de credores. 3. A noção de igualdade na falência. 4. Credores da massa falida e credores da falida. A classificação dos créditos no Decreto-lei 7.661/1945. 5. A ordem de preferência na nova Lei de Falências. 6. Créditos extraconcursais. Contrato de adiantamento de câmbio para exportação. 7. Conclusão.

1. Introdução

A reforma do direito falimentar parece inevitável.[2] Nesse escopo diante da influência de setores organizados da sociedade a classificação dos créditos sofrerá profundas mudanças.[3] O desafio dessa investigação reside na análise da Classificação dos Créditos tal como sugerido no Congresso Nacional, por ocasião dos estudos da nova Lei de Falências.

Não se pretende aqui enfrentar a questão procedimental da verificação dos créditos, seja porque o âmbito desse não permite, seja porque demanda um estudo específico.

O presente ensaio, portanto, limitar-se-á a oferecer ponderações e críticas sobre a temática envolvendo a Classificação dos Créditos na Falência no direito brasileiro.

2. Igualdade de credores

O exame do tema exige prévia análise de um dos fundamentos que justificam a existência do instituto da falência no nosso ordenamento jurídico, qual seja, a igualdade de credores.

1. Conferência proferida no II Simpósio de Direito Empresarial, Curitiba, setembro de 2004.

2. Rubens Requião, em famosa conferência denominada "A Crise do Direito Falimentar Brasileiro", proferida no Instituto dos Advogados do Brasil, no Rio de Janeiro, em 8 de março de 1974 (in *Revista de Direito Mercantil, Industrial, Econômico e Financeiro* 14/23-33, São Paulo) já alertava para a necessidade de reforma do então vigente Decreto-lei 7.661/1945.

3. O jornal *Folha de S.Paulo*, em data de 2 de abril de 2003, publicou matéria denominada "A Lei de Falências é a nova prioridade na Câmara", na qual constava que "A Lei de Falências é tida como prioritária por Palocci (Ministro da Fazenda) como forma de reduzir os juros bancários para empresas e pessoas físicas. O envio da proposta foi incluído na última revisão de metas do governo brasileiro com o FMI (Fundo Monetário Internacional). Estudos feitos pelo Banco Central indicam que boa parte dos juros cobrados pelos bancos se deve ao elevado risco de inadimplência no Brasil. Para se proteger dos caloteiros, os bancos embutem nas taxas de juros um percentual para cobrir prejuízos com clientes inadimplentes. Com a lei de falências, o que se pretende é facilitar por parte dos bancos a execução de garantias dadas por tomadores de empréstimos. Ficando mais fácil tomar as garantias dos devedores, os bancos poderiam reduzir a inadimplência e, deste modo, também diminuir as taxas de juros".

Com efeito, quando um comerciante apresenta indícios de insolvência, como protelar o pagamento da obrigação assumida, o mercado, em regra, enfrenta um estado de apreensão. Os credores passam a vigiar o comerciante de forma direta, sendo que hodiernamente a maioria adota medidas acautelatórias, judiciais ou não, como as consultas aos organismos de restrição ao crédito, como o SPC, o SCI, o SERASA, dentre outros. Constatadas as dificuldades financeiras e/ou econômicas,[4] os credores mais ágeis e astutos, de imediato procuram guarida judicial, de modo a receber seus haveres com os bens integrantes do patrimônio do devedor. Tais medidas possibilitam, entretanto, que apenas um ou alguns dos credores obtenham garantias para o recebimento dos respectivos créditos, deixando os demais desamparados.

Por outro lado, não se pode deixar de registrar que inúmeras vezes, quando os empresários começam a não honrar as suas obrigações, passam a proteger alguns credores aos quais pagarão, deixando os demais sem o recebimento devido. A prática comercial revela que essa eleição, infelizmente, é feita por intermédio de critérios aleatórios, como parentesco entre credor e devedor, arbítrio ou liberalidade do devedor, poder econômico do credor, dentre outros.

Ambas as situações fáticas demonstram que quando ocorre o desequilíbrio patrimonial nem todos os credores conseguem obter o cumprimento exato da obrigação assumida pelo empresário inadimplente.

Surge, pois, o instituto da falência, na tentativa de corrigir a desigualdade entre os credores. Há que se investigar, porém, como que se interpreta o princípio da igualdade na falência, denominado por muitos como *par condictio creditorum*.

3. A noção de igualdade na falência

É da tradição do nosso direito falimentar estatuir preferências e diferenças entre os credores, o que poderia, em tese, consubstanciar ofensa ao princípio constitucional da igualdade, positivado no art. 5º da Constituição Federal.

Sucede, porém, que a correta interpretação do princípio da igualdade reside exatamente em ofertar tratamento desigual para

4. Importante aqui destacar a diferença entre crise econômica e crise financeira, sendo que para tanto, fazemos nossas as palavras do ilustre Professor Fábio Ulhoa Coelho (*Curso de Direito Comercial*, v. 3, São Paulo, Saraiva, 2000, p. 211): "Por crise *econômica* deve-se entender a retração considerável negócios desenvolvidos pela sociedade empresária. Se os consumidores não mais adquirem igual quantidade de produtos ou serviços oferecidos, o empresário varejista pode sofrer queda de faturamento (não sofre, a rigor, só no caso de majorar seus preços). Em igual situação está o atacadista, o industrial ou o fornecedor de insumos que vêem reduzidos os pedidos dos outros empresários. A crise econômica pode ser generalizada, segmentada ou atingir especificamente uma empresa; o diagnóstico preciso do alcance do problema é indispensável para a definição das medidas de superação do estado crítico. Se o empreendedor avalia estar ocorrendo retração geral da economia, quando, na verdade, o motivo da queda das vendas está no atraso tecnológico do seu estabelecimento, na incapacidade de sua empresa competir, as providências que adotar (ou que deixar de adotar) podem ter o efeito de ampliar a crise em vez de combatê-la. A crise *financeira* revela-se quando a sociedade empresária não tem caixa para honrar seus compromissos. É a crise de liquidez. As vendas podem estar crescendo e o faturamento satisfatório — e, portanto, não existir crise econômica —, mas a sociedade empresária tem dificuldades de pagar suas obrigações, porque ainda não amortizou o capital investido nos produtos mais novos, está endividada em moeda estrangeira e foi surpreendida por uma crise cambial ou o nível de inadimplência na economia está acima das expectativas. A exteriorização jurídica da crise financeira é a impontualidade. Em geral, se a sociedade empresária não está também em crise econômica e patrimonial, ela pode superar as dificuldades financeiras por meio de operações de desconto em bancos das duplicatas ou outros títulos representativos de créditos derivados das vendas ou contraindo mútuo bancário mediante a outorga da garantia real sobre bens do ativo. Se estiver elevado o custo do dinheiro, contudo, essas medidas podem acentuar a crise financeira, vindo a comprometer todos os esforços de ampliação de venda e sacrificar reservas imobilizadas".

os desiguais, o que — aliás — se coaduna com uma das funções da falência, caso contrário somente os credores mais poderosos poderiam receber algo.

"No Direito, o princípio isonômico tem dupla aplicação: teórica, como repulsa a privilégios injustificados; e prática — como igualizador — ajudando na diminuição dos efeitos das desigualdades reveladas no caso concreto. A igualdade, desta forma, é a ponte entre o direito e a realidade que lhe é subjacente. Os desiguais devem ser tratados desigualmente, mas com o sentido de diminuir as desigualdades."[5]

Portanto, a função jurídica do princípio da igualdade é corrigir as distorções existentes no mundo real, minorando, pois, o descompasso existente entre o texto de lei e a realidade empresarial. Aqui reside uma das funções essenciais do operador do direito.

É que, a bem da verdade, em certos países, a exemplo da Alemanha, inexiste privilégios entre os credores.[6] Ocorre que à formação sócio-econômico e cultural daquele país é totalmente distinta da nossa, o que — no mínimo — justifica a divergência existente. Aliás, para obter uma legislação falimentar mais ética e justa, indispensável criá-la e interpretá-la respaldada na nossa realidade, evitando a importação integral de soluções político-jurídicas de outros países, consubstanciando, pois, o malsinado fenômeno que denomino "colonialismo jurídico".[7]

No Brasil, então, o princípio da *par conditio creditorum*, "não significa dispensar a todos os credores iguais chances de recebimento de seu crédito na falência da sociedade devedora. Significa distingui-los segundo a natureza do crédito. O tratamento paritário, em suma, não é igualitário. Por essa razão, os credores são hierarquizados: uns receberão seus créditos antes de outros, em atenção à ordem de classificação e preferências disposta na lei".[8]

Para o estudo dessa questão, no entanto, não se pode olvidar que os privilégios atribuídos aos credores derivam da lei, enquanto que os direitos reais em garantias originam da vontade das partes.[9]

4. Credores da massa falida e credores da falida. A classificação dos créditos no Decreto-lei 7.661/1945

Antes de examinar a hierarquia dos créditos na forma posta pelo Decreto-lei 7.661/1945, há que se enfrentar a distinção existente entre credores da massa falida e credores da falida.

Na verdade, os credores da massa falida derivam de obrigações assumidas pela massa falida perante terceiros, no curso do

5. Rui Portanova, "Princípio igualizador", in *Revista AJURIS — Associação dos Juízes do Rio Grande do Sul* 62/280, nov. 1994.

6. A Lei de Insolvência alemã (*Insolvenzordnung InsO)* de 5 de outubro de 1994, em vigência desde 1.1.1999, por intermédio do seu art. 38 dispõe que "a massa insolvente se destina a satisfação dos credores pessoais que, no período de abertura de processo de insolvência têm direito de crédito comprovado perante o devedor (credor da insolvência)". Mesmo assim, registre-se que por força do art. 49 do mesmo Diploma Legal, "os credores titulares de direito de bens imóveis com garantia real, sujeitos à execução singular, estão autorizados a obter satisfação separada conforme a Lei de Alienação e Administração Forçada".

7. Sobre o tema ver artigo de minha autoria, denominado "Colonialismo jurídico", publicado na *Revista de Direito Privado* 12, São Paulo, Ed. RT, out.-dez. 2002.

8. Fábio Ulhoa Coelho, *Curso de Direito Comercial*, 3ª ed., v. 3, atual. de acordo com o novo Código Civil, São Paulo, Saraiva, 2002, p. 308.

9. "Os créditos preferenciais são de duas ordens: os resultantes de direitos reais de garantia e os créditos privilegiados. Aqueles decorrem de contratos e estes são estabelecidos pela lei. A lei falimentar, (...), classifica os créditos concorrentes, deixando clara a distinção entre os créditos fundados em direito real de garantia e os créditos privilegiados" (Rubens Requião, *Curso de Direito Falimentar*, 17ª ed., São Paulo, Saraiva, 1998, p. 326. No mesmo sentido, J. X. Carvalho de Mendonça, *Tratado de Direito Comercial Brasileiro*, v. 8, Rio de Janeiro, Freitas Bastos, 1947, pp. 155-156).

processo de falência e de seus incidentes. Já os credores da falida são aqueles anteriores à declaração de falência, cuja habilitação é indispensável para que o recebimento do que lhe é devido, ainda que proporcionalmente. Inegável, pois, que "os credores da massa não estão sujeitos ao processo de verificação e devem receber o que lhes é devido assim que se torne exigível o crédito"[10] e a massa possua numerário disponível para suportá-lo.

Evidenciada essa distinção e relembrando que a falência não altera os direitos materiais dos credores, mesmo porque a classificação dos créditos é matéria de ordem pública e, portanto, não admite modificação por convenção entre os particulares, registre-se que de acordo com o Decreto-lei 7.661/1945, os credores da falida classificam-se, observado a natureza do crédito, da seguinte forma:

a) credores por acidente de trabalho (art. 102, § 1º, do Decreto-lei 7.661/1945);

b) credores trabalhistas (art. 449, § 1º, da CLT) e dos representantes comerciais (Lei 4.886/1965, art. 44, incluído pela Lei 8.420/1992);

c) credores da natureza tributária (art. 186 do CTN; art. 4º da Lei 6.830/1980);

d) credores com garantia real (art. 102, I, do Decreto-lei 7.661/1945);

e) credores com privilégio especial sobre determinados bens (art. 102, II, do Decreto-lei 7.661/1945);

f) credores com privilégio geral (art. 102, III, do Decreto-lei 7.661/1945);

g) credores quirografários (art. 102, IV, do Decreto-lei 7.661/1945).

Essa classificação, porém, tem sido objeto de severas críticas, tanto da doutrina, como dos credores. Afinal, a realidade forense demonstra que os credores quase nunca recebem seus créditos. E quando recebem, o rateio do ativo é suficiente, tão-somente, para suportar parcela dos créditos trabalhistas e, quando muito, dos tributários. Ou seja, os demais credores, inclusive detentores de garantia real, nada recebem. Os credores quirografários, então, são totalmente menosprezados. Infelizmente é a realidade.

Esse descaso deriva do fato que o legislador federal nas últimas décadas tratou de se preocupar, exclusivamente, com os créditos trabalhistas e fiscais, desvirtuando por completo a função do processo falimentar.[11] Como bem sustenta Antonio Marcelo Caleffi, "os privilégios eleitos foram de tal forma inseridos no processo falimentar brasileiro que houve uma ruptura na concepção clássica das preferências concebidas a partir dos direitos reais de garantia. A velha preferência que concedia ao credor a prioridade no pagamento sobre o resultado da alienação de determinados bens do falido e que paralelamente o afastava da disputa por rateios, característica própria dos credores não concorrentes, não mais existe".[12]

Essa malsinada situação ocasionou o descrédito do direito real de garantia, uma vez que o produto da coisa gravada se destina a liquidar os créditos decorrentes das relações de trabalho e tributária, ao invés de satisfazer o cumprimento da obrigação, visto que o bem dado em garantia fica vinculado, por força de vínculo real.[13]

Conseqüência disso é que os credores, em especial as instituições financeiras deixaram de conceder linhas de crédito, prejudicando, pois, o desenvolvimento da ati-

10. Paulo Roberto Colombo Arnoldi, *Direito Comercial — Falências e Concordatas*, São Paulo, Editora de Direito, 1997, p. 125.

11. A respeito da função do direito falimentar, v. o meu livro *Fundamentos do Direito Falimentar*, Curitiba, Juruá Editora, 2002.

12. Antonio Marcelo Caleffi, *O Pagamento dos Credores na Falência: a (In)Violabilidade do Princípio Constitucional da Igualdade*, Rio de Janeiro, Lumen Juris, 2003, p. 111.

13. Nesse sentido dispõe o art. 1.419 do Código Civil: "Nas dívidas garantidas por penhora, anticrese ou hipoteca, o bem dado em garantia fica sujeito, por vínculo real, ao cumprimento da obrigação".

vidade empresarial. E mais, quando concedem, exigem taxas de juros absurdas, sob o argumento que nelas se encontra embutido um percentual com o intuito de minorar os prejuízos derivados dos clientes inadimplentes.

Talvez para evitar essa situação, em Portugal, o legislador, por ocasião do advento do Código dos Processos Especiais de Recuperação da Empresa e de Falência (Decreto-lei 132/1993), retirou os privilégios do fisco, nivelando-o com os demais credores. Nesse sentido a norma positivada no art. 152, *verbis*: "Com a declaração de falência extinguem-se imediatamente os privilégios creditórios do Estado, das autarquias locais e das instituições de segurança social, passando os respectivos créditos a ser exigíveis apenas como créditos comuns".

O fato concreto é que no Brasil, o Banco Central do Brasil, com respaldo do FMI (Fundo Monetário Internacional), apóia a reforma da nova Lei de Falências, alterando a preferência dos créditos, sob o argumento que deste modo poderão conceder taxas de juros menores. Resta-nos, então, aguardar o resultado da reforma da legislação falimentar pátria, o que, por certo, se consumará, diante das autoridades e entidades envolvidas.[14] Não se sabe, porém, se os juros realmente diminuirão ou tudo não passará de mera retórica, em que pese à vigência de uma nova legislação.

5. A ordem de preferência na nova Lei de Falências

O Projeto de Lei 4.376, de 1993, aprovado na Câmara dos Deputados, que no Senado sofreu severas modificações, resultando no Projeto de Lei 71, de 2003, aprovado em sessão plenária realizada no mês de julho de 2004, estabeleceu a seguinte ordem de classificação dos créditos na falência:

a) créditos derivados da legislação do trabalho, limitados a cento e cinqüenta (150) salários mínimos por credor, e os decorrentes de acidentes do trabalho;

b) créditos com garantia real até o limite do valor do bem gravado;

c) créditos tributários, independentemente da sua natureza e tempo de constituição, excetuadas as multas tributárias;

d) créditos com privilégio especial;

e) créditos com privilégio geral;

f) créditos quirografários, aqui compreendido, inclusive, os saldos dos créditos não cobertos pelo produto da alienação dos bens vinculados ao seu pagamento, bem como os saldos dos créditos derivados da legislação do trabalho que excederem o limite de cento e cinqüenta (150) salários mínimos;

g) créditos derivados de multas contratuais e de penas pecuniárias por infração das leis penais ou administrativas, inclusive as multas tributárias;

h) créditos subordinados em lei ou em contrato, inclusive aqueles provenientes dos sócios ou administradores sem vínculo empregatício.

Inegável, pois, a mudança radical pretendida na classificação dos créditos na falência, a se iniciar pela limitação da preferência do crédito trabalhista, fixada em cento e cinqüenta (150) salários mínimos. Po-

14. "Reformas têm sido feitas sob o argumento de que é necessário buscar adaptar o Estado brasileiro às demandas da globalização. Porém não é segredo que decorrem fundamentalmente da imposição das economias centrais, das agências intergovernamentais de financiamento como o FMI e o Banco Mundial, e das empresas de caráter transnacional. De acordo com a retórica da globalização, o capital internacional só irá se interessar por investir num determinado território se houver um conjunto de condições adequadas, que vão no sentido da desregulamentação, da flexibilização da legislação social, da ampla liberdade da movimentação de capital, da previsibilidade e minimização dos custos fiscais e da estabilidade monetária, que por sua vez exige redução dos gastos públicos e equilíbrio fiscal. Essa a cartilha" (Oscar Vilhena Vieira, "Globalização e Constituição republicana", in Flávia Piovesan (coord.), *Direitos Humanos, Globalização Econômica e Integração Regional: Desafios do Direito Constitucional Internacional*, São Paulo, Max Limonad, 2002, pp. 473-474).

der-se-ia, em princípio, imaginar que se trata de critério meramente casuístico do legislador, a exemplo de malsinados fenômenos semelhantes que se consumaram em nosso país, em um passado próximo, podendo-se, aqui, destacar o Plano Collor/1990, no qual a então Ministra da Economia, Sra. Zélia Cardoso de Mello decidiu, por sorteio, o montante de dinheiro pertencente aos brasileiros que não seria bloqueado, conforme relatam alguns pesquisadores.[15] Mas não. No caso em tela, o nosso legislador justifica a mudança nesses exatos termos:

"O objetivo da limitação à preferência do crédito trabalhista é evitar abuso freqüente no processo falimentar, pelo qual os administradores das sociedades falidas, grandes responsáveis pela derrocada do empreendimento, pleiteiam — por meio de ações judiciais milionárias e muitas vezes frívolas, em que a massa falida sucumbe em razão da falta de interesse em uma defesa eficiente — o recebimento de altos valores, com preferência sobre todos os outros credores e prejuízo aos ex-empregados que efetivamente deveria ser protegidos, submetendo-os a rateios com os ex-ocupantes de altos cargos. Tal modificação, longe de piorar a situação dos trabalhadores, garante a eles maior chance de recebimento, pois reduz-se a possibilidade de verem parte significativa do valor que deveriam receber destinada ao pagamento dos altos valores dos quais os ex-administradores afirma ser credores trabalhistas. (...) Segundo os dados mais recentes do Tribunal Superior do Trabalho, o número de julgados e conciliações na Justiça do Trabalho no ano de 2002 foi de aproximadamente 1,6 milhões. O mesmo tribunal estima que o valor nominal dos valores pagos naquele ano nos feitos trabalhistas foi de aproximadamente 4 bilhões de reais. Desse modo, a média dos valores pagos na Justiça do Trabalho foi próxima de R$ 2.400,00. Levando-se em conta o salário mínimo vigente de R$ 200,00 vigente à época, as indenizações, em média, foram de 12 salários mínimos. Considerando-se a estrutura extremamente concentrada de renda no Brasil, o limite superior a 150 salários mínimos (hoje equivalente a R$ 39 mil) afetará número reduzidíssimo de assalariados. (...) Em outras palavras, garante-se ao trabalhador o recebimento prioritário na falência porque, se não receber, não terá condições de prover o sustento próprio e de sua família. Parece claro que esse fundamento não subsiste em situações em que os valores superem cifra tão elevada."[16]

Louvável, aqui, a inovação realizada, no sentido de deixar os créditos derivados de administradores sem vínculo empregatício para recebimento, tão-somente, após

15. Mario Sérgio Conti, Diretor de redação da revista *Veja* entre 1991 e 1997, em sua obra denominada *Notícias do Planalto: a Imprensa e Fernando Collor* (São Paulo, Cia. das Letras, 1999, p. 379), relata que "na semana frenética que antecedeu o lançamento do Plano Collor, Zélia passava as noites com Bernardo Cabral. Encontravam-se no chalé da economista na Academia de Tênis, depois de jornadas de trabalho que duravam até dezoito horas. O romance clandestino talvez possa explicar, em parte, os erros ocorridos no lançamento do plano e alguns aspectos do seu conteúdo. O ponto nevrálgico do pacote era o bloqueio das poupanças e contas correntes. A medida provisória que viabilizou o confisco, redigida sob a supervisão de Bernardo Cabral, teve de ser refeita cinco vezes em razão de erros jurídicos. Zélia pôs Collor a par das implicações do bloqueio. 'Está ciente de que muita gente vai padecer e mesmo morrer em conseqüência do nosso programa? Sabe que há gente que morrerá porque seu dinheiro estará bloqueado e por isso não vai ter atendimento médico? Que muitos não terão dinheiro sequer para comer?'. Collor mandou que ela seguisse em frente. Na hora de decidir o limite dos saques das contas e poupança e, portanto, definir qual a faixa de brasileiros que poderiam morrer por não ter como pagar o atendimento médico, Zélia tratou o assunto com leveza. Na noite da posse, seus amigos organizaram uma festa para ela na Academia de Tênis. Zélia escreveu três números num pedaço de papel — 20, 50 e 70 — e foi para a festa com ele na mão. Entre brincadeiras, cumprimentos e sorrisos, decidiu-se pelo limite de 50 mil cruzados".

16. Parecer do Senador Ramez Tebet, por ocasião da apreciação e votação do PLC 71, de 2003, que tratava da reforma da Lei de Falências e tramitou na Câmara dos Deputados como PL 4.376, de 1993.

os quirografários. Afinal, não raramente, a ausência de norma específica, possibilitava a existência de reclamatórias trabalhistas abusivas, o que, por ocasião da liquidação do ativo da massa falida, impedia que os demais trabalhadores e credores se sujeitassem ao rateio. Contudo, desse modo, poder-se-ia dizer que mesmo os verdadeiros administradores da empresa são prejudicados. Penso que não, (i) seja porque essa regra os obrigará a celebrar contrato escrito com reconhecimento de vínculo empregatício, (ii) seja porque impulsionará — ainda que indiretamente — a evitarem a falência das sociedades empresárias que administram, sob pena de serem prejudicados diretamente, ainda que não titulares do patrimônio convertido em massa falida.

Outra inovação, diz respeito aos créditos com garantia real preferirem os créditos tributários, até o limite do valor do bem gravado. Agindo desse modo, o legislador torna sem efeito as reformas — casuísticas — anteriores, com o intuito de beneficiar exclusivamente o fisco e, principalmente, atende o pleito das instituições financeiras no sentido de possuírem garantias efetivamente reais, possibilitando, destarte, uma maior concessão de linhas de crédito e diminuição na taxa de juros. Resta saber — repita-se — se as instituições financeiras cumprirão com suas obrigações ou apresentarão uma nova retórica para justificar a inexistência de diminuição da taxa de juros.

Simples análise dessas modificações implica em imaginar que o fisco realmente cedeu seus privilégios, com o intuito de fomentar a concessão de crédito. Ledo engano. Afinal, além de tornar exigível na falência as multas tributárias, o que não era possível no Decreto-lei 7.661/1945,[17] tratou de aumentar suas exigências em sede de recuperação judicial, uma vez que o art. 57, assim estabelece:

"Art. 57. Após a juntada aos autos do plano aprovado pela assembléia-geral de credores ou decorrido o prazo previsto no art. 55 sem objeção de credores, o devedor apresentará, em 5 (cinco) dias, certidões negativas de débitos tributários nos termos dos arts. 151, 205, 206 da Lei 5.172, de 25 de outubro de 1996 (Código Tributário Nacional).

"Parágrafo único. Decorrido o prazo sem a apresentação das certidões, o juiz decretará a falência."

Percebe-se, pois, que a viabilidade da recuperação judicial vincula-se ao — no mínimo — parcelamento do passivo tributário, sob pena de decretação da quebra. Em outras palavras, se o fisco cedeu privilégios na falência — a qual diz respeito a empresas insolventes —, de outro lado, aumentou suas garantias em sede de recuperação judicial, a qual trata das empresas suscetíveis de recuperação, isto é, que atravessam dificuldades econômicas e/ou financeiras transitórias. Aliás, esse "jogo político" entre o fisco e as instituições financeiras foi um dos motivos que retardou a modificação da legislação falimentar brasileira.

6. Créditos extraconcursais. Contrato de adiantamento de câmbio para exportação

A reforma da legislação falimentar não altera a distinção entre credores da falida e credores da massa falida, porém, agora funciona sob a nomenclatura *créditos concursais* e *extraconcursais*, os quais precedem aqueles.

Como créditos extraconcursais, o legislador elege (i) remunerações devidas ao administrador judicial e seus auxiliares, créditos derivados da legislação do trabalho ou decorrentes de acidentes de trabalho relativos a serviços prestados após a decretação da falência, (ii) quantias fornecidas à

17. Reza o art. 23, parágrafo único, III, do Decreto-lei 7.661/1945: "Não podem ser reclamados na falência: (...) III — as penas pecuniárias por infração das leis penais e administrativas". A jurisprudência, por sua vez, consolidara o seguinte entendimento: "a multa fiscal moratória constitui pena administrativa, não se incluindo no crédito habilitado na falência" (Súmula 565 do STF).

massa pelos credores, (iii) despesas com arrecadação, administração, realização do ativo e distribuição do seu produto, bem como custas do processo de falência, (iv) custas judiciais relativas às ações e execuções em que a massa falida tenha sido vencida, (v) as obrigações contraídas durante a recuperação judicial e, ainda, (vi) os tributos relativos a fatos geradores ocorridos após a decretação da falência, observada a ordem de classificação dos créditos concursais.[18]

Com essa nova classificação, o legislador encerra as controvérsias, envolvendo a remuneração do síndico, isto é, se equivalem (ou não) à natureza dos créditos trabalhistas, muito embora o Superior Tribunal de Justiça tenha sumulado entendimento reconhecendo a equivalência (Súmula 219 do STJ).

Há que se registrar, outrossim, que os contratos de câmbio para exportação, positivados no art. 75, §§ 3º e 4º, da Lei 4.728, de 14 de julho de 1965, não se sujeitarão ao concurso de credores, sendo erigido, pois, a natureza de crédito extraconcursal, ressalvado, porém, o privilégio dos créditos trabalhistas de natureza estritamente salarial vencidos nos três (3) meses anteriores à decretação da falência, até o limite de cinco (5) salários mínimos por trabalhadores, mesmo porque essas verbas trabalhistas serão pagas tão logo haja disponibilidade em caixa.[19] A justificativa do legislador para essa tomada de posição é a seguinte:

"O ACC, atualmente, é o principal instrumento de financiamento da produção para exportação do Brasil. Os exportadores brasileiros pagam nesse tipo de financiamento juros menores que o Estado Brasileiro paga no lançamento de seus papéis no exterior. Esse baixo custo relativo do financiamento por ACC decorre do baixo risco e grande segurança jurídica que o revestem. (...) Inviabilizar o ACC significa reduzir as exportações, causar retração na economia e gerar desemprego, o que não interessa a ninguém, especialmente à classe trabalhadora. Mais uma vez aqui, é preciso buscar a solução que melhor harmonize os princípios fundamentais que devem permear a lei de falências. De um lado, a necessidade de se protegerem os trabalhadores e de garantir-lhes a subsistência. De outro, o imperativo de reduzir o custo do crédito. Ponderar esses efeitos contraditórios não é tarefa simples, mas parece-nos que, no atual momento histórico, nada pode ser mais deletério aos trabalhadores do que a eliminação de vagas no trabalho em decorrência do arrefecimento do impulso exportador. A alternativa que encontramos foi definir um valor até o qual os trabalhadores terão prioridade absoluta de recebimento, inclusive sobre as restituições em dinheiro. Esse valor deve satisfazer às necessidades imediatas dos trabalhadores sem comprometer a eficiência dos ACCs."

Em que pese a superioridade atribuída às parcelas de natureza estritamente salarial vencidas nos três (3) meses anteriores à decretação da falência ou distribuição do pedido de recuperação judicial, no limite de cinco (5) salários mínimos, considerando-se que após a decretação da falência ficam suspensas todas as ações pelo período de seis (6) meses, talvez fosse mais interessante limitar a natureza crédito extraconcursal do contrato de adiantamento de câmbio para exportação, desde vencido nos seis (6) meses anteriores à decretação da falência ou distribuição do pedido de recuperação judicial. Caso contrário, sujeitar-se-iam a classificação dos créditos concursais, na mesma ordem de preferência dos credores com garantia, o que — por certo — beneficiaria outros créditos trabalhistas, sem, contudo, afetar a segurança jurídica que o reveste, como temia o legislador. Há que se ressaltar que o prazo de seis (6) meses é compatível com a industrialização das mercadorias objeto dos referidos con-

18. V. art. 84 do PL 71/2003.
19. V. art. 151 do PL 71/2003.

tratos. Nesse sentido, embora com prazo distinto, a redação original do projeto encaminhando ao Congresso para a reforma da legislação falimentar.[20]

7. *Conclusão*

Ao final dessas breves observações, permito concluir que no tocante a classificação dos créditos na falência, a reforma da legislação falimentar apresenta avanços.

O problema principal, contudo, não reside no texto de lei e, sim, na forma de interpretá-lo. Afinal, como sustenta Sampaio de Lacerda, "as deficiências de uma lei de falência nem sempre são devidas aos seus princípios, mas aos seus aplicadores, que falham em seus misteres, deixando que os processos falimentares e de concordatas permaneçam orientados por pessoas inescrupulosas e desinteressadas economicamente no perfeito e completo andamento do processo".[21]

20. "Art. 29. Podem, ainda, ser objeto do pedido de restituição, os valores relativos a adiantamento de contrato de câmbio vencido até 90 (noventa) dias anteriores ao requerimento de sua recuperação ou liquidação judicial, em moeda nacional, a título de adiantamento de contrato de câmbio."

21. J. C. Sampaio de Lacerda, *Manual de Direito Falimentar*, 14ª ed., Rio de Janeiro, Freitas Bastos Editora, 1999, p. 48.

REGULAÇÃO E O MERCADO DE VALORES MOBILIÁRIOS

RACHEL SZTAJN

1. Introdução. 2. Conceito de mercado. 3. Teoria da regulação. 4. Regulação do mercado de capitais. 5. Definição de "security". 6. Derivativos: conceito. 7. Efeitos do mercado de derivativos sobre o mercado de valores mobiliário. 8. As novas competências da CVM. 9. Aspectos específicos da regulação de derivativos. 10. Conclusão.

1. Introdução

Ronald Coase explica, no que se refere a custos de transação, que nem sempre as pessoas, negociando livremente, conseguem atingir o melhor resultado, justificando-se, pois, a intervenção do Estado na fixação de regras que produzam tal efeito. Distanciando-se dos adeptos da idéia de que mercados oferecem soluções para as inter-relações humanas, o economista admite que em muitas circunstâncias o mercado não é eficiente na alocação de direitos e deveres.

A partir dessa concepção de liberdade mitigada de mercado, se assim se pode denominá-la, é que se deve enfrentar a questão da regulação no mercado de valores mobiliários e, em especial, a determinação do bem que, primacialmente, deve ser tutelado.

2. Conceito de mercado

Aos que se baseiam no ensinamento de Adam Smith, de quem retiram a idéia de que mercados são produto natural das relações de troca, convém lembrar que o substrato fático analisado, que antecedeu à Revolução Industrial, partia da dispersão da produção entre muitos pequenos agentes que concorriam entre si. Daí porque quando Adam Smith se refere à "mão invisível" que guiaria as decisões de produzir, e ao egoísmo dos agentes, racionais e maximizadores, a presunção de que ofereceriam os bens que os consumidores desejassem, tinha lógica.

Também não se questiona o fato de que, crescendo a oferta do bem o preço tende a diminuir e, com isso, se estabelece o equilíbrio entre oferta e demanda. Por isso, também, costumava-se dizer que o mercado é o *locus* ideal em que oferta e demanda se cruzam ou se encontram. Essa visão foi contestada por Ronald Coase que percebeu que, sem disciplina que gere eficiência, o mercado não atende a seus fins, um dos quais é fornecer informação.

Mercados são importantes para tornar a troca econômica eficiente; conquanto não sejam fruto natural resultante das relações econômicas intersubjetivas que espontaneamente aparecem na sociedade, são estruturas que permitem a livre escolha, entre vários oferecidos, de bens que atendam a necessidades das pessoas. Mercados são tantos quantos sejam os núcleos de normas que regem a produção e a circulação de bens; não há como concebê-los fora do sistema normativo que os disciplina e os faz o que são, diz Natalino Irti.[1] Segundo Irti mercados resultam de decisões políticas e de normas jurídicas que os modelam. Cabe, pois, ao Direito conformar, desenhar, definir mercados.

Criação do direito, desenhados por normas que regem as relações intersubjetivas, mercados resultam de opção política. No sistema jurídico brasileiro a opção do constituinte aparece no art. 170 da Constituição da República de 1988, que funda a ordem econômica na livre iniciativa, na valorização do trabalho e dignidade do ser humano.

Nada obstante sejam criação do direito, mercados padecem de defeitos, as denominadas falhas de mercado. Condutas ou estruturas de organizações econômicas levam a falhas de mercado que precisam ser corrigidas para aproximá-las, no que concerne à produção de efeitos, do modelo econômico do mercado de concorrência perfeita.

O modelo foi concebido sobre as seguintes bases: a) impossibilidade de que qualquer dos participantes, isoladamente ou em combinação com alguns outros, possa atuar sobre a oferta ou a demanda; b) bens razoavelmente substitutos entre si, de forma que a mudança de preço de um deles possa afetar a produção/consumo do outro; c) informação amplamente disseminada entre os participantes para que possam livremente escolher. Essa estrutura, diz-se, é eficiente e a concorrência impede a transferência de renda indesejável entre participantes do mercado. Porém, na realidade, mercados de concorrência perfeita são poucos, abundando aqueles em que há falhas, estruturais ou comportamentais, falhas essas que produzem custos de transação, por isso é preciso corrigi-las e um dos mecanismos a que se pode recorrer é a regulação.

Se a idéia de que mercado se constrói segundo a espécie e/ou tipo de relações jurídicas uniformemente repetidas entre participantes que, por isso mesmo, perdem a individualidade, são analisados massificadamente, a regulação dos mercados interessa a todos. A segmentação de mercados faz-se em função do bem negociado, do tipo de relação jurídica, de área geográfica.

No que se refere à organização dos mercados pode-se dividi-la em auto-regulação e hetero-regulação, conforme as normas sejam desenhadas pelos participantes ou por terceiro. Também aqui se pode entrever decisão de política legislativa voltada para a redução de custos de transação quando se atribui ao Estado o poder ou a competência para fixar normas que definam a organização das relações em determinados mercados, como é o caso daquele em que são negociados valores mobiliários.

3. Teoria da regulação

Regular significa formular e impor regras em forma de intervenção do Estado no domínio econômico. Essa matéria, regulação, interessa a diferentes áreas do conhecimento, particularmente ao direito e à economia. Regulação pode ser entendida como o conjunto de regras predispostas por um órgão ou agência da administração indireta, visando a fiscalizar e garantir, pela observância ou cumprimento, a disciplina de certas atividades ou setores da atividade econômica. Pode-se denominar regulação ao conjunto de normas visando determinado efeito ou, em sentido muito amplo, o conjunto de mecanismos de controle social.

Interessa o mecanismo de edição de normas por autarquias e agências públicas: é esse o pano de fundo para a discussão adiante, em que se considera a competência, no âmbito da administração pública, para editar regras, fiscalizar sua observância e aplicar punições quando sejam violadas ou descumpridas. E, dado que os regimes regulatórios costumam ser pensados visando à indução de certos comportamentos sociais ou econômicos, as penas apli-

1. *L'Ordine Giuridico del Mercato — Libri del Tempo*, Editori Laterza, 1998, p. 39.

cáveis são fundamentalmente pecuniárias ou de inabilitação profissional.

Sobre o aparecimento do processo regulatório, costuma-se associá-lo a falhas de mercado e, sob perspectiva funcionalista, no sentido de que a ação do Estado se destina a corrigir essas imperfeições para atender ao interesse público (ou da sociedade).

Nos Estados Unidos da América a regulação é resultado de processo institucional de redimensionamento da liberdade de mercados interferindo diretamente na política e dinâmica dos mercados. Uma das questões relevantes nesse campo tem que ver com a incerteza da qualidade do bem negociado no mercado.

George Akerlof, em *The Market of "Lemons"* explica o problema considerando o seguinte: há mercados em que o comportamento dos compradores induz os vendedores a oferecerem bens de baixa qualidade porque podem obter preço similar ao de bens de alta ou boa qualidade. Isso se deve à dificuldade que os compradores têm de avaliar a qualidade do bem. O curioso é, segundo Akerlof, que tal fato tende a se espraiar de forma que afeta a qualidade de todos os bens negociados naquele mercado causando redução de operações. Explica que em tais mercados os retornos individuais e sociais são afetados de forma diversa e, por isso, algum tipo de intervenção do governo é importante na medida em que pode aumentar o bem-estar de todos os participantes. Põe-se outra dificuldade nesse campo porque é preciso que o regulador domine as peculiaridades do mercado de forma a merecer a confiança dos participantes, tanto dos regulados quanto dos "consumidores".

Nada obstante ter seguidores, essa visão da regulação não é perfeita; há quem aponte a venalidade de reguladores, que seriam corrompidos por tais grupos de interesses. De modo ainda mais geral afirma-se que o interesse público que justifica essa vertente muitas vezes não é atendido pelas agências reguladoras, e, portanto, melhor seria adotar a desregulação como política pública. Observa-se que, após eleições em que o vencedor resulta de coalizões partidárias, os grupos passam a exercer pressão que se manifesta no desenho dos marcos regulatórios. A parceria entre grupos privados e o Estado tende a privilegiar interesses de certos extratos sociais.

Regulação tem muito que ver com as instituições sociais, com as burocracias e os grupos de interesses que se digladiam em busca de benefícios. Não estranha, portanto, que haja diferentes espécies ou estilos de regulação. Por exemplo, nos Estados Unidos a regulação federal é mais formalizada, compete a agências públicas nacionais, em geral poderosas tanto para ditar regras quanto para impô-las e aplicar sanções. No Japão a regulação tende a ser mais informal, socialmente institucionalizada.

São duas as espécies de regulação, a hetero-regulação, imposta por agência pública e a auto-regulação, quando as regras são predispostas por integrantes do grupo a ser regulado, ou exercentes da atividade a ser regulada. No mercado de valores mobiliários as duas formas coexistem.

A hetero-regulação é forma de intervenção do Estado no domínio econômico que se manifesta não mediante o exercício da atividade, mas pela atribuição de competência normativa a agências ou órgãos da administração indireta. Marçal Justen Filho aponta a importância das agências reguladoras uma vez que daí resulta a ampliação do poder de controle do Estado sobre as atividades dos particulares para o que se requer instrumentos jurídicos e materiais compatíveis com as necessidades existentes. Agências reguladoras integram a estrutura do Estado refletindo visão inovadora que as afasta da influência direta dos órgãos da administração direta, e também do legislativo.

Segundo a teoria clássica da regulação cabe às agências reguladoras corrigir falhas de mercado e não por outro motivo a CVM é uma autarquia federal, cuja atribuição é regular, fiscalizar e punir comportamentos que infrinjam as desejáveis práticas no mercado de valores mobiliários.

4. Regulação do mercado de capitais

Mercado de Capitais é expressão que pode ser utilizada em mais de um sentido. Pode significar o mercado de dinheiro, qualquer que seja sua destinação — investimento ou crédito —, compreendendo tanto o mercado financeiro ou bancário, quer dizer, onde há especialização na intermediação entre dinheiro presente por dinheiro futuro, quanto àquela parcela do mercado de dinheiro em que os recursos financeiros são aportados diretamente como aplicação na atividade produtiva.

Simplificadamente, o mercado financeiro serve para ajustar interesses de agentes superavitários e deficitários; permite que se reduza a exposição a risco; promove a liquidez dos ativos. Diz-se, usualmente, que mercado de capitais é a parte do mercado financeiro em que são negociadas operações de médio ou longo prazo. A expressão *money market* se refere aos mercados de curto prazo, e o mercado de valores mobiliários, àquele mercado em que são negociadas ações, debêntures ou outros instrumentos assim qualificados. Era, originalmente, o mercado em que se processavam investimentos em instrumentos emitidos por sociedades anônimas que buscavam na poupança popular recursos para suas operações. Por opção do legislador brasileiro, em 1976, o mercado de títulos emitidos pelo governo ficava fora do sistema de valores mobiliários.

Por que regular o mercado de valores mobiliários? A resposta está presa à Grande Depressão a que se seguiu o colapso da Bolsa de Nova Iorque, em 1929. Estudiosos norte-americanos entendem que a depressão durou mais tempo do que o esperado porque os investidores perderam a confiança no mercado, com o que, mesmo companhias com projetos de investimento promissores, não conseguiam obter recursos. Portanto, o mercado precisava ser regulado para proteger investidores/consumidores, uma vez que são determinantes para sua eficiência dois elementos: preço e liquidez. Quanto mais preciso for o preço e mais líquido o mercado, mais eficiente será, e os preços incorporarão rapidamente todas as informações disponíveis.

Como há vários tipos de participantes no mercado a regulação deve incidir sobre alguns de forma mais intensa do que sobre outros, o que implica nova opção de política legislativa. Um dos grupos de participantes é o dos *insiders*, que detêm informações não disponíveis para todo o público; outro grupo é o dos analistas, que produzem informações; outro, o dos que especulam e dão liquidez ao mercado; finalmente, o que se denomina *noise traders*, pessoas que agem irracionalmente, baseadas na idéia de que têm informações valiosas que lhes permitem formular estratégias superiores aos demais.

Desses todos, a legislação já se ocupa dos *insiders*, coibindo e punindo a negociação de valores mobiliários por tais pessoas. Dever de informar e proibição de atuar no mercado são escolhas claramente voltadas para impedir a obtenção de vantagens por tais agentes. Como nesse mercado atuam profissionais e não profissionais há necessidade de informação clara para todos. Quando o mercado é formado por profissionais, é mais simples obter informação, até porque quando as operações são reiteradas entre as mesmas partes, sua reputação se consolida e gera confiança, o que reduz custos de transação e torna as operações mais eficientes.

Outra dificuldade é que, no mercado de capitais, os bens negociados não são exatamente fungíveis entre si por isso o investidor quer informações confiáveis quanto à saúde financeira da companhia investida, previsão de resultados futuros, mercado em que opera e concorrentes que dele participam, contingências que possam comprometer os resultados, competência dos administradores, enfim, informações internas e nem sempre públicas. Daí que o modelo informacional desenhado para o mercado de valores mobiliários é diferente, vai além das normas usuais. Nesse mercado a informação ou *disclosure* é maior do que de ordinário se prevê.

Por isso que a legislação contém regras cogentes no que diz respeito ao dever de informar, pune manipulação de preços e fraudes no mercado, a par da proibição que recai sobre os *insiders*. Convém notar que essa proibição, embora desejável, abre espaço para outras condutas em que a informação privilegiada aparece sob diferente vestimenta. É o que Ian Ayres denomina substitutos para o *insider*.

O Professor de Yale explica que a informação permite que o *insider* negocie valores mobiliários de fornecedores ou clientes ou de concorrentes, em função da informação que tem sobre determinado mercado.

Talvez o fator mais relevante para que se justifique regular o mercado esteja na combinação de crescimento econômico, inovação e acesso a recursos da poupança popular. É que o mercado de valores mobiliários integra o mercado de capitais ao lado do mercado financeiro. A competição pelos recursos entre esses mercados é visível. Depois porque a linha divisória entre esses mercados vem se atenuando, notadamente no que concerne aos derivativos, dizem alguns estudiosos. Conquanto sejam o que em jargão se denomina de *side bets*, porque não envolvem emissão de valores mobiliários, o mercado futuro de índices é relevante para quem mantém investimentos em ações — carteira ou não.

Quando um dado produto é considerado um valor mobiliário fica sujeito às normas que disciplinam esses instrumentos com o que incidem normas de *disclosure* e os intermediários também são afetados pelas normas emanadas da agência reguladora.

Nesse mercado, bastante regulado, a combinação ou interpenetração da auto e da hetero-regulação está presente em todos os países. O risco intrínseco às operações no mercado de valores mobiliários é inafastável e se prende não apenas a questões inerentes à sociedade e assimetria informacional, mas a outros elementos, como risco. Risco é qualquer desvio de uma dada média, portanto, pode ser positivo ou não, lucro ou perda e depende de muitos fatores, alguns macroeconômicos, de políticas públicas, outros microeconômicos, setoriais, outros, ainda, de administração da sociedade.

A lição de Akerlof de que a assimetria informacional faz com que os produtos de má qualidade acabem por expulsar do mercado os bons cabe com perfeição ao mercado de valores mobiliários e não por outro motivo a regulação é importante. Note-se que se os preços dos bens (valores mobiliários) são estimados tendo como parâmetros os produtos de baixa qualidade, falta estímulo para que o proprietário de produtos de boa ou alta qualidade os ofereça.

Quando há no mercado bens de boa e má qualidade, o problema do adquirente é identificá-los e separá-los porque haverá interessados nos primeiros desde que o preço seja adequado. Mas, quando se percebe que há pessoas oferecendo produtos de baixa qualidade, tendem a desaparecer do mercado aqueles produtores honestos. Novamente o produto ruim leva ao desaparecimento do bom. Exemplo disso são o mercado de crédito e o de valores mobiliários. Instituições sociais que facilitam a aceitação de normas constituem uma das bases para o bom funcionamento do mercado.

Tomando a Itália como exemplo, o maior desenvolvimento das províncias do norte pode ser explicado pela existência de instituições sociais que privilegiam a honestidade e o esforço empresarial, enquanto que no sul, por alguma razão, as instituições tendem a favorecer os "espertos" e a punir os perdedores em relações negociais.

Ora, se o objetivo é que o mercado de valores mobiliários atraia grande número de pessoas, que promova a dispersão da base de investidores, tendo presente que o número de tomadores de recursos é consideravelmente menor, evidente que normas ordinárias que dispõem sobre fraude ou outros ilícitos nem sempre são adequadas para inibir práticas matreiras nem suficientes para induzir as honestas. Também no que concerne à formação do preço dos valores mobiliários, é vital que se discipline o mercado porque a alocação eficiente dos recursos pode gerar imperfeições indesejáveis.

O marco regulatório parte do entendimento de que valores mobiliários são criados e podem ser emitidos sem limites quantitativos, quase sem custo, uma vez que representam participação em empreendimento. Oferecidos ao público podem ser utilizados como espécie de moeda quando negociados nos mercados secundários. E, mais importante, há uma grande complexidade em relação à precificação desses bens o que torna fácil que pessoas inescrupulosas se aproveitem da boa-fé, da ingenuidade dos investidores, obtendo vantagens. A isso se soma o fato de que avanços tecnológicos facilitam a movimentação de recursos entre países, o que requer a edição de regras apropriadas, porque a competição entre os países na captação de recursos para investimento em risco, deve obedecer a critérios que criem confiança nos investidores. Essa a razão principal, creio, que tem levado à uniformização de regras nos vários ordenamentos nacionais, aproximando os sistemas da *common law* e os da *civil law* em muitos pontos.

A par disso, as inovações negociais criadas pelos particulares no exercício da autonomia privada aumentam a complexidade dos problemas que requerem rápidas e eficientes respostas do legislador, por isso as agências ou autoridades independentes aparecem como o mecanismo adequado para a intervenção do Estado no setor.

No Brasil tentou-se desenvolver o mercado de valores mobiliários com a promulgação da Lei n. 4.728, de 14 de julho de 1965, que é considerada a primeira lei de mercado de capitais do país. Atribuiu-se ao Banco Central do Brasil, criado em dezembro de 1964, competência normativa e fiscalizadora para os mercados financeiros, o de títulos e valores mobiliários e o de câmbio. Definiu-se o sistema de distribuição de valores mobiliários, que era integrado pelas Bolsas de Valores, sociedades corretoras-membros, instituições financeiras autorizadas, a operar no mercado e sociedades, cujo objeto fosse a intermediação na distribuição de produtos nesse mercado (art. 5º).

Competência para autorizar a constituição, organização e funcionamento das Bolsas é do Conselho Monetário Nacional. Os resultados dessa política foram medíocres. O problema é que o estímulo para a participação no mercado de capitais estava fundado na renúncia fiscal e não na tomada de riscos. Depois, como a fiscalização das operações era residual, pequena, o resultado foi que, no início dos anos 1970, depois de breve período de euforia com a queda do preço de ações, inadimplência no mercado de debêntures, escândalos e outros acidentes, houve quebra de confiança dos investidores que se afastaram do mercado. Nova tentativa que passa pela reformulação tanto da lei das anônimas quanto pela edição de nova disciplina para o mercado de valores mobiliários, resulta nas Leis ns. 6.385 e 6.404, ambas de 1976. A primeira cria a CVM e, com isso, se opera a divisão de competências entre esta autarquia e o BCB.

De ressaltar que até a promulgação da Constituição de 1988, o poder normativo da CVM tinha, em construção doutrinária de delegação de poderes do Executivo para a autarquia, seu fundamento. A mudança constitucional que restringe essa delegação, pode causar problemas uma vez que muitas instruções normativas têm conteúdo de lei. Contudo, a velocidade com que operações são esquematizadas (engenharia financeira é denominação usual) requer que a CVM tenha poderes para organizar e disciplinar o mercado.

Se o escopo é fomentar o investimento direto na atividade produtiva, os resultados têm sido medíocres. Muitos operadores de mercado alegam que isso se deve à pouca proteção dos acionistas externos ao controle, à existência de ações preferenciais sem direito de voto distribuídas no mercado em grande quantidade; porém, decisões de política macroeconômica que interferem nas decisões de investir (altas taxas de juros), não parecem preocupar os legisladores. Em 1997 aprovou-se alteração da lei das companhias que retiraram dos acionistas externos ao controle o direito de alienarem suas ações pelo preço pago ao controlador. O prejuízo que isso impôs aos investidores levou a nova reforma das leis em 2001, tanto a do anonimato quanto a do mercado.

Uma das mudanças tem que ver com o alargamento do conceito de valor mobiliário que termina por aproximar-se da de *security* do direito norte-americano.

5. Definição de "security"

Qualquer interesse ou instrumento comumente assim denominado, entre os quais contratos de investimento, que os Tribunais norte-americanos consideram compreender investimentos em dinheiro quando feitos como expectativa de ganhos desde que o empreendimento seja comum ou coletivo, a participação em planos de previdência complementar privada, a oferta de participação em condomínios quando se venda unidades para promover a implantação de um empreendimento, quando o resultado decorre de esforços de outros que não o investidor e quando haja risco de perda do valor investido. Resumidamente pode-se dizer que se trata de investimento coletivo, sendo os recursos provenientes de muitas pessoas e administrados por terceiros.

Até 2001 o conceito de valor mobiliário constante da Lei n. 6.385/1976 fora ampliado por conta das questões decorrentes do pedido de concordada da Fazenda Reunidas Boi Gordo que oferecia aos interessados investimento na engorda de bois de modo muito similar ao que nos Estados Unidos são os contratos de investimento coletivo. Aproveitando a brecha da lei nada obstante a enumeração nela prevista não fosse taxativa, do fato de não estar prevista a captação de recursos por sociedades limitadas e de que sempre se pensara em valores mobiliários como instrumentos de investimento em capital ou empréstimo (debêntures), mas não como esquema de parceria, envolveu-se grande número de incautos no empreendimento que, tal como as pirâmides ou correntes da felicidade, ruiu. Foi então baixada uma instrução pela CVM que enquadrou esse tipo de negócio entre os valores mobiliários.

Mas isso parecia insuficiente porque os agentes que participam do mercado de capitais são bastante criativos, inovadores. O mercado financeiro, sobretudo, ao perceber que a intermediação, sua área de atuação específica perdia terreno, começa, no exterior, por volta dos anos 1980, a operar de outra forma e a participar em operações de engenharia financeira; essas operações geram novo conjunto de instrumentos ou produtos financeiros, entre os quais a securitização de créditos, os *swaps*, derivativos de ou sobre valores mobiliários ou *equity*. Novos derivativos são criados e negócios antigos, como futuros, contratos a termo, e opções, ganham novas funções. Muitas dessas operações, estruturadas ou organizadas e conjugadas, são equiparáveis a investimentos.

O crescimento do emprego de derivativos tem que ver com a tomada de decisões em regime de incerteza. Economistas denominam "estado da natureza" ao conjunto de eventos que pode afetar os efeitos de uma decisão ou estratégia, exatamente o foco que leva a pensar em derivativos, proteger-se contra os efeitos causados pelos "estados da natureza", pelas incertezas que, em momento futuro ao da tomada da decisão, afetarão os *outcomes* visados.

Se, sob a óptica da teoria econômica tradicional a especulação é mecanismo eficiente de alocação de recursos porque transfere riscos e aperfeiçoa a formação de preços em mercados. Mas, sem alguma disciplina, os mercados tendem a apresentar falhas, daí ser usual que as legislações se voltem para sua disciplina seja para desenhar comportamentos ou para proibir e/ou punir certas condutas.

Nos mercados de valores mobiliários e derivativos isso é muito evidente. Bastaria lembrar a questão de *insider trading*, uso de informação privilegiada, a manipulação da cotação de valores mobiliários e, por vezes, uma interpretação marota de textos legais ou recurso a eventuais lacunas legislativas. A cooperação das Bolsas de Valores no fiscalizar as operações realizadas em seus pregões contribui. Entretanto, operações realizadas em balcão, não submetidas às regras das Bolsas, por serem expressivas em valor e por muitas vezes terem aptidão para influenciar na formação do preço dos ativos subjacentes, passam a atrair a atenção das agências — lembre-se que os mercados interagem entre si.

6. Derivativos: conceito

Derivativos são ativos cujo valor deriva ou decorre do valor de outro ativo ou de uma posição jurídica patrimonial, sujeita a risco. Combinando incerteza com propensão ou aversão a risco, tem-se o caldo necessário para o surgimento dos derivativos que refletem a busca por proteção contra a volatilidade que pode afetar o valor das posições ou dos bens; derivativos são negócios que permitem que os particulares transfiram o risco a que são avessos para quem tenha propensão ou disposição para suportá-los. Assim, é evidente que qualquer posição jurídica suscetível de avaliação econômica e sujeita a risco pode encontrar algum mecanismo de defesa.

Mercados de derivativos têm origem na área agrícola, visando a dar a produtores e consumidores industriais de *commodities* (produtos agropecuários) meios de se protegerem da oscilação de preços. Para isso organizam a Bolsa de *Commodities* em Chicago, a qual desenha normas para dar maior credibilidade às negociações ali celebradas, e impõe aos participantes, ofereçam garantias adequadas a critério da bolsa de que adimplirirão suas obrigações. A partir dos contratos a termo, em virtude de interesses dos participantes, cria-se novo esquema de adimplemento do negócio, que é a liquidação, por diferença, dando origem aos contratos futuros ou a futuro, compra e venda para entrega/recebimento futuro, em que há intervenção da bolsa como contraparte.

As operações são sempre ajustadas em bolsa, permitindo-se que os contratantes deixem de entregar o bem vendido ou de receber o comprado, isto é, que facultam às partes optar pela execução do contrato, no termo final, com a entrega do bem e pagamento do preço, ou, alternativamente, executá-lo mediante liquidação por diferença. Trata-se de contratos absolutamente padronizados e, portanto, fungíveis.

Liquidar por diferença, na verdade, é o mecanismo que resulta da fungibilidade dos contratos pelo que, se uma pessoa está comprada ou vendida e não precisa mais da proteção contra variação do preço do bem subjacente, basta negociar posição inversa com o que se têm mesmas partes, reciprocamente credora e devedora, a bolsa uma delas e o mesmo agente econômico na outra ponta nos dois contratos, o que permite, a qualquer momento, pensar em compensar as obrigações até o limite da menor, após o que a parte devedora paga à outra, a título de extinção da obrigação o saldo devedor.

Na vigência do Código Civil de 1916, o art. 1.479 equiparava esse negócio ao jogo ou aposta de que resultava ser a obrigação natural, sem coercitividade, tornando as operações no país razoavelmente arriscadas; para minimizar o risco, os contratos negociados na Bolsa de Mercadorias e Futuros de São Paulo continham uma obrigação alternativa: entregar o bem ou pagar a diferença.

O novo Código Civil, na esteira das legislações atuais, alterou a tal concepção dos contratos diferenciais e, no art. 816, dispõe que não se aplicam aos contratos sobre títulos de bolsa, mercadorias ou valores, em que se estipulem a liquidação exclusivamente pela diferença entre o preço ajustado e a cotação que eles tiverem no vencimento do ajuste. Ainda não resolve de vez o problema dos contratos diferenciais e, pior, não resolve problemas criados por outros derivativos que haja previsão de liquidação por diferença. Mais sério, parece, é que se contratos negociados em bolsa não serão equiparados a jogo ou aposta, a mesma regra não se estende a contratos celebrados com instituições financeiras e/ou com sua intermediação entre particulares.

A legislação brasileira precisa ser repensada no que concerne a derivativos, notadamente diante da regra do art. 421 do Código Civil, o que dispõe sobre a função social do contrato e que baliza a liberdade de contratar. É importante saber explicar qual a função social de um contrato que prevê a transferência de riscos, que protege certas posições patrimoniais da volatilidade de preços. Nesse sentido Miguel Reale considera que o contrato é manifestação da livre iniciativa, mas que, quando há interesses transindividuais em jogo, não pode ser ajustado pelas partes. A transferência de riscos contempla interesses individuais, mas pode produzir efeitos externos aos contratantes, possivelmente no plano social, o que pode criar óbices para o reconhecimento de algumas operações, elevando os custos de transação.

Talvez se possa pensar na função social do mercado de derivativos que serve para dar indicação da tendência de preços futuros, ou mesmo gerar informações de interesse para a comunidade pelo que devem ser protegidos os contratos dele decorrentes. Isso inclui os contratos futuros, as opções, os contratos a termo, e os *swaps*. Nenhum deles tem como emitente direto sociedades anônimas, que é a situação típica dos valores mobiliários anteriormente referidos. Um derivativo de *equity* é um contrato cujo valor em dinheiro aumenta ou diminui conforme varia o preço do valor mobiliário ou o índice de mercados ao qual esteja atrelado. Pode aparecer como opção, um *warrant*, isto é, um documento de garantia, um *swap*, ou qualquer híbrido que se possa conceber.

É que os negócios mais antigos, os contratos a termo, em que as partes — comprador e vendedor —, ajustam entre si a transferência da propriedade do bem a certo preço e em data futura, o futuro em que a operação de venda e compra pode ser levada a termo, com a entrega da coisa, ou liquidado antecipadamente por diferença, passa a servir como instrumentos não só para a proteção contra riscos mas, também, como forma de investimento.

Esse o campo em que os derivativos prosperam. Abandona-se a concepção de que futuros devem ter como bem subjacente mercadorias, produtos agrícolas, para abrir espaço para a negociação de "produtos financeiros" — câmbio e juros, índices entre outros. Um dos problemas que emerge nesse mercado é a constante inovação imposta pelas necessidades dos operadores econômicos. Reduzir riscos, um dos fundamentos para sua transferência tem uma contrapartida que é aumentar a especulação que pode causar risco sistêmico, ou seja, abalar todo o mercado ou os mercados.

Há consenso no sentido de que, nada obstante permitam a atuação de especuladores, mesmo porque, em muitos casos, a liquidez do mercado é devida à sua participação, é preciso evitar que a especulação gere efeitos indesejáveis. Sob esse aspecto o ensinamento de Ronald Coase vem bem a calhar: os custos de transação criados pela inexistência de normas claras, desenhadas pelo Estado, seriam enormes, o que prejudicaria a todos. Dificilmente as partes chegariam a resultados ótimos na distribuição de riscos sem regulação. Dado que a busca de proteção contra riscos propicia a atuação do especulador — profissional que visa lucro aceitando o risco de outros — mediante arbitragem entre preços do ativo o que produz informação, não interessa impedir sua participação no mercado; de outro, como a assimetria informacional entre o especulador profissional e outros agentes de mercado tende a ser grande, alguma forma de controle sobre sua atuação precisa existir.

A especulação promove a eficiência alocativa, aumenta o bem-estar, melhora a estimação do preço no mercado, o que favorece a presença do especulador, mas também se percebe as acentuadas diferenças entre as expectativas individuais dos agentes no mercado, o que induz supor que a especulação pode não ser menos benéfica do que se apregoa, uma vez que a grande assimetria informacional distorce os benefícios gerados pela arbitragem.

Stephen Choi, Professor da Universidade de Stanford, na Califórnia, propõe que o foco da regulação do mercado de valores mobiliários seja transferido das sociedades emissoras para os investidores que seriam classificados em diferentes grupos para fins de admissão de participação direta ou por intermédio de profissionais ou fundos de valores mobiliários.

Portanto, é preciso determinar que tutela será estendida aos diferentes participantes do mercado, sendo certo que sem que se promova a liquidez — portanto, os especuladores devem ser admitidos — e a disseminação da informação que aparece nas mudanças de preço, não há competição e o mercado perde sentido.

7. Efeitos do mercado de derivativos sobre o mercado de valores mobiliários

Opções e futuros sobre índices de ações são típicos exemplos da interdependência de informações e da importância da regulação. O crescimento dessas operações reflete tendência em direção a maior institucionalização dos mercados e de operações que combinem uma cesta de negócios (casadas) o que modifica a natureza das estratégias de investimento. Portanto, em vista dos efeitos que os derivativos podem produzir, convém que haja disciplina para "controle de danos" porque a interligação entre mercados transmite os efeitos de um para outros.

A quem cabe regular o mercado de derivativos. Há no Brasil, no que concerne ao mercado de capitais, além do CMN, que não tem função executiva, dois órgãos: BCB e CVM; ao primeiro está reservada a disciplina do mercado financeiro, ao segundo a disciplina do mercado de valores mobiliários, ou melhor, do mercado de investimentos coletivos. Tradicionalmente BCB e CVM atuam em conjunto quando haja interseção entre suas áreas de competência e isoladamente quando elas são estanques.

Seguindo a doutrina que se forma depois dos efeitos sobre as cotações de *securities* nos USA em 1997, de que, do ponto de vista econômico, o que se considerava serem mercados separados — ações, futuro de índices e opções sobre ações —, se demonstrou ser um só mercado porque, em situações ordinárias, eles se movem de forma entrelaçada quase que em uníssono. Uma explicação para a movimentação uniforme dos mercados é que os maiores operadores estão presentes em todos eles, e as instituições financeiras tanto agem por conta própria quanto em nome e por conta de terceiros.

Isso é verdade também no Brasil, portanto, seria de supor, que derivativos ligados a operações financeiras — juros e câmbio —, a competência regulatória caberia ao BCB. Mas, em 2001, a CVM trouxe para seu âmbito de fiscalização esse mercado e, na minha visão, este é um problema institucional.

8. As novas competências da CVM

Criada em 1976 a CVM resulta de uma divisão da competência normativa do Banco Central do Brasil, visando a facilitar o disciplinamento do mercado de valores mobiliários que, no espectro regulatório de atribuições do Banco Central não era prioritário.

As Leis ns. 10.303, de 31 de outubro de 2001, e 10.411, de 26 de fevereiro de 2001, alteraram a competência da CVM prevista quando da sua criação. São também competência da CVM a negociação e intermediação no mercado de derivativos; a organização, o funcionamento e as operações das Bolsas de Mercadorias e Futuros. Porém, mais expressiva é a alteração do art. 2º da Lei n. 6.385/1976. É que o artigo relaciona quais valores mobiliários estão sujeitos à norma e, agora, além dos conhecidos — ações, debêntures, bônus de subscrição, cupons e outros documentos emitidos por companhias abertas, cotas de fundos de investimento (investimento coletivo) — estão ali nomeados os contratos futuros, de opções e outros derivativos, cujos ativos subjacentes sejam valores mobiliários, o que considera perfeito se vingar a visão de que as inter-relações entre eles são de tal forma estreitas que os movimentos de preços podem ser afetados em qualquer dos "mercados".

Também me parece muito oportuna a inclusão do inciso IX ao referido art. 2º da Lei n. 6.385/1976, que abrange inúmeras formas de investimento coletivo como parcerias, partilha de resultados quando o esforço para obtê-los é de terceiro, como é o caso típico do incidente do "boi-gordo", de venda de cotas para compra de leitos hospitalares e outras invenções. Como não há limite para o que se possa idear, prudente que a CVM, ou se não ela, alguma agência independente, tenha competência para disciplinar, fiscalizar e punir operações que possam lesar o público.

O problema está no inciso VIII ao art. 2º: "*outros contratos derivativos, independentemente dos ativos subjacentes*". Se a idéia era dar à CVM poderes para, se e quando considerar conveniente, intervir em negócios ofertados ao público, de outro deixa aberto um flanco imenso para eventuais interpelações por não ter agido se e quando alguém se sentir prejudicado com o resultado de alguma operação livre e voluntariamente contratada.

Mais importante, porém, é que depois de aumentar a competência normativa da CVM, como acima apontado, voltando a atenção para outros dispositivos encontra-se o seguinte: art. 4º a CVM e o CMN, devem exercer suas atribuições para: I — estimular a formação de poupança e sua aplicação em valores mobiliários — derivativos inclusive; IV — proteger os titulares de valores mobiliários e os investidores do mercado contra: (...) c) o uso de informação relevante não divulgada no mercado de valores mobiliários; VI — assegurar o acesso do público a informações sobre os valores mobiliários negociados e as companhias que os tenham emitido; VII — assegurar a observância de práticas comerciais eqüitativas no mercado de valores mobiliários.

Se é certo que o mercado de derivativos — e para evitar disputas, exclua-se o que tem como bem subjacente valor mobiliário —, visa exatamente a transferir riscos, evidente que a expectativa de resultados, que tem ligação com a assimetria de informações, fica sem sentido em face do inciso VI do art. 4º, uma vez que é exatamente essa a função preconizada para o recurso a derivativos — permitir a especulação com informações. Quando se trata de práticas comerciais eqüitativas em mercados de valores mobiliários, supõe-se que isto signifique a não manipulação de operações na negociação daqueles clássicos, tanto em bolsa quando em balcão. É que é mais difícil desfazer uma operação dessas, que é um investimento "permanente", na ausência de mercados líquidos. Quando se pensa em futuros, por exemplo, os contratos têm prazo e, na pior das alternativas, no vencimento alguém ganha e alguém perde, mas o negócio se extingue.

Nas opções o titular pode exercê-la, ou não, depende do interesse ou da previsão de curto prazo. Mesmo nos *swaps*, em algum momento futuro o negócio se extingue. Dado que não são "eternos, permanentes", são mais propícios à especulação e, portanto, práticas comerciais eqüitativas parecem pouco adequadas a essa indústria.

9. Aspectos específicos da regulação de derivativos

Por sua complexidade, variabilidade e, por vezes, unicidade, a regulação de derivativos é problemática. A Instrução CVM 387, de 28.4.2003, traz importante capítulo na disciplina dos mercados ao dispor sobre regras de conduta. O art. 3º impõe às bolsas regras importantes nas relações de corretoras e clientes, determina, no art. 9º a organização de cadastro e documentação de identificação de clientes, normas relativas a operações realizadas por pessoas vinculadas e operadores especiais (art. 15).

Porém, como a CVM não tem competência para disciplinar o mercado financeiro e boa parte dos derivativos está atrelada a ele, sobretudo porque as operações são decididas e executadas fora de bolsa, e como cabe ao BCB, autoridade monetária, o controle da moeda e do crédito, e a higidez do sistema financeiro, não sei como a CVM exercerá a competência expandida — todo e qualquer derivativo, independente do ativo subjacente, sobre tais operações. Matéria de solvência ou de inadimplência nesses casos, apuração de condutas inadequadas creio, será de competência do BCB.

10. Conclusão

A importância da regulação do mercado de valores mobiliários tem que ver com a produção de informações de forma a torná-lo competitivo e a fomentar a liquidez e eficiência. Para tanto os preços devem incorporar informações e as operações facilitarem a liquidez.

Falhas de mercado causadas pela ação de *insiders* devem ser coibidas, a manipulação de preços deve ser punida, e os custos de incorporar informações aos preços reduzindo custos de transação.

Sem correção das falhas de mercado, notadamente no secundário, o desenvolvimento do mercado primário fica comprometido. Se naquele se quer liquidez e eficiência, é preciso lembrar que as operações não carreiam recursos para as sociedades, que dependem da emissão de novas ações para tanto. Contudo, se o investidor não contar com mecanismos de saída, não participará do mercado.

Pela dinamicidade e importância as regras devem passar pelo crivo de especialistas, pessoas que conheçam sua dinâmica, e que, sem engessarem as possibilidades de escolhas ofereçam segurança aos investidores. Esse o escopo básico da regulação do mercado de valores mobiliários.

Por isso, mesmo que se possa fazer ressalvas às novas competências atribuídas à CVM por conta da ampliação do conceito de valor mobiliário, interessa ressaltar que sem disciplina o mercado não funciona de forma satisfatória, não estimula a riqueza, a criação de nova riqueza, favorece o surgimento de riscos extraordinários que comprometem o escopo da legislação. Sem regulação que tutele o mercado, não adianta discutir direitos de minoritários e impor deveres aos controladores, todos agentes do mercado.

Atualidades

ALGUMAS IMPLICAÇÕES INSTITUCIONAIS DA RECEPÇÃO DO "PARADIGMA DO BEM-ESTAR SOCIAL" NO ÂMBITO DA REGULAÇÃO ECONÔMICA E DA DEFESA DA CONCORRÊNCIA

PAULO C. ARAGÃO

e

LUIS FERNANDO SCHUARTZ

I — Introdução. II — A maximização do bem-estar social como critério de unidade das políticas de regulação de monopólios e de concorrência. III — Bem-estar social como "programa finalístico": o problema da insegurança jurídica e suas implicações para as decisões de investimento. IV — O necessário aperfeiçoamento do atual modelo institucional.

I — Introdução

O objetivo deste texto é examinar as condições de possibilidade — e os limites — de uma conceptualização jurídica *integrada* das políticas de regulação de monopólios naturais e de concorrência. A colocação do objetivo nestes termos pretende sugerir a existência de candidatos mais ou menos naturais para servir como "paradigma" na referida empreitada conceitual, mas também, de restrições no universo das alternativas disponíveis. Indo direto ao ponto, o que se trata de analisar são as condições de realização, no plano institucional, de uma proposta de integração teórica no tratamento *jurídico* dos fenômenos da regulação econômica e da defesa da concorrência, cristalizada em torno do objetivo da *maximização do bem-estar social.*

Esta análise será crítica, em um *primeiro* momento, no sentido da identificação de um foco potencial de conflito entre a "lógica" que governa as atividades, normativamente orientadas, de aplicação de normas jurídicas de natureza "finalística" e a "lógica" que governa as atividades, cognitivamente orientadas, de definição de objetivos de política econômica sob a modalidade específica de normas jurídicas. Disto segue que a perspectiva crítica se constrói, inicialmente, sobre a base de um argumento de caráter *geral*, pois vale diante de toda tentativa de subordinar o trabalho sistematizador do jurista a imperativos funcionais, seja qual for o seu matiz. Neste sentido, o "paradigma do bem-estar" é apenas uma das possíveis formas particulares que pode assumir o problema anteriormente mencionado e a sua escolha tem a ver menos com razões propriamente teóricas ou de princípio do que com motivos práticos relacionados à relativa preeminência na literatura especializada.

Por outro lado, e num *segundo* momento, pretende-se que a análise seja crítica em um sentido *reflexivo*, isto é, que ela alcance também a si mesma. Este aspecto será decisivo para uma diferenciação da abordagem que o presente texto propõe daquela que poderíamos qualificar de "normativismo ingênuo". Em poucas palavras, este consiste na recusa pura e simples da idéia de que a recepção em massa de argumentos de origem econômica é uma condição absolutamente necessária para a racionalização do discurso jurídico a respeito dos temas da regulação e da concorrência, recusa que se dá em nome de um pseudo-purismo metodológico que virou as costas para os reais problemas enfrentados pelo moderno Estado Democrático de Direito. Desta perspectiva, o *status* privilegiado concedido ao "paradigma do bem-estar" na estratégia de elaboração deste texto se explica pelo seu enorme potencial racionalizador e pela convicção de que a sua eventual "superação" deverá necessariamente assumir a forma de uma reintegração no âmbito de um novo paradigma que atenda, de maneira equilibrada, aos imperativos próprios a cada modalidade de discurso (no caso, os discursos jurídico, econômico e político-econômico).

II — A maximização do bem-estar social como critério de unidade das políticas de regulação de monopólios e de concorrência

O que se está chamando, neste contexto, de "paradigma do bem-estar", pode ser resumido na idéia de que política regulatória em sentido estrito e política da concorrência estão entre si relacionadas de um modo *complementar*, e que o ponto de vista que garante e, por assim dizer, "calibra" essa relação de complementaridade está dado pelo objetivo da maximização do bem-estar social entendido como *eficiência econômica*. De acordo com esta leitura, tanto a política de regulação de monopólios como a política de defesa da concorrência deveriam orientar-se, em última instância, no "valor" da máxima eficiência econômica — ainda que de perspectivas diferentes.[1] Com efeito, se o objetivo da política concorrencial é — ou deveria ser — "promover a eficiência" por meio de um controle preventivo (estrutural) e repressivo (comportamental) de exercícios de poder de mercado por parte de agentes econômicos, o objetivo da política regulatória é — ou deveria ser — a "correção" daquelas "imperfeições" ou "falhas" de mercado (no sentido de impedirem que o sistema de mercado desempenhe suas funções alocativas de modo ótimo) que justamente, por uma razão ou outra, não pode se dar via aplicação do direito da concorrência. Entre as mencionadas razões, as mais citadas são as seguintes: externalidades, incentivos para comportamentos oportunistas em razão de assimetrias de informação e, especialmente, a presença de poder de monopólio "estruturalmente" não-eliminável, seja sob a forma de monopólios "legais" (i.e., aqueles criados por meio de norma jurídica), seja sob a forma dos chamados monopólios naturais, que resultam da particular estrutura de custos da indústria em questão, é dizer, sempre que uma única empresa puder produzir a quantidade total de mercado a um custo inferior ao associado à produção dessa mesma quantidade por parte de duas ou mais empresas.

Monopólios naturais dão origem a um peculiar desafio para os defensores de uma concepção sistematicamente integrada das políticas de regulação e de concorrência nos moldes do "paradigma do bem-estar". De um lado, o estabelecimento de uma pluralidade de empresas em situação de concorrência em mercados com tais características é ineficiente pelos motivos acima expostos; de outro lado, o monopólio natural também é ineficiente, na medida em que — de acordo com a teoria microeconômica convencional — fixa seus preços em níveis superiores aos competitivos (i.e., acima dos

1. V. Carlton e Perloff, *Modern Industrial Organization*, Addison-Wesley, 1999, em especial os capítulos 19 e 20.

respectivos custos marginais). É a produção de tal ineficiência pelo monopólio natural que, então, vai caracterizar o *problema* que *justifica*, como tentativa de solução, a atividade regulatória do Estado. O desafio está, sob tais condições, em como garantir que a "correção" pelo aparato estatal da ineficiência identificada no caso do monopólio natural não será levada a efeito ao custo de uma geração de *nova* ineficiência, a saber, aquela *produzida* pelo conjunto de medidas em que consiste a regulação do monopólio natural.

Em certo sentido, a preocupação com *este tipo* de ineficiência não é algo restrito à atividade do Estado em matéria de regulação econômica. Também a criação de órgãos e agências dotados de poder normativo e fiscalizador para a aplicação da legislação antitruste somente pode legitimar-se, *do ponto de vista do "paradigma do bem-estar"*, a partir da suposição implícita de que os efeitos líquidos sobre o "bem-estar social" produzidos por tal aplicação não serão negativos, ou seja, que as atividades dos poderes públicos direcionadas à promoção da eficiência nos mercados não serão, elas mesmas, fontes de ineficiências (ou, mais precisamente, de ineficiências quantitativamente "maiores" que aquelas geradas pelo exercício de poder de mercado que se está buscando prevenir ou combater por meio dessas atividades).[2]

Teoricamente ao menos, a resposta a esse desafio parece ser trivial: as autoridades responsáveis pela implementação, via aplicação do direito, das políticas da concorrência e regulatória, devem ser eficientes no sentido da efetiva realização das correspondentes missões institucionais a um custo social inferior aos benefícios associados a essa realização e, especificamente, da não produção de ineficiências *nos mercados* nos quais se verifica a intervenção. Essa trivialidade, no entanto e como anteriormente indicado, é apenas aparente. Isso é fácil de ver já no plano mais superficial da diversidade das formas ou "métodos" de atuação estatal no domínio econômico tendo em vista o objetivo declarado do máximo *social welfare*.

Nas discussões sobre o assunto no campo da política antitruste, as controvérsias têm início, como não poderia deixar de ser, ainda no contexto da própria definição do que seja "bem-estar social": este é o genuíno *contested concept* em torno do qual se articulam as disputas em relação ao que deve ser, institucionalmente, considerado como *antitrust goal*. Neste particular, as opiniões se dividem entre o time dos que defendem um conceito de bem-estar ou eficiência econômica dissociado de preocupações de natureza distributiva, e o time dos que sustentam que não pode haver bem-estar sem que se impeçam transferências de renda de consumidores a produtores, viabilizadas pelo exercício de poder de mercado por parte dos últimos. Do lado da política regulatória, a situação é mais complexa, dada a coexistência igualitária — ao menos em princípio — de modalidades muito distintas de regulação de monopólios naturais, desde a transferência de propriedade ou controle para o poder público, passando pelas várias formas de controle de preços, a fixação de taxas de retorno e o controle de condutas e de estruturas de mercado.

Ao que indica a literatura, os pressupostos e as implicações relativos à opção por um ou outro conceito de bem-estar social (no jargão do direito concorrencial, por um *antitrust goal*),[3] e os efeitos econômi-

2. Na verdade, e como atesta uma certa vertente da literatura sobre "law and economics", esse modo geral de análise se caracteriza por uma espécie de imperialismo potencial, uma vez que *qualquer* instituição jurídica pode ser avaliada na sua adequação como *meio* para a realização do objetivo da maximização da eficiência ou do "bem-estar social".

3. Para a discussão nos Estados Unidos, cf. Herbert Hovenkamp, *Federal Antitrust Policy. The Law of Competition and its Practice*, West Group, 1999, Cap. 1; Oliver Williamson, "Economies as an antitrust defense: the welfare tradeoffs", in *American*

cos, em termos de perdas e ganhos de eficiências, associados aos tradicionais mecanismos de regulação, parecem já ter sido suficientemente estudados de uma perspectiva geral.[4] Não é e nem poderia ser intenção deste texto discuti-los em alguma profundidade, ou mesmo, propor uma descrição resumida — e minimamente informativa — dos pontos altos dos correspondentes debates. A limitação de espaço, a quantidade e a heterogeneidade dos argumentos envolvidos recomendam um posicionamento mais distanciado em relação a esse tema. No que segue, portanto, a atenção estará limitada às conseqüências e, sobretudo, aos problemas relacionados à transposição, pura e simples, do "modo de pensar" que é característico das discussões *político-econômicas* a respeito da "forma ótima" de regulação dos mercados, para o âmbito das discussões especificamente *jurídicas* acerca da *aplicação* e *execução* das normas de direito positivo que resultam dos mencionados processos.

Em um nível abstrato, a política de regulação econômica, no Estado Democrático de Direito, poderia ser imaginada como um conjunto de atividades direcionadas à seleção dos meios mais adequados para a realização de objetivos econômicos definidos a partir de parâmetros legalmente estabelecidos. Tais parâmetros limitam-se, quase sempre, a aspectos procedimentais relativos aos processos decisórios em que os objetivos e os meios para alcançá-los são fixados, bem como, à delimitação formal das esferas de direitos subjetivos de pessoas potencialmente afetadas pela implementação das correspondentes decisões. Nesse sentido, são raras as restrições jurídicas que incidem *diretamente* sobre o espaço de alternativas para a *escolha política* de objetivos e diretrizes gerais. Quando explícitas, tais restrições assumem a forma de princípios formulados em termos excessivamente genéricos e ambíguos, de modo que não é difícil a projeção, sobre os textos que veiculam os mencionados princípios, de uma multiplicidade de significados heterogêneos (até mesmo conflitantes entre si), nem a produção de argumentos plausíveis que garantam a necessária compatibilidade entre aquilo que foi escolhido politicamente como objetivo a realizar e os "valores" proclamados no direito positivo.

Por essa razão, parece-nos um equívoco — no mínimo parcial — atribuir às normas que expressam tais princípios a natureza de normas que *prescrevem* finalidades que, de alguma forma relevante, limitam o universo de opções disponíveis ao sujeito competente no momento em que este *define objetivos* de política econômica. Isto vale, por exemplo, para o art. 170 da Constituição Federal de 1988, o qual dispõe que a "ordem econômica, fundada na valorização do trabalho humano e na livre iniciativa, tem por fim assegurar a todos existência digna, conforme os ditames da justiça social (...)", cuja compatibilidade com distintas opções ideológicas em matéria de regulação econômica poderia ser defendida com seriedade e sem contradição.

Esta situação de vazio jurídico no que se refere à definição das grandes linhas que governam o papel do Estado enquanto regulador da economia *não* se verifica, contudo, no que diz respeito à *execução* dos respectivos programas, *incluindo* a escolha dos *meios* mais adequados para tanto. Uma vez incorporado ao direito positivo, com efeito, é o *próprio programa* que se converte em parâmetro jurídico para o controle da licitude do processo de sua execução, nos termos de um controle *da adequação dos meios efetivamente escolhidos aos objetivos pré-fixados*. Isso — note-se bem —, nem sempre foi assim. Realmente, a extensão progressiva da competência do Poder Judiciário, até incluir o exame da adequação de meios a fins definidos nos chamados programas "finalísticos", constitui um capítulo importante da história recente

Economic Review 58, 1968; e Fischer, Johnson e Lande, "Price effects of horizontal mergers", in *California Law Review*, v. 77, n. 4, jul. 1989, pp. 777-826.

4. Cf. Carlton e Perloff, ob. cit., pp. 657-678.

do direito público. Mais elaborada no direito alemão, a referida extensão se sustenta em uma reinterpretação criativa do princípio da proporcionalidade, de acordo com a qual a validade de normas — gerais ou particulares — pode ser avaliada do ponto de vista da sua "necessidade" para a realização de uma finalidade pública específica, proibindo-se excessos e requerendo-se ainda que a instituição da norma em questão não produza efeitos negativos que superem os positivos à mesma associados. No Brasil, a idéia vem recentemente se difundindo com entusiasmo, sobretudo no campo do direito tributário, mas não há dúvida que a sua verdadeira vocação está localizada no âmbito do direito econômico.[5]

Isto é particularmente evidente quando pensamos no conjunto de atividades dos poderes públicos dedicadas à defesa da concorrência e à regulação de monopólios naturais do ponto de vista da realização da máxima eficiência econômica. O controle na forma de juízos a respeito da adequação entre meios e fins serve para a qualificação jurídica dos comportamentos *tanto* do agente econômico fiscalizado ou regulado *como* do agente público fiscalizador ou regulador. Se as referidas atividades *se fundam* na necessidade de promover a eficiência ou corrigir ineficiências, é natural que elas também sejam avaliadas em termos das correspondentes contribuições, como *meios*, para realizar a finalidade em nome da qual elas foram instituídas e que as legitima em última instância. Assim é que, por exemplo, uma decisão administrativa do agente regulador no sentido do estabelecimento de uma determinada restrição à liberdade de iniciativa do agente regulado (na forma de controle de preços, de fixação de taxas de retorno ou quantidades ofertadas, de imposição de condições comerciais etc.), tem, em princípio, que prestar contas, ela própria, ao critério da eficiência.

Em suma, induzir agentes econômicos a se comportarem eficientemente é algo que se faz eficiente ou ineficientemente e que pode ser avaliado *juridicamente* na mesma moeda. Isso não vale apenas para o agente regulador propriamente dito, mas também para todo agente ou órgão público cujas decisões se deixam interpretar como parte de um complexo de condições para a realização da finalidade político-econômica da maximização do bem-estar social. Não é, em outras palavras, apenas a licitude da decisão do agente regulador que está condicionada a um juízo afirmativo acerca da sua adequação, enquanto meio, para a realização do fim que justifica a regulação e, em concreto, a medida regulatória; além dela, decisões de concessão de subsídios, de financiamentos, de produção de efeitos positivos sobre estruturas de custos etc., estão, todas elas, potencialmente, sujeitas ao mesmo padrão de análise: o controle *jurídico* da decisão em nome da eficiência econômica é conseqüência da auto-legitimação *técnico-administrativa* da decisão em nome da eficiência econômica.

Isto posto, nota-se que a racionalidade teleológica (escolha racional de meios para fins pré-fixados) que, idealmente, anima o processo decisório de escolha do meio mais adequado para a maximização do bem-estar social se faz potencial e *duplamente* presente em *qualquer* processo decisório de controle da licitude de decisões prévias adotadas do mesmo ponto de vista: no controle *da última* no sentido da adequação do meio escolhido ao mencionado fim e no controle reflexivo *de si mesmo* no sentido da própria adequação (ou da possível inadequação), como meio (ou como um simples dado de fato), à realização de tal estado de coisas. A expansão desse tipo de análise não é apenas algo que se dá horizontalmente (a difusão para diferentes áreas do direito), mas que se desdobra também na

5. Cf. Marco Aurélio Greco, *Contribuições*, Dialética, 2000; e Luis Fernando Schuartz, "Contribuições de intervenção no domínio econômico e atuação do Estado no domínio econômico", in Marco Aurélio Greco (coord.), *Contribuições de Intervenção no Domínio Econômico e Figuras Afins*, Dialética, 2001, pp. 35-60.

vertical, já que cada novo elo na cadeia de decisões destinadas ao controle da adequação entre meios e fins pode, ele próprio, ser posteriormente controlado de acordo com o mesmo padrão.

Se limitarmos o olhar à evolução recente das discussões entre especialistas no âmbito do direito econômico, fica clara a tendência a um aproveitamento progressivo deste potencial de expansão no interior do sistema jurídico. Esta tendência, infelizmente, tem provocado reações compreensíveis, mas pouco ilustradas no sentido da relativização da importância de argumentos econômicos na solução de problemas jurídicos (em especial os problemas identificados no contexto da aplicação do direito da concorrência aos casos concretos). Ao entusiasmo com o potencial racionalizador aparentemente ilimitado do paradigma do bem-estar social — em razão da incorporação de conhecimentos de ciência econômica no discurso jurídico e a redução de espaços de imunidade jurídica para decisões baseadas em argumentos tecnocráticos — corresponde a resistência irracional, mas até certo ponto justificada diante da aceitação de certas implicações de tal incorporação para a "especificidade" deste tipo de discurso. A conseqüência é a sugestão defensiva de pseudo-oposições entre o jurídico e o econômico, as quais, se consolidadas no plano institucional, representarão um grave obstáculo ao desenvolvimento da práxis de aplicação do direito em uma direção em que possam convergir a sua racionalização e o incremento das garantias do administrado face às decisões do poder público em matéria de política econômica. A nosso ver, uma reflexão produtiva sobre esta intricada questão requer a conscientização prévia acerca da verdadeira *natureza* do problema envolvido, de modo a que as possíveis soluções sejam propostas e avaliadas no nível correto. As seções que seguem se ocupam, em linhas gerais, da apresentação das condições necessárias para tal conscientização e de sugestões da direção nas quais as eventuais soluções para o mencionado problema devem ser buscadas.

III — Bem-estar social como "programa finalístico": o problema da insegurança jurídica e suas implicações para as decisões de investimento

A incorporação do "paradigma do bem-estar" como ponto de vista unificador para as análises jurídicas das atividades do poder público nos campos da defesa da concorrência e da regulação econômica traz, como já indicado, ganhos consideráveis para a qualidade e o alcance dessas análises. Esses ganhos podem ser imaginados como aquisição da capacidade de demandar razões do agente regulador da economia de uma maneira *integral e "paritária"*. O referido movimento de incorporação fortalece e dá maior consistência à tendência que é própria ao moderno direito público de minimizar as margens de discricionariedade dos poderes públicos no trato com questões de relevância geral. Com isso, vai se dissolvendo a pretensão de converter a posse de um superior conhecimento em uma espécie de neo-paternalismo tecnocrático: a alegada superioridade do regulador no exercício da sua *expertise* é neutralizada, no frigir dos ovos, justamente por aquilo que lhe servia de fundamento, vale dizer: o caráter *objetivo, isto é, publicamente acessível e intersubjetivamente controlável*, do saber técnico.

Este inquestionável ganho, contudo, não vem sem o respectivo preço. Não estamos nos referindo aqui somente ao que poderíamos denominar de "custo de treinamento" do corpo de pessoas incumbidas da função de zelar pelo controle *ex ante* ou *ex post* da decisão técnica em nome de um interesse geral que exige o respeito à "melhor" técnica e se volta contra os favorecimentos "tecnicamente" injustificados. O problema tem ainda uma face menos visível, e que assume uma feição particularmente intensa no caso do direito da concorrência e da regulação econômica. Trata-se do problema — conhecido de longa data dos sociólogos do direito[6] — do significado dos "programas finalísticos" para a práxis e o discurso jurídicos.

Programas finalísticos são, *grosso modo*, normas jurídicas que prescrevem objetivos e com isso condicionam a licitude da escolha dos meios ao cumprimento ou, no mínimo, à adequação — de acordo com algum critério — do meio escolhido para a efetiva realização do objetivo prescrito. No caso da defesa da concorrência e da regulação econômica, o objetivo aceito convencionalmente é, como antes exposto, a busca do aumento do bem-estar social entendido enquanto aumento da eficiência econômica. Traduzido em termos jurídicos, isso significa para os poderes públicos a *obrigação* de promover o bem-estar social no sentido da escolha dos meios mais adequados para a realização deste objetivo dentro dos limites da própria competência. Assim, por exemplo, a obrigação do CADE, como órgão competente para a defesa da concorrência nos mercados, é decidir as questões relativas à aprovação de atos de concentração e ao julgamento de condutas *de forma a* aumentar o bem-estar social; o mesmo vale para outros órgãos da administração pública e, conforme indicado, também para as instâncias de controle destas decisões, pelo menos na medida em que o que está em jogo é o controle das mesmas no que diz respeito ao cumprimento da obrigação definida no programa de objetivos.

Além disso, e mais importante, também para o *agente econômico* privado tem-se que a incorporação do "paradigma do bem-estar social" nos âmbitos da defesa da concorrência e da regulação representa uma transformação das obrigações "clássicas" em tipos novos de obrigações, típicas do *Welfare State*, como são as obrigações de *realizar metas* pré-definidas ou, simetricamente, as obrigações de não fazer nas hipóteses em que ao descumprimento da obrigação se associa um *efeito* tratado juridicamente como negativo (como é o caso, para ficarmos no exemplo do direito da concorrência, com a análise de algumas condutas anticompetitivas). São conhecidas as razões para justificar a adoção e a difusão destas técnicas de definição de obrigações no campo do direito econômico. Por outro lado, são igualmente conhecidos os problemas que tais técnicas acarretam no que se refere à garantia da *previsibilidade* das conseqüências das decisões dos agentes econômicos — em especial as decisões de investir.

A recepção do "paradigma do bem-estar social" no âmbito do direito de defesa da concorrência e da regulação econômica implica não apenas a adoção de um objetivo capaz de integrar sistematicamente e unificar as atividades do poder público neste âmbito. Mais do que isso, tal recepção traz consigo uma série de exigências quanto ao ambiente institucional no interior do qual o incremento do bem-estar social deverá ser levado a cabo. Examinar probabilidades de exercício de poder de mercado, demonstrar e calcular perdas de bem-estar associados a este exercício e ganhos de bem-estar associados a reduções de custos, identificar e corrigir "falhas de mercado", controlar variáveis microeconômicas como preços e taxas de retorno tendo em vista a efetivação de metas qualitativas ou quantitativas previamente estabelecidas: estas são tarefas da maior complexidade às quais correspondem decisões que deverão ser tomadas quase sempre sob condições de incerteza. Uma função da máxima importância a ser desempenhada pelas instituições envolvidas com regulação de mercados em sentido amplo, é a função de *re-*

6. O termo "programa finalístico" remete à distinção proposta por Niklas Luhmann entre "programação condicional" (*Konditionalprogrammierung*) e "programação finalística" (*Zweckprogrammierung*), mas não deve ser lido como vinculado aos pressupostos e implicações peculiares à teoria de Luhmann. Sobre o sentido da mencionada distinção, cf. deste autor, ob. cit., pp. 195-205; ainda, *Rechtssoziologie*, Opladen, 1980, pp. 227-234; *Ausdifferenzierung des Rechts*, Frankfurt am Main, 1981, pp. 140 e ss. e 274 e ss., e *Zweckbegriff und Systemrationalität*, Frankfurt am Main, 1973, pp. 163 e ss.

dução de incertezas que podem — em especial em situações de crise de confiança — afetar de uma maneira extremamente negativa a disposição de investir por parte dos agentes econômicos, na medida em que recomendam a adoção generalizada de estratégias defensivas de valorização do capital.

De uma perspectiva geral, poderíamos falar em "absorção de insegurança" para nos referirmos ao papel das normas e instituições jurídicas no que se refere à generalização e estabilização de expectativas quanto ao futuro. Normas e instituições jurídicas podem assim atuar como espécies de contrapesos diante das incertezas do ambiente econômico que devem ser, como incógnitas, levadas em conta pelo agente investidor no instante da tomada da decisão de aplicar seu capital, sobretudo quando se trata de ativos direcionados à prestação de serviços de infra-estrutura. Com efeito, tais normas e instituições surgem com a pretensão de pré-estruturar — ao menos no nível das expectativas dos seus destinatários — o espaço de possibilidades quanto ao que *deve* e o que *não deve* ocorrer em face de contingências futuras; e, quando funcionam adequadamente, logram aproximar do ideal normativo, com margens de erro toleráveis, o que *efetivamente irá ocorrer*.

No balanço histórico, o saldo deixado pela implementação de uma política integrada de promoção da eficiência econômica no Brasil não foi positivo quanto à realização da referida função. Como antes exposto, são várias as fontes de incerteza *adicional* que a referida implementação criou, especialmente no âmbito da política de defesa da concorrência (sob a forma tanto preventiva quanto repressiva). Isso é fácil de ver quando olhamos para a função de controle de atos de concentração econômica por parte das autoridades de defesa da concorrência.

De fato, as condições de aprovação de decisões de investimento que resultam em atos de concentração passíveis de submissão a tais autoridades incluem, como elemento constitutivo, a produção pela operação em questão de "efeitos líquidos não negativos" sobre o bem-estar social. Os riscos do "*predictive puzzle*"[7] em que consiste o trabalho das autoridades não estão limitados apenas a decisões equivocadas que eventualmente proíbam (aprovem) operações cujos efeitos líquidos sobre o bem-estar social são positivos (negativos). Os riscos para o interesse geral (aqui representado pelo aumento do bem-estar social) são *agravados* pelos efeitos negativos causados sobre o *estado geral de expectativas do potencial investidor*, que — nos casos não triviais — dificilmente poderá prever se a sua decisão de investir será ou não tratada como lícita por uma autoridade obrigada a decidir com base em prognoses sobre eventos futuros. O problema se apresenta de uma maneira análoga no contexto do controle das decisões administrativas por parte do poder público no âmbito da regulação econômica.

É óbvio que isso não é um argumento contra o direito de defesa da concorrência tal como estruturado atualmente (controle preventivo de estruturas de mercado que aumentem a probabilidade de exercícios de poder de mercado, e controle repressivo de estratégias anticompetitivas horizontais, verticais ou na forma de condutas predatórias), ou contra a previsão jurídica da regulação econômica dos monopólios naturais, visando ao seu comportamento competitivo. Isso porque a *existência de normas e instituições* correspondentes é, ela própria, funcional à segurança e à defesa do interesse do investidor. Tampouco seria justo inferir do que foi dito que a orientação dessas atividades na busca do incremento do bem-estar social (incluída aqui a preocupação com o crescimento econômico) deveria ser abandonada em favor de algum outro objetivo político. De fato, os proble-

7. Esta é uma expressão retirada de um relatório preparado recentemente pela Federal Trade Commission (FTC) norte-americana e intitulado *Anticipating the 21st Century. Competition Policy in the New High-Tech, Global Marketplace*, v. I.

mas não estão relacionados a esse paradigma ou modelo teórico propriamente dito, mas à sua *aplicação* pelas autoridades competentes. É neste nível que se encontra a insegurança que pode afetar de um modo altamente negativo o objetivo político-econômico em nome do qual o referido modelo foi criado e que se pretende ver realizado.

Efetivamente: a segurança jurídica de que o agente econômico privado necessita não depende somente da "qualidade" do *modelo teórico* que está na base das políticas públicas de defesa da concorrência e de regulação de monopólios naturais, nem da "qualidade" das *normas* que incidem diretamente sobre as esferas de interesse dos referidos agentes. Modelos alinhados com a "melhor" teoria, e normas "bem-definidas" no sentido da clareza e precisão dos conceitos usados na sua formulação e na flexibilidade do seu conteúdo com relação à evolução do pensamento econômico, são condições necessárias, porém, não suficientes para garantir a confiança do investidor privado (e, com ela, que as políticas públicas nos campos da concorrência e da regulação não se convertam em um gigantesco e custoso tiro no próprio pé); talvez até mais fundamental que isso — em especial face à recente experiência brasileira — é a manutenção de um grau relativamente elevado de certeza jurídica com respeito à existência de um *padrão* racional de decisão por parte das autoridades que interpretam e aplicam tais normas aos casos concretos. E este último, por sua vez, não se verifica sem a criação e a estabilização das condições para assegurar uma "qualidade" suficiente às *instituições* ("aparato institucional") que devem se ocupar, direta e indiretamente, de tal aplicação.

Ainda que, em um nível geral, seja questionável até que ponto a realidade institucional de países mais desenvolvidos possa servir como modelo normativo para a formatação de instituições no Brasil, não se pode deixar de citar a Comissão Européia e a Federal Trade Comission (sem esquecer da Divisão Antitruste do Departamento de Justiça norte-americano) como exemplos de instituições bem-sucedidas no sentido mencionado. Nestas, com efeito, parecem equilibradas as exigências de seriedade e profissionalismo na implementação das respectivas competências em matéria de defesa da concorrência e de sensibilidade em relação às necessidades de segurança e calculabilidade do setor privado.

Isso se reflete não apenas no excelente preparo técnico dos funcionários envolvidos preventiva e repressivamente nas análises de casos, mas também, na disposição para (i) elaborar estudos, *Guidelines* indicativos para os agentes econômicos no sentido da explicitação de metodologias de análise, de interpretações oficiais de conceitos legais e de *safe harbors* para condutas e estratégias (p.ex., na FTC/DoJ, os *Horizontal Merger Guidelines*, os *Antitrust Guidelines for the Licensing of Intellectual Property*, os *Guidelines for Collaborations Among Competitors*, os *Guides to Advertising and Promotional Allowances* etc.; na Comissão Européia, as *General Notices* tais como: *Notice on Agreements of Minor Importance*, *Notice on Cooperation between Enterprises*, *Notice on the Assessment of Cooperative Joint Ventures*, *Notice on the Definition of the Relevant Market*, *Notice on the Concept of Concentration*, *Notice on the Calculation of Turnover*, entre outras); (ii) proferir palestras e conferências com temas de interesse geral ou de setores econômicos específicos; (iii) não sobrecarregar as partes com solicitações inconclusivas de informações; (iv) agilizar os procedimentos por meio do estabelecimento bem fundado de presunções a respeito de relações de causalidade entre condutas ou dados estruturais do mercado e efeitos sobre o bem-estar social etc.

"Qualidade institucional" é algo difícil de definir e talvez seja impossível listar, independentemente de uma consideração da função específica de cada instituição, em quais propriedades ela consiste. Seja como for, em se tratando de instituições direcionadas à aplicação de normas de direito econômico como o são, paradigmaticamente, as agências reguladoras e os órgãos de defesa da concorrência, há alguns requisitos mínimos sem os quais se torna irrealista a expectativa de que possa haver convergência entre a finalidade básica das políticas concorrencial e regulatória e o funcionamento do aparato estatal incumbido da sua implementação. No que segue gostaríamos de dar destaque a dois destes requisitos, escolhidos pela sua especial relação com o problema da segurança jurídica do investidor:

(i) capacitação e especialização técnicas; e

(ii) coerência institucional.

Desde Max Weber, é um lugar-comum dizer que a existência da empresa capitalista, fundada como está na possibilidade do cálculo racional, depende de um aparato estatal cujo funcionamento seja previsível de acordo com critérios modernos de racionalidade (e isto, segundo as palavras de Weber, "com tanta exatidão como possa ser calculado o rendimento provável de uma máquina"). Ainda que, como anteriormente mencionado, o desenvolvimento do moderno direito público tenha nos levado para bem longe do ideal dos "imperativos condicionais" ou das "normas gerais e fixas" típicas do direito do século XIX, essa observação permanece válida também diante dos "programas de objetivos" que dão a tônica do direito público nos nossos dias. Nestas condições, a exigência de maior "calculabilidade da ação do Estado" deixou naturalmente de se focar na *estrutura das normas* definidoras de obrigações imponíveis aos sujeitos privados na qualidade de participantes de transações econômicas, para se concentrar no *comportamento dos agentes públicos* responsáveis pela sua aplicação.

Em termos práticos, tal exigência de calculabilidade racional se reflete inicialmente na expectativa de *profissionalização* do trabalho destes agentes, no sentido da progressiva especialização de funções e incorporação de saber técnico por parte de funcionários cada vez mais especializados. Com isso, logra-se, eventualmente, alcançar um grau satisfatório de *difusão* e *uniformização* do conhecimento (inclusive sob forma de metodologias para a análise de casos) que servirá de base para as decisões de aplicação do direito, o que tende a aumentar substancialmente sua objetividade e, conseqüentemente, sua previsibilidade para o setor privado.

Em particular no âmbito da aplicação do direito da concorrência, a referida exigência de profissionalização se traduz na necessidade de difusão de conhecimento *jurídico-econômico especializado* entre as autoridades (e também entre os profissionais atuantes nesta área). Isso vai contra a tendência predominante no Brasil até o momento, a qual tem se apoiado numa cisão radical entre "o jurídico" e "o econômico", espelhada, p.ex., nos próprios critérios de escolha dos membros de alguns órgãos reguladores. As preocupantes deficiências daí resultantes são, pode-se dizer sem exagero, responsáveis por parte considerável das incertezas que têm marcado de maneira tão negativa a imagem dos órgãos do sistema brasileiro de defesa da concorrência. Se a idéia é fazer com que o funcionamento desses órgãos se dê, coordenadamente, na direção da maximização do bem-estar social, o passo inicial é zelar para que os seus ocupantes estejam suficientemente bem formados (ou seja, de posse do conhecimento técnico e do *know-how* necessários, bem como orientados precisamente nesta direção).

A atual compartimentalização do saber em jurídico e econômico certamente não é a melhor forma de se obter este resultado. A experiência tem demonstrado que juristas sem conhecimentos econômicos tendem a um raciocínio escolástico, a um apego quase místico a questões formais de pouca relevância e a um uso eclético e ornamental de proposições econômicas. Inversamente, economistas sem conhecimentos jurídicos tendem a um raciocínio tecnocrático, a um desrespeito com os direitos subjetivos das partes nos processos administrativos e a um uso autolegitimador de proposições jurídicas. A justa cobrança por especialização não deve ser entendida como necessidade de opção por um ou outro tipo de conhecimento, mas sim, de constituição e manutenção de corpos profissionais de fato especializados em *defesa da concorrência* pura e simplesmente, especialização que é impossível sem uma *combinação* dos *correspondentes* conhecimentos jurídicos *e* econômicos.

A previsibilidade da ação estatal em matéria de defesa da concorrência e regulação de mercados não é, entretanto, obtida somente com um corpo de profissionais bem treinados e alinhados na busca do aumento do bem-estar social. Um requisito adicional está na garantia de um grau adequado de *coerência institucional*. Coerência, no sentido da sistematicidade e continuidade na adoção de uma linha racional de conduta, é um recurso escasso na história institucional brasileira. Coerência *institucional* não é algo que se garante automaticamente com a coerência dos indivíduos que, em um dado momento, ocupam um determinado cargo público (embora isso seja obviamente uma condição necessária para essa garantia). Quando falamos em coerência ao nível das instituições, queremos dizer continuidade justamente *na mudança* dos indivíduos que ocupam tais cargos. Coerência institucional é um fator *crucial* para o sucesso de um plano sistemático de integração das políticas de defesa da concorrência e da regulação econômica e a sua ausência é fatal para a confiança dos agentes privados quanto ao real comprometimento do poder público com a realização do referido objetivo. Ao lado da insuficiente profissionalização, a falta de coerência institucional é a grande vilã da defesa da concorrência no Brasil.

A coerência nas atividades regulatórias das autoridades competentes se expressa na existência de um *padrão relativamente rígido de decisão sobre questões recorrentes* que de certo modo transcenda as convicções dos indivíduos que circunstancialmente se encontram na posição de autoridade, mas que possa, não obstante, evoluir em razão de progressos no saber técnico que serve de fundamento para tais decisões. O modelo conhecido que melhor se aproxima desta característica é o do *case law*, no qual tanto as autoridades como os potenciais afetados por suas decisões podem formar e estabilizar as suas expectativas por meio de precedentes devidamente consolidados. Isso não significa renunciar à idéia de que a autoridade deve poder — dentro dos limites juridicamente fixados — formar livremente a sua convicção a respeito da melhor forma de dar cumprimento às normas positivas; a bem da verdade, o que se pretende alcançar é um desenho mais claro destes limites.

Um exemplo que ilustra a necessidade deste tipo de continuidade institucional nos é novamente dado pela história recente do direito de defesa da concorrência. Surpreendentemente, o conhecimento profundo e em detalhe desta história tem sido fonte não de certeza, mas da mais alta indeterminação quanto a questões tão essenciais — e ao mesmo tempo prosaicas — quanto a definição dos critérios de submissão obrigatória de atos de concentração econômica às autoridades competentes. As constantes, abruptas e casuísticas mudanças de rota na análise deste e de outros problemas mais complexos inviabilizam processos de aprendizado institucional e elevam a insegurança jurídica a níveis críticos.

IV — O necessário aperfeiçoamento do atual modelo institucional

Diante deste quadro, a questão imediata é: os problemas de insegurança jurídica enfrentados nos campos da defesa da concorrência e da regulação de mercados — e o daí resultante aumento no grau de incerteza dos agentes econômicos — são função do *modelo institucional* adotado atualmente no Brasil, ou se explicam apenas em termos de falhas na aplicação do mesmo? O título da presente seção mostra que o problema deve em última instância ser atribuído ao modelo adotado — se é que neste caso se pode, rigorosamente, falar num modelo. O formato institucional vigente no Brasil para a promoção da eficiência econômica via regulação de mercados (em sentido amplo) é gerador de insegurança e é também *ineficiente* em grau relevante. Este flagrante conflito entre a finalidade declarada em nome da qual a instituição existe (promoção da eficiência econômica) e a *performance* efetiva da instituição é o resultado mais paradoxal que os anos de experiência com defesa da concorrência no Brasil nos legaram.

O conflito ocorre em dois níveis. O *primeiro* deles está apenas indiretamente atrelado ao modelo institucional vigente e se verifica nos — antes mencionados — efeitos negativos para o bem-estar social associados à falta de coerência institucional na persecução, pelo poder público, da referida finalidade. Estes efeitos se ramificam, basicamente e conforme exposto, em problemas de *consistência* das decisões em matéria concorrencial e em problemas de *insegurança jurídica* e de *agravamento de incertezas* no que se refere ao ambiente institucional no qual decisões de investimento têm que ser tomadas. Neste nível, a contradição entre finalidade e *performance* se explica mais diretamente por falhas no processo de aplicação de normas a casos concretos e é, logo e como dito, conseqüência não imediata do modelo institucional que forma o contexto em que tal aplicação se realiza.

O mesmo não pode ser afirmado, entretanto, do *segundo* tipo de conflito entre a função que justifica politicamente a existência da instituição (aumento da eficiência econômica) e o seu funcionamento ineficiente. Estamos nos referindo aqui às conhecidas ineficiências associadas à *distribuição de competências* entre os órgãos da administração pública envolvidos com a regulação de mercados no Brasil (SEAE, SDE, Procuradoria do CADE, CADE e, no que lhes competem, as agências regulatórias propriamente ditas). As referidas competências estão de tal modo distribuídas que atividades idênticas (ou virtualmente idênticas) são desempenhadas, no curso do mesmo procedimento, por dois ou mais órgãos. O mesmo trabalho é duplicado, triplicado e às vezes quadruplicado. Isso já seria injustificável mesmo nos casos de suprema complexidade. Enquanto situação generalizada, violam-se os mais elementares preceitos de racionalidade organizacional. Um exemplo muito ilustrativo desse tipo de ineficiência vem da análise de atos de concentração econômica pelo chamado "sistema brasileiro de defesa da concorrência". A Lei 8.884/1994 determina que SEAE e SDE deverão, nessa ordem, elaborar pareceres técnicos não vinculantes a respeito da operação submetida à apreciação. Além destas, também a Procuradoria do CADE deve emitir a sua opinião antes da decisão final pelo CADE, cujos conselheiros, evidentemente, são instados a refazer criticamente o mesmo percurso analítico anteriormente feito — ainda que com graus bem variados de sofisticação técnica — pelos três órgãos mencionados. Como subproduto, cada órgão envolvido no processo de análise tem buscado "especializar-se" na execução de tarefas implicitamente definidas em divisões informais do trabalho, a mais saliente das quais é a que se observa entre SEAE — análise econômica dos efeitos associados às operações — e Procuradoria do CADE — análise de filigranas jurídicas. Essas pseudo-especializações têm agravado a ineficiência original na medida em que cada órgão do sistema é levado a inflar o conteúdo das suas próprias funções, onerando as partes com exigências de informações e um dever de argumentação, em geral, injustificados.

As propostas de modificação da legislação antitruste veiculadas há algum tempo na mídia e discutidas com algum grau de detalhe entre especialistas certamente contribuiriam, se aceitas no plano político, para melhorar o referido estado de coisas. Entre tais propostas, aquela que melhor se ajusta às exigências de "qualidade institucional" é a que sugere uma fusão dos atuais órgãos componentes do sistema brasileiro de defesa da concorrência numa única "agência", técnica e materialmente aparelhada para desempenhar as funções que lhe cabem no contexto do "paradigma do bem-estar social". Esta agência estaria incumbida do exercício das competências tanto de instrução como de julgamento dos processos, as quais corresponderiam, *grosso modo*, uma diferenciação interna, na qual o CADE seria reabsorvido como "tribunal da concorrência".

Idealmente, contudo, parece-nos haver uma solução que merece consideração — no mínimo — em pé de igualdade. Trata-se do modelo baseado num fortalecimento do papel do Poder *Judiciário*, em especial no *julgamento* dos casos envolvendo acusações de condutas anticompetitivas. A "agência" assume, nestes casos, funções tipicamente acusatórias, tomando parte em um contencioso que se instaura e desdobra perante o juiz. Nos casos de controle de estruturas (atos de concentração econômica), em que a agilidade processual é fundamental e as vantagens comparativas da administração pública são evidentes, esse papel poderia eventualmente — isto é, não necessariamente — restringir-se ao plano recursal (contanto que o seu exercício não esteja limitado no que diz respeito ao exame de questões substanciais que envolvam o mérito das decisões). Em vista dos problemas com o modelo atual identificados nesta e na seção precedente, há ao menos quatro boas razões para a defesa desta proposta.

Em primeiro lugar, o grave problema da falta de coerência institucional, cujo efeito corrosivo para a segurança jurídica dos agentes econômicos já foi discutido acima, deixa de apresentar-se de forma *independente* em relação à necessidade de capacitação técnica dos quadros de profissionais envolvidos com a regulação jurídica de mercados, posto que passam a depender unicamente do *treinamento adequado* dos juízes competentes para o exercício de tal função. Efetivamente, aquilo que é característica *estrutural* do Poder Judiciário, a saber, a organização piramidal, a tendência à uniformização dos critérios de decisão nas instâncias do topo do sistema, o respeito pelos precedentes e a daí resultante resistência justificada a incursões aventureiras em regiões inexploradas do conhecimento científico-econômico ou a incorporações de conclusões da mesma natureza sujeitas a revisões bruscas e repentinas: essas e outras características que, da perspectiva da dinâmica do conhecimento científico, aparecem distorcidamente como responsáveis pelo caráter "conservador", ou — no jargão — "ideológico" do direito, têm sua funcionalidade e seu título de legitimidade nas já mencionadas *estabilização de expectativas normativas* e na *absorção controlada de incertezas*. Com a sua garantia viabilizam-se processos decisórios (tanto de autoridades como de agentes econômicos) que, forçosamente, tem que confrontar-se com incertezas não elimináveis quanto ao futuro. A função de estabilização de expectativas normativas e absorção de incertezas *consiste*, então e justamente, nessa viabilização, pois se nos é, em regra, vedado conhecer e prever com a segurança e a precisão que gostaríamos o comportamento futuro de preços, quantidades e outras variáveis relevantes para a regulação dos mercados, nos é assegurado ao menos o poder de determinar, aqui e agora, o que é, e o que não é, *lícito* fazer.

Além disso, e em segundo lugar, há o argumento estritamente técnico. A cisão das competências de instrução e de julgamento entre diferentes órgãos administrativos — estejam estes organizacionalmente integrados ou não em um único ente (como seria o caso na nova "agência" da concorrência) —, traz consigo o risco da institucionalização de uma situação em que — para utilizar a metáfora de Mario Monti, o comissário responsável pela política de concorrência na Comissão Européia — alguém é convidado para um jogo de xadrez no qual, não obstante, se lhe deixa usar apenas uma parte das peças.[8] É verdade que, nos processos judiciais, não é propriamente o juiz que *faz* a instrução; entretanto, esta fase, que é crucial para a consistência e a justeza da decisão que será tomada, desenrola-se, por assim dizer, sob seus olhos e seu governo. O juiz *participa* de forma constitutiva e ativa de todo o processo de coleta das provas, ele testemunha, ao vivo, o jogo dialético entre as partes do procedimento enquanto estrategicamente orientadas na sua persuasão, jogo ao fim do qual vai estar devidamente "formada a convicção" a respeito das premissas nas quais sua decisão final irá se basear. Dessa forma, praticamente mesclam-se instrução e julgamento, o que contrasta com a situação em que o instrutor fabrica e "entrega", e o julgador "recebe", os resultados da instrução como um dado externo e acabado para o exercício da sua função — algo que, além de encorajar as ineficiências de duplicação de trabalho acima mencionadas, é desestimulante para ambos.

Em terceiro lugar, caberia mencionar os ganhos em termos de *minimização dos riscos de "captura"* que o incremento das competências e o fortalecimento do Judiciário trariam para a implementação das políticas de defesa da concorrência e regulação de mercados. Em vista da experiência brasileira, seria falso supor que houve ou teria havido, neste âmbito, captura no sentido da explicação do surgimento da regulação com base na defesa dos interesses dos setores regulados. Tampouco acerca da gestão dessas políticas seria justo dizer algo desse gênero. Na verdade, a expressão "captura" tem aqui um significado menos apelativo do ponto de vista teórico e se refere apenas à presença de mecanismos quase-aleatórios de enviesamento do processo de aplicação de normas em razão de uma *excessiva rotatividade* dos sujeitos responsáveis por tal aplicação. Considerando que não se pode pretender fundar nossas expectativas de avanços institucionais na esperança de que poderemos contar sempre com a oferta do necessário heroísmo individual, o referido tipo de efeito é difícil de ser evitado sem a estruturação planejada de planos de carreira, suficientemente atrativos aos indivíduos dotados das necessárias capacidade técnica e experiência para ocupar os postos-chave nas instituições. É aí que entra a vantagem comparativa do Judiciário, no qual isso já é uma realidade, bastando apenas treinar e especializar os corpos de julgadores para o exercício das correspondentes funções.

Por último, vale uma referência aos ganhos que o fortalecimento do Judiciário como parte ativa na implementação especialmente da política de defesa da concorrência pode trazer em termos da criação de condições para a difusão de uma correspondente "cultura". Isto se dá, predominantemente, por meio da circulação do conhecimento a respeito de direitos e obrigações que acompanha o desenvolvimento do *private antitrust enforcement*. Com efeito, *pari passu* com o referido fortalecimento do Judiciário tende a crescer o aproveitamento da possibilidade de propor, perante um juiz, uma ação privada visando à obtenção de indenização pecuniária por danos causados por comportamentos alegadamente anticoncorrenciais, pois os custos com a litigância podem ser muito mais que recompensados pelo possível benefício de uma sentença favorável. A este incentivo privado corresponde o ganho público associado à repartição de parte dos gastos com a implementação da política de defesa da concorrência com o setor privado, o que inclui os recursos necessários tanto à obtenção das informações e à elaboração dos argumentos para a instrução dos casos concretos, como ao treinamento prático e teórico dos juízes competentes e à popula-

8. Cf. *The Application of Community Competition Law by the National Courts*, conferência proferida em Trier, em 27.11.2000.

rização de conceitos técnicos e mecanismos institucionais (tal como se verificou entre nós, com extremo sucesso, com o direito de defesa do consumidor).

Quanto a este ponto, se há alguma experiência exemplar a se buscar, ela está no direito norte-americano.[9] Aqui, efetivamente, é nas cortes de justiça que se encontra o *locus* privilegiado das discussões sobre as questões substantivas mais relevantes,[10] é em torno da sua práxis que gravitam os debates, estudos e comentários dos especialistas. A evolução institucional cuidou, por assim dizer, para que se consolidasse uma espécie de opinião pública tecnicamente credenciada e crítica, responsável por manter os juízes sob constante pressão no sentido da atualização de conhecimentos. É importante que se tenha em mente que esses são resultados de um processo não linear de aprendizado coletivo que não se instaura, nem muito menos se conclui, por decreto. Qualquer tentativa bem-intencionada de aproveitar a secular experiência norte-americana para o desenho de procedimentos[11] e mecanismos de *private antitrust enforcement* no Brasil deverá, portanto, ter consciência de que se trata de um longo — e potencialmente custoso — caminho. A sugestão de que, não obstante, este é um modelo a copiar, baseia-se na expectativa racional de que os ganhos no médio e longo prazos são muito superiores aos custos associados à sua instalação e administração.

Como se vê, há muito ainda o que fazer para que a implementação das políticas de defesa da concorrência e regulatória sejam seguramente colocadas nos trilhos da promoção efetiva do bem-estar social. Entre os conjuntos de medidas mais urgentes para fazer frente aos problemas resumidamente descritos ao longo do presente trabalho, existem pelo menos dois para cuja menção é importante. O primeiro deles tem natureza mais programática e consiste no financiamento de iniciativas direcionadas à coordenação, ao aprofundamento e à difusão de estudos e discussões acerca das reformas institucionais que seriam necessárias para a realização do mencionado objetivo da busca do aumento do bem-estar social.

O tema desses estudos e discussões deve incluir não apenas as alterações do modelo institucional vigente que seriam as mais adequadas para a obtenção de resultados ótimos no que se refere ao aproveitamento dos recursos materiais e humanos disponíveis; além disso, é fundamental não perder de vista as fontes possíveis de melhoria da legislação aplicável, e isso do ponto de vista tanto procedimental como substantivo. Nesses casos, o apoio estatal se justificaria pela necessidade de integração, coordenação, seleção/filtragem e amplificação dos esforços, propostas e contri-

9. A situação no direito europeu está, de acordo com a avaliação dos especialistas, muito aquém do desejado. Cf., a respeito, Ritter, Braun e Rawlinson, *European Competition Law: a Practitioner's Guide*, Kluwer Law International, The Hague, 2000, pp. 925-926: "The enforcement of EC competition law in civil litigation is still relatively underdeveloped compared with private antitrust enforcement in the United States (...) A decentralized application of Community law (...) also raises the general level of voluntary compliance with and enforcement of the law, as is the case in the United States. In addition, it eases the enforcement burden on the Commission which should concentrate on cases presenting a Community interest".

10. A previsão dos "treble damages" é, obviamente, um poderoso incentivo ao uso do Judiciário para a defesa de interesses privados diante de comportamentos anticoncorrenciais. V., a respeito, a seção 4 do Clayton Act: "Any person injured in his business or property by reason of anything forbidden in the antitrust laws may sue (...) and shall recover three-fold the damages by him sustained, and the cost of suit, including a reasonable attorney's fee". O projeto de modificação da Lei 8.884/1994 que circulou há algum tempo atrás continha uma previsão neste sentido.

11. A questão dos procedimentos é essencial, dada a imagem não injustificada de lentidão e ineficácia que caracteriza a idéia geral que se faz do funcionamento do Poder Judiciário no Brasil. Seria importante, além disso, a criação de varas especializadas nas quais pudessem ser gerenciados o estoque de conhecimentos e os processos de aprendizado.

buições até certo ponto já existentes, os quais têm permanecido num estado relativamente fragmentado e desprovido de força suficiente para a sensibilização do sistema político. Aparentemente e num nível mais geral, iniciativas análogas a essa vêm sendo adotadas pelo Banco Mundial mediante programas de financiamento de fóruns e discussões internacionais, de publicações de livros e revistas especializadas, de incorporação de *best practices*, de estudos e propostas para harmonizações legislativas, de criação de bancos de dados para a avaliação e a comparação de experiências etc.[12]

Num plano mais imediato, o referido apoio poderia ocorrer via financiamento de programas de capacitação técnica e treinamento de autoridades administrativas e judiciais e, eventualmente, das correspondentes equipes de apoio. Isso é tanto mais importante quanto se consideram as lacunas existentes no Brasil no que diz respeito à difusão e veiculação de conhecimento técnico e *know-how* adequado. Seria interessante, nesse sentido, a instituição de cursos de formação e especialização de profissionais com perfil de atuação direcionado ao poder público. Também é essencial a canalização de recursos públicos para a criação e o aprimoramento dos mecanismos de obtenção e processamento de informações relevantes para a formulação e o teste das hipóteses que servem de fundamento às decisões. Estamos nos referindo aqui simplesmente aos meios necessários para uma execução de trabalhos que esteja a altura do conteúdo da respectiva função, e que incluem desde a posse de recursos materiais até o acesso a informações sensíveis para definições de mercados relevantes e sua análise estrutural. De fato, sem a sofisticação desses mecanismos e das informações obtidas por meio deles, de pouco adianta a qualidade do corpo técnico responsável.

12. Cf. *World Bank Annual Report 2001*.

Atualidades

CONCEITO DE RELAÇÃO DE CONSUMO E ATIVIDADES PRESTADAS POR ENTIDADES SEM FINS LUCRATIVOS

Ensaio sobre o alcance do Código de Defesa do Consumidor

BERNARDO STROBEL GUIMARÃES

1. Um problema recorrente — Dificuldades para a fixação do âmbito de abrangência do CDC. 2. Relação de consumo, sua identificação legal e seu valor metodológico — Importância essencial e autonomia do seu objeto. 3. O conceito de remuneração e elementos para sua correta identificação. 4. Ainda da remuneração e da sua posição privilegiada na relação de consumo e das hipóteses onde ela não se verifica mesmo havendo pagamento. 5. Breves comentários acerca das personalidades sem finalidade econômica (o chamado terceiro setor) e da necessidade de demonstração fática deste requisito. 6. À guisa de conclusão, algumas meditações constitucionais. 7. Conclusões pontuais.

1. Um problema recorrente — Dificuldades para a fixação do âmbito de abrangência do CDC

A implantação de um microssistema jurídico com vistas à proteção do consumidor, inaugurado com a promulgação do Código de Defesa do Consumidor — CDC (Lei 8.078/1990), desde sua origem, vem rendendo ensejo a discussões acerca de quais as relações jurídicas sujeitas a este diploma. Sem exagero, pode se afirmar que um dos grandes focos de controvérsia envolvendo o direito do consumidor reside na correta identificação da sua abrangência.

Concorrem para o fenômeno razões jurídicas relevantes que tornam o problema intrincado. Primeiramente, a própria disciplina específica no CDC, por exorbitar do direito civil ordinário, é, por si só, fonte de controvérsia. Não bastasse tanto, é de se ver que inúmeras matérias que configuram relações de consumo possuem regramentos específicos em relação a alguns de seus aspectos (*v.g.*, legislação securitária, bancárias, de planos de saúde etc.) o que leva à necessidade de se questionar qual o regime jurídico a que se sujeitam tais disciplinas em relação a pontos bastante específicos. Por fim, é de se notar que o CDC não se aplica apenas onde haja relações de consumo conforme por ele definidas (arts. 2º e 3º), há extensões legais (arts. 17 e 29) que predicam a aplicação do diploma para além do trato das relações entre consumidor e fornecedor, quando verificadas hipóteses específicas. Ou seja, o CDC não se aplica exclusivamente onde haja relação de consumo.

Em raso esforço de síntese, podem ser apontadas as razões jurídicas de relevo acima vistas que demonstram a dificuldade de se fixar com precisão o âmbito de abrangência do CDC, que justificam o desconforto sentido no trato com este diploma. Em que pese algumas das questões originariamente postas já se encontrarem praticamente pacificadas, a própria evolução da sociedade acaba por gerar novos desafios (por todas citem-se as questões que envolvam a *internet*).

Neste quadro é que se insere o tema objeto do presente estudo, *qual seja os limites e possibilidades de aplicação do CDC face às personalidades jurídicas que desempenham atividades econômicas sem o intuito de lucro (chamado Terceiro Setor)*. Com efeito, o tema a ser abordado é em última instância é saber se aplica o CDC a quem não persegue lucro em suas atividades. A novidade do tema justifica plenamente o presente esforço que tem apenas a pretensão de lançar algumas luzes sobre o tema, ainda bastante carente de análise jurídica.

Para responder com acerto à questão, no entanto, é mister repisar os próprios elementos que configuram juridicamente a relação de consumo objeto imediato da tutela legislativa, explicitando nuances que por vezes passam sem ser notadas, por análises, não raro, feitas de afogadilho.[1] Ou seja, ainda antes de se pretender responder à questão fundamental é necessário definir uma série de elementos referentes ao próprio direito do consumidor que, se adotados sem reserva, podem conduzir a desacertos.

1. Importa destacar desde logo que divide-se a presente análise, *grosso modo*, em duas ordens de cogitações: uma parte geral destinada a explicitar as premissas em relação ao sistema do CDC (itens 2, 3, 4) e outra destinada à análise de como a questão se passa em relação às personalidades cuja missão institucional não é a persecução de lucro (5, 6). Esse esclarecimento metodológico se faz pertinente para que o texto não seja lido de maneira desarticulada; embora a primeira parte possa parecer, em um primeiro momento, não referenciada ao tema posto em análise, mas, ao fim, referem-se às conclusões obtidas vestibularmente com o todo do texto. A divisão em duas partes um tanto quanto distintas foi julgada imprescindível, sob pena de fazer grassar equívoco em relação às premissas adotadas. Sentiu-se, pois, necessidade de se discorrer acerca da própria noção legal de relação de consumo para evitar alguns preconceitos que devem ser elididos acerca do tema.

2. *Relação de consumo, sua identificação legal e seu valor metodológico — Importância essencial e autonomia do seu objeto*

Nos termos dos artigos que regem a matéria (CDC, arts. 2º e 3º), vê-se desde logo que *a relação jurídica de consumo tem em um de seus pólos o consumidor e noutro o fornecedor, tendo por objeto um produto ou serviço, estando todos os elementos definidos legalmente*.[2-3-4] É necessário pois analisar a estrutura desta relação para desvelar o problema do âmbito de aplicação do CDC com base nela. Reveste-se o conceito de relação de consumo de inestimável valor metodológico para se trabalhar com acerto em relação ao direito do consumidor; sem embargo de sua importância, carece ainda o tema de estudo haja vista habitualmente ser tomado como pressuposto que dispensaria maiores meditações acerca de seu conteúdo (fundamento óbvio).[5]

2 . Neste sentido, fazendo síntese harmoniosa da doutrina de escol, consulte-se Antônio Carlos Efing, *Fundamentos do Direito das Relações de Consumo*, Curitiba, Juruá, 2003, pp. 33 e ss.

3. Ainda, é de se trazer, por clássica, a definição de relação de consumo dada por Nélson Nery Jr. como sendo a "relação jurídica existente entre fornecedor e consumidor tendo como objeto a aquisição de produtos ou a utilização de serviços pelo consumidor" (in *RDC* 3/46-47 e, ainda, em Ada Pellegrini Grinover *et alli*, *Código Brasileiro de Defesa do Consumidor Comentado pelos Autores do Anteprojeto*, 6ª ed., Rio de Janeiro, Forense Universitária, 1999, p. 429).

4. É o tipo de tutela dita "estatutária", ou seja, que depende não da vontade (como os contratos) e sim de um *status* que implica na aplicação de um dado regime jurídico. *Status* pode ser definido nos seguintes termos: "relação jurídica pessoal por natureza, não temporária e não resolúvel por meio da vontade das partes, situação essa que resguarda tantos os interesses de terceiros quanto do Estado" (cf. Pietro Rescigno, "Situazione e *status* nella'esperienza del dirritto", in *Rivista de Diritto Privado*, v. I, p. 211, 1973). Conforme o autor, citado a tutela pela via de *status*, em detrimento do contrato, teria o condão de assegurar maior justiça em casos onde há o desnivelamento entre as partes.

5. Adotado no sentido atribuído por Alfredo Augusto Becker in *Teoria Geral do Direito Tributário*, 3ª ed., Campinas, Lejus, 1998, pp. 11 e ss.

É o que se busca fazer, sob pena de sequer poderem ser arranhadas as questões postas em discussão, analisando-se a estrutura da própria relação de consumo em seus diversos elementos.[6]

No primeiro pólo, temos a figura do consumidor que se identifica nos termos da Lei (CDC, art. 2º) como: "toda pessoa física ou jurídica que adquire ou utiliza produto ou serviço como destinatário final". Percebe-se que o elemento que caracteriza o conceito é a qualidade de destinatário final de produto ou serviço. Ambas as condições hão de estar perfeitas para estarmos diante do consumidor definido legalmente. A sutileza a ser destacada consiste no fato de que o consumidor é definido em função — *em última instância* — como aquele que recebe, como usuário final, "produto" ou "serviço". Logo, o próprio conceito de consumidor depende fundamentalmente do objeto da relação (produto/serviço).

Ou seja, "produto" e "serviço" são, nos termos legais, conceitos essenciais para que se caracterize a própria figura do consumidor, que é quem irá fruí-los como destinatário final.

O fornecedor, outro pólo da relação de consumo, ao seu turno, é conceituado como: "*pessoa física ou jurídica, pública ou privada, nacional ou estrangeira, bem como os entes despersonalizados, que desenvolvem atividades de produção, montagem, criação, construção, transformação, importação, exportação, distribuição ou comercialização de produtos ou prestação de serviços*".

É de se notar que, novamente, a conceituação legal remete a "produto" e "serviço" como elementos de essência para se definir afinal quem é o fornecedor.

Isto, pois, as atividades postas em elenco só se fazem relevantes quando afetadas a "produtos" e a "serviços", de sorte que se pode reputar o rol como meramente exemplificativo.[7] Neste particular, sequer o elemento subjetivo (tipo de personalidade jurídica) é importante na medida em que a definição legal alcança qualquer arranjo jurídico (inclusive os despersonalizados) capaz de operar (seja de que forma for, sendo indiferente o elenco legal dos verbos), em tese, com "produtos" ou "serviços".

Conforme já se pode concluir, ainda antes da análise do objeto, a relação de consumo se caracteriza mais pelo seu conteúdo do que por qualidades dos integrantes de seus pólos.

Com efeito, a qualidade de consumidor ou fornecedor (em suas formas ordinárias, excluindo, então, as equiparações que se submetem a outro regime) só é alcançada em se levando em conta o objeto/conteúdo da relação (*i.e.* produtos ou serviços).

Não por outra razão, ambos os conceitos, conforme legalmente definidos (arts. 2º e 3º, *caput*), aludem expressamente a produtos e serviços. Deste modo, *o objeto é essencial para a identificação da relação de consumo, condicionando a própria definição dos seus sujeitos.*

Em verdade, os únicos elementos que atinam exclusivamente aos sujeitos da relação de consumo são: (i) a qualidade de destinatário final no que toca à definição do consumidor e (ii) a habitualidade/profissionalismo das atividades do fornecedor,[8] todo o resto, no que toca aos pólos,

6. A cisão dos elementos da relação obedece a fins meramente metodológicos, o conceito de relação de consumo é realidade íntegra e una.

7. Neste sentido, a lição de James Marins: "Todavia, dadas as características desta lei de proteção ao consumidor, não nos parece que devam ser entendidas como taxativas, mas sim como exemplificativas (*numerus apertus*) das atividades que normalmente envolvem as relações de consumo e que possam gerar ao consumidor direitos exercitáveis por meio deste Código, sem que se possa excluir de estar regulada por este Código outra atividade de natureza similar, semelhante ou de natureza equivalente às atividades enumeradas" (in José Manoel Arruda Alvim *et alli*, *Código de Defesa do Consumidor Comentado*, 2ª ed., São Paulo, Ed. RT, 1995, p. 35, comentários ao art. 3º).

8. Os conceitos de habitualidade e de profissionalismo possuem em certo grau inter-relação com o objeto da relação de consumo conforme será visto adiante, desvelando-se o alcance possível dos con-

é acidental. Veja-se, que o próprio conceito de fornecedor só se alcança levando-se (imediatamente) em conta o objeto da relação e é condicionado sobremaneira por ele.[9]

Tanto para definir o consumidor, quanto o fornecedor, não basta considerar apenas a natureza deste sujeito, há sempre elíptica uma questão de essência um "*adquirir ou utilizar o que*", ou ainda "*produzir, montar, criar, construir, transformar, importar, exportar, distribuir ou comercializar o que*". Somente quando a resposta às questões acima formuladas for "produto ou serviço" é que haverá consumidor ou fornecedor nos termos das respectivas definições legais.

Ou seja, dizer que a relação de consumo é a que se estabelece entre consumidor de um lado e fornecedor de outro (como usual na doutrina) embora esteja correto deixa de chamar a atenção a um ponto fundamental para a compreensão do fenômeno, qual seja, que esta relação tem necessariamente por objeto produto ou serviço (e que o seu conteúdo condiciona a própria identificação dos seus atores).

Mais ainda, *atribuir a condição de consumidor e de fornecedor a quem quer que seja pressupõe uma averiguação prévia acerca do objeto da relação de consumo e sua identificação preliminar como sendo produto ou serviço*.

Tal constatação inverte o trato habitual que se dá à questão, na medida em que, usualmente, coloca-se o objeto da relação de consumo como elemento menor, mera decorrência de haver trato entre fornecedores e consumidores. Tal orientação é por tudo falaz na medida em que ignora que as qualidades consumidor/fornecedor somente podem ser assumidas quando o objeto da relação havida for produto/serviço. Isto por força do que está contido na própria lei.

Tal ordem de coisas (e até a disposição dos artigos do CDC) levou a se tratar do objeto da relação de consumo (produto/serviço) como elemento de menor importância cuja definição remeteria, *i.e.* seria inferida, da correta identificação dos pólos da relação.[10]

Cumpre, pois, examinar com a devida atenção o objeto da relação de consumo, ou seja, o conceito de produto e serviço e os condicionantes por ele impostos ao outros elementos da relação (*i.e.* os pólos: consumidor e fornecedor), haja vista sua importância fundamental já devidamente ressalvada anteriormente.

Como ponto de partida, tem-se as prescrições do CDC que definem o objeto da relação de consumo: "Produto é qualquer bem, móvel ou imóvel, material ou imaterial" (cf. CDC, art. 3º, § 1º) e "Serviço é qualquer atividade fornecida no mercado de consumo, mediante remuneração, inclusive as de natureza bancária, financeira, de crédito e securitária, salvo as decorrentes

ceitos e seus desdobramentos. Assim o enquadramento destes requisitos como autônomos e vinculados à figura do fornecedor é feito para fins didáticos respeitando a opinião corrente da doutrina acerca do tema.

9. Neste sentido novamente o magistério de James Marins: "(...) poder-se-ia dizer, sinteticamente, que fornecedor é todo ente que provisione o mercado de consumo, de produtos ou serviços" (in Arruda Alvim, ob. cit., p. 32).

10. À guisa de ilustração, por ser de reconhecida importância, consulte-se a definição de relação de consumo cunhada nos comentários do CDC de lavra dos autores do anteprojeto que é passada nos seguintes termos: "Pode-se dessarte inferir que toda a relação de consumo: a) envolve basicamente duas partes bem definidas: de um lado, o adquirente de um produto ou serviço ('consumidor'), e, de outro, o fornecedor ou vendedor de um produto ou serviço ('produtor/fornecedor'); b) tal relação destina-se à satisfação de uma necessidade privada do consumidor; c) o consumidor, não dispondo, por si só, de controle sobre a produção de bens de consumo ou prestação de serviços que lhes são destinados, arrisca-se ao submeter-se ao poder e condições dos produtores daqueles mesmos bens e serviços" (in Ada Pellegrini Grinover *et alli*, *Código Brasileiro de Defesa do Consumidor...*, cit., 6ª ed., p. 28, comentários ao Capítulo I de autoria de José Geraldo de Brito Filomeno). No texto citado fica clara a falta de autonomia que é dada aos conceitos de produto e serviço sem embargo de sua natureza essencial para a definição da relação de consumo.

das relações de caráter trabalhista" (cf. CDC, art. 3º, § 2º).

Ambas as definições caracterizam-se pela grande amplitude imprimida pelo texto legal que busca não permitir eventuais derrogações do sistema por haverem eventuais lacunas quanto ao objeto da relação de consumo, risco freqüente quando a lei se vale de conceituações expressas. É preciso então olhar além da amplitude dos conceitos para buscar encontrar os caracteres ontológicos do objeto da relação de consumo.

Dito em outras palavras, é necessário buscar o que efetivamente caracteriza o objeto da relação de consumo e aproxima os conceitos de produto e serviço enquanto integrantes desta mesma categoria legal (*i.e.* explicitação de seu núcleo comum).

Em relação ao conceito de produto, é necessário de antemão repugnar qualquer conceituação tendente a reduzir o problema da definição de produto a uma tautologia insolúvel. Isto, pois, não raro, se define como produto quaisquer bens, desde que objetos de uma relação de consumo; ou ainda como os bens fornecidos (escusada a redundância) pelo fornecedor. Ambos os conceitos, ignoram o fato que para a caracterização, nestes casos, tanto da relação de consumo quanto do fornecedor, é necessário que se esteja diante do objeto da relação como sendo produto.

É inviável, desde um ponto de vista lógico, identificar "produto" na acepção do CDC com base na sua afetação à relação de consumo ou ao fornecedor se ambos estes conceitos são definidos com base no mesmo elemento "produto".

A análise deve ir mais além sob pena de se fazer grassar contradição tautológica invencível.

Neste ponto, cumpre retomar uma discussão acerca do conceito do próprio vocábulo "produto", contraposto ao vocábulo "bem", de largo uso em direito. Por ocasião da promulgação do CDC travou-se discussão acerca de qual a terminologia mais adequada.[11-12] Tal discussão, reflete nas entrelinhas a própria dificuldade da correta identificação do conceito de produto.

Com efeito, o que se pode concluir da análise do conceito de "produto" é que ele não coincide com o conceito de "bem"; embora a redação legal possa dar tal impressão em uma análise precipitada ("*Produto é qualquer bem*"). Se é verdade que produto sempre é um bem, não é verdade que todo bem seja um produto. Não há relação de identidade entre ambos os conceitos. Ou seja, o conceito de "bem" é condição necessária, mas não suficiente, para definição adequada de "produto", isto é, objeto possível de relação de consumo.

Isto decorre da interpretação sistemática do parágrafo que define produto com as outras prescrições que tratam das "*disposições gerais*" do Código. Neste sentido, há de se remeter às próprias características que se imputam ao fornecedor, especialmente, à lista de ações que podem ser praticadas. Ao aludir, ainda que não de maneira taxativa, a desenvolver as seguintes atividades: "*produzir, montar, criar, construir, transformar, importar, exportar, distribuir ou comercializar*" fica claro que é relevante, por dar ensejo à relação de con-

11. "O § 1º do mencionado Código fala em 'produto', definindo-o como qualquer bem, móvel ou imóvel, material ou imaterial. Melhor, entretanto, no nosso entendimento, seria falar-se em 'bens' e não 'produtos', mesmos porque, como notório, o primeiro termo é bem mais abrangente que o segundo, aconselhando tal nomenclatura, aliás, a boa técnica jurídica, bem como a economia política". É a opinião acerca dos termos de José Geraldo Brito Filomeno que prefere a dicção "bem" em detrimento de "produto" (in Ada Pellegrini Grinover *et alli*, ob. cit., p. 43).

12. "No Código de Defesa do Consumidor, a palavra 'produto' é empregada em sentido econômico, como 'fruto da produção'. Produto é, portanto, um bem. Algo elaborado por alguém, com o fim de colocá-lo no comércio, para a satisfação de uma necessidade humana". É a opinião de João Marcello de Araújo Júnior, que confere autonomia ao conceito de "produto" em relação ao conceito de "bem", por aquele ser qualificado como resultado de um processo de produção (in José Cretella Júnior *et alli*, *Comentários*..., cit., p. 57).

sumo, que haja organização econômica desse processo.

Em verdade, o conceito aproxima-se bastante do moderno conceito de empresa (tomado em sentido amplo), na medida em que este se compreende como a organização racional de fatores econômicos (trabalho, capital, insumos etc.) para produção de utilidades passíveis de exploração econômica (*i.e.* com o intuito de lucro).[13-14] Tal, fica ainda mais claro quando se percebe que deve haver habitualidade ou profissionalismo no desenvolvimento destas atividades, como assevera em uníssono a doutrina. Aliás, habitualidade e profissionalismo são justamente reflexos desta exploração revestida de organização econômica e devem ser aferidas no caso concreto para serem identificadas com propriedade.

Habitualidade e profissionalismo, características que se imputam necessariamente para que se perfaça o conceito de fornecedor, conectam-se intimamente com a problemática da definição do objeto da relação de consumo. Há um invencível condicionamento mútuo que deve ser levado em conta pelo intérprete, não sendo lídimo fazer análise dissociada destes conceitos (o tema será retomado mais adiante).

A conjugação do conceito de "produto" com o de "fornecedor" (absolutamente necessária) indica que não basta que se oferte um bem a alguém, tal procedimento deve revestir-se do mínimo de organização econômica para ser objeto de uma relação de consumo.[15]

É esta nota de organização econômica, com vistas ao lucro, que separa o conceito de "bem" (que dela pode prescindir) do de "produto".

Produto, assim, na acepção do CDC requer um *plus* em relação a bem para ser caracterizado como objeto da relação de consumo. Nesta linha, todo produto é um bem (como afirma taxativamente o CDC), mas nem todo bem é um produto. A linha de distinção entre eles existe na medida em que para que haja um "produto" é absolutamente necessário que se revista o processo de um intuito econômico, no caso de bens isto não se faz necessário, ou seja, não é imprescindível.

Escusando novamente a redundância: *produto é resultado de um processo de produção que, para fins do direito do consumidor, reveste-se de organização econômica com intuito de lucro.* É esta a inteligência do vocábulo utilizado pelo CDC que corretamente remete à noção de organização de fatores econômicos com o intuito de lucro.

Se tal constatação fica um pouco obscurecida quando está a se tratar de produto, crê-se que a conceituação de serviço tem o condão de tornar a matéria sobremaneira mais clara, expondo o ponto fulcral da questão, a pedra de toque para desvelar o conceito de relação de consumo.

Na letra da lei configura-se serviço como — "*qualquer atividade fornecida no mercado de consumo, mediante remuneração, inclusive as de natureza bancária, financeira, de crédito e securitária, salvo as decorrentes das relações de caráter trabalhista*".

13. Neste sentido, tem valor metodológico a prescrição do Código Civil, em seu art. 966, *caput*, que caracteriza o que seja empresário (e por via reflexa, empresa): "Considera-se empresário quem exerce profissionalmente atividade econômica organizada para a produção ou a circulação de bens ou de serviços".

14. Isto na verdade não significa que o CDC só se aplica às empresas, pois, o CDC não retirou os "profissionais liberais" (cf. art. 14, § 4º) do rol dos fornecedores como fez o CC em relação às "*profissões intelectuais*" do rol dos empresários. Assim, os "profissionais liberais" (*i.e.* que prestam atividades intelectuais, nos termos do CC) são fornecedores, apenas com as salvaguardas quanto à forma de responsabilização feita pelo CDC.

15. Tal organização deve ser aferida caso a caso e não decorre da existência de caracteres formais (p.ex., constituição de uma empresa). É perfeitamente possível reconhecer organização econômica no sentido empregado em atividades informais, que não deixam de constituir "empresas", na acepção ora empregada.

Do cotejo das disposições legais que configuram produto e serviço, vê-se desde logo que o grau de detalhamento da conceituação deste é superior em larga medida ao grau daquele. O conceito de serviço recebeu maiores atenções por parte do legislador de modo que se pode, a partir dele, colocar com precisão cirúrgica pontos que porventura tenham ficado anuviados da análise do conceito de produto (onde houve grande esforço retórico para demonstrar pontos que agora hão de ficar mais bem postos).

O que se fazia de certa forma elíptico no conceito de produto, e obriga a uma discussão acerca do intuito econômico da produção, está posto de maneira clara no que toca ao conceito de serviço. Isto, pois está consignado expressamente no conceito — "*qualquer atividade fornecida no mercado de consumo, mediante remuneração*", o que põe a salvo de dúvida que tal processo possui uma imediata dimensão econômica.

Se não bastasse a menção ao mercado de consumo, que evoca as idéias já citadas, há alusão expressa à remuneração como integrante do conceito, o que põe o raciocínio antes exposto indene de dúvida (em uma primeira análise, pelo menos, acerca dos serviços). Eis o ponto (remuneração) que merece análise detida para fins de uma correta identificação da relação de consumo.

É justamente o conceito de remuneração que sedimenta as conclusões até o presente momento lançadas. Tal atributo, se bem que mencionado apenas para serviços, condiciona toda análise do objeto da relação de consumo (e, por conseqüência, de fornecedor), sendo de fundamental importância para defini-la. Para que se perceba tanto é necessário liminarmente afastar preconceito hermenêutico comum.

O preconceito a ser afastado é de uma interpretação gramatical restritiva que no caso em mira residiria na identificação do conceito de remuneração integrando apenas o objeto "serviço". Tal postura ofende os postulados da interpretação sistemática e implicaria, se adotado, em última instância, em conferir tratamento distinto a duas realidades que se equivalem. Fácil é demonstrá-lo.

Com efeito, seria inviável conferir tratamento distinto, no que toca à remuneração, a "produto" e a "serviço", ambos objetos de uma relação que predica a aplicação de um plexo de normas específicas. Não há razão para legitimar o discrímen, no que pertine à remuneração entre produtos e serviços.[16]

Invertendo a ordem da formulação para fins didáticos fica mais clara a idéia. Para que se perceba tanto, é apenas necessário visualizar que não teria sentido, no caso de não haver remuneração, razão para se conferir tutela jurídica distinta para o adquirente final de produto e para o destinatário final de serviço. Ambos hão (*respeitadas as especificidades do CDC*) de receber o mesmo tratamento jurídico, não sendo lícito lhes discriminar o tratamento, para fins de incidência, ou não, do CDC, em função do elemento que vier a integrar a relação de consumo como objeto (se produto ou serviço). O tratamento a ambos deve ser em linhas gerais, parelho.

Como argumento de reforço, tem-se ainda a própria unidade no mesmo artigo dos conceitos de fornecedor, produto e serviço que no mínimo reclama que o intérprete procure o entrelaçamento (condicionamentos recíprocos) entre estes elementos.

Veja-se que como ambos os conceitos destinam-se a fazer as vezes de objeto da relação de consumo, predicando em suma a aplicação de regime jurídico qualificado (de especial proteção ao consumidor por injunção constitucional) não teria sentido fazer diferença no que concerne à remuneração para franquear regimes díspares, favorecendo o adquirente de produto em detrimento do adquirente de serviços.[17] A

16. Neste passo estão sendo seguidos os ensinamentos célebres de Celso Antônio Bandeira de Mello, in *O Conteúdo Jurídico do Princípio da Igualdade*, 3ª ed., São Paulo, Malheiros Editores, 2000.

17. Exemplo de produto que é fornecido sem remuneração direta é a amostra grátis, que acaba por

Constituição não se compraz com a distinção sendo a proteção ao consumidor (tanto de produto como de serviço) o bem a ser tutelado, não sendo conforme a constituição a interpretação de a remuneração dizer respeito apenas a serviços.

Ou seja, o fornecimento de produtos, para ser juridicamente relevante para o CDC, não prescinde que haja remuneração; a uma, por ser produto dicção que evoca que o fornecimento se dê de modo economicamente organizado (distinguindo-o de bem) e, a duas, por não poder se operar distinção juridicamente válida no que toca à remuneração, cotejando este conceito com o de produto, especialmente face à Constituição, que não distingue o consumidor de serviços do de produtos.

Dito o que se disse até o presente instante, pode-se começar a evocar a idéia fundamental do presente ensaio, que condiciona as inferições lançadas e justifica a pesquisa levada a efeito até o presente momento, por ponto de partida inesquivável. O esforço de sistematização que teve em mira a relação de consumo teve por ensejo justamente colocar na ribalta o elemento "remuneração" e seu papel para correta compreensão do CDC enquanto sistema de proteção ao consumidor.

Pelo que se expôs, pode-se lançar conclusão sobremaneira importante para análise da relação de consumo e do procedimento lógico para sua definição. Em verdade, além dos elementos expressamente mencionados pelo CDC (consumidor, fornecedor e objeto) *há de se acrescentar a remuneração que deve estar presente para que incidam as regras definidas no Código* (no que toca ao seu conceito ordinário, que exclui as equiparações que se sujeitam a outra lógica).[18]

Ou seja, *o elemento remuneração é essencial para que se verifique a relação de consumo conforme ordinariamente definida pelo CDC em seus arts. 2º e 3º*.

Em que pese a alegação causar certa espécie, é de se adiantar que o conceito escorreito de remuneração tem a aptidão de submeter ao regime do CDC o grosso das situações que se identificam de maneira leiga com gratuidade (*v.g.*, os casos de remuneração indireta).

Frise-se, entretanto, que a correta identificação do conceito de remuneração é pressuposto elementar, na linha apresentada, para que se trabalhe com correção o direito do consumidor, fixando com acerto seu âmbito de aplicação no que tange à relação de consumo.

3. O conceito de remuneração e elementos para sua correta identificação

Para identificar com acerto o conceito de remuneração, partir-se-á de julgados cuja análise tem aptidão de demonstrar a sua correta caracterização de modo mais proveitoso que a mera enunciação abstrata. Diz a mansa jurisprudência do Superior Tribunal de Justiça:

> *Responsabilidade civil. Furto de veículo em estacionamento do supermercado.* Embora inexistente pagamento direto, *a empresa tem manifesto interesse econômico em oferecer local apropriado ao estacionamento de carros*, eis que atualmente este e fator o mais ponderável no angariar e atrair clientes. Presumível, assim, assunção da obrigação de guarda e vigilância dos veículos ali estacionados.[19]

> *Direito civil. Indenização. Estacionamento em supermercado. Furto de veículo. Responsabilidade pela guarda da coisa. Recurso provido. A empresa que, em aten-*

receber o mesmo tratamento de serviços prestados indiretamente, demonstrando a inviabilidade de conferir tratamento diferenciado a ambas as hipóteses.

18. As inferições lançadas neste estudo conectam-se *apenas* ao regime ordinário do CDC, haja vista a nota de reprobabilidade ínsita às extensões do CDC não permitir a imediata aplicabilidade do raciocínio ora exposto nos casos por elas previstos. É necessário analisar as particularidades de cada caso o que desborda dos limites da presente análise.

19. STJ, 4ª T., REsp 27.452-SP, Rel. Ministro Athos Gusmão Carneiro, j. 9.11.1992, *DJ* 30.11.1992, p. 22.624, destacou-se em itálico.

ção aos seus objetivos empresariais, oferece local presumivelmente seguro para estacionamento, assume obrigação de guarda e vigilância, o que torna civilmente responsável por furtos em tal local ocorridos.[20]

A matéria, por encontrar-se pacificada no âmbito das Turmas de direito privado do Superior Tribunal de Justiça foi sumulada nos seguintes termos: "A empresa responde, perante o cliente, pela reparação do dano ou furto de veículos ocorridos em seu estabelecimento" (Súmula 130).

Analisando os precedentes colacionados, para mais do que se fixar a obrigação de reparar danos havidos em estacionamentos, há importante contribuição para que se apreenda o conceito jurídico de remuneração. Isto, pois, nesta espécie de julgado não há remuneração direta sendo que para o consumidor o serviço (no caso o de estacionamento) não é cobrado.[21]

Aliás, esta nota é frisada por Cláudia Lima Marques:[22] "Parece-me que a opção pela expressão 'remunerado' significa uma importante abertura para incluir os serviços de consumo remunerados indiretamente, isto é quando não é o consumidor individual que paga, mas a coletividade (facilidade diluída no preço de todos) ou quando ele paga indiretamente o 'benefício gratuito' que está recebendo. A expressão 'remuneração' permite incluir todos aqueles contratos considerados 'unilaterais', como o mútuo, assim como na poupança popular, possuem um sinalagma escondido e são remunerados".

Nos casos mencionados, há a chamada remuneração indireta, onde, mesmo não havendo por parte do consumidor pagamento, admite-se que haja uma vantagem econômica, não sujeita à apropriação imediata pelo fornecedor, que o autoriza ser responsabilizado pelos danos causados aos veículos.

Não por outra razão, frisam os julgados colacionados esta faceta: "(...) a empresa tem 'manifesto interesse econômico' em oferecer local apropriado ao estacionamento de carros (...)"; "(...) A empresa que, em atenção aos seus 'objetivos empresariais', oferece local presumivelmente seguro (...)".

Enfim, reduzindo os julgados à essência, no que tange à remuneração, admite-se que ela é indireta quando o fornecedor frui de algum benefício econômico advindo da prestação que não é cobrada (diretamente) do consumidor.[23] Indiretamente, este raciocínio define o que seja propriamente remuneração e o alcance do conceito.

20. STJ, 4ª T., REsp 30.033-SP, Rel. Ministro Sálvio de Figueiredo Teixeira, j. 8.2.1993, *DJ* 8.3.1993, p. 3.124, in *RSTJ* 72/381, destacou-se em itálico.

21. Esclarece os conceitos, Antônio Carlos Efing: "A remuneração direta é a compensação imediata, ou a retribuição instantânea pelo serviço prestado: há a prestação, e sua conseqüente remuneração, que se dá de forma perfeitamente visível. Sujeita-se ao arbítrio das partes, que a convencionam livremente. Assim, normalmente importa em prestação pecuniária, mas nada impede seu ajuste em outras espécies, como alimentos, vestuário, etc. É a forma mais comum de remuneração, sujeitando-se ao que dispõe o Código de Defesa do Consumidor. Indireta, por sua vez, podemos chamar a remuneração que se traduz num benefício econômico, numa vantagem auferida pelo prestador do serviço que será verificada não no exato momento da prestação, mas da qual poderá este desfrutar futuramente. Para elucidar o conceito, podemos mencionar o caso dos estacionamentos de supermercados: a princípio, o consumidor não está pagando — ao menos não diretamente — pelo serviço ofertado, havendo então prestação, sem a devida remuneração. Num segundo momento, ao analisarmos a vantagem auferida pelo dono do estabelecimento, que consegue com a prestação aparentemente gratuita de um serviço atrair a clientela, que além de pagar o valor equivalente ao estacionamento de forma embutida no preço dos produtos que adquire, acaba por aumentar a venda dos produtos e conseqüentemente o lucro do fornecedor, constatamos a existência da remuneração indireta" (ob. cit., p. 72).

22. *Comentários ao Código de Defesa do Consumidor, arts. 1º a 74 — Aspectos Materiais*, São Paulo, Ed. RT, 2003, p. 93, comentários ao art. 3º.

23. Para fins didáticos, o fenômeno que estamos chamando de "pagamento" é vocábulo tomado de maneira coloquial, isto é, como ato de transferir um numerário a outrem, e não constitui, necessariamente, o ato jurídico formal que é modalidade de extinção das obrigações, definido pela legislação civil. Quer mais significar a transferência de alguma importância ao fornecedor do que se referir a um ato jurídico que será definido por seu conteúdo.

Cumpre explorar, ainda mais, as conseqüências advindas da conceituação de remuneração indireta (espécie) que condicionam o próprio gênero em análise. É de se notar que remuneração não pressupõe — necessariamente — pagamento em pecúnia, tradição de dinheiro, podendo ser evidenciada mesmo quando não estiver presente esta característica, como no caso dos julgados citados.

Ou seja, *a tradição de dinheiro (ou qualquer outro fenômeno que lhe faça as vezes) não é elemento integrante do conceito de remuneração, que se perfaz mesmo que não se evidencie nenhum pagamento direto. A circulação de dinheiro entre os sujeitos é meramente acidental e não se conecta à essência da remuneração, tanto que esta pode subsistir sem aquela.*

Embora o pagamento de determinada quantia em dinheiro seja a maneira mais habitual para que se configure a remuneração (enquanto vantagem econômica) não é este elemento condição necessária para que se perfaça tal realidade. Supor o contrário seria incidir frontalmente na falácia do raciocínio indutivo; o fato de remuneração comumente estar associada à transferência de dinheiro não *induz* à identidade entre os conceitos.

Frise-se, remuneração diz respeito a uma vantagem econômica fruída por quem oferece uma utilidade (produto/serviço), não se conectando necessariamente à transferência de dinheiro.

Esta é conseqüência do maior relevo para identificação precisa do que seja remuneração, verdadeira chave de abóbada para que se compreenda o conceito na sua correta extensão. Tanto, basta para que se rompa com o juízo equivocado (verdadeiro pré-conceito) que leva, não raro, à afirmação insustentável de não haver remuneração quando não houver pagamento, por exemplo, para um serviço. É justamente a hipótese afastada pelos julgamentos colacionados.

Contudo, as conseqüências da correta identificação não param por aí, levando à outra conclusão igualmente importante, que por vezes tende a ficar elíptica haja vista não se seguir com o raciocínio até suas últimas conseqüências.

Partindo-se da premissa (acatada, *v.g.*, nos acórdãos), de que o pagamento não é elemento caracterizador de haver remuneração, além de admitirmos a hipótese de ela poder dar-se de maneira indireta (sem transferência aparente de valores), temos de admitir que pode não haver remuneração, mesmo havendo tradição de pecúnia.

Ou seja, se é verdade que *pode haver remuneração sem pagamento é também verdade que poder haver pagamento sem que se efetive remuneração*. Ambas as hipóteses são suportadas pelo conceito escorreito de remuneração, enquanto vantagem econômica.

Tanto, decorre do próprio conceito de remuneração que, como visto, não se caracteriza ou depende do pagamento (elemento acidental) e, em verdade, diz respeito à fruição por parte de quem oferta uma utilidade (bem ou serviço) de uma vantagem econômica que reverte em seu favor. Assim, é perfeitamente admissível que possa também não haver remuneração mesmo com a troca de dinheiro; mesmo havendo pagamento não há efetiva vantagem econômica para aquele que oferece a utilidade a ser fruída.

O que pode ser tortuoso é identificar corretamente estas hipóteses onde não há vantagem econômica; contudo, o raciocínio é por todo o exposto válido, sendo perfeitamente sustentável desde um ponto de vista teórico. Apenas, faz-se necessário fixar com acerto onde não se perfaz a remuneração, mesmo havendo pagamento. É necessário demonstrar na prática aquilo que em tese é perfeitamente possível.

4. Ainda da remuneração e da sua posição privilegiada na relação de consumo e das hipóteses onde ela não se verifica mesmo havendo pagamento

Vista a possibilidade teórica de se efetivar remuneração mesmo sem pagamento e do seu contraponto lógico, isto é, da possibilidade de, *mesmo havendo pagamento*, não haver remuneração, é de se voltar ao próprio conceito de relação de consumo para ver como tais constatações a influenciam.

Como visto, a remuneração é critério ínsito para que se perfaça a relação de consumo (cf. ordinariamente posta pelo CDC), contudo é de se posicionar topologicamente este requisitos para que se possa entender com exatidão quando se estará diante desta espécie de relação, que predica a aplicação das normas especiais de proteção do consumidor.

Como enunciado de antemão, a remuneração deve ser entendida como a vantagem econômica fruída pelo fornecedor pela disponibilização de uma utilidade (produto/serviço) que há de ser fruída pelo consumidor (como destinatário final). A pergunta que se põe é saber onde a remuneração passa a integrar o conceito de relação de consumo, ou seja, onde ela há de se agregar para que incida seu efeito jurídico, qual seja, perfeição do vínculo entre consumidor/objeto/fornecedor.

Uma visão precipitada tenderia a afirmar que a remuneração acaba por unir o consumidor ao fornecedor, onde aquele paga para este, gerando-se a vantagem econômica que a define. Novamente, contudo, tal idéia incide na falácia de se raciocinar indutivamente; o fato de geralmente a remuneração obedecer a este esquema não basta para que se desvele a estrutura.

Com acerto, embora não sem surpresa, pode-se dizer que a remuneração situa-se entre objeto da relação e o fornecedor, não condicionando a figura do consumidor. *Em essência, o que há de ser remunerado é a outorga pelo fornecedor de produto ou serviço.*

Mais que bizantino capricho de taxonomia, este fato rende ensejo a duas importantes conseqüências que auxiliam a práxis do direito do consumidor.

A uma, este enlace entre fornecedor/objeto que é a remuneração (isto é, a vantagem em estar fornecendo produtos e serviços) condiciona a análise do requisito habitualidade/profissionalismo. Tais elementos estarão perfeitos quando se efetivar uma remuneração, que perfeitamente pode ser indireta, na atividade do fornecedor em disponibilizar produtos ou serviços, que deve ser organizada do ponto de vista econômico. Eis a chave do nó górdio da caracterização escorreita do fornecedor.

Ou seja, a habitualidade e o profissionalismo hão de ser verificados quando estiver correlacionada à atividade de fornecimento de produtos ou serviços uma remuneração, que remete a um processo organizado para fins econômicos.

Outra conseqüência prática que se extrai do fato da remuneração vincular o objeto e o fornecedor é que ela não necessariamente precisa vincular o consumidor. Em outras palavras, não é necessário que o consumidor remunere (direta ou indiretamente) a utilidade que está fruindo, podendo ser ela remunerado por outrem, para que incidam as normas de proteção do consumidor.

Ainda que nada seja cobrado do consumidor, mesmo indiretamente, podem incidir as normas do CDC se quem disponibiliza as utilidades ao destinatário final esteja sendo remunerado por outrem.[24] Neste caso, ambos, por serem remunerados, são compreendidos como fornecedores para as finalidades do CDC.

Tal fato, valida empiricamente a assertiva da remuneração estar compreendida entre o objeto da relação e o próprio fornecedor, não tocando diretamente ao consumidor, que não precisa pagar diretamente pela utilidade para fazer jus à proteção legal.

24. Seria a hipótese de, por exemplo, de uma empresa de cosméticos patrocinar uma campanha onde se ofertassem tratamentos capilares gratuitos aos consumidores, disponibilizados por uma equipe de um salão de beleza, paga diretamente por quem desenvolve a campanha. Embora o salão de beleza não se remunere nem indiretamente dos consumidores ele é fornecedor, pois o serviço que está a oferecer é remunerado, ainda que por outrem.

Vista a posição da remuneração na relação de consumo, cumpre efetivamente analisar quando não se verifica a remuneração mesmo havendo recebimento de dinheiro por parte de quem estar a ofertar a utilidade (serviço/produto), que em verdade é a hipótese de análise do presente estudo.

Em se partindo da premissa de que remuneração é uma vantagem econômica fruída por quem a oferta a utilidade, por evidente, ela só não se efetivará a remuneração quando não houver benefício econômico quando do seu fornecimento.

Ou seja, *só não haverá remuneração quando não houver exploração econômica (com intuito de lucro) das utilidades ofertadas*. Frise-se, que, por vezes, inclusive, pode ser que haja um pagamento pela utilidade, contudo, caso não haja vantagem econômica para quem a oferta não haverá remuneração efetivamente.[25]

O grande problema destas considerações (*que decorrem apenas e tão-somente do conceito ora adotado de remuneração*) é enxergar onde pode haver a prestação destas utilidades (fornecimento de produtos e serviços) sem haver vantagem econômica, mesmo ocorrendo pagamento.

Notadamente, a resposta a estas questões está para além da atividade propriamente considerada, haja vista o foco do conceito de remuneração estar na própria natureza daquele que está a prestar as utilidades (e aí reside a importância dos conceitos de *habitualidade/profissionalismo*).

Para verificar-se se há remuneração, ou não, é de se empreender uma dupla pesquisa; primeiramente, é de ver se a própria estrutura do prestador da utilidade se orienta ao lucro (*i.e.* à obtenção de vantagem econômica) e, posteriormente, é de se analisar se efetivamente não está havendo de fato nenhuma apropriação econômica indevida das vantagens advindas do oferecimento dos produtos ou serviços. Somente em se conjugando os dois elementos é que se pode identificar que não há remuneração, mesmo que se admita em tese pagamento por alguma utilidade.

Cumpre, pois, que se examinem os requisitos que permitem que haja pagamento mesmo sem remuneração de modo a fixar quando efetivamente se está diante deste fenômeno, e, por conseqüência, não se perfaz relação de consumo.

5. *Breves comentários acerca das personalidades sem finalidade econômica (o chamado terceiro setor) e da necessidade de demonstração fática deste requisito*

Em relação ao primeiro requisito apontado (arranjo jurídico contrário ao lucro), é de se consignar, desde logo, que há arranjos jurídicos que, efetivamente, mesmo disponibilizando produtos ou serviços não o fazem visando vantagens econômicas e, pois, não se remuneram na acepção que estamos empregando no presente estudo.

A título de exemplo, pode-se citar o Estado agindo diretamente,[26] bem como

25. Neste ponto, ousa-se discordar do magistério de Cláudia Lima Marques quando assevera: "Na prática só há três possibilidades: a) ou o serviço é remunerado diretamente pelo consumidor; b) ou o serviço não é oneroso para o consumidor, mas remunerado por ele indiretamente, não havendo enriquecimento ilícito do fornecedor, pois o seu enriquecimento tem causa no contrato de fornecimento, causa esta que é justamente a remuneração indireta do fornecedor; c) ou o serviço não é oneroso de maneira nenhuma (serviço gratuito totalmente) e nem o fornecedor é remunerado de nenhuma maneira, pois se este fosse 'remunerado' indiretamente haveria enriquecimento sem causa de uma das partes" (ob. cit., p. 95). Crê-se que a opinião, ao não distinguir "remuneração" de "transmissão de pecúnia" confunde conceitos díspares, que, aliás, servem para que se efetive a remuneração indireta.

26. O Estado atuando no mercado (desenvolvendo tanto serviços públicos em sentido estrito, quanto atividades econômicas) *não o faz com o intuito de lucro*. O faz, ou por ser titular da atividade (CF, art. 175), ou por razões de ordem pública (CF, art. 173), ainda que nesse último caso deva adotar o regime de direito privado. Contudo, a questão por sua complexidade desborda dos limites do presente estudo.

entidades beneficentes e de benemerência (filantrópicas) que se destinam ao atendimento de finalidades socialmente relevantes. As entidades privadas sem fins lucrativos (ausência de finalidade econômica) são o objeto imediato da análise do presente artigo (é o chamado terceiro setor). São justamente as entidades privadas que atendem a finalidades de interesse socialmente relevantes, cuja atividade desempenhada não visa ao lucro,[27] que devem ser analisadas quanto à incidência ou não do CDC, na categoria ordinária de relação de consumo.

É necessário, no entanto, desde logo fixar o sentido que será adotado de atividade socialmente relevante com vistas a prevenir indevidas distorções interpretativas. *O conceito é adotado em referência a atividades que são tuteladas pela ordem legal, reconhecidas como dimensões fundamentais para a realização da dignidade da pessoa humana.*

A relevância se afere face à ordem legal e não por critérios outros como o número de pessoas atendidas ou a gratuidade das prestações que são critérios casuísticos. Ou seja, uma determinada personalidade não econômica que atenda a um grupo limitado de pessoas, em uma área de interesse restrita, pode perfeitamente estar a desenvolver uma atividade socialmente relevante. Tal juízo é qualitativo face à ordem jurídica e não comporta restrições de ordem subjetiva, tanto se dá pela própria multiplicidade de vértices que se realizam os potenciais humanos.

É o que se chama hoje de terceiro setor, cuja característica mais marcante é o desenvolvimento pela sociedade civil organizada de atividades socialmente relevantes (inclusive econômicas), sem fins lucrativos.[28-29]

Tais entidades (filantrópicas) se caracterizam exatamente por não terem objetivos econômicos, gozando por isso de tratamento legislativo diferenciado (favorecido) em relação a diversos aspectos de suas atividades (normas tributárias, societárias, civis etc.).

O fenômeno vem sendo objeto recente de estudos, demonstrando a importância do fenômeno, contudo poucas obras dedicam-se ao tema que se caracteriza, notadamente, pela novidade. Se o tema em si já é carente de trato, em relação ao direito do consumidor tal realidade se faz sentir com maior intensidade, buscando o presente estudo lançar algumas luzes sobre o tema, sem pretensão de esgotar a matéria e sim fixar alguns pontos para uma discussão inicial.

Para início da análise, é mister tomar como ponto de partida as formas de manifestação destas personalidades jurídicas que têm por característica afastar a idéia de lucro. Tais entidades podem ser organizadas, de acordo com a legislação vigente, na forma de associações ou fundações privadas.[30]

27. Sobre o tema terceiro setor, consulte-se a inédita análise jurídica empreendida por Leandro Marins de Souza, *Tributação do Terceiro Setor no Brasil*, São Paulo, Dialética, no prelo (original gentilmente cedido pelo autor).

28. "O nome Terceiro Setor indica os entes que estão situados entre os setores empresarial e estatal. Os entes que interam o Terceiro Setor são entes privados, não vinculados à organização centralizada ou descentralizada da Administração Pública, mas que não almejam, entretanto, entre seus objetivos sociais, o lucro e que prestam serviços de relevante interesse social e público" (in Sílvio Luís Ferreira da Rocha, *Terceiro Setor*, São Paulo, Malheiros Editores, 2003, p. 13).

29. Assinala Leandro Marins de Souza as seguintes características apontadas pela doutrina acerca do terceiro setor: "Em suma, portanto, enumeramos exemplificativamente algumas características extraídas dos conceitos normalmente difundidos sobre o Terceiro Setor: a) finalidades não coercitivas; b) entidades não estatais; c) finalidades não lucrativas; d) entidades fora do Mercado; e) visam a atender necessidades coletivas; f) visam a atender necessidades públicas; g) são organizações estruturadas; h) são organizações autogovernadas; i) contam com expressivo serviço voluntário; j) são organizações da sociedade civil; k) é expressão das práticas de caridade, filantropia e mecenato; l) é forma de exercício da cidadania; e m) vinculação ao conceito de solidariedade" (ob. cit., sem página).

30. Excluiu-se do rol as cooperativas, pois, sua definição pela legislação civil prevê distribuição de resultados para os cooperados proporcionais às operações efetuadas com a sociedade (cf. CC, art. 1.094,

São estas as formas de atribuição de personalidade jurídica (associação/fundação privada) que não se vinculam ao desenvolvimento de atividades com finalidades econômica (por expressa injunção legal), impedindo que se trabalhe com o conceito de remuneração.

Ou seja, tais arranjos de personalidade impedem, por sua própria natureza jurídica, que se trabalhe com o conceito de remuneração, consoante se depreende do Código Civil (Lei 10.406).[31]

Como se depreende da legislação de regência destas personalidades jurídicas, ambas possuem objetivos institucionais que não se comprazem com o desenvolvimento de atividade com finalidade econômica,[32] contudo, é necessário fixar o alcance desta expressão e seu sentido para definir com exatidão no que ela consiste de fato e quais suas implicações para o objeto em análise.

Como se aludiu acima, *remuneração consiste em uma vantagem essencialmente econômica que acresce, ainda que indiretamente, o patrimônio dos que prestam utilidades (produtos/serviços) aos consumidores. É justamente a possibilidade de fruir desta vantagem advinda da prestação de utilidades que deve se entender por "finalidade econômica" e contrapõem-se à "finalidade não econômica" havida nas pessoas em mira.*

Assim, ao se aludir a estas entidades deve-se entender que "não desenvolver atividade com finalidade econômica" se conecta justamente à ausência de remuneração, e não (como se poderia supor de afogadilho) que é vedada a prestação de utilidades no mercado. Ou seja, que seria vedada a prática de atividades econômicas. Isto, pois, a prestação de serviço ou o oferecimento de produtos no mercado (atividade econômica) pode perfeitamente não ter intuito de lucro, vulnerando interpretação em sentido diverso.

Deste modo, quando se alude à ausência de finalidade econômica está a se tratar da ausência de remuneração e não da impossibilidade de associações e fundações atuarem em atividades reservadas à livre iniciativa (aliás, somente essa conclusão se alcança da Constituição em face da titularidade estatal sobre os serviços públicos).

Em suma, pode desenvolver-se atividade econômica sem finalidade econômica.[33]

Volvendo ao conceito de ausência de finalidade econômica, que se conecta à impossibilidade de se efetivar remuneração, é de se ver quando efetivamente as vantagens advindas da prestação da utilidade, não caracterizam este intuito.

Tal requisito só é perfeito em não havendo distribuição — a que título seja —

VII). Assim em tese é possível que haja remuneração. Sem prejuízo disto, inúmeros são os dispositivos (inclusive de índole constitucional) que dão tratamento favorecido a esta espécie de sociedade que representa inegável valor social.

31. "Art. 53. Constituem-se as associações pela união de pessoas que se organizem para fins não econômicos. (...). Art. 61. Dissolvida a associação, o remanescente do seu patrimônio líquido, depois de deduzidas, se for o caso, as quotas ou frações ideais referidas no parágrafo único do art. 56, será destinado à entidade de fins não econômicos designada no estatuto, ou, omisso este, por deliberação dos associados, à instituição municipal, estadual ou federal, de fins idênticos ou semelhantes. Art. 62. Para criar uma fundação, o seu instituidor fará, por escritura pública ou testamento, dotação especial de bens livres, especificando o fim a que se destina, e declarando, se quiser, a maneira de administrá-la. Parágrafo único. A fundação somente poderá constituir-se para fins religiosos, morais, culturais ou de assistência."

32. Contrapondo-se ao conceito, tem-se a definição de empresa que se infere do conceito de empresário (cf. CC, art. 966: "Considera-se empresário quem exerce profissionalmente atividade econômica organizada para a produção ou a circulação de bens ou de serviços"), embora tivesse sido mais técnica a utilização no conceito da expressão "atividade com finalidade econômica", haja vista poder se explorar "atividade econômica" sem "finalidade econômica".

33. À guisa de exemplo podem ser citadas as universidades que não possuem fins lucrativos, contudo cobram pelo serviço de ensino ou ainda entidades que editem livros, e os vendam, para difundir certas áreas do conhecimento, sem, contudo, o fazer com intuito econômico.

de resultados financeiros positivos para os que integram estas personalidades, impedindo assim que se trabalhe com o conceito de remuneração, por haver exclusão lógica entre os conceitos.

É tal característica — não distribuição de resultados — que caracteriza a ausência de finalidade econômica e que, por conseqüência, fulmina a possibilidade lógica de haver remuneração, na medida em que qualquer benefício que venha a se agregar não se reveste de natureza econômica.

Novamente tal conclusão alcança-se, inexoravelmente, da legislação civil quando define o contrato de sociedade nos seguintes termos (CC, art. 981): "Celebram contrato de sociedade as pessoas que reciprocamente se obrigam a contribuir, com bens ou serviços, para o exercício de atividade econômica e a partilha, entre si, dos resultados".

Da definição (mais precisa do que a de empresário que não alude a resultado) percebesse que as sociedades empresárias — para serem encardas como tanto — dependem cumulativamente da verificação de duas condições: (i) *exercício de atividade econômica*[34] e (ii) *partilha dos resultados*. Somente quando evidenciadas estas duas notas haverá sociedade empresária.

Tal constatação torna clara a posição adotada de que atividade econômica pode ser explorada sem o intuito de lucro, isto é, sem distribuição dos resultados. Entretanto, neste caso o exercício não se dá por sociedades e sim por entidades organizadas na forma de associações e fundações (que são, então, o oposto de sociedades empresárias).

Além disto, o referido comando legal torna indene de dúvida que finalidade econômica traduz-se na distribuição de resultados aos que exploram atividade econômica.[35]

Voltando ao objeto de análise, no caso das associações e das fundações pode-se afirmar que elas não se remuneram das atividades (inclusive as de caráter econômico) quando não distribuírem aos seus integrantes resultados, pois neste caso o benefício havido com a prestação de utilidades não se destina à apropriação privada e sim para satisfação exclusiva dos objetivos sociais, que no mais das vezes vinculam-se a finalidades incentivadas pela ordem jurídica.

Assim é que deve ser entendida a ausência de finalidade lucrativa das associações e das fundações, como ausência de distribuição de resultados advindos da exploração de atividade econômica.

Isto é, o primeiro requisito para se sindicar se efetivamente há remuneração é perquirir se existe a possibilidade de haver qualquer distribuição do resultado advindo da exploração das atividades desenvolvidas. Tal requisito diz tipicamente com a própria forma em que está organizada a pessoa que está a prestar as utilidades (requisito estático).

De regra, por explícita previsão legal, associações e fundações não desenvolvem atividade com finalidades econômicas (embora possam desenvolver atividade econômica), contudo, a simples presença destas formas não basta para provar-se que não há possibilidade de haver remuneração.

Além da necessidade da organização da personalidade vedar por definição a remuneração (requisito estático) é necessário evidenciar que este comando de fato se concretiza e não há qualquer desvio entre as atividades prestadas e os objetivos a se-

34. É de se ver que "atividade econômica" é vocábulo que não diz nada a respeito do intuito lucrativo ou não da sua exploração, tanto que expressamente o Estado as desenvolve por razões de interesse público (CF, art. 173). A dicção não se opõe à ausência de finalidade lucrativa e sim se opõe a serviço público que são atividades reservadas à exploração Estado onde de regra o particular não pode atuar em nome próprio.

35. Tal constatação já se alcançava do Código Civil de 1916 como se infere dos seguintes artigos: 22, 24, 25 e 26, dentre outros.

rem perseguidos sem fins lucrativos (requisito dinâmico).

Isto, pois, a ausência de remuneração é requisito a ser aferido no caso concreto haja vista ser possível — mediante indevida utilização da personalidade jurídica de associações e fundações — a apropriação indevida de resultados, que não pode resultar na derrogação indevida do regime geral do CDC. Ou seja, o juízo de não haver distribuição dos resultados da exploração de atividade econômica, a par de estar suportado pela própria forma pela qual se organiza a personalidade jurídica, deve ser verificado face ao caso concreto. A caracterização da não distribuição não deve ser vista apenas de maneira formal e precisa ser demonstrada caso haja qualquer discussão acerca do tema.

Caso haja qualquer apropriação dos resultados (mesmo que disfarçada) haverá remuneração e, pois, haverá relação de consumo, advindo daí todos os efeitos legais ínsitos à perfeição deste vínculo jurídico.

A remuneração é algo que deve ser verificada face a cada caso, devendo restar demonstrado que não há distribuição de resultados de espécie alguma e que a missão institucional das personalidades sem fins lucrativos está efetivamente sendo cumprida sem qualquer desvirtuamento.[36]

Como sabido, o regime do CDC é de especial segurança para o destinatário final de produto ou serviço sendo esta nota interpretativa (hipossuficiência) vetor hermenêutico que informa também o tema em análise. Deste modo, para poder derrogar-se o regime geral do CDC mister que haja prova inequívoca da finalidade não econômica de quem está a prestar utilidades.

Neste sentido, possuem valor informativo, comportando, entretanto, prova em contrário (presunção de legitimidade), as declarações advindas do Poder Público no sentido de determinada entidade não visar ao lucro. É o caso dos títulos jurídicos (*v.g.*, OSCIP,[37] OS,[38] CEBAS[39]) que são outorgados caso estejam cumpridos requisitos impostos pelo Poder Público,[40] de sorte a, fundamentalmente, atestar a finalidade não econômica de determinadas entidades.

Além desta faceta mais evidente de haver remuneração por apropriação ilegal dos resultados da atividade econômica (abuso de personalidade jurídica) é necessário investigar outro ponto, mais sutil, em que se afigura indevida a invocação das personalidades sem fins lucrativos de modo a não configurar a relação de consumo. Isto, pois, é possível haver desvirtuamento do próprio objeto explorado. É, portanto, necessário analisar inclusive a estrutura do prestador das utilidades para ver se as atividades por ele desenvolvidas estão consoantes os objetos por ele explorados, conforme definidos nos estatutos.

Nesta toada, ainda dentro da perspectiva dita dinâmica, é de se ver se as ativida-

36. Isto, contudo, não implica em se reconhecer que não possa haver remuneração (como uma vedação absoluta) aos que prestam serviços para as entidades sem fins lucrativos. O que não pode ocorrer é que sob a rubrica de pagamento de salário estejam sendo distribuídos lucros de maneira indevida, contudo, o pagamento por serviços prestados efetivamente em valores condizentes com a realidade de mercado é lídimo. Enfim, tal juízo por necessitar ser feito caso a caso não prescinde de análise criteriosa do caso concreto, não sendo lhano lançar juízos *a priori*.

37. Organização da Sociedade Civil Organizada (cf. Lei 9.790/1999).

38. Organização Social (cf. Lei 9.637/1998).

39. Certificado de Entidade Beneficente de Assistência Social (cf. Lei 8.742/1993).

40. Conceitua o fenômeno Paulo Modesto: "(...) essas designações consistem apenas em títulos jurídicos. Em princípio, títulos jurídicos que podem ser conferidos, suspensos ou retirados. Essas expressões não traduzem uma forma de pessoa jurídica privada. Nem informam uma qualidade inata ou traço original de qualquer espécie de entidade. Dizer de alguma entidade que ela é 'de utilidade pública' ou 'organização social' significa dizer que ela recebeu e mantém o correspondente título jurídico" (in "Reforma do marco legal do Terceiro Setor no Brasil", in *Mudança Social e Reforma Legal: Estudos para uma Nova Legislação do Terceiro Setor*, Joaquim Falcão e Carlos Cuenca (orgs.), Brasília, DF, Conselho da Comunidade Solidária, UNESCO, 1999, p. 139).

des desenvolvidas por associações e fundações estão suportadas por seus objetos sociais de modo a haver efetiva adequação entre ambos os planos. *Caso haja exacerbamento do objeto (desvio) estar-se-á diante de uma prática irregular face aos estatutos, o que autoriza a desconsideração da personalidade sem fim econômico o que faz também incidir o regime ordinário do Código de Defesa do Consumidor, por não ser a utilidade ofertada condizente com o que deve ser explorado sem o intuito de lucro.*[41] A entidade estará neste caso explorando indevidamente uma atividade e não pode se beneficiar de nenhuma invocação de ausência de finalidade econômica; tal característica somente existe na medida em que esteja definida de maneira juridicamente idônea. Só há ausência de finalidade econômica na medida em que o direito a reconheça, o que não ocorre quando há desvio de objeto.

Sintetizando as meditações postas no presente tópico, é de se frisar que a simples presença de associações ou fundações não garante, por si só, que não haja relação de consumo por não haver remuneração. É fundamental, em homenagem ao próprio sistema do CDC que a ausência de remuneração se verifique de fato, isto é que não haja distribuição alguma de resultado ou exacerbamento dos objetivos estatutários. Somente se evidenciados todos os elementos postos em elenco é que se pode afastar a idéia de remuneração e da não configuração da relação de consumo.

6. À guisa de conclusão, algumas meditações constitucionais

Vistas as minudências referentes ao tema em análise, referentes à relação de consumo, à remuneração e à finalidade econômica, cumpre, à guisa de concluir a discussão, urdir o tema à Constituição. Tal esforço justifica-se não apenas por ser a Lei Maior fundamento de validade de toda ordem jurídica, mas também porque o tema possui imediata referibilidade à Constituição, devendo então ser analisado por este vértice. Tal análise é ponto de partida necessário para as inferições lançadas, sendo que, apenas por fins didáticos, foi ela reservada ao fim.

Tanto a defesa do consumidor como o incentivo à participação de entidades sem finalidades econômicas na prestação de utilidades à coletividade com fins de dar cumprimento aos objetivos da República Federativa do Brasil são elementos dotados da mais alta dignidade constitucional, justificando este derradeiro (todavia, essencial) esforço teórico.

Com acerto, a doutrina consumeirista de escol invoca em suas meditações desde logo com suporte no *status* constitucional da "defesa do consumidor" (cf. CF, arts. 5º, XXXII e 170, V). Assim, é a defesa do consumidor garantia fundamental que irradia seus efeitos sobre a ordem econômica que, para cumprir seus ditames de justiça (cf. art. 170, *caput*), não pode prescindir de tutelar a parte vulnerável do mercado de consumo.

Ao seu turno, diversas são as passagens da Constituição que demonstram o apreço que teve o constituinte com as entidades filantrópicas (que integram o chamado Terceiro Setor), ou seja, prestam atividades de inegável relevo social sem intuito econômico. Entretanto, a identificação desta realidade é mais fluída face à própria topologia constitucional. Isto é, o fomento constitucional a estas atividades encontra-se espraiado por toda a Constituição não havendo propriamente disposições que cuidem do tema de modo muito explícito.

Assim, para cuidar-se da questão com acerto é necessário ferir a questão inicialmente pelos próprios objetivos a que se

41. Esta solução é conforme o art. 50 do Código Civil: "Em caso de abuso da personalidade jurídica, caracterizado pelo desvio de finalidade, ou pela confusão patrimonial, pode o juiz decidir, a requerimento da parte, ou do Ministério Público quando lhe couber intervir no processo, que os efeitos de certas e determinadas relações de obrigações sejam estendidos aos bens particulares dos administradores ou sócios da pessoa jurídica".

propôs a Constituição, especialmente no âmbito social, para ver onde se abre ensejo à participação das entidades sem finalidades econômicas nas atividades relevantes, desde um ponto vista constitucional.

À guisa de roteiro, pois este espírito impregna toda Constituição, pode-se partir do art. 6º que põe em elenco os seguintes direitos sociais: *educação, saúde, moradia, lazer, segurança, previdência social, proteção à maternidade e à infância e assistência aos desamparados*. Todos estes, pois, são objetivos incentivados pela ordem jurídica constitucional, sem prejuízo de inúmeros outros fixados ao longo de seu texto (frise-se, este espírito anima toda Constituição e são os direitos sociais um exemplo dentre outros possíveis — *v.g.*, assistência judiciária).[42]

Posteriormente, ao tratar da Ordem Social (Título VIII) a constituição vem a dar contornos mais definidos aos direitos sociais anteriormente gizados. É neste momento que se demonstra com clareza o espaço reservado à prestação de utilidades socialmente relevantes por parte da iniciativa privada, sem o intuito de lucro.[43]

Da análise da dimensão que atingem os direitos sociais na ordem social percebe-se com clareza que a sua nota essencial trata da complementaridade entre o setor público e privado para atingir sua concre-

42. Tal referência se faz imperioso, pois, não só os direitos sociais postos em elenco impõem a necessidade de prestações positivas, a própria evolução do Estado levou a se reconhecer que os direitos e garantias fundamentais, além de uma função negativa configurada em um não agir do Estado, detém um conteúdo positivo que consiste na adoção de medida para efetivar tais comandos normativos. Assim a referência feita não é exaustiva e sim exemplificativa, podendo-se fazer o raciocínio para direitos que não estão arrolados no rol dos direitos sociais *strictu sensu*.

43. Neste sentido inúmeras passagens dão conta da necessidade da participação, das quais, a título de mera exemplificação, destacam-se:

"Art. 194. A seguridade social compreende um conjunto integrado de ações de iniciativa dos Poderes Públicos e da sociedade, destinadas a assegurar os direitos relativos à saúde, à previdência e à assistência social."

"Art. 199. A assistência à saúde é livre à iniciativa privada. § 1º. As instituições privadas poderão participar de forma complementar do sistema único de saúde, segundo diretrizes deste, mediante contrato de direito público ou convênio, tendo preferência as entidades filantrópicas e as sem fins lucrativos."

"Art. 203. A assistência social será prestada a quem dela necessitar, independentemente de contribuição à seguridade social, e tem por objetivos: I — a proteção à família, à maternidade, à infância, à adolescência e à velhice; II — o amparo às crianças e adolescentes carentes; III — a promoção da integração ao mercado de trabalho; IV — a habilitação e reabilitação das pessoas portadoras de deficiência e a promoção de sua integração à vida comunitária; V — a garantia de um salário mínimo de benefício mensal à pessoa portadora de deficiência e ao idoso que comprovem não possuir meios de prover à própria manutenção ou de tê-la provida por sua família, conforme dispuser a lei."

"Art. 205. A educação, direito de todos e dever do Estado e da família, será promovida e incentivada com a colaboração da sociedade, visando ao pleno desenvolvimento da pessoa, seu preparo para o exercício da cidadania e sua qualificação para o trabalho."

"Art. 213. Os recursos públicos serão destinados às escolas públicas, podendo ser dirigidos a escolas comunitárias, confessionais ou filantrópicas, definidas em lei, que: I — comprovem finalidade não-lucrativa e apliquem seus excedentes financeiros em educação; II — assegurem a destinação de seu patrimônio a outra escola comunitária, filantrópica ou confessional, ou ao Poder Público, no caso de encerramento de suas atividades."

"Art. 215. O Estado garantirá a todos o pleno exercício dos direitos culturais e acesso às fontes da cultura nacional, e apoiará e incentivará a valorização e a difusão das manifestações culturais."

"Art. 217. É dever do Estado fomentar práticas desportivas formais e não-formais, como direito de cada um, observados:"

"Art. 218. O Estado promoverá e incentivará o desenvolvimento científico, a pesquisa e a capacitação tecnológicas."

"Art. 225. Todos têm direito ao meio ambiente ecologicamente equilibrado, bem de uso comum do povo e essencial à sadia qualidade de vida, impondo-se ao Poder Público e à coletividade o dever de defendê-lo e preservá-lo para as presentes e futuras gerações."

"Art. 227. É dever da família, da sociedade e do Estado assegurar à criança e ao adolescente, com absoluta prioridade, o direito à vida, à saúde, à alimentação, à educação, ao lazer, à profissionalização, à cultura, à dignidade, ao respeito, à liberdade e à convivência familiar e comunitária, além de colocá-los a salvo de toda forma de negligência, discriminação, exploração, violência, crueldade e opressão."

tização. Assim, a par da enorme missão institucional reservada ao Estado no que toca à efetivação dos direitos sociais (bem como de uma série de direitos e garantias fundamentais) tem-se em posição de relevo à atuação dos particulares.

Ou seja, *há o reconhecimento da Constituição que para efetivar os direitos sociais não basta apenas a atuação do Estado, sendo lídima a participação dos particulares, com vistas a dar tangibilidade ao que está previsto apenas no plano abstrato*. Ao lado do Estado, é reservado espaço para a atuação dos particulares, operando-se o reconhecimento constitucional que para implementar os direitos sociais freqüentemente não só basta a presença pública, mas também é essencial a presença particular.

Contudo, a atividade reservada aos particulares não se esgota na possibilidade de exploração econômica (em regime de livre mercado) de alguns elementos integrantes da ordem social (*v.g.*, previdência privada, saúde, educação), é também reservada a participação dos particulares sem o intuito de lucro e, pois, para além do regime de livre iniciativa e livre concorrência.

Isto é, partilhando o *mesmo espaço não estatal* (e, pois, passível de atuação pelos particulares) há duas possibilidades de atuação, distintas exatamente por conta dos objetivos que estão sendo perseguidos por quem está a lhes explorar conforme o caso.[44]

Veja-se que ambas as dimensões são importantes para concretizar objetivos socialmente relevantes e possuem dignidade constitucional, todavia não há de se confundi-las, pois cada qual ocupa um espaço bem delimitado.

Uma coisa, é a exploração com intuito de lucro que, em regime de livre iniciativa e livre competição, visa a difundir o fornecimento de utilidades aumentando a oferta e a margem de escolha da população, contribuindo — *ainda que de maneira mediata* — à promoção dos direitos sociais e, pois, do bem comum. Neste ponto reside o reconhecimento da ordem constitucional que a participação de particulares em regime de livre mercado por vezes contribui para a consecução de objetivos sociais relevantes, permitindo-se não raro sua participação em áreas cuja promoção não deixa de competir ao próprio Estado.

Não se confunde com este regime a participação dos particulares sem o intuito de lucro que, *de maneira imediata*, visa a fomentar os direitos sociais promovendo concretamente (sem remuneração) a oferta de utilidades destinadas a possibilitar o gozo dos direitos sociais (dentre outros possíveis). Nesta modalidade de participação o particular passa a colaborar diretamente com o Estado e concorre, por conta interesses altruísticos, junto a ele para a promoção dos direitos sociais e outros igualmente relevantes. É este o espaço denominado atualmente de Terceiro Setor.

Assim, cada órbita de atuação (quais sejam: *Primeiro Setor — público, Segundo Setor — particular em regime de livre iniciativa* e *Terceiro Setor — particular sem intuito de lucro*), sujeita-se a um regime jurídico próprio com responsabilidades e deveres distintos. A advertência tem o especial condão de frisar que o Estado tem sua missão para a promoção do bem social constitucionalmente delimitada e não caracteriza (ou não deve caracterizar) a participação do Terceiro Setor transferência desta responsabilidade a particulares. Insista-se que a Constituição delimitou os papéis de cada um dos atores (*suum cuique*) não sendo lídimo operar confusão entre diferentes regimes jurídicos.

A este regime de colaboração com a realização de objetivos não econômicos é prestada especial deferência por nossa or-

44. Assim, a mesma atividade econômica de prestação de serviços de saúde pode ser explorada com o intuito de lucro por um hospital particular e por uma Santa Casa de Misericórdia, mantida por uma Associação; o que distingue os dois regimes é exatamente o intuito com que é explorada a atividade. Frise-se, entretanto, que a utilidade prestada é a mesma.

dem Constitucional, o que não pode ser negado enquanto realidade constitucional inferida de diversas passagens.[45] Há nítido suporte constitucional que demonstra haver um espaço de atuação reservado a particulares que desenvolvem atividades relevantes para o bem comum sem o intuito de lucro.

Sem exagero, pode-se inclusive invocar que a participação dos particulares sem intuito econômico se dá sob o regime de função[46] na medida em que a exploração das atividades não é feita em seu interesse próprio e sim no interesse daqueles que estão a receber as prestações. Embora não se possa, ordinariamente, reconhecer prerrogativas de direito público aos particulares, é de se ver que, nos casos em análise, sua possibilidade de autodeterminação (autonomia da vontade) cumpre objetivos que transcendem seus próprios interesses.

Assim, a autonomia dos particulares quando no exercício de finalidades socialmente relevantes sem intuito de lucro não significa apenas a capacidade de perseguir seus próprios interesses, tal faculdade de autodeterminação visa precipuamente a dar o melhor atendimento a demandas de terceiros que recebem tais prestações (produtos ou serviços), configurando-se o regime de função.

Didaticamente, a finalidade desta esfera de atuação (cf. ora definida) é a própria satisfação dos que recebem as prestações (que podem ser produtos ou serviços) e não realizar qualquer interesse do particular em si considerado. O interesse particular está condicionado à satisfação dos destinatários, sendo a autonomia o modo de tornar eficiente o atendimento das demandas socialmente relevantes. Esta é a lógica que governa tais iniciativas. A autonomia não existe por si só e sim para possibilitar o máximo atendimento de demandas socialmente relevantes.

O fato do tônus da relação estar na própria figura do destinatário da prestação, sendo que o particular ordena suas ações para tanto, permite que se invoque a figura do regime de função. A autonomia da vontade dos particulares que operam neste regime é tutelada pela ordem jurídica como forma de dar o melhor atendimento (exclusivamente nesta esfera de atuação) às demandas coletivas. Se assim não fosse, sequer seria prevista a possibilidade da participação dos particulares neste regime sendo todas as prestações fornecidas diretamente pelo Estado, sob o regime de direito público (*i.e.* sob o influxo das balizas da lei estrita) ou seriam ofertadas por particulares com intuito econômico (*i.e.* lógica exclusivamente privada). O próprio espaço reservado constitucionalmente à atuação dos particulares sem visar a resultados econômicos demonstra a pertinência das inferições.

Vistas, pois, a pujança constitucional da defesa do consumidor bem como do espaço reservado para entidades que desenvolvem finalidades atinentes ao bem comum sem finalidades lucrativas é de se ver quais os seus enlaces possíveis face ao Texto Constitucional.

Especialmente, há de se sindicar se há efetivamente um conflito constitucional

45. Não por outra razão estas entidades são, cumpridos os requisitos da lei, imunes do recolhimento de impostos conforme se infere do art. 150, VI, *c*, bem como de contribuições para a seguridade social conforme art. 195, § 7º, ambos da CF.

46. Conceitua o instituto, com a agudeza que lhe é ínsita, Celso Antônio Bandeira de Mello: "Em direito, esta voz função que designar um tipo de situação jurídica em que existe, previamente assinalada por um comando normativo, uma finalidade a cumprir e que *deve ser* obrigatoriamente atendida por alguém, mas *no interesse de outrém*, sendo que, este sujeito — o obrigado — *para desincumbir-se de tal dever*, necessita manejar poderes indispensáveis à satisfação do *interesse alheio* que está a seu cargo prover" (in *Discricionariedade e Controle Jurisdicional*, 2ª ed., São Paulo, Malheiros Editores, 2001, p. 13). A única ressalva a ser feita é que o conceito em tela envolve um ator estatal (sujeito de direito público), contudo sendo o conceito aproveitável para o caso em tela no que toca ao seu elemento de essência, qual seja, potencialidades jurídicas (no caso autonomia da vontade) aplicadas em prol de outrem (destinatários da prestação).

entre ambas as dimensões, haja vista ter-se defendido abertamente a não incidência do CDC (em relação ao ser regime ordinário, qual seja, da relação de consumo), quando não se operar remuneração, mesmo havendo a outorga de produtos ou serviços.

A defesa do consumidor configura-se um direito individual fundamental do homem quando este atua no mercado de consumo; ou seja, o ser humano é tutelado constitucionalmente na sua dimensão de consumidor (bem como em diversas outras como homem trabalhador, sujeito de direitos políticos, contribuinte etc.). A par disto, projeta-se esta dimensão (defesa do consumidor) também como princípio da ordem econômica, haja vista estar a organização de nosso modo de produção orientada ao regime de mercado consagrador da livre iniciativa. O nosso modo de produção, destarte, não pode prescindir da figura de um consumidor tutelado de maneira adequada desde um prisma jurídico.

A questão de essência a ser investigada diz respeito se, ao afastar-se a efetivação da relação de consumo (e, pois, a derrogar o regime ordinário de defesa do consumidor), estaria configurada alguma ofensa aos primados constitucionais da defesa do consumidor.

A resposta só poderia ser positiva se partisse de invencível vício lógico já explicitado, qual seja, supor liminarmente que toda a prestação de utilidades configura, por si só, uma relação de consumo. Como visto, este raciocínio sequer se amolda à inteligência dos dispositivos que definem a relação de consumo, que exigem que se perfaça remuneração para que exista a relação de consumo. É, entretanto, de se ver se esta interpretação se faz conforme aos ditames constitucionais ou implicaria em ofensa elíptica aos predicados mais amplos da defesa do consumidor, sendo contrária à Constituição.

Fugindo da resposta elementar da defesa do consumidor se efetivar nos termos da lei (que já suporta a conclusão esposada), é de se ver que o destinatário de prestações na relação de consumo e o destinatário de prestações sem intuito econômico se sujeitam a dois regimes constitucionais distintos que não podem ser confundidos.

Isto, pois, o destinatário de prestações a título não econômico constitucionalmente não pode ser configurado como consumidor (apenas o poderia numa acepção leiga), pois sua tutela se dá sob influxo de uma relação funcional, enquanto na relação de consumo o interesse do prestador é o seu mesmo. *Ou seja, enquanto o consumidor é um meio para o particular que atua perseguindo o lucro satisfazer seu intuito econômico, o destinatário de prestação que não visa a lucro é a própria razão de ser ofertada a utilidade.*

Ambas as dimensões recebem tratamento distinto em relação à incidência do CDC por não se equivalerem as hipóteses (isonomia) face à Constituição. O destinatário de prestações filantrópicas é a própria razão do particular que age sob este regime prestar as utilidades, o que lhe confere um estatuto que não pode ser entendido (em termos constitucionais) com o estatuto jurídico de consumidor.

Como visto, constitucionalmente, predica-se de um lado um regime de proteção ao consumidor (e, pois, de responsabilização severa do fornecedor) e, de outro, um regime de incentivo aos que se coadjuvam com o Estado, prestando diretamente utilidades sem intuito econômico.

Frisa-se, pois, a idéia de que os destinatários de prestações ofertadas em relações de consumo ocupam um espaço distinto do sujeito que recebe prestações ditas assistenciais, ofertadas por outros (particulares ou Estado) em seu próprio benefício.

O cidadão enquanto "consumidor" ocupa um papel distinto do cidadão que está a receber prestações sociais de particulares sem intuito econômico; no primeiro caso as prestações são ofertadas para a satisfação de interesses exclusivamente privados e no outro elas visam à tutela do favorecido, atingindo uma dimensão coletiva, sob o influxo de uma relação funcional.

De um lado, tem-se o consumidor que possui elementos para atuar no mercado de consumo, detendo o mínimo de condições jurídicas que lhe permitem atuar nesta qualidade. A condição de "consumidor" permite um mínimo de liberdade essencial ao ingresso no mercado de consumo, sujeitando-se o cidadão neste papel à lógica de mercado, onde ambas as partes satisfazem seus interesses individuais na relação entre elas instauradas.

De outro, se tem sujeito que necessita receber utilidades, ínsitas à dignidade humana, que o Estado não está a ofertar ou que não poderia satisfazer (como consumidor) junto à livre iniciativa, de lógica eminentemente privada e orientada ao lucro.[47]

É seguramente verdade que fornecedor persegue na relação de consumo o lucro, entretanto, não é menos verdade, que o consumidor persegue a satisfação de seu interesse pessoal; a relação é fruto, pois, da comunhão de dois interesses essencialmente individuais contrapostos. Todavia, por ser o consumidor a parte vulnerável ele recebe uma tutela jurídica diferenciada (defesa do consumidor) apta a garantir sua satisfação, que poderia quedar frustrada ante a possibilidade do fornecedor fazer valer seus interesses a ponto anular os interesses da outra parte. Esta é a lógica da relação de consumo e da própria "defesa do consumidor" constitucionalmente posta.

A prestação de utilidades a título não econômico desborda completamente desta lógica, por *não estar configurado um interesse individual de quem esta a prestar serviços ou ainda a oferecer produtos.* Como frisado anteriormente, a relação se dá sob o influxo de uma função sendo que o próprio destinatário das prestações é a razão mesma dela estar sendo disponibilizada pelo particular, que o faz sem intuito econômico.

Esta nota de prestação de utilidades no interesse de terceiros, de modo a realizar e dar concretude a interesses socialmente relevantes provendo a dignidade da pessoa humana em suas diferentes dimensões, é insuscetível de ser reduzida ou confundida com uma relação de índole exclusivamente privada.

Assim, o destinatário das prestações ofertadas sem intuito econômico é figura que não se confunde com o consumidor, não sendo a derrogação do CDC proposta (por não estar perfeita a relação de consumo) qualquer ofensa aos primados constitucionais da defesa do consumidor.

7. Conclusões pontuais

Fazendo rasa síntese das idéias principais do que está contido no texto, apresenta-se recolha de conclusões pontuais para que se sindiquem as inferições nele propostas:

1. A relação de consumo é relação jurídica que une dois pólos, a saber, consumidor e fornecedor, em face de um objeto que pode ser produto ou serviço;

2. O objeto da relação de consumo (produto/serviço) é elementos autônomo, ou seja, possui definição própria, e é essencial para a caracterizar o vínculo relacional que une consumidor e fornecedor;

3. O objeto da relação de consumo condiciona — por expressa injunção legal — a caracterização dos consumidores e dos fornecedores, em especial;

47. Não se deve incidir no vício de que receber prestações assistenciais tem haver com miserabilidade ou pobreza, inúmeros exemplos demonstram o contrário. As prestações são das mais diversas ordens e não podem ser reduzidas a necessidades prementes dos necessitados. A própria sofisticação da sociedade que impõe maiores demandas a serem satisfeitas impõe a prestação de prestações que podem ser assistenciais bastante sofisticadas (p.ex., o ensino superior, acesso à cultura, a meios tecnológicos). Caso assim não fosse estaria se correndo o sério risco de deixar sem concretização uma série de objetivos que também são fundamentais por ausência de prestação do Estado e impossibilidade de aquisição no mercado. Pensar de modo diverso seria indevida nivelação por baixo.

4. O conceito de fornecedor é definido pelo objeto da relação (fornecedor é quem o presta) e a ele fica intimamente vinculado; é impossível qualificar o fornecedor sem fazer análise do conteúdo do objeto;

5. Deste modo os conceitos de fornecedor, produto e serviço (e aí seu agrupamento em um único artigo) se complementam e se condicionam mutuamente;

6. "Produto", no CDC, é conceito que se distingue de "bem" por, necessariamente, se apresentar como decorrente (*i.e.* conseqüência) de um processo economicamente organizado, que se identifica com o conceito de empresa (tomado como atividade e em sentido amplo);

7. Na inter-relação intrínseca entre produto e fornecedor, ambos os conceitos se condicionam, reforçando-se a idéia de que a atividade do fornecedor reveste-se de habitualidade ou profissionalismo, o que em última análise remete a uma ponderação acerca da avaliação desta atividade do ponto de vista econômico;

8. Tal raciocínio fica sobremaneira mais claro quando se analisa o conceito de serviço que expressamente faz menção ao "mercado de consumo" e "remuneração";

9. Sem prejuízo do conceito de produto não enunciar expressamente o elemento remuneração ele também se faz presente nesta categoria por decorrência da interpretação sistemática dos termos do artigo e por não haver como se distinguir o adquirente de produto e serviço quanto a esse particular — relação de consumo versando "produto" ou "serviço" predica o mesmo regime legal;

10. A remuneração pode se dar de maneira direta ou indireta e se caracteriza pela fruição de uma vantagem econômica por quem está a prestar utilidades, que no caso da remuneração indireta não é sujeita à apropriação imediata por que está a oferecê-las;

11. A tradição de dinheiro (ou qualquer outro fenômeno que lhe faça as vezes) não é elemento integrante do conceito de remuneração, que se perfaz mesmo que não se evidencie nenhum pagamento direto, a circulação de dinheiro entre os sujeitos é meramente acidental e não se conecta à essência da remuneração, tanto que esta pode subsistir sem aquela;

12. Logo, tanto pode haver remuneração sem que haja transferência de dinheiro (remuneração indireta), quanto pode haver transferência de dinheiro sem que haja remuneração, por contingência expressa do conceito escorreito de remuneração que é vantagem econômica sujeita à apropriação;

13. A ausência de finalidade econômica de quem está a prestar as utilidades permite que se concretize a previsão de haver transferência de dinheiro (pagamento) sem, contudo, haver remuneração;

14. É a não distribuição de resultados (apropriação do resultado) que caracteriza a ausência de finalidade econômica e que, a reboque disto, fulmina a possibilidade lógica de haver remuneração, na medida em que qualquer benefício que venha a se agregar não se reveste de natureza econômica; ao seu turno, finalidade econômica ou intuito lucrativo é justamente a possibilidade de apropriação em proveito próprio do resultado da exploração de determinada atividade, sendo que remuneração só pode haver quando estiver configurado este intuito;

15. Há expressa previsão legal de personalidades jurídicas que por definição não possuem finalidade econômica, podendo, todavia desenvolver atividades econômicas (ou seja, passíveis de exploração particular) são elas as associações e as fundações, nestes casos não há apropriação do resultado;

16. O juízo de não haver distribuição dos resultados da exploração de atividade econômica, a par de estar suportado pela própria forma pela qual se organiza a personalidade jurídica, deve ser verificado face ao caso concreto;

17. Caso haja qualquer apropriação dos resultados (mesmo que disfarçada) haverá remuneração e pois haverá relação de consumo, advindo daí todos os efeitos legais ínsitos à perfeição deste vínculo jurídico;

18. Tanto a defesa do consumidor quanto o fomento à prestação de utilidades socialmente relevantes são elementos presentes em nossa Constituição sendo necessários compatibilizar ambos os espaços constitucionais, de modo a demonstrar que não ocorre menoscabo à "defesa do consumidor" quando se advoga pela derrogação da relação de consumo nos casos de utilidades prestadas por entidades que não visam a objetivos econômicos;

19. O cidadão enquanto "consumidor" ocupa um papel distinto do cidadão que está a receber prestações sociais de particulares sem intuito econômico; no primeiro caso as prestações são ofertadas para a satisfação de interesses exclusivamente privados e no outro elas visam à tutela do favorecido, atingindo uma dimensão coletiva, sob o influxo de uma relação funcional;

20. Esta nota de prestação de utilidades no interesse de terceiros, de modo a realizar e dar concretude a interesses socialmente relevantes provendo a dignidade da pessoa humana em suas diferentes dimensões, é insuscetível de ser reduzida ou confundida com uma relação de índole exclusivamente privada como a relação de consumo separando dois espaços constitucionais distintos.

A CLÁUSULA COMPROMISSÓRIA À LUZ DO CÓDIGO CIVIL

José Emilio Nunes Pinto

A entrada em vigor do Código Civil, em janeiro de 2003, produziu uma enorme revolução no tratamento legal dispensado às obrigações e contratos. Pode-se afirmar, sem maiores dúvidas, de que esta é a área do Código Civil que contém as inovações de maior impacto, inovações essas capazes de exigir de todos nós, advogados, juízes e árbitros, uma nova postura quanto à interpretação e aplicação das diversas disposições.

O Código Civil positivou, em nosso direito, princípios como o da boa-fé e o da função social do contrato e institutos como o da onerosidade excessiva e do enriquecimento sem causa, além de dar tratamento especial à lesão e ao estado de perigo. Há, portanto, um novo marco legal aplicável às obrigações e contratos com impacto importante no dia a dia dos cidadãos e das empresas.

Como o direito não cria fatos sociais, mas se limita a regulá-los, a inserção no Código Civil das denominadas cláusulas gerais ou abertas, em que se incluem a boafé e a função social do contrato, tem por objetivo evitar que a legislação codificada se torne obsoleta e venha a exigir alterações sucessivas. No entanto, a limitação da liberdade contratual por essas cláusulas gerais faz com que se altere substancialmente o comportamento das partes em suas relações no âmbito contratual e destas em relação a terceiros, podendo-se afirmar que a nova legislação colocou as partes em colaboração ao invés de estarem elas em oposição. Por outro lado, em razão do princípio da função social, os interesses das partes devem estar alinhados com os da coletividade, não se admitindo como válidos os contratos que se destinem a satisfazer exclusivamente os interesses das partes em detrimento do interesse coletivo.

Em suma, pode-se afirmar, sem constrangimento, que o novo marco legal trazido pelo Código Civil está a exigir que se avalie o impacto decorrente das profundas transformações por que passa o direito das obrigações sobre institutos sólidos e cristalizados.

Durante muitos anos, a cláusula compromissória foi entendida como sendo um pré-contrato segundo o qual as partes signatárias se comprometiam a celebrar o compromisso para que se pudesse validamente instituir a arbitragem. No entanto, seguindo a técnica vigente no passado, muito embora o compromisso fosse essencial, não previa a legislação os meios adequados para que forçasse a parte recalcitrante a celebrar o compromisso. A isso denominava-se a ausência de execução específica da cláusula compromissória.

Com a edição da Lei de Arbitragem, o quadro se modificou de forma substancial. Além de outorgar à cláusula compromissória execução específica (art. 7º), atribui-se a ela, desde que se possa interpretá-la como cláusula completa ou, ainda, na terminologia arbitral, "cláusula cheia", o condão de ser suficiente e bastante para instituir a arbitragem. Por essa razão e nessas circunstâncias, o compromisso passa a desempenhar um papel secundário, já que, por força do art. 5º da Lei, proceder-se-á da forma prevista nas regras escolhidas. Portanto, em face do art. 5º e desde que aceita a designação pelo(s) árbitro(s), a arbitragem poderá ser instituída independentemente da celebração do compromisso.

Nesse sentido, a lei espanhola de arbitragem de 2003, a mais moderna de todas em vigor, repetindo o avanço que já havia sido consagrado pela Lei 36, de 1988, opta por adotar a expressão "convenção arbitral", sem fazer qualquer distinção entre a cláusula compromissória e o compromisso, como é o caso da lei brasileira. Vale aqui uma referência especial ao critério adotado pela nossa lei. É importante que tenhamos em mente que a mesma foi elaborada no início da década de 1990 e surgia num cenário legislativo tradicional onde prevalecia a noção da cláusula compromissória e do compromisso. Outorgar a execução específica à cláusula compromissória já era uma ousadia. Ousadia essa que veio a ser objeto de discussão quanto à sua constitucionalidade pelo Supremo Tribunal Federal. Que se pudesse ousar a ponto de adotar um tratamento similar ao da legislação espanhola de 1988 e 2003, isso seria inimaginável, muito embora os autores do anteprojeto tenham sido tentados pela idéia. Optou-se, portanto, por uma posição mais ortodoxa e compatível com o estágio de desenvolvimento, àquela época, do instituto da arbitragem no Brasil. Não podemos perder de vista duas circunstâncias bastante relevantes para analisar nossa lei: (i) o cenário legislativo existente à época da edição da nova Lei e (ii) a perspectiva do analista deverá necessariamente coincidir com o tempo em que a lei foi elaborada e editada. Quanto ao último caso, seria injusto criticarmos a metodologia adotada pela lei com as experiências que acumulamos nestes oito anos, com a ótica de hoje sobre um texto de 1996.

No entanto, em face do teor do art. 5º, vimos insistindo em dois pontos fundamentais para a consolidação da arbitragem no Brasil, a saber: (i) que a cláusula compromissória seja redigida com o cuidado que ela merece de maneira a torná-la uma cláusula completa ("cláusula cheia") a permitir a instituição da arbitragem e (ii) que se adote, nesta fase de consolidação do instituto no Brasil, a arbitragem institucional, fundada esta em regras claras e bem definidas, evitando-se o uso da arbitragem *ad hoc*, com a criação de regras desenhadas pelas partes.

A razão é bastante simples. Devemos evitar, a qualquer custo, que venhamos a incidir na criação de "cláusulas vazias" ou "cláusulas patológicas" que, além de frustrarem o interesse e expectativa das partes signatárias, levam à instauração de um "contencioso parasita", ao amparo do art. 7º da Lei.

Não se diga que a afirmação precedente representa uma negação da importância da inovação trazida pelo art. 7º. Muito pelo contrário, pois a restauração e revitalização do instituto da arbitragem, no Brasil, encontram sua sede nesse dispositivo legal. Foi em função desse dispositivo que a arbitragem foi capaz de vencer a sua fase de infância. Foi ele que trouxe novamente credibilidade ao instituto da arbitragem. Sem ele, o texto legal careceria de mecanismo que permitisse atender à expectativa das partes signatárias.

No entanto, o art. 7º se destina a regular a instituição da arbitragem que se funde em "cláusula vazia" ou em "cláusula patológica"; mas esse dispositivo foi criado para regular situações excepcionais ou anômalas, sendo dever dos operadores do direito zelar para que a incidência de cláusulas dessa natureza seja cada vez menor. Isso significa que precisão e clareza são elementos fundamentais na elaboração de cláusulas compromissórias. Dessa forma, e somente dessa forma, estaremos assegurando que a expectativa das partes se materialize efetivamente. Nessa mesma linha de idéias, não se pode esquecer a excepcionalidade outorgada ao recurso ao contencioso previsto no art. 7º, já que se espera que as partes, diante de uma "cláusula vazia" ou "patológica", colaborem mutuamente no sentido de suprir as deficiências existentes na cláusula compromissória, viabilizando a instituição da arbitragem e respondendo efetivamente à expectativa que determinou a escolha de ambas quando da celebração do contrato e da respectiva convenção.

A positivação do princípio da boa-fé no Código Civil afeta todas as relações contratuais. Dada a sua natureza contratual, a cláusula compromissória será igualmente afetada pelo princípio da boa-fé. No entanto, em que extensão? Em que circunstâncias? E quais as conseqüências práticas daí advindas? Este é o objetivo precípuo deste artigo — analisar a cláusula compromissória à luz das disposições inovadoras do Código Civil.

O art. 4º da Lei de Arbitragem define a cláusula compromissória como sendo "a convenção através da qual as partes em um contrato comprometem-se a submeter à arbitragem os litígios que possam vir a surgir, relativamente a tal contrato".

Diz-se, e com muita precisão, que, em função da aplicação do princípio da boa-fé, a posição das partes numa relação contratual se modificou de forma substancial. Em razão dos deveres laterais da boa-fé objetiva a que as partes estão vinculadas, em especial o de colaboração e o de informação, dificilmente se poderá falar em partes em oposição, mas sim de partes em colaboração mútua. Isso decorre, sobretudo, de outra alteração substancial do Código Civil, onde se prestigia e prioriza o adimplemento das obrigações assumidas, punindo-se severamente o inadimplemento. Dessa maneira, a relação obrigacional passa a ter como pólo o adimplemento, que atrai para si a colaboração mútua entre as partes. Esse posicionamento legal está influenciado pelo princípio da função social do contrato, limitador que é da liberdade contratual das partes.

A posição das partes ao celebrarem a cláusula compromissória é de partes em colaboração. O que ambas buscam, nesse momento, é criar um mecanismo que seja aplicável à solução de suas controvérsias, se e quando estas venham a surgir. Portanto, do ponto de vista da conclusão da cláusula compromissória, estariam as partes alinhadas com o princípio da boa-fé. Há inerente na conclusão da cláusula compromissória o traço da colaboração entre as partes signatárias, da identidade de propósitos, qual seja, o de utilizarem-se da arbitragem quando venham a surgir suas controvérsias.

Ocorre que o campo de aplicação do art. 422 do Código Civil é bem mais amplo do que a negociação de cláusulas contratuais. Aludido artigo impõe às partes contratantes o dever de guardar o princípio da boa-fé na execução de suas obrigações. Vamos além e entendemos que essa disposição se estende ao cumprimento de obrigações que remanescem durante a fase pós-contratual, sendo bom exemplo aquelas relativas a segredo de negócio e direitos de propriedade intelectual. No campo arbitral, diríamos que o sigilo sobre o procedimento arbitral, dados e informações trazidas à discussão, e o teor mesmo da sentença arbitral é manifestação inequívoca de alinhamento com o princípio da boa-fé, expresso na confiança que deve prevalecer na relação entre as partes.

Já enfatizamos que, a nosso ver, o compromisso será de menor importância sempre e quando a cláusula compromissória seja tida como "cláusula cheia". Neste caso, seguem-se as regras estabelecidas e instaura-se a arbitragem independentemente de compromisso. Se bem que não tenhamos adotado a técnica da legislação espanhola, certamente adotamos uma sistemática que nos permite, em se tratando de cláusulas cheias, obter resultados similares.

Em se tratando de "cláusula vazia" ou "cláusula patológica" a situação é bastante distinta. A norma contida no art. 6º da Lei determina a liturgia a ser adotada. O parágrafo único desse art. 6º regula as exceções possíveis, ou seja, a recalcitrância da parte em comparecer, mantendo-se revel ou, ainda, embora comparecendo, recuse-se a instaurar a arbitragem. Para essas hipóteses, a Lei prescreve no art. 7º, a demanda judicial adequada, ou seja, consagra a execução específica da cláusula compromissória.

Se, do ponto de vista arbitral, com ônus e sacrifício, pode-se resolver a questão da resistência da parte em instituir a arbitragem, muito embora esse contencioso possa se arrastar por longo tempo, situação típica de cláusulas patológicas ou vazias, devemos, entretanto, questionar se o Código Civil traz tratamento especial que se aplique a essa hipótese, ou seja, em que medida estará a parte recalcitrante sujeita à regra do art. 422 e às conseqüências dela decorrentes.

A intervenção judicial prevista no art. 7º visa a assegurar o efeito vinculativo da cláusula compromissória. Busca-se resgatar, na "cláusula vazia" ou na "cláusula patológica", a verdadeira intenção das partes ao celebrar a cláusula compromissória, ainda que isso seja difícil e a tarefa por demais complexa. A despeito disso, como tratar os ônus advindos da revelia ou recusa da outra parte para aquela que requereu a instauração da arbitragem e viu frustrado seu intento?

Somos de opinião que, sendo a cláusula compromissória, de natureza contratual, o art. 422 do Código Civil se aplica integralmente. Se, ao concluírem a cláusula compromissória, as partes se alinham com o princípio da boa-fé, certo é que este se aplicará, da mesma maneira, à fase de cumprimento das obrigações assumidas. Portanto, surgindo controvérsia, o que se pode esperar das partes é que ajam de acordo com o que convencionaram e tomem todas as providências necessárias para instaurar o procedimento arbitral destinado a solucioná-la, seja na forma do art. 5º da Lei, sendo a cláusula cheia, ou na do art. 6º, sendo ela vazia ou patológica. Assim, somente os comportamentos determinados por esses dois dispositivos estarão alinhados com o princípio da boa-fé e com os deveres laterais de informação e colaboração. Afinal, prevalecerá nesses casos a confiança entre as partes ao celebrar a cláusula compromissória. Além disso, nunca é demais lembrar que a escolha pela arbitragem como meio de solução de controvérsias é um elemento integrante da equação econômica do negócio jurídico, devendo-se, portanto, prestigiá-la sob pena de se alterar essa equação.

Sob essa ótica, a revelia ou a recusa, a que se refere o parágrafo único do art. 6º da Lei, comportamentos da parte que se distanciam da boa-fé e do cumprimento dos respectivos deveres laterais, são fatores que afetam o equilíbrio da equação econômica, acarretando prejuízos para a parte que requereu a instauração da arbitragem e que deseja ver a controvérsia solucionada.

Por essa razão, entendemos que, em face das novas disposições legais introduzidas pelo Código Civil, a revelia da parte ou, ainda, a recusa em instaurar a arbitragem caracteriza a prática de um ato ilícito, na forma preconizada pelo art. 186 do Código Civil. Certo é que a ação ou omissão voluntária estará caracterizada, respectivamente, na recusa ou na revelia. Dano surgirá fatalmente para a parte que requereu a instauração da arbitragem, na medida em que terá visto frustrada a sua intenção de ter a controvérsia solucionada definitivamente por meio desse mecanismo, sem mencionar que terá visto afetado um dos elementos integrantes da equação econômica do negócio jurídico, desequilibrando-a. Caracterizado o ato ilícito, na forma prevista no art. 186 antes mencionado, surgirá para essa parte revel ou que se recusou a instaurar a arbitragem, na forma convencionada, a obrigação de indenizar por perdas e danos.

Muito embora a parte que requereu a instauração da arbitragem venha a ter a sua intenção materializada quando da decisão do contencioso de que trata o art. 7º da Lei, certo é que, do ponto de vista da legislação civil codificada, o comportamento da outra parte já terá caracterizado a prática de um ato ilícito, assistindo à outra parte o direito de ver apuradas as perdas e danos a serem indenizados, seguindo-se os preceitos dos arts. 402 e ss. do Código Civil.

Vale sempre lembrar que, no regime anterior ao da Lei de Arbitragem, a legislação brasileira não reconhecia execução específica à cláusula compromissória, sendo que a arbitragem somente se instaurava com a celebração do compromisso. Naquela época, costumava-se incluir pesada penalidade a ser paga pela parte que se recusasse a participar do procedimento arbitral. A penalidade então criada contratualmente tinha nitidamente a função de sancionar a parte inadimplente contratualmente já que não se dispunha de autorização legal para assegurar a execução específica da cláusula compromissória. Com a edição da Lei, a execução específica veio para sanar a omissão legal e permitir que se instaurasse o procedimento. Assim sendo, e na medida em que se criou um mecanismo adequado para que a vontade das partes fosse efetivamente implementada, deixou de fazer qualquer sentido em se pensar em qualquer reivindicação de perdas e danos em caso de descumprimento da cláusula compromissória.

A aplicação da norma do art. 186 do Código Civil, no entanto, coexiste com a execução específica da cláusula compromissória, tendo natureza diversa da penalidade adotada no regime anterior. Ainda que a parte possa lograr instaurar a arbitragem para a solução da controvérsia surgida pela aplicação da norma contida no art. 7º da Lei, caracterizado estará o ato ilícito da parte recalcitrante por violação de disposição legal, ou seja, deixou de agir com observância do princípio da boa-fé, na forma prevista no art. 422 do Código Civil. Dessa forma, a parte optou por se tornar revel ou se recusou a agir conforme havia ajustado, assistindo à outra parte o direito de reivindicar a indenização por perdas e danos, inclusive danos morais, que tenha efetivamente sofrido.

Não é difícil se imaginar uma situação em que a parte que viu frustrada a sua intenção de ver instaurada a arbitragem, sendo, para isso, obrigada a recorrer ao contencioso previsto no art. 7º da Lei, vir a sofrer prejuízos. Basta que se imagine um segmento de mercado bastante competitivo, e admitindo-se que essa controvérsia surja em relação a parceiro no negócio como um todo ou fornecedor de tecnologia, para podermos facilmente visualizar a possibilidade da cotação de mercado de suas ações (em sendo uma companhia aberta) vir a ser afetada, como também o impacto que pode vir a ocorrer sobre a posição concorrencial da empresa. É certo que, nesses casos, haverá perdas para a parte e parece justo que esta possa reivindicar a indenização pelo prejuízo sofrido.

Mesmo que não se possa provar o prejuízo efetivo, caso em que a indenização não seria devida, restaria averiguar o dano moral eventualmente sofrido pela parte, já que o contencioso regulado pelo art. 7º torna pública a existência da controvérsia entre as partes, não logrando elas o benefício do segredo de justiça que, nos casos em que foi solicitado, veio a ser negado pelo Poder Judiciário, e que levou fatalmente à quebra do sigilo que as partes visavam com a utilização da arbitragem. Se bem que o procedimento arbitral, quando instaurado, deverá preservar a privacidade dos atos e o sigilo de todas as informações, dados e do teor da própria sentença, certo é que tornar pública a existência de uma controvérsia entre as partes representa uma quebra da confiança que deveria presidir as relações e a certeza frustrada de quem esperava ver a arbitragem instituída. Se dano patrimonial não se materializou, pelo menos há o dano moral decorrente da quebra de confiança. Ademais, não seria de todo absurdo que se imaginasse que, no longo prazo, a indefinição quanto ao andamento da arbitragem pudesse vir a afetar as relações de uma das partes com seus principais clientes e fornecedores. Poderíamos imaginar, inclusive, dependendo do caso, e ainda que não obrigada a tal, que a parte viesse a ter que abdicar parcialmente do sigilo e revelar, ainda que em linhas gerais, o conteúdo da controvérsia. Adotaria, nesse caso, um comportamento similar à divulgação de fato relevante ou inclusão de nota de balanço como estão obrigadas as companhias abertas. Não seria absurdo se imaginar que o acionista controlador e os administradores assim agissem em cumprimento às disposições constantes dos arts. 116 e 154, respectivamente, da Lei de Sociedades Anônimas.

Neste caso, no entanto, essa revelação seria, a nosso ver, fundamentada, sendo resultado direto do ato ilícito praticado pela outra parte, devendo esta indenizá-la pelo dano moral sofrido e por comprometer a integralidade do sigilo que deve acompanhar a arbitragem.

Questão relevante a ser analisada diz respeito à competência para apurar perdas e danos e determinar a respectiva indenização. Entendemos que, ao decidir sobre o conteúdo do compromisso arbitral, a que se referem os §§ 3º e 6º do art. 7º da Lei, o juiz deverá, por provocação da parte, fazer dele constar que o árbitro único ou o tribunal arbitral deverão deliberar sobre a prática do ato ilícito e a obrigação de indenização por perdas e danos, seja patrimonial, seja moral, e seu respectivo montante pela parte que foi revel ou se recusou a proceder à instauração da arbitragem e que, no limite, acabou dando causa à concretização do contencioso do art. 7º da Lei. Esta questão se caracteriza como direito disponível e integra o escopo da própria arbitragem.

Finalmente, entendemos que moral não é domínio restrito às fábulas e que, portanto, pode ser buscada de forma idêntica neste artigo. E a moral deste artigo será "*Mais vale prevenir do que remediar*". Dessa forma, a grande lição que resulta dessa análise é que devemos ser bastante cuidadosos ao redigir a cláusula compromissória. Devemos assegurar que, ao redigi-la, dela constem todos os elementos necessários capazes de torná-la uma "cláusula cheia", passível de dar lugar à instauração efetiva da arbitragem na forma convencionada pelas partes. Situemo-nos, como regra, no art. 5º da Lei e deixemos o art. 7º para regular somente a exceção que, esperamos, seja menos e menos incidente. No entanto, se isso ainda vier a ocorrer, aplicar-se-ão as disposições do Código Civil sobre ato ilícito e indenização por perdas e danos.

São Paulo, agosto de 2004.

Atualidades

AUTOTUTELA DO ACORDO DE ACIONISTAS

Novo regime estabelecido pela Lei 10.303/2001

Daniel Moreira do Patrocínio

I — Introdução. II — Autotutela — Considerações gerais. III — Art. 118, § 8º. IV — Art. 118, § 9º. V — Vinculação dos conselheiros e diretores ao acordo. VI — Conclusão. VII — Bibliografia.

I — Introdução

Dentre as modificações sofridas pela Lei das Sociedades por Ações, com o advento da Lei 10.303/2001, destaca-se a inclusão dos §§ 8º e 9º no art. 118. Estes novos dispositivos legais cuidaram do instituto da autotutela ou auto-execução específica do acordo de acionistas.

Assim, no presente estudo, pretendemos analisar este mecanismo criado pelo legislador reformista de 2001, pelo qual se estabeleceu uma nova forma para se assegurar o cumprimento do acordo de acionistas.

O § 8º resultou na positivação de uma prática usualmente adotada pelas companhias, quando da realização dos conclaves e desde que os acordos já tivessem sido, em sua sede, arquivados. É que, mesmo antes da edição da Lei 10.303/2001, em razão do estabelecido no *caput* do art. 118, já se verificava a resistência do presidente da mesa em computar os votos que fossem feitos em desconformidade com o que fora anteriormente ajustado no acordo. Esta circunstância, no entanto, segundo a opinião de alguns juristas, não seria legal, pois o presidente da mesa, ao interpretar o acordo e decidir se o voto poderia ou não ser computado, acabava exercendo uma função jurisdicional que, *ex vi* do contido no art. 1º do CPC, seria uma atividade privativa dos órgãos do Judiciário. Com a inclusão do referido § 8º não há mais sentido na discussão quanto à legalidade deste procedimento.

Ademais, através deste novo instituto (autotutela), o convenente do acordo que se sentir prejudicado em razão do inadimplemento da obrigação assumida pelo outro poderá, sem que seja necessário recorrer ao Judiciário (ou mesmo ao juízo arbitral), promover a autotutela específica da convenção, pelo procedimento previsto no novo § 9º do art. 118. Esta modalidade de autotutela poderá ser implementada não só nos casos em que o convenente, presente em assembléia, exerça o direito de voto de forma contrária àquela ajustada, mas, também, nos casos em que o acionista se abstenha de participar do conclave. Pela redação do § 9º, o absenteísmo do acionista não obstaculiza a utilização da autotutela.

Como a seguir será melhor examinado, o novo § 9º cuida de uma espécie de voto por mandato, nas hipóteses em que se verificar a inobservância do ajuste de voto anteriormente ajustado.

Outro aspecto também concernente à autotutela do acordo reside no fato de que, pela redação dada pela Lei 10.303/2001, não só os acionistas convenentes estariam vinculados à convenção, mas, também, os membros do conselho de administração ou, na hipótese de inexistência deste órgão, os diretores eleitos por este grupo de acionistas. Esta circunstância trouxe grande perplexidade para alguns estudiosos, na medida em que, em tese, a nova norma não seria conciliável com o dever de independência de que cuida o § 1º do art. 154 da Lei 6.404/1976.

Por se tratar de um novo instituto, divergências relevantes têm surgido na doutrina pátria. Para alguns, cuidou o legislador reformista de um importante avanço em busca da efetividade dos acordos de voto. Para outros, melhor teria sido que os §§ 8º e 9º tivessem sido vetados. Assim, longe de pretendermos esgotar a discussão, desejamos provocar o debate acerca da sistemática da autotutela introduzida pela Lei 10.303/2001. Vejamos.

II — Autotutela — Considerações gerais

Como sabemos, visando assegurar a paz social, o Estado avocou para si a competência exclusiva para a solução dos conflitos sociais, sendo, inclusive, vedado o exercício arbitrário das próprias razões.

Não é por outra razão que o Código Repressivo considera típica a conduta pela qual o particular pretenda "fazer justiça pelas próprias mãos, para satisfazer pretensão, embora legítima, salvo quando a lei o permite" (art. 345). Semelhante tratamento legal, dirigido às autoridades, também foi previsto no art. 350 do mesmo Código Penal, que dispõe que praticará o crime de exercício arbitrário ou abuso de poder quem "ordenar ou executar medida privativa de liberdade individual, sem as formalidades legais ou com abuso de poder".

Note-se, por outro lado, que em ambos os dispositivos há previsão expressa quanto à possibilidade da autotutela desde que prevista em lei. Neste ponto ousamos refutar o argumento que era defendido pelo Professor Celso Barbi Filho, o qual sustentava a impossibilidade da autotutela do acordo de acionistas. O saudoso Mestre, ao comentar o projeto que resultou na edição da Lei 10.303/2001, afirmou que "esse mecanismo, de autêntica execução específica privada, subverte perigosamente a tutela jurisdicional necessária a se aferir o efetivo direito das partes do acordo, devendo-se avaliar com cautela sua adoção irrestrita, tal como proposta no projeto".[1]

Sobre o tema, Modesto Carvalhosa[2] leciona o seguinte:

"O regime de autotutela insere-se no universo dos direitos pessoais relativos, que permitem ao sujeito de direito exigir o cumprimento do dever legal ou o adimplemento do contrato.

"Trata-se de um direito subjetivo, que outorga legitimidade jurídica para o sujeito diretamente exigir ação ou omissão de pessoas certas e determinadas.

"No âmbito dos direitos subjetivos pessoais relativos encontram-se os de proteção, ou seja, os que permitem o efetivo e concreto exercício dos direitos do seu titular."

Mais adiante, cita o Mestre alguns exemplos de autotutela previstos em nosso ordenamento: "E, não obstante a excepcionalidade de sua utilização como modo corrente de satisfação de pretensões, há previsão legal de algumas dessas exceções, como o direito de retenção (CC de 2002, arts. 578, 644 e 1.219, correspondentes aos arts. 1.199, 1.279, 516 etc. do CC de 1916); desforço imediato nas possessórias (CC de 2002, art. 1.210, § 1º, correspondente ao art. 502 do CC de 1916); o penhor legal (CC de 2002, art. 1.467, correspondente ao art. 776 do CC de 1916); o direito de cortar raízes e ramos de árvores limítrofes que ultrapassem a extrema do prédio (CC de

1. Celso Barbi Filho, "Acordo de acionistas: panorama atual do instituto no direito brasileiro e proposta para a reforma de sua disciplina legal", *RDM* 121/31.

2. Modesto Carvalhosa, *Comentários à Lei das Sociedades Anônimas*, v. II, 3ª ed., pp. 541-542.

2002, art. 1.283, correspondente ao art. 558 do CC de 1916); a auto-executoriedade das decisões administrativas; o poder de efetuar prisões em flagrante (CPP, art. 301) e, como contraponto, a legítima defesa ou o estado de necessidade (CP, arts. 24 e 25; CC de 2002, arts. 188, 929 e 930, correspondentes aos arts. 160, 1.519 e 1.520 do CC de 1916); e o direito de não cumprir obrigação, assumida em contrato bilateral, quando a outra parte não cumpre a sua (CC de 2002, arts. 476 e 477, correspondentes ao art. 1.092 do CC de 1916)".[3-4]

Ari Possidonio Beltran, em estudo dedicado à análise da autotutela nas relações do trabalho,[5] relata-nos a doutrina de Niceto Alcalá-Zamora y Castillo (*Processo, Autocomposición & Autodefesa*, México, Unam, 1970), que há muito já havia enfrentado o tema. Para Castillo, "produzido o litígio entre duas esferas contrapostas de interesses, este deverá ser solucionado por obra dos próprios litigantes ou por decisão imperativa de um terceiro". Argumenta que a solução "parcial" (o termo é usado em oposição a "imparcial" e não a "total") do litígio oferece duas alternativas: ou um dos litigantes concorda com o sacrifício de seu próprio interesse, ou, ao contrário, impõe o sacrifício do interesse do outro. No primeiro caso, usando a terminologia de Carnelutti, menciona a "autocomposição", ao passo que, no segundo, a hipótese é a da "autodefesa".

Ainda segundo Beltran, para Castillo a "idéia de que o sacrifício consentido (autocomposição), ou imposto (autodefesa), pode ser tanto unilateral, como na renúncia ou na legítima defesa, quanto bilateral, como na transação ou no duelo, respectivamente. A grande diferença entre elas decorre do impulso subjetivo que as determina, o que permite caracterizar como 'altruísta' e como 'egoísta', respectivamente, os dois subtipos em que se divide a solução parcial dos litígios".[6]

"A autodefesa, que combina a parcialidade e o egoísmo, aparece desde o primeiro momento como uma solução deficiente e perigosa em grau superlativo, em conseqüência do que, de forma explícita, os ordenamentos jurídicos dos Estados merecedores deste nome a proíbam como regra, ainda que a consintam em situações excepcionais, e apesar de ser necessário um processo posterior, precisamente para declarar a licitude da mesma no caso concreto."[7]

A seguinte classificação da autodefesa foi elaborada por Castillo:

a) a autodefesa em sentido estrito: como réplica a um ataque;

3. Goffredo Telles Jr., citado por Carvalhosa, também enumera diversas hipóteses de autotutela previstas em nossa legislação: "o direito de retenção: a) do pagamento, enquanto a quitação regular não for dada ao devedor que paga (CC, art. 939); b) da coisa vendida à vista, enquanto o vendedor não receber o preço (arts. 1.130 e 1.131); c) da coisa alugada, enquanto o locador não efetuar o pagamento das benfeitorias que o locatário tiver feito, tanto das necessárias como, quando expressamente consentidas pelo locador, das úteis (CC, art. 1.199); d) das benfeitorias necessárias e úteis, que o possuidor de boa-fé tiver feito, até que ele seja indenizado pelo seu valor (art. 516); e) da coisa gerida, enquanto o gestor não for reembolsado das despesas necessárias ou úteis, por ele feitas (art. 1.339); f) do objeto do mandato, até que o mandatário seja reembolsado do que despendeu, feitas com ela, e os prejuízos, que do depósito provieram, sejam pagos ao depositário (art. 1.279); g) da coisa dada em garantia por anticrese, enquanto a dívida não for paga (art. 760); h) da coisa dada em penhor, até que o credor seja indenizado das despesas que não tenham sido ocasionadas por culpa sua, mas que foram pagas por ele (art. 772)".

4. Por sua vez, o novo Código Civil de 2002, em seu art. 1.085 cuidou de mais uma hipótese de autotutela, ao prever a resolução da sociedade em relação a sócio minoritário, sem interveniência do Judiciário: "Art. 1.085. Ressalvado o disposto no art. 1.030, quando a maioria dos sócios, representativa de mais da metade do capital social, entender que um ou mais sócios estão pondo em risco a continuidade da empresa, em virtude de atos de inegável gravidade, poderá excluí-los da sociedade, mediante alteração do contrato social, desde que prevista neste a exclusão por justa causa".

5. Ari Possidonio Beltran, *A Autotutela nas Relações do Trabalho*, p. 26.

6. Idem, p. 27.

7. Idem, ibidem.

b) o exercício pessoal ou direto de um direito subjetivo, sem que seu titular haja sofrido prévio ataque: o exercício de um direito, o estado de necessidade, e figuras de menor relevo, como a perseguição de abelhas ou o corte de raízes;

c) o exercício de faculdades atribuídas ao mando para fazer frente a situações de exceção: é o caso da manutenção da disciplina pelos militares superiores, por exemplo;

d) o exercício de uma "potestade" por um dos sujeitos em litígio: o pátrio poder, autoridade marital etc.;

e) o combate entre partes que confiam na força e não na razão para a decisão de suas pendências: o duelo no nível individual e a guerra no nível internacional;

f) a coação sobre a outra parte para lograr impor a prevalência dos próprios interesses: tal grupo entrelaça-se com os referidos nos itens "b" e "e" e ao qual pertencem numerosos expedientes da luta social entre capital e trabalho.[8]

Quanto ao reconhecimento pelo legislador, a autodefesa pode ser lícita ou autorizada (legítima defesa), tolerada (o duelo em alguns países) e proibida (com dispositivos explícitos ou implícitos, proibições específicas etc.).[9]

Percebe-se, portanto, que a autotutela está presente em diversos ramos do direito. Contudo, no presente estudo, pretendemos analisar o instituto da forma que foi introduzido na Lei de Sociedades Anônimas, através da reforma operada pela Lei 10.303/2001. Vejamos.

III — Art. 118, § 8º

O art. 8º, ora em estudo, possui a seguinte redação:

§ 8º. O presidente da assembléia ou do órgão colegiado de deliberação da companhia não computará o voto proferido com infração de acordo de acionistas devidamente arquivado.

Pois bem, antes do advento da Lei 10.303/2001, havia, na doutrina, posicionamentos contrários à possibilidade de o presidente da mesa resistir ao cômputo do voto proferido de forma contrária à ajustada na convenção de voto arquivada na sede da companhia. Dentre estes doutrinadores, destaca-se a visão de Celso Barbi Filho, nas seguintes palavras, lembrado por Fábio Ulhoa Coelho:[10] "(...) havendo durante a assembléia divergência de interpretação sobre o sentido do voto pactuado na convenção, surge uma impossibilidade de aplicação do ajuste naquela votação. Isso porque o presidente da mesa não tem jurisdição, sendo, portanto, incompetente, para dirimir o conflito sobre a interpretação do contrato. Assim, não poderá a mesa computar ou deixar de computar votos, se as partes não estão acordes sobre o sentido que a convenção lhes predeterminou. A própria controvérsia sobre a existência ou não de conflito entre o acordo e o interesse social (...) faz com que surja uma impossibilidade de aplicação do ajuste por não ter a mesa poderes para resolver o impasse. Essas hipóteses geram a ineficácia do acordo para a deliberação controvertida. E tal ineficácia, em não havendo consenso entre as partes, só ficará sanada com a decisão judicial transitada em julgado, que decida o conflito de interpretação surgido".

Ao comentar o novo dispositivo, Modesto Carvalhosa[11] ensina o seguinte:

"Por sua vez, o novo § 8º do art. 118 expressamente determina que o presidente da assembléia ou do Conselho de Administração não poderá computar o voto proferido em desconformidade com o conven-

8. Niceto Castillo, *Processo...*, cit., pp. 59-60, *apud* Ari Possidonio Beltran, cit., pp. 28-29.

9. Niceto Castillo, ob. cit., p. 60, *apud* Ari Possidonio Beltran, ob. cit., p. 29.

10. Fábio Ulhoa Coelho, *Código Comercial e Legislação Complementar Anotados*, 4ª ed., p. 688, *apud* Celso Barbi Filho.

11. Modesto Carvalhosa, ob. cit., p. 521.

cionado no acordo de acionistas. Trata-se de norma impositiva e, portanto, inescusável o seu cumprimento pelo presidente da assembléia geral ou especial e pelo presidente do Conselho de Administração ou, então, pelo presidente da reunião da diretoria.

"Lembre-se, a propósito, que anteriormente à Lei 10.303, de 2001, tal prerrogativa era reconhecida pela doutrina."

Note-se, portanto, que a autonomia que foi delegada ao presidente da mesa limita-se à negativa de cômputo do voto realizado em desconformidade com o convencionado no acordo de acionistas devidamente arquivado na sede da companhia. Assim, nas hipóteses em que o acionista abster-se de votar ou nem sequer comparecer à assembléia, não poderá o presidente fazer computar o respectivo voto em consonância com o estabelecido na convenção de voto. Paulo Cezar Aragão[12] bem diferencia as conseqüências que estas diversas situações podem gerar:

"As distinções só avolumam a complexidade da matéria, pois há uma evidente diferença entre simplesmente não considerar o voto contrário ao acordo (ainda que, em certos casos, esta desconsideração possa ter efeitos no tocante ao quórum exigido por lei ou pelo estatuto para a adoção de certa deliberação) e, na terminologia processual, suprir a vontade do acionista que está — ao menos supostamente — descumprindo o acordo de acionistas, registrando o seu voto de modo diverso daquele manifestado.

"A situação se torna ainda mais complexa quando se considera que, numa tradução literal de uma interessante expressão norte-americana, o acionista pode, malgrado o acordo, votar com os pés e simplesmente não comparecer à assembléia geral onde deveria lançar o seu voto ou dela retirar-se, até mesmo para, uma vez mais, evitar compor o quórum legal ou estatutário."

O disposto no referido § 8º deverá ser observado não apenas pelo presidente das assembléias de acionistas, mas, também, pelos presidentes dos demais órgãos colegiados. Assim, o presidente do conselho de administração não poderá computar o voto proferido pelo conselheiro eleito por grupo de acionistas reunidos através de convenção de voto, nas hipóteses em que o referido voto destoar das diretrizes previstas no acordo. É o que estabelece o novo dispositivo legal. A regra, *prima facie*, não seria conciliável com o que dispõe o art. 154 da Lei Societária, na parte em que cuida do dever de independência do administrador. No entanto, como mais adiante será demonstrado, não há que se falar em qualquer incompatibilidade.

Ademais, nas hipóteses em que a diretoria agir de forma colegiada,[13] a norma contida no § 8º também deverá ser observada.

A norma ora em análise demonstra uma importante razão para que o acordo seja arquivado na sede da companhia. Afinal, caso não seja tomada esta medida, os presidentes dos órgãos colegiados não estarão adstritos ao disposto nas convenções, *ex vi* do contido no *caput* do art. 118 e na parte final do § 8º.

Note-se, portanto, tratar-se de relevante avanço legislativo em busca da efetividade das convenções de voto, na medida em que assegura o cumprimento do acordo sem que seja necessário recorrer à morosa máquina do Judiciário.[14]

12. Paulo Cezar Aragão, "A disciplina do acordo de acionistas na reforma da lei das sociedades por ações (Lei 10.303, de 2001)", in Jorge Lobo (coord.), *Reforma da Lei das Sociedades Anônimas: Inovações e Questões Controvertidas da Lei 10.303, de 31.10.2001*, p. 371.

13. Art. 143, § 2º. O estatuto pode estabelecer que determinadas decisões, de competência dos diretores, sejam tomadas em reunião da diretoria.

14. Em artigo publicado na *Revista de Direito Mercantil*, Felipe de Freitas Ramos comenta que, inobstante a relevância do dispositivo da lei societária que prevê a execução específica do acordo de acio-

IV — Art. 118, § 9º

O novo § 9º criou a possibilidade de o acionista efetivar o estabelecido na convenção de voto, ainda que o outro convenente não compareça à assembléia, ou, comparecendo, se abstenha de votar. A redação do mencionado dispositivo é a seguinte:

> § 9º. O não comparecimento à assembléia ou às reuniões dos órgãos de administração da companhia, bem como as abstenções de voto de qualquer parte de acordo de acionistas ou de membros do conselho de administração eleitos nos termos de acordo de acionistas, assegura à parte prejudicada o direito de votar com as ações pertencentes ao acionista ausente ou omisso e, no caso de membro do conselho de administração, pelo conselheiro eleito com os votos da parte prejudicada.

Primeiramente, é bom ressaltar que, assim como na hipótese prevista no parágrafo anterior, o § 9º também possibilita o exercício da autotutela não só nos casos em que o acionista convenente crie obstáculos ao cumprimento do acordo (seja pelo não comparecimento à assembléia, seja pela abstenção do voto), mas, também, nas hipóteses em que o conselheiro não exerça o direito de voto em conformidade com o estabelecido no acordo firmado pelo grupo dos acionistas que o elegeram.

Carvalhosa[15] fala em "legitimidade substitutiva" ao analisar a mencionada norma:

"Cria assim, o novo § 9º do art. 118, uma legitimidade substitutiva da parte dos acionistas majoritários da comunhão e de seus representantes nos órgãos administrativos da sociedade. Essa autotutela criada pela lei (§ 9º) constitui meio legítimo visando o cumprimento do acordo caso haja algum signatário recalcitrante ou administrador representante do acordo no Conselho de Administração ou na diretoria que procurem obstruir a respectiva deliberação ou sua eficácia majoritária.

"Pode-se argüir que não poderia haver, na hipótese do § 9º, legitimidade substitutiva para implementar a vontade de uma parte que nem sequer foi manifestada, como seria o caso da ausência do acordante ou de seu representante, respectivamente, na assembléia geral ou especial e na reunião do Conselho de Administração ou da diretoria. Tal argüição não prevalece, na medida em que a vontade do acionista já foi manifestada quando firmou o acordo de acionistas, pelo qual se comprometeu a votar em bloco, diretamente na assembléia geral ou especial ou por representantes seus indicados nos órgãos de administração da companhia. E essa vontade do convenente manifestou-se no sentido de prevalecer nas reuniões prévias a orientação de voto na maioria dos integrantes da comunhão de controle."

Para Felipe de Freitas Ramos[16] o novo § 9º instituiu um verdadeiro mandato legal ao acionista (ou membros do conselho e da diretoria) prejudicado pela recalcitrância do outro convenente no acordo, *verbis*: "O recém criado § 9º do art. 118 da Lei Societária nada mais fez do que conferir ao acionista prejudicado uma espécie de mandato legal, de forma que os próprios acionistas possam funcionar como guardiões do acordo. Deste modo, agindo o acionista prejudicado com base em prerrogativas e direitos oriundos de um mandato legal, não caberia sua responsabilização por prejuízos advin-

nistas, este instrumento se demonstrou insuficiente para assegurar a efetividade destas convenções, *verbis*: "Malgrado a relevância de tal previsão legal, que veio a representar importante instrumento para o cumprimento das obrigações assumidas, em algumas situações a execução específica mostrou-se insuficiente para o atendimento oportuno dos interesses da companhia e de seus acionistas. A morosidade da Justiça faz a via judicial, na imensa maioria dos casos, a mais lenta forma de satisfação dos interesses. Sob a ótica da empresa, as freqüentes guerras de liminares travadas entre seus acionistas só vêm a obstar as atividades da companhia, contribuindo, de forma contundente, para a ocorrência de consideráveis prejuízos àquela" (Felipe de Freitas Ramos, "Responsabilidade dos signatários de acordo de voto no regime da Lei 10.303/2001", *RDM* 125/114).

15. Modesto Carvalhosa, ob. cit., p. 538.

16. Felipe de Freitas Ramos, "Responsabilidade...", cit., *RDM* 125/114.

dos do exercício daqueles votos. Vale lembrar que o mandante é responsável por todas as obrigações assumidas pelo mandatário, se contraídas dentro dos poderes a este conferidos".[17]

Pois bem, o dispositivo em análise alberga duas situações: a) o não comparecimento do acionista à assembléia, bem como o não comparecimento do conselheiro ou do diretor às reuniões do conselho de administração e da diretoria, respectivamente; b) a abstenção de voto do acionista convenente ou do conselheiro eleito por grupo de acionistas vinculado ao acordo.

A primeira situação prevista na norma refere-se àquilo que a doutrina americana, em uma tradução literal, denomina "votar com os pés", já que o acionista, pretendendo descumprir o acordado simplesmente não comparece aos conclaves da companhia. Nestes casos, vigente o antigo regime que só admitia a execução específica judicial, somente restava ao acionista prejudicado o direito de pleitear perdas e danos, pois não há como obrigar o convenente a comparecer às assembléias. A execução específica, no que se refere às convenções de voto, apenas poderia ser utilizada, nas hipóteses em que o convenente, presente à assembléia se recusasse a votar ou o fizesse de forma diversa daquela convencionada.

A outra situação contemplada pelo legislador reformista refere-se ao caso em que convenente, mesmo presente ao conclave, se abstenha de votar em conformidade com o que fora ajustado no acordo de voto. A hipótese legal também alberga os casos em que o conselheiro eleito por acionistas reunidos em bloco, através de acordo de voto, se abstenha de votar em conformidade com as diretrizes estabelecidas na convenção.[18]

Pois bem, na hipótese de o acionista, presente à assembléia, se abster de votar, não obstante a circunstância de ter se obrigado anteriormente através da convenção de voto, poderá qualquer outro convenente votar em seu nome. Se o acionista A não exercer o voto da forma que se comprometeu a exercer, o acionista B poderá votar em nome de A, desde que em conformidade com o estabelecido no acordo de voto. O mesmo ocorrerá nos casos em que um membro do conselho de administração, eleito por um bloco de acionistas reunidos através de um acordo de voto, deixar de votar em conformidade com as diretrizes estabelecidas na convenção. Neste caso, prevê a lei que o conselheiro eleito pela parte prejudicada poderá votar em nome do conselheiro que se absteve de exercer o voto em conformidade com o acordo de voto.

Parece-nos que, ao contrário do que concluiu Paulo F. C. Salles de Toledo, a norma em questão não veio a permitir que pessoa que não seja membro do conselho vote com as ações do conselheiro recalcitrante. Ao analisar a questão, o eminente jurista posicionou-se da seguinte forma: "(...) segundo o disposto no § 9º do art. 118 da LSA, o membro do conselho de administração — quando 'eleito nos termos de acordo de acionistas' — ausente à reunião do órgão ou que, mesmo presente, se abstiver de votar, ensejará que a 'a parte prejudicada' vote em seu lugar. A situação é estranha, uma vez que possibilita que alguém, estranho ao conselho de administração, participe das reuniões com o poder de censurar os atos dos conselheiros, chegando ao extremo de afastá-lo temporariamente de suas funções, exercendo-as no lugar dele".[19]

17. Em seu artigo, Ramos menciona ser este também o posicionamento adotado por Paulo Cezar Aragão: "(...) admite o novo § 9º do art. 118 um caminho alternativo de execução direta, por assim dizer, das obrigações assumidas, mediante o exercício pela parte prejudicada — à qual se conferiu um mandato legal por assim dizer — do voto próprio às ações de acionista ausente ou omisso para proferir voto contra ou a favor de deliberações determinadas (...)".

18. A questão relativa à conciliação desta norma com o dever de independência do conselheiro será tratada no item seguinte deste trabalho.

19. Paulo F. C. Toledo, "Modificações introduzidas na Lei das Sociedades por Ações, quanto à disciplina da administração das companhias", in Jorge Lobo (coord.), *Reforma da Lei...*, cit., p. 427.

Ora, a lei é clara em delegar a outro conselheiro, também eleito pelo mesmo grupo de acionistas, o direito de votar em nome daquele que tenha se abstido de votar em conformidade com o ajustado no acordo de acionistas. Não haverá, portanto, a possibilidade de um terceiro, que não componha o conselho (*v.g.*, acionista convenente do acordo), utilizar-se do voto do conselheiro que tenha resistido em agir em conformidade com a convenção de voto. Diante desta conclusão, indaga-se: caso o grupo de acionistas reunidos em bloco, através de um acordo de acionistas, somente tenham obtido êxito em eleger um membro do conselho, o que poderá ser feito na hipótese de o referido conselheiro se abster de votar em conformidade com o acordo? Afinal, não haverá outro conselheiro, eleito pelo mesmo grupo, o qual poderia exercer em nome do recalcitrante o voto. Parece-nos que a lei não contemplou esta situação. Neste caso, não será aplicável a autotutela, sob pena de ocorrer aquilo que o jurista Paulo Toledo chamou de "situação estranha".

Nelson Eizirik[20] bem comenta a questão:

"Dessa forma, não poderá o administrador, representante do acordo de acionistas, obstruir o exercício do poder de controle estabelecido na convenção de voto em bloco, visto que, ao desobedecer à diretriz dada pelo bloco de controle, estará ele atuando com abuso de poder.

"De fato, o voto contrário à orientação tomada pelos acionistas convenentes constitui não apenas obstrução ao cumprimento do acordo, mas também forma de lesão ao interesse social, pois poderá impedir o exercício do poder-dever de controle nas deliberações a serem tomadas nos órgãos administrativos da sociedade.

20. Nelson Eizirik, "Acordo de acionistas — Arquivamento na sede social — Vinculação dos administradores de sociedade controlada", *RDM* 129/51.

"Essa eventual obstrução ao exercício do poder-dever de controle comum acarreta responsabilidade para o administrador, caracterizando violação aos princípios de lealdade, boa-fé e diligência que devem marcar a conduta dos participantes do controle comum."

Há uma outra questão que merece ser examinada. Afinal, o que poderá fazer o acionista, conselheiro ou diretor que se recusar a exercer o voto em conformidade com o convencionado, nas hipóteses em que se verificar um conflito com o interesse social? Afinal, mesmo diante de sua resistência o outro convenente (ou seu representante nos órgãos colegiados) poderá se utilizar do mecanismo previsto no § 9º. Ao que parece, não restará outra alternativa que não seja recorrer ao Judiciário. Assim, a eventual contrariedade ao interesse social poderá ser invocada como razão para o pleito de anulação da deliberação societária, tudo em conformidade com o estabelecido nos arts. 115, 116, 117, 118, § 2º e 154, § 1º da Lei 6.404/1976.

V — Vinculação dos conselheiros e diretores ao acordo

Como sabemos, o art. 154, § 1º, da Lei de Sociedades Anônimas cuida do dever de independência a que se sujeitam os administradores. Este dispositivo estabelece que "o administrador eleito por grupo ou classe de acionistas tem, para com a companhia, os mesmos deveres que os demais, não podendo, ainda que para defesa do interesse dos que o elegeram, faltar a esses deveres".

Diante do estabelecido no referido dispositivo, indaga-se: como conciliar o disposto na referida norma com o estabelecido nos §§ 8º e 9º do art. 118? Afinal, o administrador e o diretor (este na hipótese de inexistência de conselho de administração) estão ou não vinculados ao estabelecido no acordo de voto em bloco celebrado pelos acionistas que os elegeram?

Paulo Cezar Aragão inicia o debate asseverando que, no Brasil, os administradores das companhias brasileiras são, como regra, simples prepostos dos acionistas que os elegeram:

"Aqui, na maioria dos casos, os conselheiros terminam sendo os próprios diretores, gerentes e empregados dos acionistas ou a eles vinculados de outras formas similares, que reduzem ou eliminam a respectiva independência. Sua indicação, desde o início, nada mais representa do que a nomeação de um preposto para representar o acionista na reunião do conselho de administração, e não a indicação de um terceiro verdadeiramente independente, que irá representar, de forma não particular, o interesse de todos os acionistas.

"Por isto, é completamente impertinente a lembrança de exemplos de boa governança de outros países, onde ninguém admitiria a idéia de que todos conselheiros tivessem essa ligação próxima (melhor seria dizer, esse vínculo de subordinação) com os acionistas que os indicaram, como é a regra no Brasil."[21]

Mais adiante, Aragão conclui que o administrador eleito por um grupo de acionistas poderá, obviamente, deixar de votar em conformidade com as diretrizes constantes do acordo, desde que o faça com fundamento no § 2º do art. 118, *verbis*: "(...) no particular, e bastante relevante, é que o acionista não poderá — mesmo se o acordo o prever — votar contra o interesse da companhia ou de forma que caracterize abuso do poder de controle, mas essa exceção deverá ser expressamente invocada, já que o descumprimento do disposto no acordo estará sempre sujeito a revisão judicial ou por via de arbitragem. Não existe, assim, a suposta possibilidade de o conselheiro descumprir o acordo com base na sua 'liberdade de consciência'. Se o fizer, deverá necessariamente basear-se naquelas hipóteses estabelecidas *numerus clausus* no referido § 2º do art. 118".[22]

Assim, para Aragão, o administrador está vinculado ao disposto na convenção celebrada pelos acionistas que o elegeram, podendo, no entanto, resistir a lhe dar cumprimento nas hipóteses em que o disposto no acordo venha a contrariar o interesse social. Nesta hipótese, a resistência do administrador será legítima.

João L. de Camargo e Maria Isabel do P. Bocater asseveram que a redação dada aos §§ 8º e 9º do art. 118 resulta em um esvaziamento das funções deliberativas do conselho de administração, *verbis:* "Com efeito, através desse expediente retira-se da autonomia de vontade do conselho de administração a deliberação sobre matérias de sua competência exclusiva. O esvaziamento do órgão o transformaria em algo sem conteúdo, deixando de ser um colegiado de debates e deliberações, para ser um 'órgão laranja', integrado por homens de palha, apenas enunciador de manifestações de vontade alheias, vindas de fora da companhia, sem que se possa saber, de forma transparente, como as decisões foram tomadas".[23]

Para os referidos autores a única forma de se conciliar os dispositivos legais seria restringir a vinculação às matérias que não fossem de competência exclusiva do conselho:

"Em razão do comando contido na Lei de Introdução ao Código Civil (art. 2º, § 1º), impõe-se a compatibilização das diversas normas antes aludidas, não se podendo obter outra conclusão senão a de se admitir a vinculação do voto dos conselheiros apenas nas hipóteses em que não adentre a competência exclusiva cometida ao órgão, bem como não retire do conselheiro o juízo de

21. Paulo Cezar Aragão, "A disciplina...", cit., in Jorge Lobo (coord.), *Reforma da Lei...*, cit., p. 376.

22. Paulo Cezar Aragão, cit., p. 378.

23. João L. de Camargo e Maria Isabel do P. Bocater, "Conselho de administração: seu funcionamento e participação de membros indicados por acionistas minoritários e preferencialistas", in Jorge Lobo (coord.), *Reforma da Lei...*, cit., p. 396.

conveniência e oportunidade conferido ao administrador, sob pena de, se assim não se interpretarem os novéis comandos legais, obter-se uma situação monstruosa, onde melhor seria a honesta eliminação do próprio conselho de administração.

"Assim, afasta-se de imediato qualquer subordinação de voto com relação àquelas matérias privativas do conselho de administração, por expressa reserva de lei, sendo, de resto, pelo menos polêmica, a possibilidade de um acordo de acionistas regular a eleição dos diretores."[24]

Por sua vez, Paulo F. C. Salles Toledo não poupa críticas aos novos dispositivos legais:

"Não pode, pois, o conselho de administração, em nome de um acordo de acionistas, votar contra os interesses da companhia. Nem poderia invocar esse acordo para eximir-se de responsabilidade (LSA, art. 118, § 2º). Seu patrimônio pessoal, portanto, responderia pelos prejuízos decorrentes de sua conduta. O preço a ser pago, como se vê, é muito alto para quem acendeu em particular do conselho de administração como simples preposto do acionista ou grupo de acionistas que o elegeu para a função.

"(...).

"E, finalmente, não será demais lembrar que os aludidos parágrafos padecem, ainda, de um outro mal. Cito, mais uma vez, a lição de Modesto Carvalhosa, na parte em que observa que os acordos de acionistas devem respeitar as matérias que sejam da atribuição exclusiva dos conselhos de administração, que são indelegáveis (LSA, art. 139), não podendo, por isso, 'impor diretrizes aos membros desse órgão'. Prossegue o mesmo Autor dizendo que, 'em conseqüência, não podem tais poderes ser avocados para o âmbito da assembléia geral, que é a esfera de exercício do voto dos convenentes'.

"De tudo se conclui que o Sr. Presidente da República teria prestado um grande serviço ao Direito, ao mercado de capitais, e às atividades econômicas, se tivesse vetado o Projeto de Lei 3.115/1997, no ponto em que acrescentou, ao art. 118 da Lei das S/A, os §§ 8º e 9º."[25]

Já Modesto Carvalhosa entende serem perfeitamente conciliáveis os novos §§ 8º e 9º do art. 118 com o disposto no § 1º do art. 154 da Lei Societária:

"Não há incompatibilidade entre o dever de independência do administrador eleito em virtude do acordo de voto e o acatamento das decisões majoritárias que a comunhão adotou em reunião prévia do acordo de voto em bloco.

"(...) o voto contrário à diretriz tomada pela maioria dos acionistas convenentes em reunião prévia da comunhão constitui não apenas obstrução ao cumprimento do acordo como também forma de lesão ao interesse social (§ 2º), ao criar o administrador conturbação nas deliberações tomadas no exercício do poder-dever de controle. Haverá, no caso, abuso de poder do administrador vinculado ao acordo se o seu voto for contrário à diretriz previamente tomada na forma prevista no respectivo acordo. Haverá, aí, infringência do acordo, o que requer a intervenção do presidente do órgão (Conselho de Administração ou diretoria), para, obrigatoriamente, suspender a eficácia deste voto contrário à diretriz majoritariamente dada pelos acionistas convenentes em reunião prévia da comunhão, *ex vi* do novo § 8º deste art. 118."[26]

Parece-nos que, para o eminente jurista, o disposto nos §§ 8º e 9º serviu como uma forma de se assegurar, em especial, o cumprimento do estabelecido nos acordos que tenham por objeto o exercício do poder de controle. É que, ao comentar a vinculação dos administradores indicados

24. João L. de Camargo e Maria Isabel do P. Bocater, ob. cit., p. 400.

25. Paulo F. C. Salles Toledo, "Modificações...", cit., in Jorge Lobo (coord.), *Reforma da Lei...*, cit., p. 429.

26. Modesto Carvalhosa, ob. cit., pp. 540-541.

pelo acordo de voto em bloco ao estabelecido na convenção, afirma o Mestre que a norma trata "de mais um efeito da adoção do *pooling agreement* pelo novo *caput* e pelos novos §§ 6º e 11 deste art. 118 trazidos pela Lei 10.303/2001".[27]

Registra Carvalhosa que, antes do advento da Lei 10.303/2001, não havia qualquer impedimento quanto à possibilidade de os acionistas convencionarem acerca de orientações vinculativas de voto no Conselho de Administração. A diferença é que no regime anterior estas estipulações somente poderiam produzir efeitos *inter partes*, não sendo oponíveis contra a sociedade. Menciona, ainda, que a validade deste tipo de estipulação jamais fora contestada.[28] Com a edição da Lei 10.303/2001, a companhia passou a ter o dever de observar e implementar o disposto nas convenções, inclusive no que se refere à vinculação dos administradores. É o que determina o novo § 8º.

Ao comentar o art. 154, Carvalhosa, enfaticamente, posiciona-se pela hegemonia dos controladores sobre os administradores eleitos através de acordos de voto em bloco. Afirma o comentarista que "nenhuma autonomia terão os administradores doravante, em se tratando de matérias objeto do acordo do voto em bloco, submetidos que estão às diretrizes estabelecidas na reunião prévia da comunhão dos controladores por força do que dispõem os §§ 7º, 8º e 9º do referido art. 118".[29]

Felipe de Freitas Ramos entende que a autotutela e a vinculação dos administradores ao estabelecido nas convenções de voto celebradas pelos acionistas que os tenham elegido resultou em uma boa contribuição para que sejam alcançados os objetivos da governança corporativa: "Relevante ressaltar, ainda que sucintamente, que as inovações insurgidas pelo art. 118, §§ 8º e 9º, da Lei 10.303/2001, não se esgotam no âmbito da maior coercibilidade das obrigações contratuais celebradas. A expressa vinculação legal dos demais órgãos colegiados, em especial do conselho de administração, às disposições dos acordos de acionistas — eterna discussão que atormenta e divide a doutrina — representa, em nosso entendimento, fundamental avanço para o exercício da boa governança corporativa".[30]

Filiamo-nos ao posicionamento que considera a autotutela, exercida nos órgãos colegiados da companhia, plenamente compatível com o art. 154, máxime em se tratando de acordos para o exercício do poder de controle.

VI — Conclusão

Os novos §§ 8º e 9º do art. 118 cuidaram do instituto da autotutela ou auto-execução específica dos acordos de voto. Através deste mecanismo, o legislador estabeleceu o dever de os presidentes dos órgãos deliberativos da companhia fazerem cumprir o estipulado nos acordos de acionistas, abstendo-se de computar os votos que venham a ser proferidos em desconformidade com o convencionado.

Por sua vez, foi assegurado aos convenentes o direito de votar em nome do acionista que tenha deixado de comparecer ao conclave ou que tenha se abstido de votar em conformidade com o convencionado.

De acordo com a redação dada aos referidos dispositivos, os administradores eleitos pelos acionistas convenentes também estão vinculados ao estabelecido na convenção. Esta circunstância não contraria o disposto no art. 154, § 1º, desde que o cumprimento do convencionado não venha a contrariar o interesse social ou o estabelecido nos arts. 115, 116 e 117 da Lei 6.404/1976.

27. Idem, p. 538.
28. Idem, v. II, p. 539.
29. Idem, v. III, p. 278.
30. Felipe de Freitas Ramos, ob. cit., p. 116.

VII — Bibliografia

ARAGÃO, Paulo Cezar. "A disciplina do acordo de acionistas na reforma da lei das sociedades por ações (Lei 10.303, de 2001)". In LOBO, Jorge (coord.), *Reforma da Lei das Sociedades Anônimas: Inovações e Questões Controvertidas da Lei 10.303, de 31.10.2001*. Rio de Janeiro, Forense, 2002.

BARBI FILHO, Celso. "Acordo de acionistas: panorama atual do instituto no direito brasileiro e proposta para a reforma de sua disciplina legal". *Revista de Direito Mercantil 121/31*, São Paulo.

BELTRAN, Ari Possidonio. *A Autotutela nas Relações do Trabalho*. São Paulo, LTr, 1996.

CAMARGO, João L. de, e BOCATER, Maria Isabel do P. "Conselho de administração: seu funcionamento e participação de membros indicados por acionistas minoritários e preferencialistas". In LOBO, Jorge (coord.), *Reforma da Lei das Sociedades Anônimas: Inovações e Questões Controvertidas da Lei 10.303, de 31.10.2001*. Rio de Janeiro, Forense, 2002.

CARVALHOSA, Modesto. *Comentários à Lei das Sociedades Anônimas*. vs. II e III, 3ª ed. São Paulo, Saraiva, 2003.

COELHO, Fábio Ulhoa. *Código Comercial e Legislação Complementar Anotados*. 4ª ed., Saraiva, 2000.

EIZIRIK, Nelson. "Acordo de acionistas — Arquivamento na sede social — Vinculação dos administradores de sociedade controlada". *Revista de Direito Mercantil* 129/45.

RAMOS, Felipe de Freitas. "Responsabilidade dos signatários de acordo de voto no regime da Lei 10.303/2001". *Revista de Direito Mercantil* 125/114.

TOLEDO, Paulo. F. C. "Modificações introduzidas na Lei das Sociedades por Ações, quanto à disciplina da administração das companhias". In LOBO, Jorge (coord.), *Reforma da Lei das Sociedades Anônimas: Inovações e Questões Controvertidas da Lei 10.303, de 31.10.2001*. Rio de Janeiro, Forense, 2002.

Espaço Discente

A SOCIEDADE EM CONTA DE PARTICIPAÇÃO COMO SUBESPÉCIE DO GÊNERO *JOINT VENTURE*

GUSTAVO OLIVA GALIZZI

1. Introdução 2. "Joint venture": 2.1 Definição; 2.2 Elementos gerais; 2.3 Classificação. 3. Sociedade em conta de participação: 3.1 Definição; 3.2 Características gerais. 4. A possibilidade do enquadramento da sociedade em conta de participação como subespécie do gênero "joint venture". 5. Sociedade em conta de participação: interessante instrumento de internacionalização de empresas. 6. Conclusão. 7. Bibliografia.

1. Introdução

Como um vírus que rapidamente se propaga, atingindo e afetando um número gradativo de pessoas, a idéia da contratação por meio de parceria tem se mostrado cada vez mais presente no atual panorama sócio-econômico mundial. Não somente nos ramos internos de atividade, mas, sobretudo, no campo do direito internacional, é sensitiva a tendência de associação entre empresas economicamente independentes, a qual se demonstra irrefreável.

De fato, quando dois ou mais agentes distintos decidem se unir para a exploração conjunta de determinada atividade econômica, sem que haja, contudo, entre eles, um elevado grau de vinculação e comprometimento, a solução que melhor se afigura para a composição de seus interesses é o recurso a uma das várias tipologias de parceria que coexistem atualmente nos mais diversos ordenamentos jurídicos.

A escolha por uma delas deve se pautar em critérios técnicos e objetivos, sendo induvidoso que aos contratantes se descortina um leque de opções, cada qual com peculiaridades e características próprias. Sobreleva notar, nesse contexto, duas formas específicas de associação de empresas (*lato sensu*), dotadas de grande interesse prático e também doutrinário, quais sejam, a *joint venture* e a sociedade em conta de participação, mencionadas pelos autores, em não raras oportunidades, como pertencentes a um gênero legal comum.

O rigor analítico e dogmático que deve nortear toda e qualquer pesquisa jurídica impõe, no entanto, a necessidade de uma abordagem mais detida sobre as referidas modalidades: pode a sociedade em conta de participação ser enquadrada como espécie do gênero *joint venture*?

É basicamente a essa questão que se volta o presente trabalho.

2. "Joint venture"

2.1 Definição

A *joint venture*[1] teve sua origem no direito anglo-saxônico, a partir de uma forma de associação despersonalizada, apli-

1. O vocábulo *joint* tem como significado "comum ou conjunto"; *venture* deriva de "aventura". Tradicionalmente, a *joint venture* tinha conotação de

cada em alguns ramos internos de atividade, atingindo, posteriormente, a universalidade de seu uso nos negócios internacionais, sendo, hoje em dia, instrumento largamente utilizado para a realização conjunta de transações comerciais entre empresas provenientes de nações distintas.

De natureza jurídica controvertida e ambígua, a figura da *joint venture*, na realidade, não comporta uma definição rígida e unitária, tendo em vista, de um lado, a pluralidade dos fatores que podem justificar a sua formação,[2] e, de outro, o inegável reflexo, em suas origens, do direito da *Common Law*, que tem por base matéria essencialmente jurisprudencial. De fato, a interpretação acerca da *joint venture* resulta um tanto mais conflituosa em sistemas de *Civil Law*, onde há uma forte presença da lógica dedutiva e nos quais emerge, de modo quase irrefreável, a necessidade de adotar a técnica do pensamento problemático.[3]

Tal fato faz com que a doutrina proponha, para a espécie, uma conceituação genérica, como se denota do escólio de Daniel Amin Ferraz: "Isto posto, depois de analisadas várias definições propostas durante a evolução desse contrato, e já com a certeza de não ser esta definitiva em virtude da própria flexibilidade e facilidade de sua constituição, poderíamos dizer que *joint venture* é um acordo de cooperação (sem forma própria) entre duas ou mais pessoas, físicas ou jurídicas, de direito público ou privado, que podem exercer a administração conjunta, e que têm o dever de busca do objetivo comum, atuante na expectativa de ganho ou benefício (não necessariamente imediato)".

Do mesmo modo, para Calixto Salomão Filho, as *joint ventures* abrangeriam "todas as formas de associação de empresas com objetivo de realização de atividades econômicas e com escopo de lucro".[4] A inexistência de uma definição precisa e unitária de *joint venture* não impede, entretanto, que sejam extraídos e enumerados os elementos-chave que permitem a sua identificação.

2.2 Elementos gerais

A partir da definição genérica de *joint venture*, é possível afirmar serem estes seus elementos gerais:

• Capacidade para ser parte contratante: podem ser partes contratantes de um contrato de *joint venture* pessoas físicas, jurídicas ou grupos de sociedades. A capacidade das pessoas físicas é matéria de direito material interno da parte contratante. No que toca às pessoas jurídicas, sua capacidade resolve-se com a prova do registro válido e regular de seus atos constitutivos e documentos societários subseqüentes.

• Contribuição dos participantes: traduz-se nos aportes destinados pelos *co-ventures* para a consecução do projeto, podendo se dar na forma de bens, direitos, dinheiro ou indústria.[5]

aventura conjunta, ligada a um contrato de direito de navegação, visando a auferir lucros com negócios ultramarinos, de exportação/importação.

2. Com efeito, vários são os autores que apresentam idéias próprias acerca da conceituação das *joint ventures*, utilizando, para tanto, diferentes paradigmas. Kling e Burley (Edward Kling e Stephen Burley, *Joint ventures in Europe*, Londres, Butterworths, 1991, p. 1, *apud* Daniel Amin Ferraz, *Joint Venture e Contratos Internacionais*, p. 117), certamente influenciados pelo sentimento de integração que hoje domina o Velho Continente, formulam seu conceito baseando-se, tão-somente, no fator *cooperação*. Irineu Strengler (*Contratos Internacionais do Comércio*, p. 351) já elabora sua definição partindo da análise do local de constituição da *joint venture*: se em país com economia avançada ou se em país em vias de desenvolvimento. Outros, como U. W. Rasmussen (*Holdings e Joint Ventures*, p. 177), elaboram definições tendo por base o seu objetivo econômico.

3. Ricardo Lorenzetti, "Contratos asociativos y *joint venture*", *Revista de Direito de Empresa* 1/39-49, Instituto de Tecnologia Jurídica, 1996.

4. Calixto Salomão Filho, *Direito Concorrencial: as Estruturas*, p. 321.

5. Ressalta José Edwaldo Tavares Borba, nessa senda, que os integrantes de uma *joint venture* não são, no entanto, meros prestadores de capital, sendo "partes envolvidas no desenvolvimento e na

• Submissão às perdas: a repartição dos riscos entre os integrantes (não necessariamente todos) é uma das características gerais da *joint venture*.

• Busca dos lucros: é a razão de ser de todo negócio jurídico constituído para a exploração de uma atividade econômica.

• Gestão e representação: têm os *co-ventures* a *faculdade* de contratar a gestão compartilhada do empreendimento por parte de todos os parceiros envolvidos (*mutual agency*). Esta, entretanto, não se presume; deverá ser expressa nos atos destinados à regulação da *joint venture* e, também, limitada aos objetivos sociais.

• Busca de um objetivo comum: é a característica essencial das *joint ventures*, posto que é um acordo de cooperação.

• Dever restrito de não-concorrência: embora os contratantes devam manter entre si o mais estrito dever de lealdade, conservam a liberdade de competir em ramos estranhos àquele circunscrito à *joint venture*.

• Prazo determinado de duração: é próprio da *joint venture* estar destinada a um único projeto. Isso, entretanto, não implica necessariamente uma duração breve; como regra geral, as *joint ventures* são constituídas para a consecução de um empreendimento específico, mas não é necessário que este seja de duração imediata. É de sua natureza que seja o mesmo limitado a um negócio em particular, e que não seja indeterminado em sua duração.[6]

2.3 Classificação

Embora seja duvidosa a validade científica das classificações, é inegável, por outro lado, o importante papel didático que assumem, facilitando o estudo dos mais diversos tipos legais. Nesse contexto, tendo em vista a forma de constituição e diferentes aspectos que motivam a sua existência, as *joint ventures* podem ser classificadas em categorias diversas, enumeradas, pela doutrina, da maneira exposta na seqüência.

2.3.1 Quanto ao ponto de vista organizacional

2.3.1.1 *Incorporated joint venture* (ou *joint venture corporation*) — A expressão *joint venture* é utilizada, em sentido geral, para designar todo acordo de cooperação empresarial voltado à realização de um projeto específico, não importando a forma jurídica que este último adote. Nesse contexto, uma de suas formas é a constituição de uma *pessoa jurídica* autônoma, geralmente uma sociedade por ações (ou limitada, como usualmente sucede na Alemanha), na qual participam, mediante aporte de capital, as partes contratantes. Trata-se de sociedade subsidiária contratada com período determinado de duração.

Lamy Filho e Bulhões Pedreira definem a *joint venture corporation* como "contrato de sociedade entre dois ou mais empresários que se obrigam a reunir esforços e recursos com o fim de exercer em conjunto a função empresarial em determinado empreendimento econômico ou empresa".[7] Dessa forma, dois seriam os elementos que caracterizariam a *joint venture* como verdadeiro contrato de sociedade: "(a) os contratantes são empresários — pessoas naturais ou sociedades empresárias — e (b) o contrato é instrumento para que os contratantes exerçam a atividade empresarial".

Ainda segundo a lição dos renomados comercialistas, ao contrato da *joint venture corporation* anteceder-se-iam, como pres-

gestão do empreendimento, cujas perspectivas de sucesso apóiam-se nessa participação" (*Direito Societário*, p. 546).

6. Le Pera (*Joint Ventures y Sociedad*, p. 74) acrescenta que "en ocasiones la limitación se encontró en la existencia de un plazo de duración para la relación o en una restricción en sus objetivos. En otras, situaciones de naturaleza continua fueron también calificadas como *joint venture*, in Williston, *A Treatise on the Law of Contracts*, n. 318, B, p. 595".

7. In Alfredo Lamy Filho e José Luiz Bulhões Pedreira, *A Lei das S/A*, p. 353.

supostos de constituição, os seguintes instrumentos jurídicos:[8]

"(a) um contrato, designado acordo básico, contrato quadro, contrato investimento ou expressões semelhantes, que funciona como instrumento-matriz no qual são definidas as condições básicas do negócio e os demais instrumentos a serem firmados;

"(b) o estatuto social da companhia existente ou a ser constituída;

"(c) um Acordo de Acionistas, que contém estipulações não reguladas pelo estatuto; e confirme o objeto e as peculiaridades da *joint venture*, pode incluir ainda contratos de fornecimento de tecnologia ou insumos de prestação de serviços, de administração ou comercialização, de empréstimos, de compra de produtos etc."

Na doutrina, entretanto, há quem discorde de tal opinião. Para certa corrente,[9] na sistemática da *joint venture corporation*, as partes contratantes fazem apenas indicar um tipo societário com o objetivo de executar um subjacente contrato de *joint venture*, no qual seriam precisadas as modalidades de atuação no investimento, as entradas dos acionistas/quotistas, as cláusulas a inserir nos atos constitutivos da sociedade a ser formada, enfim, as condições gerais do negócio.

Note-se a nuance que distingue as duas opiniões ora referidas: para essa segunda corrente doutrinária, a sociedade a ser constituída seria mero instrumento possibilitador da execução do contrato de *joint venture*. Não haveria se considerar, portanto, ser a *incorporated joint venture* um contrato de sociedade propriamente dito. O contrato de *joint venture*, cujo *status*, *in casu*, seria o de contrato preliminar,[10] iria apenas estipular o objetivo comum perseguido pelos contratantes, além de determinar também o tipo jurídico específico de sua execução, o que se faria, futuramente, mediante a constituição de uma sociedade. Esse documento não seria dotado de força compulsória, mas sua desatenção por alguma das partes ensejaria a obrigação de indenizar perdas e danos, quando fosse o caso.

Deixo aqui minha opinião sobre o assunto. As duas definições limitam a noção de *joint venture corporation* a dois fenômenos isolados: segundo o primeiro entendimento, *joint venture corporation* designaria apenas o contrato de sociedade empresária cuja constituição decorre do encontro de vontades das partes formalizado por meio de um "acordo básico"; para a segunda, a *incorporated joint venture* seria o próprio "acordo básico", instrumento jurídico preliminar ao contrato de sociedade propriamente dito.

A figura da *joint venture*, entretanto, e como já se viu, não comporta uma definição rígida, mas geral, dada a sua natureza evolutiva, herança direta do seu ordenamento jurídico de origem (*Common Law*). Circunscrever sua noção a dois fenômenos isolados seria exaurir alguns de seus aspectos. Na elaboração do conceito de *joint venture corporation*, considerada, *lato sensu*, como um contrato de cooperação, deve-se ter em mente não só o contrato preliminar que lhe serve de base (somado aos demais aparatos societários), mas, também, o próprio surgimento de uma sociedade empresária. Sob tal perspectiva, deve-se entender o conceito em exame como uma sucessão cronológica e bem precisa de atos, partindo do contrato preliminar (ou acordo básico) do empreendimento, passando pelos diversos instrumentos societários e chegando, enfim, à constituição de uma sociedade.[11]

8. Ob. cit., p. 34.

9. À qual se filiam Daniel Amin Ferraz (ob. cit.) e Raul Ventura ("Primeiras notas sobre o contrato de consórcio", *Revista da Ordem dos Advogados*, Lisboa, ano 41, p. 41, 1981, *apud* Daniel Amin Ferraz, ob. cit., p. 128).

10. Cujo objeto seria a obrigação de fazer consistente na constituição futura de uma sociedade.

11. Tem-se, assim, uma definição mais ampla de *joint venture corporation*, que não vai se ater ao mero fenômeno societário, mas a todos os acordos que darão suporte para a existência do próprio contrato de sociedade.

O tema das *joint venture corporations* desafia, certamente, uma análise ampla e minuciosa, mais afeta, entretanto, à disciplina do direito societário, sendo, assim, inapropriada aos limites estreitos deste estudo.

2.3.1.2 *Unincorporated joint venture* (*non corporated joint venture* ou *mining partnership*) — O surgimento da *unincorporated joint venture* na prática comercial decorreu, fundamentalmente, da dificuldade de conciliar os tipos societários regulados nos diversos ordenamentos jurídicos com os interesses de quem pretendesse formalizar uma parceria com objetivos comuns e específicos.

Nesse contexto, Maristela Basso a define como sendo "uma associação de interesses em que os riscos são compartilhados, porém não se forma uma pessoa jurídica. Nessas associações não se forma uma sociedade conjunta com personalidade separada, nas quais os sócios possuam ações de capital proporcional ao investimento".[12]

Com efeito, quando duas ou mais pessoas revelam-se interessadas em reunir esforços e recursos em empreendimento comum, geralmente temporário, porém com um menor grau de comprometimento, a tipologia jurídica mais conveniente à realização formal de suas vontades é a da *unincorporated joint venture*.

Pontifica Le Pera que os elementos comuns das *unincorporated joint ventures* são "la naturaleza *ad hoc* de la organización, su vinculación a un proyecto determinado, y el hecho que las partes continúan compitiendo entre sí en todas las demás áreas excepto el proyecto particular en el que ha resuelto unir sus esfuerzos",[13] distinguido-se, por esta característica final, das *general partnerships* do Direito norte-americano.

Pelo fato de a *non incorporated joint venture* não possuir personalidade jurídica, seus integrantes se obrigam nos termos acordados, respondendo cada um por suas obrigações, *sem presunção de solidariedade*. Não é essencial, portanto, nesse tipo de contrato, que as partes acordem dividir as perdas entre si. Elas podem inclusive pactuar que todos sejam responsáveis pela aposição de recursos e somente alguns partícipes suportem as perdas.[14]

É bastante comum estabelecer-se em contrato de uma *non incorporated joint venture* que uma das partes (usualmente denominada de "operador") seja a responsável pela gestão do empreendimento, aproximando o instituto, portanto, da sociedade em conta de participação do Direito Brasileiro, na qual existe a figura análoga do sócio ostensivo, que é, entre outros atributos, o encarregado da administração dos negócios sociais. Em alguns casos, todavia, o operador, cujo mandato é revogável, pode encontrar-se sujeito às decisões de um conselho — semelhante ao conselho de administração próprio das companhias — integrado por representantes das demais partes, cuja participação votante e grau de influência costumam ser proporcionais ao valor dos aportes dedicados ao empreendimento.

Nesse tipo de *joint venture*, que, por não possuir natureza societária, é desprovida de capital social, os aportes prestados pelas partes contratantes (que podem ser de diferentes espécies, como dinheiro, bens etc.) integram uma conta comum, de propriedade de todos os integrantes, mas controlada e administrada pelo operador (quando existente este, naturalmente) em prol e nos limites da exploração do empreendimento objeto da parceria. Cada parte, assim, capitaliza os lucros e registra as perdas em seu próprio balanço, de acordo com

12. Maristela Basso, *Joint Venture*, 1994.
13. Ob. cit., p. 211.

14. Tal raciocínio não se estende, todavia, as *non incorporated joint ventures* do Direito norte-americano, nas quais a responsabilidade dos integrantes é solidária e ilimitada, como preceitua a *Uniform Partnership Act*, que, quanto a isso, se aplica, de igual modo, as *joint ventures*.

suas próprias práticas e normas procedimentais.

As regras que irão orientar as decisões relativas à exploração conjunta do empreendimento e aos aspectos gerais da parceria constituem matéria de livre estipulação das partes contratantes, que determinam, a seu bel-prazer, os procedimentos formais e as cláusulas que melhor atendem aos seus particulares interesses.

2.3.2 Quanto à forma de concentração

2.3.2.1 *Joint venture* horizontal — À luz de um enfoque econômico, centrado na disciplina concorrencial, as *joint ventures* classificam-se, em um primeiro momento, como horizontais. Nessa espécie de *joint venture*, os participantes, individualmente, atuam em um mesmo setor econômico ou correlacionado, e a partir da elaboração do contrato têm a possibilidade de alçar melhor posicionamento no mercado. Nos dizeres de Daniel Amin Ferraz, "passarão a atuar em conjunto, reunindo esforços que, anteriormente, eram praticados em nível concorrencial".[15]

2.3.2.2 *Joint venture* vertical — Já a *joint venture* vertical caracteriza-se quando os participantes atuam, individual e anteriormente à elaboração do contrato, em níveis diferentes do processo de fabricação. Buscam a elaboração do contrato de cooperação a fim de, reunidos seus esforços, minimizarem os custos de produção, conseguir melhor distribuição de seus produtos e mercadorias etc.

2.3.2.3 *Joint venture* aglomerada — Ocorrerá a *joint venture* aglomerada quando as partes contratantes provêm de setores mercadológicos totalmente distintos e elaboram o contrato de parceria visando à realização de novos negócios em novos setores.

2.3.3 Quanto ao grau de ingerência administrativa

2.3.3.1 Dominantes — A *joint venture* dominante caracteriza-se quando uma das partes contratantes assume posição dominante em relação à(s) demais, em virtude de um maior aporte de capital ou mesmo de ser a mais capacitada para administrar o empreendimento comum. Os demais participantes, nessa espécie de *joint venture*, têm participação reduzida na condução do projeto, limitando-se, usualmente, a receber os frutos decorrentes do seu investimento.[16]

2.3.3.2 Participativas — Ocorre quando os *co-ventures* ocupam posição de similaridade no empreendimento comum. Sua relação é equilibrada não só em função da quantidade (similar) de capital investido, mas também pelo grau de ingerência na administração da *joint venture* (*mutual agency*).

2.3.4 Quanto à participação financeira dos *co-ventures*

No que se refere à participação financeira das partes contratantes, a *joint venture* será classificada, respectivamente, como *equity joint venture* ou *non equity joint*

15. Que traz, ainda, *insight* oportuno, retirado da obra de Rasmussen. Segundo aquele autor, "a Dowchemical Corporation e a Coming Glass Works formaram a *joint venture Dow-Coming Corporation* em 1943. As duas gigantes do setor químico contribuíram com *know-how* mercadológico e produtos inovadores, levando esta *joint venture* a líder mundial no setor" (ob. cit., p. 137).

16. No que toca, particularmente, a esse critério de classificação das *joint ventures*, vale registrar ressalva feita por Lamy Filho e Bulhões Pedreira (ob. cit., pp. 413-414), para quem o volume de aporte de capital é fator que não influi no controle do empreendimento, o qual é sempre compartilhado. De fato, prelecionam os autores que, "na *joint venture*, a titularidade da maioria do capital votante é irrelevante se o *quorum* das decisões é aumentado: os cargos administrativos são previamente partilhados entre os sócios: ninguém manda sozinho, ninguém controla. O empreendimento é comum, a gestão é comum, o controle é comum".

venture, conforme haja, ou não, associação mútua de capital. É mais comum, entretanto, ocorrer na prática comercial a primeira hipótese, na qual existe contribuição de recursos por parte de ambos os contratantes.

3. *Sociedade em conta de participação*

3.1 Definição

Nascida das mesmas raízes que geraram a sociedade em comandita, ambas destinadas a permitir a limitação de responsabilidade dos sócios, a sociedade em conta de participação desempenha, por seu modo bastante peculiar, papel de grande importância para o desenvolvimento da atividade empresarial.

Vetusta, conseguiu manter, ao longo dos séculos, o traço *sui generis* que a distingue — tornando-a única — das demais formas de parceria, qual seja, o fato de ser típica associação *inter partes* e oculta, para todos os efeitos, em relação a terceiros. A conta de participação, de fato, não aparece para a mídia; não lhe é revelada, como pontifica a doutrina tradicional.

Aquele que aparece perante terceiros é denominado sócio ostensivo e os demais são chamados sócios participantes. Os recursos fornecidos pelos participantes determinam a abertura de uma conta (daí o nome "sociedade em conta de participação") nos livros do sócio ostensivo. Cabe ao sócio ostensivo aplicar esses recursos nos fins convencionados, o que fará em nome próprio, de tal forma que, perante terceiros, figurará como se fosse o único interessado nas respectivas operações.

O Código Civil de 2002 define a sociedade em conta de participação no art. 991, *verbis*:

> Na sociedade em conta de participação, a atividade constitutiva do objeto social é exercida unicamente pelo sócio ostensivo, em seu nome individual e sob sua própria e exclusiva responsabilidade, participando os demais dos resultados correspondentes.
>
> Parágrafo único. Obriga-se perante terceiro tão-somente o sócio ostensivo; e, exclusivamente perante este, o sócio participante, nos termos do contrato social.

3.2 Características gerais

Muito embora a definição legal não seja, propriamente, a mais perfeita, dela pode-se extrair alguns elementos essenciais da sociedade em conta de participação:

- não possui personalidade jurídica própria;
- é formada por dois tipos de sócios: os ostensivos e os participantes;
- os sócios ostensivos são aqueles que tratam com terceiros;
- os sócios participantes são os que não adquirem direitos, nem obrigações, perante terceiros;
- é inexistente para terceiros;
- não está a sociedade sujeita às formalidades de constituição exigidas para os demais tipos societários.

Tem-se, portanto, que a conta de participação apresenta uma face externa e outra interna. Externamente, o sócio ostensivo atua como se não existisse a conta de participação, sendo ele o único que se obriga e que adquire direitos. Internamente, registra o ostensivo, na conta específica, todos os ingressos, despesas e dispêndios incorridos, repartindo os resultados positivos e negativos do negócio entre os integrantes.

Permeia a doutrina, nessa senda, o problema da propriedade do fundo social da sociedade em conta de participação. A esse propósito, Ripert, citado por Carlos Guimarães de Almeida,[17] sintetiza os quatro entendimentos possíveis a respeito da questão:

- as contribuições dos sócios formam um patrimônio especial, mas cada um conserva a propriedade das mesmas;

17. "A virtuosidade da sociedade em conta de participação", *Revista de Direito Mercantil, Industrial, Econômico e Financeiro* 8/45-63.

• o sócio participante remete ao ostensivo o montante de sua entrada, tornando-se este o proprietário do *apport*;

• os *apports* tornam-se co-propriedade dos sócios, por convenção expressa no contrato de constituição da sociedade;

• um dos sócios contribui unicamente com sua indústria e seus conhecimentos técnicos, sendo o outro sócio capitalista.

A corrente dominante tem sido firme no asseverar que a propriedade dos fundos sociais, na conta de participação, passa ao sócio ostensivo em cujo poder estão. O Código Civil de 2002 positivou tal entendimento, ao assinalar, no art. 994, que a contribuição do sócio participante constitui, com a do sócio ostensivo, um patrimônio especial dentro do patrimônio geral deste último, sendo que tal especialização somente produz efeitos em relação aos sócios.

Os sócios participantes, de fato, obrigam-se apenas perante o sócio ostensivo, não sendo dado aos credores qualquer direito ou pretensão contra aqueles. Por isso, diz-se que a conta de participação, face ao mundo negocial externo, confunde-se com a figura do sócio ostensivo. Vai daí que a sociedade não está sujeita a forma escrita especial, não tem denominação social e personalidade jurídica, compondo-se de estrutura simples e flexível.

Ligada a essa dispensa de formalidades e ao caráter oculto da sociedade em conta de participação está a amplitude das provas possíveis de sua existência, de seu funcionamento e de sua situação econômica. Dispõe, com efeito, o art. 992, do Código Civil de 2002, que a sociedade "pode provar-se por todos os meios de direito". A prova de existência da sociedade em conta de participação é fator dos mais relevantes ante a possibilidade (muitas vezes concreta) de que seja a mesma classificada como sociedade irregular ou comum. Diante da impossibilidade da prova de sua existência, a responsabilidade social de todos os sócios, e não somente a do ostensivo, torna-se solidária e ilimitada.

Deve-se dizer, por fim, que a sociedade em conta de participação pode destinar-se à realização de empreendimentos específicos, sendo o prazo de sua existência determinado, ou ter duração indeterminada. Cumpre salientar, nesse diapasão, que a redação do art. 325, do Código Comercial de 1850, que falava em "sociedade em conta de participação acidental, momentânea", gerou longa discussão na doutrina acerca do prazo de duração da sociedade em conta de participação. O Código Civil de 2002, ao excluir da definição da sociedade as expressões "acidental e momentânea", pôs fim à aludida discussão.

4. A possibilidade do enquadramento da sociedade em conta de participação como subespécie do gênero "joint venture"

Antes de se analisar, propriamente, a possibilidade do enquadramento da sociedade em conta de participação como subespécie do gênero *joint venture*, é preciso recordar que a figura da *joint venture* não possui definição rígida, mas ampla e aberta. Ao contrário, a sociedade em conta de participação é figura jurídica dotada de conceito delineado e normatizado pelo Código Civil brasileiro de 2002, não comportando, nos dias de hoje, maiores divagações no que toca ao seu devido enquadramento legal.

Como já se disse, essa diferença básica entre as duas modalidades encontra seu fundamento principal nas características próprias de seus respectivos ordenamentos jurídicos de origem. Na *Common Law*, o alcance do conceito de *partnership* é muito amplo, abarcando, de modo geral, quase todas as formas possíveis de acordos por meio dos quais as partes interessadas congregam esforços e recursos para a exploração conjunta de determinada atividade econômica, obrigando-se, ilimitadamente, pelas obrigações decorrentes do negócio.[18] Já

18. Exceção deve ser feita as *limited partnerships*, cuja estrutura jurídica se assemelha à da socie-

nos ordenamentos jurídicos orientados pela *Civil Law*, a evolução do conceito de parceria teve outras vicissitudes, cuja análise, obviamente, foge ao objetivo deste trabalho. É de se destacar, de todo modo, a tendência da codificação que caracterizou esses ordenamentos (e que, a bem da verdade, ainda caracteriza, haja vista o Código Civil brasileiro, cuja vigência se iniciou em 2002), a que se seguiu a (coerente) necessidade da definição rígida das regras gerais e dos institutos de Direito, incluindo-se, entre eles, os diversos tipos societários e contratuais, e destacando-se, para os fins desse estudo, a sociedade em conta de participação. Sendo assim, o possível enquadramento da sociedade em conta de participação como subespécie do gênero *joint venture* deve ser feito de "cima para baixo", partindo-se de uma definição rígida e fechada para uma ampla e aberta.

O primeiro aspecto a se examinar, nesse contexto, é o organizacional (ou formal, como quer parte da doutrina). Como se sabe, quando duas ou mais pessoas decidem constituir uma sociedade em conta de participação não decorre dessa união o surgimento de uma pessoa jurídica autônoma. Os sócios conservam, portanto, a individualidade de suas personalidades jurídicas. A *joint venture*, a seu turno, pode ou não dar origem a uma nova pessoa jurídica. Será, como visto, uma *incorporated joint venture* a que origina uma sociedade; e *non corporated* a que não causa o surgimento de uma nova pessoa jurídica. Essa última tipologia é a que se encaixa aos contornos elementares da sociedade em conta de participação.

No que se refere à capacidade das partes, é certo que podem contratar sociedade em conta de participação pessoas físicas ou jurídicas, ocorrendo o mesmo com a *joint venture*, em todas as suas formas. É mais comum, no entanto, que ambas sejam constituídas por sociedades empresárias.

As sociedades em conta de participação são formadas por dois tipos de sócios: os ostensivos, que são os que contratam com terceiros, administram os negócios sociais e assumem toda a responsabilidade do empreendimento; e os participantes, geralmente meros prestadores de capital, que não possuem qualquer ingerência na condução da sociedade e cujo interesse se traduz, na maioria das vezes, no recebimento dos frutos decorrentes de seu investimento. Tem-se, por outro lado, que a figura do sócio oculto (ou participante)[19] é fundamentalmente hostil ao regime da *Common Law*.[20] De fato, nenhuma das classificações de *joint venture* acima examinadas contempla figura análoga à do sócio oculto. Ademais, na *joint venture*, todas as partes contratantes assumem o risco do negócio e se obrigam perante terceiros, podendo variar entre elas,

dade em comandita do Direito brasileiro, na qual existem 2 (dois) tipos de sócios: o comanditados, responsáveis solidária e ilimitadamente pelas obrigações sociais; e os comanditários, obrigados somente pelo valor de sua participação societária.

19. No Código Comercial Brasileiro de 1850, o "sócio participante" era tratado como "sócio oculto". Essa terminologia, entretanto, dava margens a uma interpretação tendenciosa acerca da sociedade em conta de participação, por meio da qual era a mesma relacionada, via de regra, a operações e negócios obscuros ou com indícios de ilegalidade. Para reprimir essa interpretação e, a um só tempo, estimular a utilização da sociedade em conta de participação, o Código Civil de 2002 passou a denominar o antigo sócio oculto de "participante".

20. Segundo Luiz Olavo Baptista e Pascal Durand-Barthez (*Les Associations d'Éntreprises (Joint Ventures) dans le Commerce Internacional*, Paris, FEC, 1991, p. 7, *apud* Daniel Amin Ferraz, ob. cit., p. 108), quando da independência das 13 colônias norte-americanas, notou-se uma ascendência considerável do direito holandês na América do Norte, bem como, e principalmente, do direito francês. No que toca ao direito societário, essa influência foi sentida, sobretudo, à medida que o comércio com a França incrementou-se. Nesse estágio das coisas, surgiram, por lá, tipos societários como o da sociedade em comandita e em conta de participação, esta última trazendo consigo a figura do sócio oculto. Contudo, a partir da imposição do regime da *Common Law*, esses tipos societários foram praticamente banidos da prática americana, pelo menos da forma como se apresentavam suas estruturas orgânicas, o que se reforçou, não muito tempo depois, com a evolução das *limited partnerships*.

apenas e tão-somente, o grau de comprometimento.

Na conta de participação, a gestão dos negócios sociais fica inteiramente a cargo do sócio ostensivo. Aliás, e como já salientado, para a mídia em geral (fornecedores, consumidores, prestadores de serviços) a sociedade é inexistente, confundido-se com a própria personalidade deste. Nas *joint ventures*, é faculdade das partes integrantes contratar uma administração compartilhada (*mutual agency*) ou individualizada. Entretanto, e como visto, é comum, no contrato de *non incorporated joint venture*, estabelecerem as partes contratantes que uma delas, denominada de "operadora", seja a responsável pela gestão do empreendimento. Nessa hipótese, a *joint venture* seria classificada como dominante.

No que se refere à participação financeira dos sócios, é certo que, na sociedade em conta de participação, tanto o sócio ostensivo como o oculto devem contribuir, com bens ou serviços, para o sucesso do empreendimento comum. Na prática, o investimento prestado na forma de bens parte geralmente da iniciativa do sócio participante, que se associa ao ostensivo pelas mais variadas razões (*know-how* específico sobre determinado ramo de atividade, localização geográfica favorável à exploração do negócio, conhecimento da legislação interna do local onde será explorado o empreendimento etc.). Já a *joint venture* poderá se constituir, ou não, mediante associação mútua de capital. A *equity joint venture*, como visto, implica união de recursos.

A propriedade dos aportes dos sócios, na conta de participação, passa ao sócio ostensivo em cujo poder estão, que os controla e os utiliza no interesse comum. Abre-se uma conta individualizada nos livros do sócio ostensivo, a qual consistirá, nos termos do mencionado § 1º, do art. 994, do Código Civil de 2002, um patrimônio separado, dentro do patrimônio geral do sócio ostensivo, cuja especialização produz efeitos *apenas* entre os sócios. Fenômeno similar, mas não idêntico, ocorre na *unincorporated joint venture*. Nesta, os recursos investidos pelas partes contratantes integram uma "conta comum", administrada pelo operador, mas de propriedade de todos. Cada integrante contabiliza, assim, em seus registros próprios, os resultados positivos e negativos decorrentes do projeto.

No que se refere à forma de concentração econômica, tanto a sociedade em conta de participação como a *joint venture* podem ser constituídas por pessoas jurídicas ou físicas que atuem, ou não, no mesmo setor mercadológico, podendo visar a parceria à exploração de uma atividade econômica relacionada ao seu nicho de atuação ou uma outra qualquer que não esteja ligada a este, iniciando-se, nessa hipótese, a exploração de ramo então inédito às partes.

Por fim, é pacífico hoje em dia o entendimento de que a sociedade em conta de participação pode constituir-se por prazo determinado ou indefinido. A *joint venture*, a seu turno, é geralmente destinada a um único projeto, não necessariamente de duração breve ou imediata. É da essência do contrato, porém, a determinação do seu prazo de duração.

Feitas tais considerações, passa-se à resolução da questão posta na introdução deste estudo. A partir da superposição das características das referidas modalidades de parceria, e salientando, uma vez mais, que o conceito de *joint venture* é geral, estando em permanente evolução, é de se concluir que, sob o aspecto jurídico-doutrinário, é possível o enquadramento da sociedade em conta de participação no gênero *joint venture*, mas não como espécie de *non incorporated joint venture* (*stricto sensu*), consoante anota certa doutrina, mas na qualidade de subespécie típica, dominante e *sui generis* desta. Com efeito, sob a ótica da disciplina das *joint ventures*, a sociedade em conta de participação pode ser classificada dessa forma:

- *unincorporated joint venture* (*lato sensu*), pois não dá origem a uma nova pessoa jurídica;

• típica, posto que regulada pelos arts. 991 a 996, do Código Civil brasileiro de 2002;

• dominante, cuja gestão pertence exclusivamente a uma das partes contratantes (sócio ostensivo);

• *sui generis*, por três razões que a diferem das demais tipologias de *joint ventures*: (i) a existência de um sócio oculto, que, em regra, não aparece para a mídia; (ii) a responsabilidade exclusiva e ilimitada do sócio ostensivo perante terceiros; (iii) a transferência da propriedade dos investimentos dos demais sócios ao sócio ostensivo, que os administra no interesse comum;

• *equity* ou *non equity joint venture*, caso haja, ou não, associação mútua de capital por partes dos integrantes;

• horizontal, vertical ou aglomerada, conforme a forma de concentração.

Vale dizer, por fim, que, para que a conta de participação possa ser classificada como subespécie do gênero *joint venture*, deve necessariamente ser contratada por prazo determinado, característica que é da essência desta.

5. *Sociedade em conta de participação: interessante instrumento de internacionalização de empresas*

Enquadrada como subespécie do gênero *joint venture*, a sociedade em conta de participação afigura-se como interessante alternativa para o revestimento de parcerias internacionais, a serem constituídas entre sociedades nacionais e estrangeiras.[21] Com efeito, a sociedade em conta de participação é modalidade de parceria bastante adequada a empreendimentos que exigem maior flexibilidade de estrutura e simplicidade e rapidez de constituição (como, por exemplo, os negócios de importação e exportação).

Não será demais salientar que, em virtude de não possuir personalidade jurídica, a conta de participação não está sujeita às exigências de registro previstas para os demais tipos societários regulados pela legislação brasileira. De outro lado, pelo fato de ser oculta, a sociedade em conta de participação permite que uma pessoa possa realizar negócios sem ser conhecida, podendo-se afastar, de certo modo, a proibição imposta a alguns para exercerem empresa em terreno nacional.[22]

No que toca, particularmente, ao mencionado caráter oculto, já houve na doutrina brasileira quem sustentasse a impossibilidade de pessoas (físicas ou jurídicas) estrangeiras integrarem uma sociedade em conta de participação. De fato, Attila de Souza Leão Andrade Jr. chegou a manifestar tal entendimento frente "a questão do anonimato nessa espécie societária".[23] Entretanto, foi o mesmo autor quem, tempos depois, reviu seu posicionamento e passou a considerar a possibilidade da constituição de uma conta de participação naqueles termos. Para tanto, fundamentou sua opinião no art. 5º da Constituição Federal da República,[24] arrematando, de resto, que:[25] "o que a lei brasileira requer (art. 1º, da Lei 4.131/1962) é que os investimentos estrangeiros se façam sob uma forma de partici-

21. Considera-se internacional a parceria quando tomam parte duas ou mais pessoas, geralmente sociedades empresárias, de nacionalidades distintas. Na parceria internacional, a sociedade estrangeira associa-se a do país onde pretende explorar determinada atividade econômica. A esse propósito, vale o registro de que, no Brasil, a procedência do capital investido em sociedade empresária não constitui critério de determinação de nacionalidade da mesma. É brasileira a sociedade que tem sua sede no país.

22. No Brasil, certos ramos de atividade não podem ser explorados por pessoas (físicas ou jurídicas) domiciliadas no estrangeiro, como, por exemplo: serviços de saúde, pesquisa e lavra de recursos minerais, propriedade e administração de jornais, revistas, redes de rádio e televisão, serviços de correio e telégrafo, exploração, mediante concessão, de linhas aéreas domésticas.

23. In *O Capital Estrangeiro no Sistema Jurídico Brasileiro*.

24. Cuja clássica redação expressa o princípio de isonomia constitucional.

25. In *O Novo Direito Societário Brasileiro*, p. 56.

pação quotista ou acionária e que tais investimentos sejam objeto de um registro no Banco Central do Brasil. (...) Neste caso, a participação quotista a se registrar é o número e o valor das quotas indicadas no respectivo contrato social o que pressupõe que este é o documento hábil para se efetuar o registro de investimento de capital estrangeiro no BACEN, juntamente com outros (*v.g.*, formulários de registro preenchidos, lançamentos contábeis do investimento)".

Além dos fatores acima descritos, outros há que justificam a adoção de uma sociedade em conta de participação para a formalização de *joint ventures* internacionais entre sociedades brasileiras e estrangeiras. Ao constituir uma conta de participação com um parceiro nacional, o investidor estrangeiro estará usufruindo todo o conhecimento, pertencente àquele, do mercado e do ambiente cultural e político local. Em contrapartida, a sociedade hospedeira passa a dispor da capacidade tecnológica, empresarial e financeira da outra.

Enumere-se, ainda, algumas outras razões que militam a favor da escolha das contas de participação como forma de revestimento de parcerias empresariais: redução do investimento (o aporte de capital que seria individual passa a ser elaborado por todos os *co-ventures*); alcance de economias de escala (muitas vezes, duas sociedades, em função de sua esfera produtiva, não teriam como alcançar, sozinhas, determinado mercado); partilha de canais de distribuição (poderia, com a parceria, o *co-venture* atuar em mercado novo, desconhecido, contado, para tanto, com o apoio de uma rede de distribuição já estrutura pelo parceiro hospedeiro); partilha de pessoal; expansão dos negócios; racionalização de custos registrários e operacionais etc.

6. Conclusão

A proposição assentada no pórtico desse estudo já restou resolvida de maneira fundamentada. De todo modo, e até por questão de forma, sintetizo minhas principais impressões, nessa conclusão, por meio das seguintes afirmativas:

• A *joint venture* é um tipo jurídico de definição geral e aberta, em permanente evolução, característica marcante do regime da *Common Law*.

• A sociedade em conta de participação, ao contrário, é um modelo de definição rígida, delineada, característica marcante do regime da *Civil Law*.

• A sociedade em conta de participação pode ser classificada como sendo uma (*equity ou non equity*) *unincorporated joint venture* dominante, típica e *sui generis*, desde que constituída por prazo determinado.

• A sociedade em conta de participação, sobretudo em função de sua flexibilidade de estrutura, facilidade e rapidez de constituição é alternativa das mais interessantes para o revestimento de *joint ventures* internacionais entre sociedades brasileiras e estrangeiras.

7. Bibliografia

ALMEIDA, Carlos Guimarães de. "A virtuosidade da sociedade em conta de participação". *Revista de Direito Mercantil, Industrial, Econômico e Financeiro* 8, São Paulo, Nova série.

ANDRADE JR., Átilla de Souza Leão. *O Capital Estrangeiro no Sistema Jurídico Brasileiro*. Rio de Janeiro, Forense, 1979.

______. *O Novo Direito Societário Brasileiro*. Brasília, Livraria e Editora Brasília Jurídica, 1999.

BASSO, Maristela. *Joint Venture*. Porto Alegre, Livraria do Advogado, 1994.

BORBA, José Edwaldo Tavares. *Direito Societário*. São Paulo, Renovar, 2003.

FERRAZ, Daniel Amin. *Joint venture e Contratos Internacionais*. Belo Horizonte, Mandamentos, 2001.

LAMY FILHO, Alfredo e BULHÕES PEDREIRA, José Luiz. *A Lei das S/A*. Rio de Janeiro, Renovar, 1992.

LE PERA, Sergio. *Joint ventures y Sociedad*. Buenos Aires, Astrea, 2001.

LORENZETTI, Ricardo. "Contratos asociativos y *joint venture*". *Revista de Direito de Empresa* 1. Instituto de Tecnologia Jurídica, 1996.

RASMUSSEN, U. W. *Holdings e Joint Ventures*. São Paulo, Aduaneiras, 1991.

SALOMÃO FILHO, Calixto. *Direito Concorrencial: as Estruturas*. São Paulo, Malheiros Editores, 1998.

STRENGER, Irineu. *Contratos Internacionais do Comércio*. São Paulo, Ed. RT, 1992.

TEORIA DOS JOGOS APLICADA À RESPONSABILIDADE CIVIL DOS ADMINISTRADORES DE INSTITUIÇÕES FINANCEIRAS

THIAGO SPERCEL

Introdução. Responsabilidade civil — Noções básicas: (a) Código Civil brasileiro; (b) Administradores de sociedades anônimas em geral; (c) Administradores de instituições financeiras: (c-1) A responsabilidade subjetiva; (c-2) A responsabilidade objetiva. Aplicação da Teoria dos Jogos: (a) Cenário 1 — A responsabilidade subjetiva; (b) Cenário 2 — A responsabilidade objetiva. Conclusão. Anexo — Valores médios e máximos das tarifas bancárias. Bibliografia.

Introdução

1. A atividade bancária no Brasil e no exterior sofre regulamentação especial por lidar com a moeda e o crédito, e conseqüentemente com o interesse público. Uma crise nos setores bancário e financeiro pode afetar a sociedade como um todo e desestabilizar a economia do País, motivo pelo qual sempre se busca evitar o risco sistêmico por meio da intervenção do órgão regulador.

2. Nesse contexto, a responsabilidade civil dos administradores de instituições financeiras é tema que tem gerado muita controvérsia no direito brasileiro, em parte pela pouca clareza da redação dos dispositivos legais que regem o assunto, e em parte pela necessidade de uma compreensão econômica da atividade bancária para a correta apuração do real sentido da norma.

3. Ao analisar o tema, a doutrina o faz por vários ângulos, de modo que consagrados juristas tomam partidos opostos, com base numa variedade enorme de argumentos. Embora a jurisprudência tenha se posicionado majoritariamente a favor da responsabilidade objetiva dos administradores, ambas as teorias — subjetiva e objetiva — têm defensores respeitáveis e argumentos convincentes, tornando difícil ao usuário e ao aplicador da lei identificar qual posição adotar, e principalmente, qual a regra do jogo.

4. O propósito desse trabalho é expor em linhas gerais as principais correntes doutrinárias sobre a responsabilidade civil dos administradores de instituições financeiras para, em seguida, aplicar os princípios metodológicos da teoria dos jogos visando demonstrar os efeitos econômicos de cada uma das opções existentes, levando-se sempre em consideração a finalidade última da lei, a proteção do sistema bancário brasileiro e o bem-estar social.

5. Embora tentador, não se pretende discutir os argumentos jurídicos das correntes teóricas existentes, apenas contextualizá-las em linhas gerais para permitir a compreensão econômica de cada uma delas.

Responsabilidade civil — Noções básicas

(a) Código Civil brasileiro

6. O ordenamento jurídico atual prevê um sistema dualista de responsabilidade civil, coexistindo o sistema subjetivo (baseado na conduta culposa ou dolosa do agente) com o sistema objetivo (baseado no risco da atividade e independente da conduta do agente). A regra geral é a responsabilidade subjetiva que depende de omissão, negligência ou imprudência dos agentes, como se compreende dos arts. 186 e 927 do Código Civil em vigor (com nossa ênfase):

Art. 186. Aquele que, *por ação ou omissão voluntária, negligência ou imprudência*, violar direito e causar dano a outrem, ainda que exclusivamente moral, comete ato ilícito.

Art. 927. Aquele que, por ato ilícito (arts. 186 e 187), causar dano a outrem, fica obrigado a repará-lo.

7. Não obstante, existem inúmeras exceções que se apóiam na responsabilidade objetiva, como são os casos da responsabilidade do fornecedor na relação de consumo, dos crimes ambientais (Lei 9.605/1998, art. 4º), dos débitos da seguridade social (Lei 860/1993, art. 13) e dos atos do Estado.

8. Em especial, vale destacar que o sistema de responsabilidade objetiva foi recentemente estendido pelo novo Código Civil para englobar as atividades que costumeiramente geram risco para terceiros. Nessa linha, o parágrafo único do art. 927 do Código Civil estabelece que:

Art. 927, parágrafo único. Haverá obrigação de reparar o dano, independentemente de culpa, nos casos especificados em lei, ou quando a atividade normalmente desenvolvida pelo autor do dano implicar, por sua natureza, risco para os direitos de outrem.

9. O jurista italiano Pietro Trimarchi[1] explica que, na atividade empresarial, a indenização de danos regularmente causados no exercício de uma atividade de risco, principalmente industrial, é um custo que deve entrar no cálculo financeiro de um empreendimento, assim como matéria-prima, salários, energia e outros. Em razão disso, esse custo também deve entrar no cálculo do preço do produto ou do serviço. Nessa linha, o professor italiano entende que, em adotando a responsabilidade objetiva para atividades de risco, os empresários seriam estimulados a reduzir, controlar ou terceirizar o risco de suas atividades, uma vez que a diminuição desse custo significaria um aumento do lucro auferido.

10. Nesse caso, conforme prevê Gustavo Tepedino,[2] a justiça distributiva é realizada diretamente pela empresa (ou pela seguradora) e indiretamente pela sociedade, pois o custo desse ressarcimento estará embutido no preço do produto.

(b) Administradores de sociedades anônimas em geral

11. No Brasil, as instituições financeiras privadas[3] só podem se constituir sob a forma de sociedade anônima (Lei 4.595/1964, art. 25). Nesse tipo societário, os administradores[4] não são pessoalmente responsáveis pelas obrigações que, em virtude de ato regular de gestão, em nome da sociedade contraem. Como meros órgãos encarregados de representá-la nos atos de administração, nada contraem pessoalmente.

12. Todavia, o direito brasileiro cuidou de estabelecer limites e princípios norteadores da conduta dos administradores, fixando seus deveres e responsabilidades. Nos termos dos arts. 153 e 154 da Lei de Sociedades por Ações, o administrador da companhia deve empregar, no exercício

1. Pietro Trimarchi, "Rischio d'impresa e responsabilitá oggetiva", in Guido Alpa *et al.* (orgs.), *Analisi Economica del Diritto Provato*, p. 12.

2. Gustavo Tepedino, *A Evolução da Responsabilidade Civil no Direito Brasileiro e suas Controvérsias na Atividade Estatal*.

3. Exceto as cooperativas de crédito e outras modalidades de atividades.

4. De acordo com a Lei de Sociedades por Ações (Lei 6.404/1976, art. 138), o conceito de administrador abrange os membros da Diretoria e do Conselho de Administração.

de suas funções, o cuidado e diligência que todo homem ativo e probo costuma empregar na administração dos seus próprios negócios, sempre atuando no interesse da companhia. A lei cuidou de especificar seus principais deveres e responsabilidades, como o dever de lealdade (art. 155), de conflito de interesses (art. 156) e de uso de informações (art. 157).

13. A Lei de Sociedades por Ações determina que o administrador responderá civilmente perante a sociedade pelos prejuízos que causar, somente quando proceder: (i) dentro de suas atribuições ou poderes, *com culpa ou dolo*; ou (ii) com violação da lei ou do estatuto. Além disso, o administrador não é responsável por atos ilícitos de outros administradores, salvo se com eles for conivente, se negligenciar em descobri-los ou se, deles tendo conhecimento, deixar de agir para impedir a sua prática.

14. Nota-se, portanto, que a Lei de Sociedades por Ações consagrou a mesma responsabilidade subjetiva prevista como regra geral no Código Civil brasileiro, baseada na conduta culposa ou dolosa de cada um dos administradores, considerada isoladamente.

(c) Administradores de instituições financeiras

15. No passado, a Lei 1.808/1953 claramente atribuía responsabilidade subjetiva aos administradores dos bancos e casas bancárias, dependente de prova da ocorrência de culpa ou dolo na conduta do agente, em linha com a regra geral do Código Civil. Confira-se o art. 2º da referida lei, com nossa ênfase:

> Art. 2º. Respondem solidariamente pelas obrigações assumidas pelos bancos e casa bancárias durante a sua gestão e até que eles se cumpram, *os diretores e gerentes que procederem com culpa ou dolo*, ainda que se trate de sociedade por ações ou de sociedade por cotas de responsabilidade limitada.

16. A reforma bancária de 1964 introduzida pela Lei 4.595/1964 alterou a redação do art. 2º da Lei 1.808/1953, para lhe retirar a expressão "que procederem com culpa ou dolo". Essa supressão, para a doutrina que defende a corrente objetivista, representou o abandono da responsabilidade subjetiva no que tange aos administradores de instituições financeiras.

17. Mais tarde, em 1974, a Lei 6.024/1974 tratou de consolidar e revogar os diversos diplomas que regravam a o processo de intervenção e liquidação extrajudicial de instituições financeiras. Essa lei dedicou grande espaço à problemática da responsabilização dos administradores, estabelecendo, entre outros, a indisponibilidade automática de todos os bens dos administradores de instituições financeiras em intervenção ou liquidação até a apuração e liquidação final de suas responsabilidades,[5] a se processar em inquérito do Banco Central e ação própria movida pelo Ministério Público ou qualquer credor.

18. A natureza da responsabilidade a ser apurada na forma exposta acima vem delimitada nos arts. 39 e 40 da Lei 6.024/1976:

> Art. 39. Os administradores e membros do Conselho Fiscal de instituições financeiras responderão, qualquer tempo salvo prescrição extintiva, pelos atos que tiverem praticado ou omissões em que houverem incorrido.
>
> Art. 40. Os administradores de instituições financeiras respondem solidariamente pelas obrigações por elas assumidas durante sua gestão até que se cumpram.
>
> Parágrafo único. A responsabilidade solidária se circunscreverá ao montante e dos prejuízos causados.

(c-1) A responsabilidade subjetiva

19. Antes da retirada da expressão "que procederem com culpa ou dolo" por

5. A indisponibilidade de bens é extensiva aos administradores que tenham exercido tal função nos doze meses anteriores à decretação da intervenção ou liquidação.

meio da Lei 1.808/1953, a doutrina majoritária defendia a responsabilidade subjetiva dos administradores de instituições financeiras, sem solidariedade entre os diretores, conforme segue:

(i) *Trajano de Miranda Valverde* entendia que a responsabilidade civil dos administradores era individual e dependia de prova da culpa de cada diretor para o surgimento daquela responsabilidade, sendo que aqueles que não tinham participado dos atos e omissões culposas não poderiam responder solidariamente;[6]

(ii) *Vicente Ráo* entendia que os diretores de bancos ou casa bancárias somente respondiam solidariamente, na vigência do art. 2º da Lei 1.808/1953, pelos atos dolosos ou culposos que houvessem praticado, o que dependia da conclusão do competente inquérito;[7]

(iii) *San Tiago Dantas* era da opinião de não haver responsabilidade civil sem nexo de causalidade entre o dano e determinado ato imputável a alguém, concluindo pela existência de solidariedade apenas entre os diretores culpados, na medida em que cada um deve responder somente pela própria culpa;[8] e

(iv) *João Mangabeira* afirmava que *"não é preciso saber direito, mas apenas saber ler"* para concluir que não existe solidariedade entre diretores culpados e não culpados, havendo a necessidade de culpa grave para a responsabilização.[9]

20. Com a entrada em vigor da Lei 6.024/1974 e a supressão da expressão "que procederem com culpa ou dolo", o debate doutrinário se aqueceu, com os seguintes defensores da responsabilidade subjetiva dos administradores de instituições financeiras:

(i) *Rubens Requião* reconhece que a responsabilidade dos administradores de instituições financeiras é solidária e ilimitada, mas depende de apuração de culpa ou dolo de cada um em inquérito próprio, somente havendo responsabilidade em caso de ação ou omissão dolosa ou culposa.[10] Nas palavras do jurista: "a responsabilidade dos diretores e conselheiros das instituições financeiras não decorre de sua simples condição na administração e fiscalização da sociedade, mas da ação ou omissão culposa ou dolosa que tiverem praticado. O diretor alheio à prática do ato ilegal ou irregular praticado por outro diretor não pode ser responsabilizado se nem dele teve conhecimento";[11]

(ii) *Arnoldo Wald* entende que a responsabilidade solidária do art. 40 da Lei 6.024/1974 pelas obrigações assumidas na gestão é decorrência da responsabilidade prevista no art. 39, ou seja, somente após a apuração de um ato ou omissão culposo que tenha causado prejuízo à empresa é que nasce a responsabilidade solidária do administrador. Para o autor, há na lei a necessidade de verificação de causalidade entre o ato do administrador e o prejuízo verificado, caso contrário não haveria necessidade de inquérito ou ação própria. A responsabilidade do administrador, em suma, é subjetiva, ainda que se admita a culpa pre-

6. Trajano de Miranda Valverde, "Liquidação extrajudicial — Inquérito da SUMOC — Andamento antes do término da liquidação — Fixação da responsabilidade de diretores — Oportunidade — Remessa de inquérito a juízo — Prazo em que deveria ser feita — Arresto de bens de diretor — Inadmissibilidade por existência de prova de culpa — Questão de responsabilidade solidária em face da Lei 1.808/1953", *RT* 251/43-48.

7. Vicente Ráo, "Liquidação extrajudicial — Andamento do inquérito promovido pela SUMOC — Fixação do montante do seqüestro e arresto — Conceituação — Pressupostos para a decretação do que a Lei 1.808/53 denominou seqüestro — Questão de responsabilidade solidária dos diretores em face da Lei 1.808/1953", *RT* 251/48-59.

8. San Tiago Dantas, "Bancos — Liquidação extrajudicial — Responsabilidade de diretores e gerentes", *RF* 667-668/94-101.

9. João Mangabeira, "Diretores de banco — Solidariedade — Responsabilidade — SUMOC — Arresto e seqüestro", *RF* 667-668/94-101.

10. Rubens Requião, "As tendências atuais da responsabilidade dos sócios nas sociedades comerciais", *RT* 511/11.

11. Rubens Requião, *Curso de Direito Falimentar*, 14ª ed., p. 251.

sumida nos regimes especiais, sendo lícito a ele provar inexistência de conduta culposa para se livrar de responsabilização;[12]

(iii) *Waldirio Bulgarelli* foi direto ao ponto ao afirmar que os casos de responsabilidade objetiva são excepcionais e devem estar ligados à socialização do risco, por meio de seguro obrigatório ou nos casos em que é possível contratar seguro para que, ao final, o custo seja repassado ao consumidor. Segundo ele, o ônus do risco tende a tornar insuportável e desanimadora a prática de certas atividades. O ideal seria um sistema de responsabilidade subjetiva, com culpa presumida e ônus probatório invertido;[13]

(iv) *Fábio Ulhoa Coelho* entende que, se a lei não for expressa determinando a inversão do ônus da prova ou a responsabilidade objetiva, o sistema que deve ser aplicado é o da responsabilidade subjetiva clássica, que depende de comprovação do nexo causal entre a conduta culposa ou dolosa do agente e o dano causado. Na linha do argumento do Prof. Trimarchi acima, ele entende que o administrador não tem condições de socializar as perdas e absorver a repercussão econômica do evento danoso, ou seja, ele não usufrui diretamente dos resultados do empreendimento nem tampouco tem, nos elementos componentes de sua remuneração, uma parcela destinada a constituição de reservas para eventuais indenizações. Por tais motivos, este autor defende a responsabilidade subjetiva clássica, sem a inversão do ônus da prova;[14]

(v) *Werter R. Faria* também é da opinião que os administradores de instituições financeiras são responsáveis somente por seus atos e omissões e a responsabilidade é subjetiva dependente de prova de culpa ou dolo, cabendo a prova ao demandante ou, em certos casos de inversão do ônus da prova, ao próprio administrador provar que agiu diligentemente na condução dos negócios. Para ele, somente podem ser determinadas a existência de responsabilidade do administrador e a indisponibilidade de bens com a conclusão do inquérito conduzido pelo Banco Central, em que deverá restar apurada a culpa do administrador e a existência de prejuízos;[15]

(vi) *Saulo Ramos* esclarece que os arts. 39 e 40 da Lei 6.024/1974 devem ser analisados conjuntamente, para se concluir pela responsabilidade subjetiva em ambos os casos. Argumenta que, se a própria lei prevê a necessidade de um inquérito a ser conduzido pelo Banco Central para apurar condutas e responsabilidades, é porque a responsabilização deve necessariamente depender das condutas de cada administrador, caso contrário desnecessário seria tal inquérito. Diz ele que a responsabilidade solidária do art. 40 da referida lei refere-se aos administradores culpados entre si e a própria instituição financeira, mas nunca com os demais administradores que não agiram com culpa. Para esse jurista, portanto, a responsabilidade será sempre subjetiva, respondendo cada administrador pelos seus próprios atos, sendo os culpados solidários entre si perante terceiros;[16]

(vii) *Newton De Lucca* também adota a corrente subjetivista, ilustrando com um exemplo exagerado, porém didático: o administrador que é empossado e, logo após sua posse, é decretada a liquidação da instituição. Nesse caso, o autor entende que o

12. Arnoldo Wald, "A culpa e o risco como fundamentos da responsabilidade pessoal do diretor de banco", *RDM* 24/29.

13. Waldirio Bulgarelli, "Responsabilidade dos administradores das companhias", in Yussef Said Cahali (coord.), *Responsabilidade Civil*, pp. 407-448.

14. Fábio Ulhoa Coelho, "A responsabilidade civil dos administradores de instituições financeiras", in Roberto Quiroga Mosquera (coord.), *Aspectos Atuais do Mercado Financeiro e de Capitais*, p. 85.

15. Werter Faria, *Liquidação Extrajudicial, Intervenção e Responsabilidade dos Administradores de Instituições Financeiras*, p. 58.

16. Saulo Ramos, "Inexistência de responsabilidade do Governador do Estado pela gestão de banco estadual. Interpretação da Lei 6.024/1974", *Revista de Direito Bancário e Mercado de Capitais* 1/9-40.

administrador somente deverá responder por seus atos causadores de prejuízo, e não pelos atos dos demais administradores que o precederam. Segundo ele, "é exatamente a relação de causalidade que, segundo temos insistido, não poderá jamais deixar de ser levada em consideração na caracterização da responsabilidade do administrador da instituição financeira". A responsabilização do administrador dependeria, portanto, da existência de atos culposos ou dolosos e do nexo de causalidade com o prejuízo;[17] e

(viii) *Ivo Waisberg*, por fim, entende que a responsabilidade dos administradores contemplada na Lei 6.024/1974 é subjetiva, pois (a) a regra geral do Código Civil não foi excepcionada expressamente para introduzir a teoria objetiva; (b) o administrador não aufere, em regra, o proveito do risco da atividade; (c) a responsabilidade subjetiva responde melhor ao objetivo da lei de estimular o zelo e a diligência na atuação do administrador. Sugere o autor que a legislação deveria ser alterada para prever a responsabilidade subjetiva com a inversão do ônus da prova.[18]

(c-2) A responsabilidade objetiva

21. Em que pese a opinião dos respeitáveis juristas defensores da responsabilidade subjetiva dos administradores de instituições financeiras, há outros ilustres juristas da mesma importância e reconhecimento que defendem a responsabilização objetiva dos administradores. São eles:

(i) *Paulo Fernando Campos Salles de Toledo* afirma que a "imensa maioria" da doutrina se inclina pela responsabilidade objetiva na interpretação dos arts. 39 e 40 da Lei 6.024/1974. Na sua visão, a simples existência de dois artigos de lei para tratar do tema é indício irrefutável de que existem duas espécies distintas de responsabilidade, sendo que o art. 39 baseia-se na culpa (subjetiva) e o art. 40 baseia-se no risco (objetiva). Além disso, o autor justifica a responsabilidade objetiva pela dificuldade prática de prova nas ações contra os administradores;[19]

(ii) *Wilson Egito Coelho*[20] e *Liane Maia Simoni*[21] entendem que o administrador é solidariamente responsável pelas obrigações sociais, um verdadeiro garante ou fiador da obrigação principal. Para eles, o administrador teria obrigação solidária independente de ter ou não praticado qualquer ato;

(iii) o procurador do Banco Central *Francisco Siqueira* afirma que a responsabilidade objetiva é uma realidade e uma necessidade, de modo a compor de modo mais equânime a distribuição de prejuízos causados pelo exercício de certas atividades e determinados direitos. Para ele, a responsabilidade do administrador é sempre objetiva, independente da culpa nos atos praticados, e fundamenta-se no risco profissional;[22]

(iv) o Professor *Haroldo Malheiros Duclerc Verçosa* escreveu extenso tratado sobre o tema. Para ele, o art. 40 da Lei 6.024/1974 determina a responsabilidade especial dos administradores instituições financeiras de natureza objetiva, ou seja, sem a necessidade de perquirição de culpa. Havendo passivo a descoberto, surge a responsabilidade objetiva dos administrado-

17. Newton De Lucca, "A responsabilidade civil dos administradores das instituições financeiras", *RDM* 67/32-38.

18. Ivo Waisberg, *Responsabilidade Civil dos Administradores de Bancos Comerciais*, p. 151.

19. Paulo Fernando Campos Salles de Toledo, "Liquidação extrajudicial de instituições financeiras: alguns aspectos polêmicos", *Revista de Direito Bancário e Mercado de Capitais* 60/24-38.

20. Wilson Egito Coelho, "Da responsabilidade dos administradores das sociedades por ações em face da nova lei e da Lei 6.024/1974", *Revista de Direito Bancário e Mercado de Capitais* 40/37-49.

21. Liane Maia Simoni, "O regime jurídico da responsabilidade dos administradores de instituições financeiras", *Revista de Direito Bancário e Mercado de Capitais* 44/28-69.

22. Francisco Siqueira, "Da responsabilidade civil dos administradores de instituições financeiras", *RDM* 68/31-49.

res em cujas gestões a sociedade assumiu obrigações não cumpridas na data de decretação da intervenção. Para ele, a prova da culpa é muito difícil e inviabilizaria a aplicação da boa justiça. Contudo, o ilustre professor reconhece que, não usufruindo os administradores do produto do risco do capital aplicado, também não seria estritamente justo que fossem responsabilizados de forma objetiva, responsabilidade objetiva essa que deveria ser aplicada ao controlador, esse sim que efetivamente arrisca seu capital;[23] e

(v) por fim, *Cristiano Graeff Júnior*, desembargador aposentado o TJRS, entende que a Lei 6.024/1974 tornou objetiva a responsabilidade dos administradores, que antes tinha natureza subjetiva. No entanto, reconhece que (a) a solidariedade e a execução coletiva podem prejudicar indevidamente a reputação dos administradores isentos de culpa; e (b) o processo de apuração de responsabilidades com todos os administradores torna-se demasiadamente moroso e complexo, o que só vem a beneficiar o administrador culpado.

22. A jurisprudência, na sua maioria, opta pela corrente da responsabilidade objetiva dos administradores de instituições financeiras pelos atos assumidos no seu tempo de gestão, independente de culpa ou dolo. Nesse sentido, citamos: (i) agravo de instrumento 73.734-1, de 23.10.1986, TJSP, rel. Des. Ralpho Waldo; (ii) recurso especial 21.245-9-SO, STJ, rel. Min. Ruy Rosado Aguiar; e (iii) agravo de instrumento 37.093-4/3, rel. Munhoz Soares, 26.6.1997, *RT* 746/226.

Aplicação da Teoria dos Jogos

23. Tendo em vista as divergentes correntes doutrinárias sobre a responsabilidade civil do administrador de instituições financeiras, propomo-nos a aplicar a teoria dos jogos a uma situação fática a luz de cada uma dessas correntes, para identificarmos ao final qual delas traz o maior benefício econômico aos jogadores e à própria sociedade. Embora a realidade nos mostre que sempre há comunicação e cooperação ente o banco e seus administradores, para fins desta exposição presumimos que este seja um jogo não-cooperativo, em que cada agente econômico luta por seus interesses e nenhuma estratégia é combinada entre eles.

24. Imaginemos que um banco em dificuldades financeiras, porém ainda solvente, pretenda contratar um novo diretor para ser responsável por sua gestão e reerguer o negócio. Embora não haja indícios de ilegalidade, sabe-se que a gestão precedente envolveu-se em diversos negócios arriscados[24] e assumiu conscientemente obrigações acima da capacidade de pagamento do banco.

25. Os jogadores neste caso são o banco e o novo diretor a ser contratado. Ambos têm informação plena e perfeita sobre o setor bancário, sobre os antecedentes históricos e situação patrimonial do banco, sobre a atuação dos seus administradores, e sobre as disposições legais aplicáveis. As decisões são tomadas simultaneamente e os jogadores comportam-se de modo racional. O objetivo do banco é contratar o diretor pelo menor salário possível e estimulá-lo a tomar decisões agressivas e arriscadas que tragam maior lucratividade aos acionistas. O objetivo do novo diretor é obter o maior salário possível, preservando sua reputação no mercado e protegendo seu patrimônio pessoal.

26. Nesse tocante, vale relembrar que para os profissionais do mercado financeiro, reputação ilibada não é apenas uma satisfação pessoal, mas um pré-requisito para

23. Haroldo Malheiros Duclerc Verçosa, *Responsabilidade Civil Especial — Nas Instituições Financeiras e nos Consórcios em Liquidação Extrajudicial.*

24. Como, por exemplo, endividamento excessivo do banco, operações descobertas, exposição patrimonial, manutenção de níveis insuficientes de capital ou reservas, remessa não registradas de recursos ao exterior e políticas fracas de controle de risco e *compliance* interno, entre outros.

que possa continuar atuando no mercado. Isso porque a eleição de pessoas para cargos estatutários de direção de instituições financeiras depende de homologação do Banco Central, que somente será concedida após comprovação de reputação ilibada (ausência de processos judiciais, administrativos ou punitivos, protestos, advertências, entre outros). Assim sendo, para o novo diretor eleito, a garantia de não envolvimento nas operações pretéritas do banco e de sua antiga gestão é tão ou mais importante que o próprio salário.

(a) Cenário 1
— A responsabilidade subjetiva

27. Caso o sistema vigente no Brasil para a aferição da responsabilidade dos administradores de instituições financeiras fosse o da *responsabilidade subjetiva* e da *inexistência de solidariedade* entre os administradores, teríamos que:

(i) o diretor não estaria sujeito ao risco intrínseco das atividades bancárias, portanto não necessitaria de uma apólice de seguros incluída no seu salário, nem tampouco sua remuneração necessitaria incluir uma provisão para contingências futuras;

(ii) os atos dos antigos administradores pouco importariam para a tomada de decisão pelo novo diretor, portanto as razões pelas quais o banco encontra-se em dificuldade financeira não afetariam sua decisão; e

(iii) o patrimônio do novo diretor seria sempre mantido a salvo das obrigações do banco, desde, é claro, que a conduta do diretor fosse apropriada e diligente; ou seja, o diretor estaria unicamente sujeito às conseqüências de suas próprias escolhas e atitudes, que estão sob o seu exclusivo controle.

28. Na hipótese acima, o banco poderia oferecer um salário menor ao diretor, e o diretor teria incentivos para aceitá-lo, uma vez que a ele estará garantida a proteção jurídica contra atos da antiga gestão e do próprio banco, restando preservada sua reputação. A matriz de valores abaixo ilustra o raciocínio decisório na contratação:

		BANCO	
		alta remuneração (com seguro)	baixa remuneração (sem seguro)
DIRETOR	aceitar	+200 ; 50	**100 ; 150**
	rejeitar	-10 ; 0	-10 ; 0

29. As alternativas do banco são oferecer uma alta remuneração com apólice de seguro de responsabilidade civil *[benefício econômico de 50]* ou remuneração moderada, sem nenhum tipo de seguro *[benefício econômico de 150]*. As alternativas do diretor serão aceitar o emprego *[benefício econômico de 200, caso haja seguro, ou 100, caso não haja]* ou rejeitar o emprego *[custo de oportunidade de –10]*. Nota-se que as estratégias estritamente dominantes são: para o diretor, aceitar o emprego, e para o banco, pagar uma remuneração moderada, sem seguro.

30. A solução desse problema encontra-se destacada na célula superior-direita acima, ou seja, o banco paga um salário moderado, e mesmo assim o diretor aceita a proposta porque tem a certeza de que não será responsabilizado por obrigações pretéritas do banco, nem tampouco da gestão que o precedeu, preservando sua reputação e patrimônio. Contra ele não serão instaurados inquéritos, nem tampouco aplicadas multas ou penalidades uma vez que não teve nenhuma participação nos atos passados. Nesse cenário, o banco não tem a necessidade de repassar o custo do seguro ao preço de suas tarifas e juros bancários. Beneficiam-se em princípio o banco, o diretor e a própria sociedade.

31. Uma vez contratado, o diretor terá incentivos pessoais para sempre agir de maneira conservadora e diligente, evitando operações arriscadas que lhes trariam responsabilidade pessoal, na medida em que o salário que recebe não contempla uma apólice de seguros. Para o diretor, uma conduta agressiva em operações com resultados questionáveis somente compensaria se ele tivesse uma apólice de seguros *[benefício de 100]*, pois sem o seguro está sujeito a um prejuízo pessoal, além de prejuízos à sua reputação profissional *[prejuízo de -200]*. De modo diverso, a conduta conservadora sempre lhe traz benefícios *[benefícios de 100 ou 50]*, independente da contratação de seguro.

32. Para o banco, há o interesse que o diretor sempre efetue operações agressivas, que geralmente trazem maior lucratividade ao acionista. No entanto, somente vale a pena contratar seguro para o administrador se houver a certeza que ele efetivamente tomará atitudes agressivas, caso contrário estaria incorrendo numa despesa significativa desnecessária.

		BANCO	
		alta remuneração (com seguro)	baixa remuneração (sem seguro)
DIRETOR	conduta agressiva	100 ; 100	-200 ; 200
	conduta conservadora	90 ; -100	**50 ; 50**

33. Nesse caso não existem estratégias estritamente dominantes, mas apenas dominâncias fracas. Para o diretor, uma conduta conservadora lhe custaria mais caro (*cost of due care*) se estivesse protegido por seguro, mas mesmo assim é a estratégia mais apropriada, pois, caso o banco não contrate seguro, poderá sofrer um prejuízo pessoal *[prejuízo de -200]*. Em vista da probabilidade de o diretor racionalmente adotar a conduta conservadora, será então mais vantajoso ao banco não contratar o seguro. O equilíbrio do jogo estaria na célula inferior-direita destacada acima.

34. Nota-se que novamente todos são beneficiados: o administrador, porque tem incentivo para adotar uma conduta conservadora e preservar seu patrimônio e reputação; o banco, porque não incorre na despesa de contratação de seguro; e a sociedade, porque não sofre o repasse do custo do seguro nas tarifas e juros bancários, nem tampouco o risco causado por eventuais condutas culposas dos diretores dos bancos. O único inconveniente dessa corrente subjetivista, como já alertaram Prof. Haroldo Verçosa e outros, é a dificuldade que as autoridades públicas encontram num inquérito ou ação judicial de produzir provas que caracterizem a conduta culposa ou dolosa do administrador e permitam sua responsabilização.

(b) Cenário 2
— A responsabilidade objetiva

35. De modo diverso, caso o sistema vigente no Brasil para a aferição da responsabilidade dos administradores de instituições financeiras fosse o da *responsabilidade objetiva* e da *solidariedade* entre os administradores, teríamos que:

(i) por mais conservadora que fosse a atuação do diretor, sempre estaria sujeito ao risco intrínseco das atividades bancárias, portanto necessitaria de uma apólice de seguros que protegesse seu patrimônio pessoal;

(ii) os atos dos demais administradores seriam de extrema importância para cada diretor, e, portanto, as razões pelas quais o banco encontra-se em dificuldade financeira serão essenciais para a aceitação ou não do emprego pelo novo diretor; e

(iii) uma vez que, independente da conduta tomada, o diretor sempre será responsabilizado pelas dívidas do banco e dos demais diretores, existe o claro estímulo para que cada diretor atue da maneira mais agressiva e não-ortodoxa possível.

36. Na vigência da responsabilidade objetiva, para que se possa contratar um bom profissional o banco deverá necessariamente incorrer em altas despesas de contratação de seguro e lhe oferecer um salário elevado, salário esse que compense a exposição de seu patrimônio pessoal ao risco da atividade. Em especial se o banco estiver passando por dificuldades financeiras ou intervenção pelas autoridades reguladoras, os novos diretores exigirão salários muito superiores aos salários pagos a diretores de bancos com boa saúde financeira. Portanto, onera-se ainda mais quem não pode assumir ônus adicionais, o banco em dificuldades financeiras. Esse custo, como já exposto acima, é invariavelmente repassado à sociedade por meio de tarifas e juros bancários, à massa falida/liquidanda ou mesmo ao governo, em caso de aportes financeiros por órgãos públicos para evitar a quebra. A matriz de valores abaixo ilustra o raciocínio decisório na contratação:

		BANCO	
		alta remuneração (com seguro)	baixa remuneração (sem seguro)
DIRETOR	aceitar	**200 ; 50**	-100 ; 150
	rejeitar	-10 ; 0	-10 ; 0

37. Nesse caso, as alternativas do banco são oferecer uma alta remuneração com apólice de seguro *[benefício econômico de 50]* ou não contratar seguro *[benefício econômico de 150]*. As alternativas do diretor são aceitar o emprego *[benefício econômico de 200, com seguro, ou prejuízo de –100, sem seguro]* ou ainda rejeitar o emprego *[custo de oportunidade de –10]*.

38. Nota-se que para o banco a estratégia dominante continua a ser o pagamento de uma baixa remuneração. No entanto, para o diretor, somente vale a pena aceitar o emprego se houver a apólice de seguro, pois caso contrário estaria colocando seu patrimônio em risco. O resultado do jogo passa a ser a contratação de seguro, cujo custo será evidentemente repassado pelo banco ao consumidor nas suas tarifas e juros bancários. Beneficiam-se o banco, o diretor e a companhia seguradora, mas quem paga por isso agora é a sociedade. Estamos diante de um caso de socialização do risco da atividade empresarial, como acima já destacamos nas palavras de Pietro Trimarchi e Gustavo Tepedino.

39. Partimos agora para a análise do tipo de conduta do novo diretor. Uma vez no cargo, o diretor não terá incentivos para agir de maneira conservadora e incorrer nos custos de *due care*. Provavelmente ele agirá de maneira agressiva e arriscada, contratando operações que coloquem o patrimônio do banco e dos correntistas em jogo, uma vez que agora o diretor está protegido por seguro. Além disso, o fato de que sua conduta não é determinante para aferição de sua responsabilidade pessoal é mais um estímulo para que ele faça o que lhe parecer trazer lucros mais elevados. Para o banco, tanto melhor é a conduta agressiva, uma vez que resulta em operações que geram maior lucratividade.

		BANCO	
		alta remuneração (com seguro)	baixa remuneração (sem seguro)
DIRETOR	conduta agressiva	**100 ; 100**	—
	conduta conservadora	90 ; -100	—

40. Nesse caso, como a contratação de seguro é uma condição essencial para a atuação do diretor, ele certamente adotará uma conduta agressiva, que lhe é mais vantajosa por não conter os custos de *due care*. O equilíbrio do jogo estaria na célula superior-esquerda. Novamente o custo de prevenção do risco foi deslocado para a sociedade no preço dos produtos, e o diretor terá o claro incentivo para agir de maneira agressiva.

41. Naturalmente, convém registrar que o sistema de responsabilidade objetiva dos administradores de instituições financeiras elimina a dificuldade que o Banco Central e o Ministério Público têm de provar a culpa ou dolo do administrador no curso do inquérito ou ação civil própria, mas esse argumento não é suficiente para rebater a ineficiência econômica causada por tal sistema.

42. Convém também analisarmos a literatura estrangeira sobre as eficiências e ineficiências econômicas do sistema de responsabilidade objetiva (*strict liability*). Em *Game Theory and the Law*,[25] Douglas Baird sugere que a estratégia dominante de ambos os jogadores em tal sistema é simplesmente não tomar nenhum cuidado e evitar custos de *due care*, e conseqüentemente, a probabilidade de ocorrência do dano torna-se altíssima.

43. Além disso, Steven Shavell[26] ressalta que o número de ações judiciais num sistema de responsabilidade objetiva (*strict liability*) tende a ser maior que o número de ações judiciais num sistema de responsabilidade subjetiva (*negligence liability*), uma vez que os prejudicados terão sempre o incentivo de propor uma demanda posto que não terão o ônus de provar culpa ou negligência do agente causador de dano, o que vem a causar um aumento nos custos administrativos do agente econômico.

44. Ao comparar o uso do sistema de responsabilidade subjetiva e do sistema de responsabilidade objetiva em países de tradição jurídica anglo-saxônica, Steven Shavell informa que o uso da responsabilidade objetiva é restrito a "harms caused by wild animals, certain types of harm due to fire, and to harms arising from abnormally dangerous or ultra hazardous activities, such as blasting, storage of flammable liquids, or transport of nuclear material".[27] Transportando a informação para países com tradição jurídica romano-germânica, temos que os códigos civis alemão e francês também atribuem responsabilidade objetiva exclusivamente a danos causados por animais ou atividades de ferrovias, rodovias, transporte aéreo, eletricidade, gás e energia atômica.

45. Parece-nos, então, que a tendência mundial, seja qual for a tradição jurídica envolvida, reserva a responsabilidade objetiva somente aos casos que normalmente geram riscos excessivos para terceiros, na linha do parágrafo único do art. 927 do novo Código Civil. Novamente nas palavras de Steven Shavell, com nosso destaque: "one of the aims of the law is to impose

25. Douglas Baird, Robert Gertner e Randal Picker, *Game Theory and the Law*.

26. Steven Shavell, *Foundations of Economic Analysis of Law*, p. 282.

27. Idem, ibidem, p. 204.

strict liability on activities that are dangerous, or, *more precisely, that are dangerous even if conducted with reasonable care* (...) an activity should be subject to strict liability in case of *inability to eliminate the risk by the exercise of reasonable care*".[28] Não nos parece que a atividade bancária deva assim ser entendida.

46. Segundo o autor norte-americano,[29] cada jogador somente terá incentivos para adotar um comportamento socialmente correto na prevenção de danos se estiver apto a escapar de responsabilidade por danos que não deu causa. No caso do sistema financeiro brasileiro isso não ocorre, uma vez que cada diretor assume responsabilidade por atos causados pela conduta dos demais diretores, portanto não há motivação para adotar uma conduta pessoal diligente.

47. Quanto à contratação de seguro de responsabilidade civil, Steven Shavell faz uma importante observação: se as empresas seguradoras levam em consideração o nível de diligência dos agentes econômicos ao precificarem o prêmio dos seguros, haverá um incentivo aos agentes econômicos para agirem de forma diligente e investirem em prevenção de danos, pois beneficiar-se-ão dos bônus ou reduções nos prêmios nas renovações dos seus seguros. Caso contrário, a conduta dos agentes econômicos tenderá a ser agressiva e sem qualquer investimento na prevenção de danos.

Conclusão

48. Em vista das conseqüências econômicas de cada corrente doutrinária acerca da responsabilização dos administradores de instituições financeiras, pode-se concluir que:

(i) a *responsabilidade subjetiva* cria estímulos para que o administrador adote uma conduta conservadora e preserve seu patrimônio e reputação pessoal, e beneficia a sociedade uma vez que o banco não incorre na despesa de contratação de seguro, e conseqüentemente não repassa essa despesa nas tarifas e juros bancários. No entanto, essa corrente doutrinária traz às autoridades públicas entraves na produção de provas no inquérito ou ação judicial que dificultam a caracterização da conduta culposa ou dolosa do administrador, impossibilitando sua responsabilização;

(ii) a *responsabilidade objetiva* estimula a conduta agressiva do administrador e cria a necessidade de contratação de seguro pelo banco, o que é automaticamente repassado à sociedade nas tarifas bancárias, com a socialização do risco da atividade empresarial (a esse respeito, ver os níveis médios e limites máximos de tarifas atuais no *Anexo 1*, que demonstra que ainda existe bastante espaço na regulamentação em vigor para aumentos nos preços por parte dos bancos). Do ponto de vista econômico, mostra-se ineficiente na medida em que não estimula o exercício da diligência necessária pelos agentes econômicos para a prevenção de danos e aumenta o custo administrativo de demandas judiciais. Além disso, cria injustiças na medida em que pune de forma idêntica os diretores que tomaram condutas diligentes e adequadas e os diretores que agiram com culpa ou dolo na contratação de operações fora dos limites estabelecidos por lei. A única vantagem dessa corrente doutrinária é eliminar a dificuldade de prova que o Banco Central e o Ministério Público enfrentam no curso do inquérito ou ação civil própria, que não nos parece suficiente; e

(iii) em vista das conclusões acima, parece-nos mais apropriada a aplicação de *responsabilidade subjetiva com inversão do ônus da prova* em favor das autoridades públicas, ou seja, os administradores que agirem diligente e adequadamente são exonerados de responsabilidade desde que provem sua boa e adequada conduta. Elimina-se nesse caso a dificuldade de produção de provas que as autoridades públicas encontram e permite-se ao administrador que se proteja de responsabilidade numa

28. Idem, ibidem, p. 206.
29. Idem, ibidem, p. 250.

eventual fiscalização. Elimina-se o custo do seguro e a socialização do risco empresarial, estimula-se uma conduta conservadora por parte de cada diretor e reduz-se a injustiça de punir com o mesmo peso os administradores culpados e os não culpados. Para isso ocorrer sem que haja ilegalidades, seria necessária, a nosso ver, uma mudança na legislação em vigor, em especial na Lei 6.024/1974.

ANEXO — VALORES MÉDIOS E MÁXIMOS DAS TARIFAS BANCÁRIAS

TARIFAS BANCÁRIAS — POSIÇÃO CONSOLIDADA
(posição em 14.12.2004)

	Pessoa Física			Pessoa Jurídica		
Cadastro	*Valor* mínimo	*Valor* máximo	*Valor* médio	*Valor* mínimo	*Valor* máximo	*Valor* médio
Confecção de ficha cadastral	0,00	500,00	64,27	0,00	835,00	86,04
Consultas a serviços de proteção ao crédito	0,00	300,00	26,18	0,00	500,00	33,47
Cartão magnético	*Valor mínimo*	*Valor máximo*	*Valor médio*	*Valor mínimo*	*Valor máximo*	*Valor médio*
Comum, para débito, saque e consultas	0,00	18,00	—	0,00	6,00	—
Débito, saque e garantia de cheque — anuidade do contrato	0,00	3,95	—	0,00	24,50	—
Débito, saque e garantia de cheque — confecção do cartão	0,00	30,00	8,54	0,00	500,00	42,13
Cartão múltiplo nacional — anuidade do contrato	0,00	200,00	—	0,00	120,00	—
Cartão múltiplo nacional — confecção do cartão	0,00	54,00	17,45	0,00	6,00	6,00
Cartão múltiplo internacional — anuidade do contrato	0,00	84,00	—	0,00	400,00	—
Cartão múltiplo internacional — confecção do cartão	0,00	152,00	50,92	0,00	139,00	78,33
Cartão múltiplo adicional — nacional — anuidade do contrato	0,00	100,00	—	0,00	69,00	—
Cartão múltiplo adicional — nacional — confecção do cartão	0,00	27,00	12,05	0,00	6,00	6,00
Cartão múltiplo adicional — internacional — anuidade do contrato	0,00	250,00	—	0,00	189,00	—
Cartão múltiplo adicional — internacional — confecção do cartão	0,00	150,00	41,52	0,00	45,00	25,50
Cheque	*Valor mínimo*	*Valor máximo*	*Valor médio*	*Valor mínimo*	*Valor máximo*	*Valor médio*
Talão — 10 folhas	0,00	12,00	4,85	0,00	12,00	4,86
Talão — 20 folhas (2º talão no mês)	0,00	20,00	7,85	0,00	35,00	8,39
Cheque administrativo	0,00	30,00	15,51	0,00	50,00	15,61
Cheque avulso	0,00	15,00	4,09	0,00	15,00	4,30
Cheque devolvido por insuficiência de fundos	0,00	35,00	10,27	0,00	35,00	10,28

continua ...

Oposição/sustação de pagamento de cheque	0,00	53,50	8,52	0,00	53,50	8,56
Inclusão no Cadastro de Cheques sem Fundo	0,00	90,00	17,35	0,00	90,00	17,45
Exclusão do Cadastro de Cheques sem Fundo	0,00	90,00	19,83	0,00	90,00	19,88
Cobrança de cheque por compensação	0,00	10,00	1,37	0,00	10,00	1,37
Cheque TB (Transferência Bancária sem CPMF)	0,00	16,00	2,60	0,00	16,00	2,78
Cheque Administrativo com vl. igual ou superior a R$ 5.000,00 (vl.fx. + %)	0,00	22,00	9,55	0,00	22,00	9,55
Cobrança de Cheque por compensação com vl. = ou > R$ 5.000,00 (vl.fx. + %)	0,00	30,00	10,05	0,00	30,00	10,05
Cheque TB com valor igual ou superior R$ 5.000,00 (vl.fx. + %)	0,00	10,00	6,71	0,00	10,00	6,71
Conta corrente	*Valor mínimo*	*Valor máximo*	*Valor médio*	*Valor mínimo*	*Valor máximo*	*Valor médio*
Abertura de conta	0,00	30,00	13,96	0,00	30,00	14,81
Manutenção de conta ativa	0,00	500,00	—	0,00	500,00	—
Manutenção de conta inativa Adiant. a deposit., incl. Excesso	0,00	200,00	—	0,00	200,00	—
limite de cheque especial	0,00	50,00	16,59	0,00	50,00	16,56
Concessão de cheque especial/conta garantida	0,00	500,00	40,66	0,00	500,00	56,94
Renovação de cheque especial/conta garantida	0,00	200,00	—	0,00	200,00	—
Débito autorizado em conta corrente	0,00	10,00	2,96	0,00	10,00	2,76
Banco doméstico — conta principal (com limite de acessos)	0,00	46,48	—	0,00	46,48	—
Banco doméstico — conta secundária (com limite de acessos)	0,00	46,48	—	0,00	46,48	—
Movimentação de recursos	*Valor mínimo*	*Valor máximo*	*Valor médio*	*Valor mínimo*	*Valor máximo*	*Valor médio*
Saque em caixa automática externa/ Banco 24 horas	0,00	35,00	4,19	0,00	35,00	3,41
Emissão de DOC "C"	0,00	30,00	11,48	0,00	50,00	11,94
Emissão de DOC "D"	0,00	30,00	11,25	0,00	50,00	11,44
Ordem de Pagamento	0,00	50,00	16,22	0,00	50,00	16,12
Depósito em outra agência	0,00	2,00	1,63	0,00	2,00	1,70
Transferência Eletrônica Disponível — TED	0,00	50,00	11,15	0,00	50,00	12,13
Emissão de DOC "C" com valor igual ou superior a R$ 5.000,00 (vl.fx + %)	0,00	500,00	64,92	0,00	500,00	64,92
Emissão de DOC "D" com valor igual ou superior a R$ 5.000,00 (vl.fx. + %)	0,00	500,00	70,52	0,00	500,00	70,52
Extrato de Conta	*Valor mínimo*	*Valor máximo*	*Valor médio*	*Valor mínimo*	*Valor máximo*	*Valor médio*
Em terminal eletrônico	0,00	5,00	1,75	0,00	5,00	1,72

continua ...

Por outros meios	0,00	16,00	3,62	0,00	16,00	3,75
Cópias de microfilmes, microfichas ou assemelhados	0,00	15,00	5,32	0,00	15,00	5,37
Cobrança	*Valor mínimo*	*Valor máximo*	*Valor médio*	*Valor mínimo*	*Valor máximo*	*Valor médio*
Manutenção de título vencido	0,00	20,00	—	0,00	20,00	0,00
Envio para protesto	0,00	100,00	11,31	0,00	100,00	11,12
Sustação de protesto	0,00	100,00	10,87	0,00	100,00	10,11
Devolução de título	0,00	100,00	6,39	0,00	100,00	10,51
Entrada de borderô (listagem de títulos)				0,00	300,00	11,12
Entrada por meio magnético				0,00	12,00	4,87
Entrada sem registro — por boleto emitido pelo cliente				0,00	10,00	4,42
Créditos	*Valor mínimo*	*Valor máximo*	*Valor médio*	*Valor mínimo*	*Valor máximo*	*Valor médio*
Abertura de crédito	0,00	1.000,00	202,03	0,00	1.000,00	230,90
Renegociação de dívida	0,00	1.000,00	171,09	0,00	1.500,00	204,20
Substituição de garantia	0,00	600,00	185,73	0,00	1.000,00	192,70
Custódia de cheque pré-datado	0,00	360,00	9,97	0,00	1.000,00	20,68
Outros serviços	*Valor mínimo*	*Valor máximo*	*Valor médio*	*Valor mínimo*	*Valor máximo*	*Valor médio*
Segunda via de documento	0,00	250,00	19,94	0,00	250,00	20,07
Ressarcimento de despesas — telefonema	0,00	50,00	8,04	0,00	50,00	8,40
Ressarcimento de despesas — fax	0,00	50,00	6,72	0,00	50,00	6,87
Envelopamento de documentos	0,00	108,00	9,64	0,00	108,00	8,80
Pagamento de funcionários via relação				0,00	15,00	4,04
Pagamento de funcionários via meio magnético				0,00	9,50	2,88
Capitais Estrangeiros e Câmbio	*Valor mínimo*	*Valor máximo*	*Valor médio*	*Valor mínimo*	*Valor máximo*	*Valor médio*
Exportação: Edição de Contrato de Câmbio	0,00	600,00	264,98	0,00	600,00	268,13
Exportação: Edição de Contrato de Câmbio via Internet	90,00	500,00	271,37	90,00	500,00	281,24
Exportação: Liquidação com Ordem de Pagamento	0,00	500,00	160,22	0,00	500,00	166,26
Exportação: Conferência de Documentos	0,00	942,00	246,54	0,00	942,00	254,53
Exportação: Câmbio Simplificado (todas as despesas do cliente no Banco)	0,00	500,00	218,35	0,00	500,00	219,34
Importação: Edição de Contrato de Câmbio	0,00	600,00	267,38	0,00	600,00	270,76
Importação: Emissão de Ordem de Pagamento	0,00	500,00	165,45	0,00	500,00	163,58

continua ...

Importação: demais tarifas (não incluem despesas no exterior)	0,00	4.083,20	880,97	0,00	4.083,20	789,54
Importação: Câmbio Simplificado (todas as despesas do cliente no Banco)	0,00	600,00	221,17	0,00	600,00	226,18
Financeiro — Ingresso de Recursos: Edição de Contrato de Câmbio	0,00	1.120,00	268,59	0,00	1.120,00	273,50
Financeiro — Ingresso de Recursos: Edição de Cont. de Câmbio via Internet	90,00	500,00	296,95	90,00	500,00	304,60
Financeiro — Ingresso de Recursos: Liquidação com Ordem de Pagamento	0,00	640,00	195,47	0,00	640,00	197,36
Financeiro — Ingresso de Recursos: Confecção de ROF	0,00	1.600,00	714,98	0,00	2.500,00	727,94
Financeiro — Ingresso de Recursos: Confecção de Esquema de ROF	0,00	2.560,00	486,70	0,00	2.560,00	452,18
Financeiro — Ingresso de Recursos: Confecção de Cadastro no Cademp	0,00	1.570,00	375,83	0,00	1.570,00	369,22
Financeiro — Remessa de Recursos: Edição de Contrato de Câmbio	0,00	1.120,00	277,93	0,00	1.120,00	269,57
Financeiro — Remessa de Recursos: Edição de Cont. de Câmbio via Internet	90,00	500,00	290,58	90,00	500,00	290,58
Financeiro — Remessa de Recursos: Emissão de Ordem de Pagamento	0,00	380,00	181,59	0,00	380,00	178,08
Financeiro — Remessa de Recursos: Alteração de ROF	0,00	1.570,00	339,29	0,00	1.570,00	327,97

Fonte: Banco Central do Brasil.

Bibliografia

BAIRD, Douglas, GERTNER, Robert, e PICKER, Randal. *Game Theory and the Law*. Estados Unidos da América, Harvard University Press, 1998.

BULGARELLI. Waldirio. "Responsabilidade dos administradores das companhias", in Yussef Said Cahali (coord.), *Responsabilidade Civil*. São Paulo, Saraiva, 1984, pp. 407-448.

COELHO, Fábio Ulhoa. "A responsabilidade civil dos administradores de instituições financeiras", in Roberto Quiroga Mosquera (coord.), *Aspectos Atuais do Mercado Financeiro e de Capitais*. São Paulo, Dialética, 1999, p. 85.

COELHO, Wilson Egito. "Da responsabilidade dos administradores das sociedades por ações em face da nova lei e da Lei 6.024/1974", *Revista de Direito Bancário e Mercado de Capitais* 40/37-49, São Paulo, Ed. RT, out.-dez. 1980.

DANTAS, San Tiago. "Bancos — Liquidação extrajudicial — Responsabilidade de diretores e gerentes", Parecer, *RF* 667-668/94-101, Rio de Janeiro, Forense, ano 56, jan.-fev. 1959.

DE LUCCA, Newton. "A responsabilidade civil dos administradores das instituições financeiras", *Revista de Direito Mercantil Industrial Econômico e Financeiro* 67/32-38, São Paulo, Ed. RT, nova série, jul.-set.

FARIA, Walter. *Liquidação extrajudicial, intervenção e responsabilidade dos administradores de instituições financeiras*. Porto Alegre, Fabris, 1985, p. 58.

MANGABEIRA, João. "Diretores de banco — Solidariedade — Responsabilidade — SUMOC — Arresto e seqüestro", Parecer, *RF* 667-668/94-101, Rio de Janeiro, Forense, ano 56, jan.-fev. 1959.

RAMOS, Saulo. "Inexistência de responsabilidade do Governador do Estado pela gestão de banco estadual. Interpretação da Lei 6.024/1974", *Revista de Direito Bancário e Mercado de Capitais* 1/9-40, São Paulo, Ed. RT, ano 1, jan.-abr. 1998.

RÁO, Vicente. "Liquidação extrajudicial — Andamento do inquérito promovido pela SUMOC — Fixação do montante do seqüestro e arresto — Conceituação — Pressupostos para a decretação do que a Lei 1.808/1953 denominou seqüestro — Questão de responsabilidade solidária dos diretores em face da Lei 1.808/1953", *RT* 251/48-59, São Paulo, ano 45, set. 1956.

REQUIÃO, Rubens. "As tendências atuais da responsabilidade dos sócios nas sociedades comerciais", *RT* 511/11.

______. *Curso de Direito Falimentar*. 14ª ed., São Paulo, Saraiva, 1995, p. 251.

SHAVELL, Steven. *Foundations of Economic Analysis of Law*. Cambridge/Massachusetts/Londres, The Belknap Press of Harvard University Press, 2004, p. 282.

SIMONI, Liane Maia. "O regime jurídico da responsabilidade dos administradores de instituições financeiras", *Revista de Direito Bancário e Mercado de Capitais* 44/28-69, São Paulo, Ed. RT, out.-dez. 1981.

SIQUEIRA, Francisco. "Da responsabilidade civil dos administradores de instituições financeiras", *Revista de Direito Mercantil, Industrial, Econômico e Financeiro* 68/31-49, São Paulo, Ed. RT, out.-dez. 1987.

TEPEDINO, Gustavo. *A Evolução da Responsabilidade Civil no Direito Brasileiro e suas Controvérsias na Atividade Estatal. Temas de Direito Civil*. Rio de Janeiro, Renovar, 1999.

TOLEDO, Paulo Fernando Campos Salles de. "Liquidação extrajudicial de instituições financeiras: alguns aspectos polêmicos", *Revista de Direito Bancário e Mercado de Capitais* 60/24-38, São Paulo, Ed. RT, out.-dez. 1995.

TRIMARCHI, Pietro. "Rischio d'impresa e responsabilità oggettiva", in Guido Alpa et al. (orgs.), *Analisi Economica del Diritto Provato*. Milão, Giuffrè, 1998, p. 12.

VALVERDE, Trajano de Miranda. "Liquidação extrajudicial — Inquérito da SUMOC — Andamento antes do término da liquidação — Fixação da responsabilidade de diretores — Oportunidade — Remessa de inquérito a juízo — Prazo em que deveria ser feita — Arresto de bens de diretor — Inadmissibilidade por existência de prova de culpa — Questão de responsabilidade solidária em face da Lei 1.808/1953", Parecer, *RT* 251/43-48, São Paulo, ano 45, set. 1956.

VERÇOSA, Haroldo Malheiros Duclerc. *Responsabilidade Civil Especial — Nas Instituições Financeiras e nos Consórcios em Liquidação Extrajudicial*. São Paulo, Ed. RT, 1993.

WAISBERG, Ivo. *Responsabilidade Civil dos Administradores de Bancos Comerciais*. São Paulo, Ed. RT, 2002, p. 151.

WALD, Arnoldo. "A culpa e o risco como fundamentos da responsabilidade pessoal do diretor de banco", *Revista de Direito Mercantil Industrial Econômico e Financeiro* 24/29, São Paulo, Ed. RT, nova série, 1976.

Jurisprudência Comentada

RESPONSABILIDADE ORDINÁRIA DO AVALISTA COM BASE EM TÍTULO DE CRÉDITO PRESCRITO

Comentários de

HAROLDO MALHEIROS DUCLERC VERÇOSA

ao acórdão da apelação 866.904-1, do 1º TACivSP

Apelação 866.904-1 — 8ª Câmara do 1º TACivSP

Apte.: Dircinéia Aparecida Tamarozzo de Faria

Apdo.: José Marcílio da Silveira

Rel. Juiz Carlos Bondioli

j. 19.5.2004

Ação monitória. Nota promissória. Título prescrito. Demanda proposta contra o avalista, que responderá solidariamente com o avalizado. Admissibilidade. Demonstração da relação jurídica entre as partes e da prova escrita emanada pelo devedor configurado no título.

Ementa da Redação: Tratando-se de nota promissória já prescrita, é admissível a cobrança por meio de ação monitória proposta contra o avalista, que responderá solidariamente com o avalizado, uma vez que o procedimento monitório exige apenas a demonstração da relação jurídica entre as partes, bem como a prova escrita emanada do devedor, o que restou configurado no título, sendo irrelevante o fato deste já estar prescrito.

ACÓRDÃO

Ementa Oficial: *Monitória. Cambial. Nota promissória prescrita. Cobrança contra o avalista. Admissibilidade*. Hipótese que o apelado responde solidariamente com o avalizado, uma vez que se responsabilizou pelo cumprimento da obrigação assumida. Viabilidade de deflagração de ação monitória em face do avalista. Recurso provido.

Vistos, relatados e discutidos estes autos de apelação 866.904-1, da Comarca de Tanabi, sendo apelante Dircinéia Aparecida Tamarozzo de Faria (assistente judiciário) e apelado José Marcílio da Silveira.

Acordam, em 8ª Câm. do 1º TACivSP, por v.u., dar provimento ao recurso.

Trata-se de ação monitória, à qual foram opostos embargos, julgados procedentes, nos termos da r. sentença de f., cujo relatório se adota.

Irresignada, apela a vencida, objetivando a inversão do julgamento. Alega, em síntese, que o título objeto da ação é hábil para instruir ação monitória e que a responsabilidade do avalista é independente da do emitente do título.

Aduz que foi efetivamente demonstrado o vínculo entre o credor e o embarganteavalista e que a figura do enriquecimento sem causa só se aplicaria ao emitente, já que o avalista não recebeu qualquer vantagem com a prestação do aval.

O recurso foi recebido, independentemente de preparo, em virtude de a apelante fazer jus aos benefícios da justiça gratuita.

Houve contrariedade.

É o relatório.

Dircinéia Aparecida Tomarozzo de Faria ajuizou ação monitória em face de Norair Cassiano da Silva e José Marcílio da Silveira, objetivando a constituição de título executivo para a cobrança da importância que entende devida, representada por uma nota promissória.

No curso da demanda a autora requereu a desistência do processo com relação a Norair Cassiano da Silva, o que foi homologado pelo MM. Juiz (f.).

Os embargos opostos foram julgados procedentes, motivo pelo qual foi interposto o presente recurso.

Assiste razão à recorrente.

Com efeito, embora prescrito o título que instruiu a ação monitória, remanesce incólume a responsabilidade do apelado, porquanto solidariamente com o avalizado se responsabilizou pelo cumprimento da obrigação assumida.

Tem-se, pois, que a prescrição da ação cambiária não torna inviável a deflagração de ação monitória, em face do avalista, porque não o exonera da responsabilidade assumida, já que o procedimento monitório exige apenas a demonstração da relação jurídica entre as partes, bem assim a prova escrita da dívida emanada do devedor, o que está caracterizado no título.

De maneira igual proferi voto na apelação cível 0844.108-5, da qual fui Relator, tendo aludido voto sido condutor do acórdão, para o fim de negar provimento ao recurso manejado pelo avalista, que sustentava tese semelhante à lançada na sentença ora recorrida. A votação pela rejeição do apelo foi unânime.

No mesmo sentido os acórdãos cujas ementas abaixo se colaciona.

> *Ação monitória. Nota promissória. Prescrição. Avalista. Legitimidade passiva.* A prescrição de ação cambiária não inviabiliza o ajuizamento da ação monitória contra o emitente e avalista da nota promissória, uma vez que não representa a exoneração do avalista para efeito de instrução do procedimento monitório, que exige apenas a demonstração da relação jurídica entre as partes, assim como a prova escrita emanada do devedor.[1]
>
> *Monitória. Nota promissória sem eficácia executiva. Avalista. Legitimidade passiva.* É possível o ajuizamento do procedimento injuntivo contra avalista de nota promissória com séria dúvida na sua exeqüibilidade, sendo compatível a sujeição passiva na ação monitória, já que este procedimento visa somente a uma forma mais eficiente e rápida para a constituição do título executivo extrajudicial.[2]

Portanto, viável a ação monitória, dá-se provimento ao recurso para reformar a r. sentença hostilizada, retornando os autos ao juízo de origem, para a realização de instrução, imprescindível para o desate da demanda.

Presidiu o julgamento, o Juiz Rubens Cury e dele participaram os Juízes Rui Cascaldi (Revisor) e Luiz Burza Neto.

São Paulo, 19 de maio de 2004.

Carlos Bondioli, Relator.

Comentário do acórdão

por ***Haroldo Malheiros Duclerc Verçosa***

O Direito Comercial, na condição de ciência histórica, muitas vezes não mostra

1. TAMG, 3ª Câm.Cív., AgIn 313.762-6, Comarca de Poços de Caldas, Rel. Juiz Edílson Fernandes, v.u., j. 5.9.2000.

2. TAMG, 3ª Câm.Cív., Ap 281.682-4, Comarca de Teófilo Otoni, Rel. Juiz Dorival Guimarães Pereira, v.u., j. 11.8.1999.

os seus fundamentos com a clareza necessária a uma apreciação lógica imediata. Isto não acontece com a Teoria Geral dos Títulos de Crédito, elaborada com tal perfeição que talvez possa ser reduzida a um modelo matemático. A beleza e a organização dos institutos que a formam levaria um alienígena a duvidar que seja o objeto de uma evolução multisecular, tendo sido construída de forma a ir preenchendo aos poucos as necessidades dos comerciantes até haver atingido seu ponto máximo no final do século XIX. O desenvolvimento que desde então a Teoria Geral dos Títulos de Crédito vem experimentando diz respeito, principalmente, às mudanças tecnológicas aplicadas à Teoria dos Documentos, em função do surgimento dos *documentos eletrônicos*.

No entanto, apesar dessa longa tradição histórica, os princípios mais comezinhos do direito cambial continuam desconhecidos de grande parte dos operadores do direito, do que não escapa, inexplicavelmente, o Judiciário. É o que demonstra o acórdão em seguida examinado.

Tratou-se de uma ação monitória ajuizada contra o avalista de uma nota promissória prescrita. Entenderam os julgadores que o mencionado avalista, por meio daquele título mesmo prescrito, era solidariamente responsável diante do credor com o avalizado. Para o efeito do atendimento da pretensão do autor naquela ação, bastaria a demonstração da relação entre as partes (avalizado e avalista solidário, de um lado, e o credor do outro), o que foi feito simplesmente por meio da identificação da existência de um aval, mesmo que o título onde foi dado estivesse cambialmente prescrito.

A este respeito, em dado momento assim se lê no acórdão em estudo:

> Tem-se, pois, que a prescrição da ação cambiária não torna inviável a deflagração de ação monitória em face do avalista, porque não o exonera da responsabilidade assumida, já que o procedimento monitório exige apenas a demonstração da relação jurídica entre as partes, bem assim a prova escrita da dívida emanada do devedor, o que está caracterizado no título.

Trata-se de decisão completamente equivocada em seus fundamentos e, o pior, é que não se trata de decisão isolada, à luz de outros casos decididos de igual forma, indicados no texto daquela.

Como se sabe, o procedimento monitório é um instrumento processual que não pode perder de vista a base do direito material, no caso, quanto à natureza da responsabilidade do avalista, que é típica e exclusiva dos títulos de crédito.

Um título de crédito existe como tal enquanto não nulo ou prescrito. As responsabilidades cambiárias do emitente, do aceitante, do avalista e dos endossantes, de natureza especialíssima, somente se configuram quando se está diante de um título de crédito emitido em obediência às regras formais estritas orientadoras de sua emissão e circulação. Tais responsabilidades existem assim configuradas durante um certo lapso de tempo bem mais curto do que ocorre no direito comum. Como se sabe, os prazos de prescrição dos títulos de crédito são bastante curtos justamente porque se trata de um direito especial, do qual decorrem responsabilidades especiais.

No direito cambial o avalista responde da mesma forma que o avalizado. A este respeito, lê-se no art. 32 do Decreto 57.663/1966:

> O dador de aval é responsável da mesma maneira que a pessoa por ele afiançada.
>
> A sua obrigação mantém-se, mesmo no caso de a obrigação que ele garantiu ser nula por qualquer razão que não seja um vício de forma.
>
> (...).

A termo "*afiançada*" resulta de um conhecido erro de tradução do texto original da Lei Uniforme, considerando-se se a fiança um instituto do direito comum, dotada de seus próprios contornos.

O Novo Código Civil — NCC,* por sua vez, em uma redação também sofrível, diz no art. 899 que

* A referência ao NCC é exemplificativa, pois não houve mudança substancial em relação ao direito anterior.

> O avalista equipara-se àquele cujo nome indicar; na falta de indicação, ao emitente ou devedor final.
>
> § 1º. Pagando o título, tem o avalista ação de regresso contra o seu avalizado e demais coobrigados anteriores.
>
> § 2º. Subsiste a responsabilidade do avalista, ainda que nula a obrigação daquele a quem se equipara, a menos que a nulidade decorra de vício de forma.

Isto significa que o avalista do aceitante ocupa uma posição cambial diversa do avalista do endossante. Enquanto o avalista do endossante pode responsabilizar por via de regresso todos os signatários do título que temporalmente o assinaram antes dele, o avalista do aceitante somente pode responsabilizar regressivamente o próprio aceitante.

De outra parte, a responsabilidade cambial somente se configura como tal enquanto existe um título cambial, o que pode deixar de acontecer em virtude do reconhecimento de sua nulidade ou pela prescrição, tal como ocorreu quanto a esta última situação nos fatos presentes no acórdão em tela.

O avalista se obriga nesta condição voluntariamente, apondo a sua assinatura no documento. Isto não significa que ele aceitou tornar-se fiador do avalizado, responsabilidade de direito comum, onde a solidariedade depende de manifestação de vontade expressa em tal sentido, quando não decorrer de determinação excepcional emanada da lei (NCC, art. 265). Tem o fiador o direito do *benefício de ordem*, ou seja, que o credor exerça o seu direito primeiramente contra o devedor principal. Isto somente não acontece se renunciou expressamente a tal direito, se está obrigado como principal pagador ou devedor solidário ou se o devedor for insolvente ou falido (NCC, arts. 827 e 828). Mas, lembre-se, sempre no plano do direito comum.

Uma vez prescrito um título de crédito, desaparecem as responsabilidades cambiárias. No curso de sua vida terão sido efetuados diversos negócios, demonstrados pelos atos constantes da literalidade do documento, os quais mantêm a sua individualidade no plano do direito comum, mesmo que antes tenham formado uma unidade cambiária.

Cada negócio cambial terá criado uma responsabilidade entre cada endossante e endossatário sucessivo quando se pensa no direito comum, que surge a partir da prescrição do título de crédito. Desta forma, estando o título prescrito e tendo um crédito a receber, o endossatário de B não poderá ajuizar uma ação contra A, no plano do direito comum, porque não há relação jurídica entre tais partes.

Ora, também não existe relação jurídica entre o credor de um título prescrito e o avalista do devedor direto da obrigação. Como se disse acima, o avalista não é fiador do avalizado. Extinto o título, desaparece a responsabilidade cambiária do avalizado que é a única existente a não ser que, de forma concomitante e por meio de instrumento próprio, haja se obrigado ao outro título. O credor, recorrendo ao direito comum, deverá demonstrar a existência de relação jurídica (o negócio jurídico subjacente) entre si e o antigo avalizado, servindo o título de crédito tão-somente como um dos elementos de prova e podendo o devedor recorrer a todas as exceções pessoais que possa apresentar contra o credor.

Enquanto no direito cambial a prova da obrigação está pré-configurada no próprio título (princípios da cartularidade e da literalidade), no direito comum cabe o ônus da prova ao credor.

Como se verifica, a construção que foi feita pelos julgadores no acórdão em tela não poderia ter sido mais errônea. Este é um dos casos em que se está derrubando indevidamente as fronteiras de um direito especial para destinatários especiais, em favor da generalização de institutos que nasceram em circunstâncias históricas diferenciadas para a tutela de relações jurídicas específicas. Não pode o operador do direito ignorar tais fronteiras e fazer tábula rasa dos princípios especiais que regem o Direito Comercial e seus ramos.

GRÁFICA PAYM
Tel. (011) 4392-3344
paym@terra.com.br